KB220004

사회학의 기초

이 도서의 국립중앙도서관 출판예정도서목록(CIP)은 서지정보유통지원시스템 홈페이지(http://seoji.nl.go.kr)와 국가자료공동목록시스템(http://www.nl.go.kr/kolisnet)에서 이용하실 수 있습니다.
CIP제어번호: CIP2017009734(양장), CIP2017009735(학생판)

SOCIOLOGY THE BASICS

사회학의 기초

켄 플러머 지음 | 이기홍 옮김

한울
아카데미

SOCIOLOGY: THE BASICS **(Second Edition)**
by Ken Plummer

나에게 많은 것을 가르쳐준 나의 모든 학생들에게

차 례

/

사회적인 것들이 배회한다

/

그래, 사회적인 것들이 배회하고 있다.

사람들과 조화를 이루고 사람들이 사람들의 존재에 흠뻑 젖어들며

우리는 함께 일한다. 우리는 다른 것들,

즉, 살아 있는 것, 죽은 것, 곧 도래할 것과 함께 움직인다.

사회성은 우리가 숨 쉬는 공기가 되고 있다.

우리가 살고 있는 사회 세계는, 그렇게 가능한 것들로 가득 차 있다.

온갖 것들이 계속 증가하며 움직이고 있다.

여기서 우리는 모두 우리가 만드는 의례 속에 살고 있다.

우리를 삼켜버리고 옭아매는 틀의 무게.

우리가 죽을 때까지 우리를 따라다니는 우리가 만들지 않은 이 세계.

가장 작은 것과 가장 큰 전율.

전쟁에서 사람들이 벌인 잔학함,

성차별적이고 계급적인 인종들,

무능력하고 자극적인 나라들,

배제하고, 착취하고, 비인간화하는 세계.

우리가 견뎌야 하는 고통의 계층화된 출몰.

이러한 혼돈과 복잡성에 놀란 채 서서

우리는 부끄러움 속에서 찬양하고 비판하고 울부짖는다.

우리의 삶에 능력을 부여하려는 유토피아적 꿈.

각 세대는 모두를 위해 더 정의롭게 성숙하는가?

사회학, 더 나은 세계를 향한 끝없는 도전.

한국어판 서문

/

이 책의 한국어 번역판 출간을 기쁘게 생각합니다. 이 책은 세계 여러 곳에서 널리 읽고 있는 사회학 소개서로, 초심자들이 읽기에 알맞은 종합적인 책입니다. 이 책이 여러분께 사회학의 주제들에 친숙해지고 더 흥미로운 분야들에 대해 생각해나갈 기회를 제공하기를 기대합니다. 무엇보다 여러분이 이 책을 즐겁게 읽기를 바랍니다.

한국어판 서문을 써달라는 요청을 받았을 때 부끄럽게도 현대사회에서 주요한 나라 가운데 하나인 한국이라는 사회에 관해 제가 알고 있는 것이 많지 않다는 사실을 깨달았습니다. 물론 한국이 근대적인 경제성장에서 매우 큰 성공을 이루었으며 험난한 지구적 환경을 잘 헤쳐나가는 사회라는 것, 아시아에서 네 번째, 세계에서 열한 번째로 큰 규모의 경제를 가지고 있다는 것은 많은 사람들이 알고 있습니다. 한국 경제는 중앙정부가 계획하고 지도하는 투자 모델에서 벗어나 더 시장지향적인 모델로 변화하면서 아시아 신흥 경제의 선구가 되었습니다. 한국은 전통사회가 급격히 세계화하는 대표적인 사례입니다. 또한 한국은 한국전쟁과 그 이후 한반도를 60년 이상 지배해온 남북 분단의 고통스러운 현대사로도 널리 알려져 있습니다. 남북 분단은 공간적인 단절일 뿐 아니라 자본주의 세계와 공산주의 세계 사이의 상징적 단절이기도 합니다. 문화적 측면에서도 1988년의 서울 올림픽, 한류로 불리는 영화와 케이팝으로 불리는 음악의 세계적 확산, 그리고 디지털 혁신에서 핵심적 역할 등으로 한국은 주목받고 있습니다.

사회학의 세계적 역할과 한국 사회학

저는 한국에 관해 자세히 공부하지 못했습니다. 그래서 이 서문을 쓰면서 언어의 장벽, 그리고 우리가 각자 체득하고 있는 문화들의 장벽이 만들어내는 긴장을 절실하게 느끼고 있습니다. 중국, 인도, 라틴아메리카 등 제가 잘 알지 못하는 여러 지역에서 수많은 사람들이 제가 사용하는 영어가 아닌 다른 언어를 쓰며 살아가고 있습니다. 그들은 '서구 사회과학'이라고 부르는 영역들 대부분에서 오랫동안 벗어나 있습니다. 지금까지 너무 많은 사회학이 서구 사상의 지배를 받아왔다는 것이 이 책의 주요한 주장 중 하나입니다. 확실히 이제 사회학은 더 광범한 생각들에 문호를 개방하고 지구 전역에서 제기하는 의견들을 받아들여 자신을 혁신해야 합니다. 근래에는 서구의 많은 사회학자들이 자신들의 과거 방식이 어리석었음을 지적하고 이슬람 철학자들, 아프리카 민중 역사 속의 인물들, 공자 같은 고전 사상가들 등 서구 이외 문화의 주요한 사상가들을 중심으로 끌어들이는 새로운 지구적·초국적 사회학을 추구하고 있습니다.

그러므로 이 책을 접하면서 우리는 사회학에 대한 서구적인 소개가 한국 독자들에게 어떤 적합성을 가질 것인가 하는 질문에서 시작할 수 있을 것입니다. 그리고 고려할 것이 여러 가지 있기는 하지만 여러분이 이 책에서 많은 적합성을 찾아낼 수 있을 것으로 저는 기대합니다. 사회학은 다수의 보편적 관점들과 문제들을 제시하는 학문입니다. 세계의 수많은 문화들과 사회들 사이에는 공통점이 많이 있습니다. 그러므로 1장과 2장에서 저는 세계의 어느 곳에서 공부하든지 간에 사회학은 모두 '사회적'이라고 부르는 것을 연구해야 할 것이며, 그것을 파악하기 위해 일련의 이미지들, 비유들 그리고 이론들을 살펴봐야 할 것이라고 주장합니다. 그리고 5장에서는 사회학적 상상력을 위한 12가지 안내 지침을 제시하면서, 사회를 적절히 이해하려면 세계의 어느 나라에서거나 이 쟁점들을 주요한 주제로 제기할 수 있고 또한 제기해야 한다는 저의 믿음을 밝혔습니다. 그것들은 우리가 모든 사회에 대해 제기해야 하는 광범한 비판적 질문이며 진지하게 고민해야 하는 핵심적인 쟁점이고 난제입니다. 마찬가지로 어느 나라에서거나 사회학적 탐구를 수행해야 한다면, 6장에서 다룬 경험적 연구를 위한 여러 기본적 규칙들을 소홀히 다룰 수는 없을 것입니다. 이런 의미에서 대부분의 사회학적 분석은 특정 지역을 넘어서 사회학적 분석을 위한 지구적 도구를 제공한다고 할 수 있습니다. 그리고 불평등의 문제를 논의한 7장의 계급, 젠더, 종족, 연령, 섹슈얼리티 등의 쟁점들은 한국 사회에서도 틀림없이 현대적인 관심사일 것입니다. 제가 읽은 『현대 한국 사회Contemporary South Korean Society』(edited by Hee-Yeon Cho, Lawrence Surendra and Hyo-Je Cho, ROUTLEDGE, 2013)에 실린 글에서 신광영 교수는 "계급은 여전히 한국의 경제적 불평등을 야기하는 가장 중요한 요인이다"라고 주장하고 있습니다(p.60). 또한 조은 교수는 "젠더 차별을 법적으로 금지하고 있음에도 젠더 불평등은 한국 사회의 모든 영역에 편재하며 뚜렷하다"고 지적합니다(p.18). 계급은 매우 중요하고 흥미로운 주제이며, 젠더와 여성 노동은 많은 논의가 있는 주제입니다. 그리고 성소수자 문제도 이제 의제로 자리 잡아가고 있습니다.

그렇다고 하더라도 4장에서 논의하듯이 사회학이라는 학문 분과의 주류 역사는 압도적으로 서구적입니다. 또한 그것의 비판적 특성 때문에 (한때의

칠레, 러시아, 한국을 포함한) 많은 나라에서는 사회학을 억압하거나 금지했습니다. 사회학이 사회에 대해 지나치게 비판적인 견해를 보인다고 취급하는 것입니다. 물론 한국에서는 1956년에 사회학자들의 대표적인 학술 조직인 한국사회학회를 설립했고 1964년에는 학회의 공식 학술지인 ≪한국사회학Korean Journal of Sociology≫을 발행하기 시작한 것에서 알 수 있듯, 사회학이 제도적 학문 분과로 자리 잡았습니다. 그럼에도 서구의 사회학은 그보다 훨씬 오랜 역사를 가지고 있으며, 그러므로 서구의 사회학이 어떻게 전개해 왔는가를 알아보는 것은 충분히 가치 있는 일이라고 저는 생각합니다.

한국 사회에 대한 사회학을 향하여

이 책의 3장은 세계의 여러 사회들을 살펴보고 있습니다. 하지만 명시적으로 한국을 다룬 것은 아니기 때문에 여기서 한국 독자들이 생각해볼 몇 가지 쟁점을 제시하고자 합니다. 3장은 독자들이 관심을 가질 수 있는 나라들에 관한 자료를 찾아볼 수 있는 몇몇 웹사이트를 소개하고 있습니다. 여러분은 한국 사회의 몇몇 특징에 관한 연구를 이것들에서 시작할 수 있을 것입니다. 그중 몇 가지를 간략하게 살펴보겠습니다.

- 인구: 한국의 전체 인구는 약 7500만 명에 이른다(남한: 5000만 명, 북한: 2500만 명). 남한에서는 1970년대와 1980년대에 출산 조절을 광범하게 실시했다. 이제 핵심적인 문제는 저출산과 고령화에 대처하는 것이다. 남한은 고령 인구의 급속한 증가 문제에 직면하고 있다.
- 농촌의 삶/지구적 도시들: 서울의 거주 인구는 1000만 명에 육박하고 있다. 서울은 세계 4위의 세계적 도시이다. 서울을 비롯한 수도권은 남한 인구의

절반인 약 2400만 명이 거주하는 세계에서 가장 거대한 도시지역 가운데 하나이다. 농촌 인구는 감소하고 있으며, 2015년에는 292만여 명으로 남한 인구의 5.8%이며, 이 중 65세 이상의 고령 인구는 38.4%였다.

- 자본주의: 지난 50여 년 동안 남한은 급속한 경제성장을 기록하면서 중앙 계획의 자본주의에서 더 시장지향적인 자본주의로 변모해왔다. 1961년의 국내총생산GDP은 약 24억 달러에 지나지 않았지만, 2014년에는 1조 4100억 달러를 기록했다. 1960년대의 1인당 GDP는 79달러로 아프리카와 아시아의 최빈국들과 유사한 수준에 있었지만, 2014년에는 약 2만 4000달러로 급증했다. 남한은 2004년에 세계경제의 1조 달러 클럽에 가입했으며, 삼성은 최고의 수익을 낳는 기업 중 하나로 평가받는다. 남한은 오늘날 이 책에서 논의하는 자본주의의 여러 가지 문제에 직면하고 있다.
- 디지털주의: 남한은 세계 디지털 사회를 주도하고 있다. 남한은 세계에서 가장 빠른 인터넷 접속망을 보유하고 있으며, 2016년에 인구의 85%인 약 4300만 명이 인터넷을 사용하고 있다. 2014년의 기록에 따르면 약 2500만 명이 사회 연결망 서비스Social Networking Service: SNS를 사용했다.
- 감시: 다른 발전 도상의 자본주의 사회들에 비해 남한은 고도의 조밀한 감시와 통제망을 보유하고 있다. 안보 문제에 관한 감시는 전면적이며 북한과의 접촉은 모두 금지하고 있다. 또한 미성년자에게 유해한 정보, 포르노물, 도박 등의 웹사이트를 차단하고 있다.
- 환경: 남한은 여러 가지 환경 쟁점에 직면하고 있다. 유독 화학물질, 대기오염, 토지 이용과 생물 서식지 보존, 원자력 에너지 사용과 재생 가능 에너지로의 이행, 댐 건설에서 강 보존, 습지와 조류 보존 등은 그것의 일부 사례들이다. 2016년 환경성과지수Environmental Performance Index: EPI에서 남한의 대기 질은 180개 나라 가운데 173위로 평가받았으며, 100점 만점에 45.51점

을 기록했다. 이것은 아시아 나라들 가운데 최악의 상황 중 하나에 해당한다. 이 쟁점들을 제기하는 강력한 환경운동이 성장해왔다. 한국의 민주화 운동에 뿌리를 둔 환경운동연합Korea Federation for Environmental Movements: KFEM은 전국에 약 50개의 지부와 8만 명의 회원을 보유한 가장 큰 비정부 환경운동단체로 시민사회를 선도하고 있다.

- 종교: 한국은 오랜 종교의 역사를 가지고 있다. 유교는 깊은 뿌리를 가지고 있지만, 오늘날에는 아마도 불교, 기독교와 대등하게 취급받을 것이다(기독교도는 인구의 약 30%, 불교도는 약 23%를 차지한다). 인구의 약 46%는 비非교도이다. 수많은 절이 있지만 서울은 '세계 대형 교회의 수도'로도 유명하다. 서울에는 세계의 어느 도시보다 많은 교인들이 출석하는 교회들이 있다. 2015년 여의도순복음교회의 신도는 48만 명이었다. 종교의 확산에 관해서는 논쟁이 있다.
- 사회운동: 남한에서는 1987년까지 남한을 통치하던 독재에 반대하는 민중운동이 전개되었다. 그 후 여러 흐름의 민주적 사회운동들이 발전했다. 초기 단계의 시민운동은 사회정의를 추구했으며, 근래에는 인터넷과 사회 연결망을 통해 다양한 쟁점을 효과적으로 전파하고 행동을 촉진하고 있다. 『현대 한국 사회』에서 이진순 교수는 '네티즌 운동'의 성장을 지적하고 있다.

미래: 세계시민주의 사회학을 향하여?

궁극적으로 사회학은 초국적인 학문입니다. 8장에서 저는 사회학의 목표에 관해 질문하면서, 일종의 지구적인 사회학적 시민 정신을 형성하고 '모두를 위한 더 나은 세계'를 꿈꿀 수 있는 공통의 기반이 있을 것이라고 제시합니다. 그동안 너무 많은 사유들을 지배했던 제한적인 서구의 지식을 넘어서는 더 다양하고 풍부한 지식이 존재합니다. 더욱더 많은 나라에서 그 나라 특유의 사회학이 발전하는 것과 함께, 지구적인 세계시민주의적 사회학도 그 자체의 고유한 다양성과 문화를 가진 각각의 나라들이 서로 대화하는 데 도움을 줄 것입니다. 오늘날 사회학은 더욱 정교하게 발전하고 있습니다. 아울러 서구의 제한적이고 국지적인 이론들과 방법들에 관한 지식과 태도가 나라와 대륙에 따라 상당히 다르다는 것도 잘 드러나고 있습니다. 탈식민지적 관점의 견해와 교차적 지식에 관해서도 많은 토론을 하고 있습니다. 이런 점을 고려할 때, 여러 문화를 가로질러 더 나은 세계를 꿈꾸는 어떤 공통의 가치들과 방향들을 탐색하는 것도 의미 있는 한 가지 도전일 것입니다.

제가 쓴 이러한 '서구의 사회학'을 한국어로 번역하는 것을 기쁘게 생각합니다. 이 번역을 주선한 영국과 한국의 두 출판사에 감사의 인사를 전하며, 번역자인 강원대학교 사회학과 이기홍 교수에게는 특별한 고마움을 전합니다. 아마도 그는 더러 난해한 저의 영어 문장을 한국어로 옮기기 위해 고심했을 것입니다. 또한 여러 제안을 해준 우스터 대학교University of Worcester의 대니얼 네링Daniel Nehring 교수에게도 고마움을 전합니다. 저는 독자들이, 이 책이 세계 속의 한국을 이해하는 데 유익하다는 것을 확인하길 기대합니다. '모두를 위한 더 나은 세계'를 만드는 데 도움을 주는 사회학을 발전시키는 것은 우리 모두가 감당해야 하는 도전입니다.

켄 플러머
2016년 9월 영국 에식스 위븐호에서

제1판 머리말: 사회적 미로에 들어온 것을 환영한다

/

숲 속에는 두 갈래 길이 있었다. 나는 걸어간 사람이 적은 길을 택했다.

로버트 프로스트Robert Frost, 「가지 않은 길The Road Not Taken」, 1916

사회적 미로에 들어온 것을 환영한다. 이 미로의 핵심에는 사회적 삶을 생각하고 상상하는 새로운 길이 자리하고 있다. 우리는 인간의 사회 세계에 관해 생각하는 이러한 새로운 길을 알아볼 수 있는 여덟 가지 여행을 시작할 것이다. 미로의 중심에 도달하지 않더라도 염려할 것은 없다. 나는 여러분이 여행의 일부라도 즐길 수 있을 것으로 기대한다. 첫 번째 탐험인 1장에서는 우리가 찾고 있는 것, 즉 '사회적인 것'의 영역에 대해 여러분이 어렴풋하게나마 알아내기를 기대하면서 여러 가지 사례를 제시한다. 나는 여러분에게 '외부자outsider'가 되라고 권유할 것이며, 사회학은 여러분이 관여하는 모든 것(스포츠부터 과학이나 성까지)을 살펴볼 수 있다는 것을 이야기한다. 두 번째 여행은 우리에게 '사회적인 것'이라는 말은 무엇을 의미하는지, 그리고 그것에 관해 우리가 어떻게 생각할 수 있는지를 검토할 것이다. 그 여행에서는 사회적인 것에 관해 생각하기 위해 우리가 만들어내는 몇 가지 이미지들을 살펴볼 것이다. 3장에서는 21세기 세계 곳곳에서 무리를 이루며 살고 있는 인간의 삶의 격동으로 옮겨가서 그 안에서 일어나고 있는 몇 가지 변화들을 살펴볼 것이다. 우리는 이러한 복잡함을 파악하는 길을 어떻게 찾아낼 수 있는가? 그다음 4장에서는 서구에서 발전한 사회학이, 즉 사회적인 것을 탐구하고자 하는 학문 분과가 이 문제를 어떻게 다루는가를 살펴볼 것이다. 5장과 6장에서는 사회학을 실행하는 경로, 즉 이론과 방법에 관해 생각하는 몇 가지 경로 지도를 고안하는 것과 씨름하게 될 것이다. 내가 정확한 길 안내를 제공할 수는 없지만, 이 모든 것에 관한 광범한 문헌들에서 몇 가지 지혜를 뽑아내어 보여줌으로써, 사회학자들이 수행하고자 하는 것에 여러분이 친숙해지도록 도울 것이다. 일곱 번째 길에서는 다른 길들의 대부분에서 나타나는 주제, 즉 우리의 길을 따라가면서 발견하게 되는 인간의 고통과 불평등을 살펴본다. 그것은 단순히 사회학적 탐구의 한 영역이지만 대부분 사회학자들이 중심적인 것이라고 동의할 수 있는 영역이다. 마지막 여행(8장)에서는 도대체 우리는 왜 이 모든 것들과 씨름하는가를 질문한다. 왜? 이 모든 것의 요점은 무엇인가? 근대 세계에서 사회학이 수행해야 하는 역할은 무엇인가? 각각의 장은 그 자체로 독립적인 경로가 될 수 있으며, 그중 어느 하나만을 걷더라도 여러분은 사회학이라는 성배를 찾을 수 있을 것이다.

나는 단지 사회학의 기초만을 살펴볼 뿐이다. 간략한 소개서가 복잡하고 무궁무진한 주제들을 충실하게 다룰 수는 없다. 이 책은 사회학에 관해 아는 것이 많지 않을 독자들을 염두에 두고 있으며, 그러므로 이 책에서 다루는 주제는 선택적일 수밖에 없다. 좁은 지면에서 내가 이야기할 수 있는 작은 것들이, 여러분이 사회적인 것에 관해 생각하는 방식을 확장하고 우리가 살고 있는 세계에서 사회적인 것이 어떻게 작동하는가에 대해 더 탐구하도록 여러분을 자극하기를 기대한다. 각 장은 여러분이 더 공부할 것에 관한 몇 가지 제언으로 끝맺고 있다. 그리고 각 장에 실려 있는 글상자들은 여러 분이 생각을 가다듬는 데 도움을 줄 것이다.

켄 플러머
2010년 1월 영국 위븐호에서

제2판 머리말

이 책의 초판은 2008년에 쓰고 2010년에 출판했다. 이 2판은 2015년에 개정하고 2016년에 출판했다. 책의 구조는 초판과 달라지지 않았지만 곳곳에서 조금씩 고쳤다. 핵심적인 변화는 세 가지이다. 첫째, 필요한 경우 모든 사실, 자료, 논증을 2008년 것에서 2015년 것으로 수정했다. 둘째, 몇 군데에 폭력, 테러리즘, 디지털 변동, 빅데이터, 이주, 환경 등에 관한 새로운 절들을 추가했다. 셋째, 내가 필요하다고 생각하는 곳에서는 '글쓰기 양식을 개선했다'. 그리고 책의 체제에 맞추어 웹사이트에 관한 내용을 넣었다. 나는 이것이 자료를 찾아보고 추가적인 내용을 알아보는 데 더 도움이 될 것이라고 믿으면서 여러분에게 살펴볼 것을 권한다.

나는 이 책의 초판을 큰 이식수술 직후에 썼다. 지난 10여 년 동안 내 생명을 지켜준 많은 사람들에게 충심으로 고마움을 느낀다.

켄 플러머

2016년 2월 영국 위븐호에서

Sociology

1

상상력: 내가 만들지 않은 세계 속에서 살아간다

사람들은 그들 자신의 역사를 만든다. 그러나 그들 자신들이 원하는 대로 역사를 만드는 것은 아니다. 그들은 자신들이 선택한 상황에서 역사를 만드는 것이 아니라 이미 존재하는 상황에서, 즉 과거가 제공하고 전달한 상황에서 만든다. 모든 죽은 세대들의 전통은 살아 있는 세대의 두뇌를 악몽처럼 짓누른다.

카를 마르크스Karl Marx, 『루이 보나파르트의 브뤼메르 18일The Eighteenth Brumaire of Louis Bonaparte』, 2000[1851]

우리 한 사람 한 사람은 태어나면서 결코 우리가 만들지 않은 사회 세계 속으로 던져진다. 우리는 우리가 어떤 시대에 태어날 것인가, 누가 우리의 부모이고 형제일 것인가, 우리가 기본적으로 어떤 언어를 사용할 것인가, 또는 우리가 어떤 종교나 교육을 제공받을 것인가에 관해 전혀 이야기할 것이 없을 것이다. 우리는 우리가 아프가니스탄이나, 알제리나, 오스트레일리아나, 아르헨티나, 또는 세계의 수백 개 나라 중 어디에서 태어나는가에 관해 이야기할 것이 없을 것이다. 우리는 우리가 가장 부유하다고 취급받거나 절망적으로 가난하다고 취급받는 나라 또는 가정의 어디에서 태어나는가에 관해 이야기할 것이 없을 것이다. 우리는 우리의 원래 가족이 무슬림인가, 기독교도인가, 불교도인가, 유대교도인가, 힌두교도인가, 아니면 세계에서 발견되는 다른 수천 가지의 소규모 종교 중 한 가지 교도인가에 관해 이야기할 것이 없을 것이다. 여기서 중요한 점은 우리가 우리보다 앞서 존재해왔으며 우리 뒤에도 계속 존재할 세계 속으로 태어난다는 것이다. 오늘날 이 세계는 점점 더 지구적인 세계, 디지털의 세계로 변화하고 있다. 그렇지만 우리는 그것이 어떻게 만들어졌는가에 관해 우리가 이야기할 아무것도 갖지 못한 사회 세계 속으로 '던져진다'. 그리고 사회학자들은 바로 이러한 세계를 연구한다. 우리는 하루하루 '우리 한 사람 한 사람에게 외부에서 오는, 그리고 우리 자신의 뜻과 관계없이 우리를 휩쓸어버리는' 사회적 사실들과 사회적 흐름들에 직면한다. 우리는 우리가 사라질 것이라고 생각할 수 없는 세계들을 바라본다. 그 세계들은 우리를 기다리고 있고 우리를 형성한다. 그 세계들은 우리 위에 있는 '**사회적 사실들**social facts'이다.•

그러나 한편으로 우리 대부분은 이러한 '던져진 세계' 속에서 우리 자신의 발로 걷기 시작하는 것을 금방 배운다. 가장 중요한 것으로, 우리는 이 세계 속의 다른 사람들(흔히 일차적으로 우리의 소중한 — 또는 그다지 소중하지 않은 — 어머니, 아버지, 그리고 형제들)에 대해 의식하기 시작한다. 우리는 그들에게 우리 자신을 맞추어가기 시작한다. 우리는 그들 그리고 그 밖의 사람들을 기쁘게 하는 방법과 화나게 하는 방법을 배운다. 우리는 그들이 살고 있는 세계를, 그리고 그들이 우리에게 어떻게 반응할 것인가를 서서히 상상

• 이 대목은 사회학자 에밀 뒤르켐(Émile Durkheim)을 인용한 것이다(Durkheim, 1982: 52~53). 이 책에서는 각주나 인용을 별로 사용하지 않을 것이며, 필요한 경우 이 책을 보조하는 웹사이트를 표시할 것이다. https://kenplummer.com/sociology/ 참조.

하기 시작한다. 그것을 좋아하든 좋아하지 않든 간에 점점 더 우리는 그들을 향해 행위하도록, 그리고 다른 사람들에 대해 본원적인 공감이나 동감을 형성하도록 사회화된다. 우리가 그렇게 하지 않는다면, 우리가 이러한 공감을 배우지 못한다면, 우리는 의사소통을 할 수 없을 것이고, 일상의 사회적 삶을 그 어떤 방식으로도 만족스럽게 꾸려갈 수 없을 것이다. 이렇게 조정하는 일상의 삶을 연구하는 것 또한 사회학의 과제이다. 지구에 살고 있는 수십억의 사람들이 어떻게 다른 사람들과 어울려 하루하루 살아가는가? 우리는 어떻게 적응하고 동조하고 반란하고 혁신하고 관례화하고 도피하는가? 우리는 일상의 삶 속에서 우리의 신체, 우리의 내면세계(또는 '주관성'), 그리고 우리가 타인들과 어울려 행위하는(그럼으로써 사회 세계가 대부분의 시간에 상당히 질서 있고 이해할 수 있는 양식으로 계속 존재하게 되는) 방식 사이의 복잡한 관계를 살펴본다. 물론 그것은 심각한 갈등과 붕괴에 직면할 수도 있으며, 사회학은 이것도 살펴본다.

이러한 일상의 세계에서 흥미로운 것은 우리(이미 주어져 있는 낯선 세계 속으로 던져진 어린아이)가 실제로 그 세계의 일부를 스스로 구성한다는 것이다. 우리가 태어나면서 이러한 제약하는 세계와 처음 대면하는 순간부터 우리가 죽으면서 삶의 극적인 결말에 도달하는 순간까지 우리는 삶을 유지할 활동적인 에너지를 갖는다. 이 에너지는 세계 속에서 그리고 세계에 대해 행위하는 막대하고 잠재적이며 창조적인 능력으로 세계를 헤쳐나갈 힘이다. 우리 하찮은 인간 동물은 늘 사회적 삶의 창조자들이다. 우리는 사회 세계를 만드는 능동적인 행위 주체들이다. 그 세계 속으로 사회화되어 들어가면서 우리는 그 세계가 우리를 위해 작동하도록 만든다. 그리고 사회학은 이것도 연구한다. 사회학자들은 어떻게 사람들이 상이한 시간과 상이한 장소에서 근본적으로 상이한 방식으로 그들의 사회적 삶과 사회 세계를 결합하게 되는가를 질문한다. 어떤 사람들은 자신의 삶의 능동적인 주체가 되는 방안을 만들어낼 수 있지만, 또 어떤 사람들은 그렇게 하는 데에서 제약을 받을 것이다. 그 누구도 이미 결정되어 있는 삶을 살아가는 것은 아니지만, 행위 주체로서 우리 모두가 이 세계에서 동일한 정도의 능력과 식견을 가지고 있는 것도 아니다. 그리고 여기에 사회학자들이 다루는 핵심 질문, 즉 불평등의 문제가 자리하고 있다(우리는 자주 이 문제로 되돌아올 것이며, 특히 7장에서 집중적으로 다룰 것이다).

▌의식으로서의 사회학 _ 가장자리에 있는 외부자인가?

사회학은 사회적 삶을 보는 새로운 상상력을 제기한다. 사회학도로서 우리는 다른 사람들의 사회 세계에 들어간다. 그리고 적어도 잠깐이라도 다른 사람들의 다른 점들에 의해 도전받는다고 느낄 것이다. 다른 집단, 다른 나라, 다른 시대의 사람들은 여러분의 삶과는 다른 삶을 살기 때문이다. 이것을 명확히 알아보려면 여러분은 세계에 대한 여러분 자신의 당연한 견해를 일시적으로 포기하고 다른 사람들의 세계관에 대한 공감을 발전시켜야 할 것이다. 사회학도로서 우리는 우리 자신의 세계를 보류하고 다른 사람들에 관한 모든 판단을 용인해야 한다. 이러한 가장 기초적인 수준에서 (『일상생활 방법론 연구Studies in Ethnomethodology』에서의 해럴드 가핑클Harold Garfinkel 같은) 일부 사회학자들은 우리 일상 삶의 경험을 아주 낯설게 만드는 '위반하는 실험breaching experiments'을 수행했다. 가핑클은 학생들에게 그들 주변에서 진행되고 있는 모든 것에 질문을 제기하라고 권유한다. 일상적인 것의 모든 관례에 의문을 제기하고 검토하라는 것이다. 예컨대 친구가 '잘 지내?'라고 묻는다. 그들은 '잘 지낸다는 것이 무슨 뜻이냐?'라고 반문한다. 그들은 상점에 가서 상품의 가격을 놓고 흥정한다(여러 문화에서 이것은 당연한 관습이지만, 영국과 미국에서는 그렇지 않다). 그들은 이야기하고 있는 상대방의 얼굴에 그들의 얼굴을 거의 코가 닿을 만큼 들이댄다. 그들은 친구와 함께 앉아 이야기하는 모든 것들에 의문을 제기한다. 일상적인 행위 방식들을 파괴하는 이러한 간단한 실험은 우리 사회가 서로에 대한 믿음, 친절 그리고 이해에 얼마나 크게 의존하고 있는가를 바로 보여준다.

여기서 우리는 사회학의 핵심 문제 하나에 이르게 된다. **자종족중심주의**ethnocentrism, 그리고 이와 밀접한 자기중심주의egocentrism에 도전할 필요가 그것이다. 이것들은 마치 우리가 늘 옳고 진리를 알고 있는 것처럼, 우리 자신이 '당연시하는' 사유 방식을 사회 세계의 중심에 놓는 입장이다. 자종족중심주의는 우리 문화(우리 종족의 삶의 방식)가 세계의 중심에 있다고 상정한다. 반면 자기중심주의는 세계가 우리를 중심으로 돌아간다고 상정한다. 우리는 그러한 입장들이 우리 자신에게 미치는 영향을 제거해야 한다. 사회학은 이러한 자기중심적인 세계관을 제거하는 것, 그리고 이 시대의 영향력 있는 사회학자인 지그문트 바우만Zygmunt Bauman이 표현하듯 친숙한 것에 대해 우리 자신을 낯설게 하는 것을 전제 조건으로 요구한다. 사회학은 다른 삶과 문화의 차이(그리고 가치)를, 그리고 다른 관점의 차이의 가치를 늘 알아야 한다고 강조한다. 이러한 입장의 가장 강력한 형태에서는 우리에게 다른 사람들의 세계에 관해 의견을 표명하는 것을 절대적으로 금지하고, 그 대신 그 세계를 그들 자신의 관점에서 진지하게 다루라고 강조한다. 이 입장은 세계의 차이들 앞에서 우리를 겸손하게 만든다.

일상의 삶에서 이것의 가장 간단한 사례를 상상해보자. 여러분은 휴가 기간에 여러분이 잘 알지 못하는 나라를 여행하고 있다. 여러분은 외부자, 즉 낯선 사람이다. 물론 여러분은 단순하게 다른 문화를 접하고 그것을 '업신여길' 수도 있다. 여러분 자신의 문화가 가장 좋은 것이라고 믿으며 여러분이 낯선 곳에서 발견하는 것을 받아들이려고 애쓰지 않는다고 상정하자. 여러분은 모든 사람들에게 당혹스러운, 무지하고 우둔한 행락객이 될 것이다. 여러분은 오직 여러분 자신의 언어로만 말할 것이다. 그곳에서 모든 사람에게 기대하는 '새로운' 관습의 어느 것에 대해서도 익히려고 애쓰지 않을 것이다. 그리고 거기서 진행되는 것 — 그 문화를 역사적으로 여러분의 문화와 다르게 만드는 것(예컨대 정치, 종교, 가족생활) — 에 대해 아무런 관심도 갖지 않을 것이다. 최악의 경우로, 낯선 음식, 낯선 줄 서기 방식, 낯선 대화 방식 등에 부딪힐 때 여러분은 아마도 여러분 나라의 미덕을 격찬할 것이다. 간단히 말해 여러분은 외국에 나간 편협하고 난폭한 행락객일 것이다.

그렇지만 여러분이 조금 더 예민한 심성을 가지고 있다면 여행은 매우 어려울 것이다. 여러분이 사용할 수 없는 언어와 여러분이 이해할 수 없는 관행과 관습과 풍습에 부딪혀 어리둥절할 때 여러분은 흔히 자신이 바보 같다고 느끼게 된다. 내가 그 나라 언어로 '미안합니다' 또는 '이곳에 어떻게 가야 합니까?'라는 의사조차 표현할 수 없을 때 나는 종종 내가 어린아이 같다고 느꼈음을 기억하고 있다. 또는 내가 차 한잔을 달라고 간단히 요청하고 싶은데 내 의사를 표현할 수 없을 때에도 그렇다. 참으로 나는 말을 더듬거리는 무능하고 어리석은 사람이 아닌가? 그들은 나 때문에 얼마나 성가실 것인가(왜 그들은 성가셔야 하는가)? 사람들은 보통은 친절하며, 다른 사람을 도와주려고 한다. 그렇지만 다른 문화의 언어에 대한 기초 지식이 없다면 그 문화에 쉽사리 접근하기는 어렵다. 그리고 여기에는 그보다 훨씬 더 많은 것들이 관련된다. 문화의 의미는 그 사회 속에 깊게 자리 잡고 있다. 일본에서 정원의 의미, 스페인에서 투우의 의미, 이란에서 베일의 의미가 그 사례이다[케이트 폭스Kate Fox의 『영국의 발견Watching the English』(2005)은 영국 사람들에 대한 현지 연구로 영국 문화가 당연시하는 기묘한 것들을 살펴본다].

여기에는 내부자가 아니라 외부자로서 만나는 사회적인 것이 있다. 외부자들은 그 사회에 속하지 않은 사람들, 가장자리에 거주하는 사람들, 일탈자, 낯선 사람들이다. 사회적인 것은 그 사회에 속한 사람뿐 아니라 속하지 않는 사람들에 의해서도 정의된다. 종종 그 사회에 속하고 그 속에 있는 사람들의 눈을 통해서가 아니라 외부에 있는 사람들의 눈을 통해서 그 사회에 대해 가장 잘 연구하고 분석할 수 있다. 어떤 사회에서 정말로 당연시하는 것을 보고 의문을 제기할 수 있는 것은 오로지 외부자뿐이다. 그러므로 사회학은 이민자들, 도시의 낯선 사람들, '보이지 않는 사람들', 즉 소외된 젊은이들, 공민권이 없는 사람들, 일탈자들, 촌스러운 사람들, 동성애자들의 목소리와 눈을 진지하게 취급한다. 그들의 차이는 그 사회가 당연시하는 것과 정상으로 취급하는 것에 날카로운 조명을 가한다.

비판과 경이로서의 사회학적 상상력

물리학자는 하늘을 바라보며 우주에 대한 놀라움에 빠진다. 음악가는 모차르트나 베토벤이나 스트라빈스키 또는 아바ABBA나 아델Adele을 들으면서 하찮은 인간이 지구상에 만들 수 있는 웅장한 작품에 대한 놀라움에 빠진다. 운동선수는 축구장을 달리거나 그곳에 갈 생각을 하면서 아드레날린이 솟구치는 것을 느낀다. 그리고 사회학자는 매일 아침, 우리 자신이 만들어 낸 하찮은 사회 세계(사실상 인간 사회)에 대해, 즉 그 세계의 의미, 질서, 갈등, 혼돈, 그리고 변동에 대해 경이를 느끼며 자리에서 일어난다. 사회학자가 보기에, 사람들은 사회적 삶을 각성과 분노와 절망을 일으키는, 때로는 매우 감격적인 것으로, 때로는 매우 두려운 것으로 느낀다. 사회학자는 인간이 만든 사회 세계와 그것의 모든 환희와 고통을 두려움과 분노와 기쁨 속에서 만난다. 우리는 사회 세계를 비판하고 비판적으로 찬양한다. 인간의 사회적 삶의 복잡한 유형에 대한 놀라움 속에서 우리는 육성할 가치가 있는 좋은 것들과 제거하고자 노력해야 할 나쁜 것들 둘 모두를 검토한다. 사회학은 모든 사회적인 것들에 대한 체계적이고 회의적인 연구가 된다.

사회의 어두운 면: 인간의 사회적 삶의 불행과 고통

자, 여기 나쁜 소식이 있다. 어느 언짢은 날 아침 나는 이불 속에서 빠져나오기가 힘들다. 세계와 그것의 고통의 무게, 즉 나보다 앞서 수십억 명의 사람들에게 닥친 것과 같은 인간의 불행이 나를 내리누른다. 다행스럽게도 나는 우울증 환자가 아니므로 일어나서 일하러 뛰어나간다. 그러나 어떤 아침에는 이불 속에 누워서 세계의 공포와 인류의 고통을 낳는, 오랜 역사를 두고 이어져 온 인간의 비인간성들을 생각한다. 그리고 나는 머뭇거린다. 인류가 그렇게 오랫동안, 그리고 어리석고 무분별한 것임을 뻔히 알면서도, 아주 많은 사람들이 고통(아주 명백하게 비인간적인 고통)을 겪는 인간의 사회 세계를 어떻게 쉬지 않고 계속해 만들 수 있었는가? 여기, 전쟁과 폭력, 빈곤과 불평등, 독재와 부패로 가득 찬 세계가 있다. 여기, 우리와 다른 사람들에게 비참함을 안겨주고, 다른 사람들의 고통을 철저하게 무시하고 부인하는 세계가 있다. 역사적으로 수십억 명의 사람들이 헛된 삶으로 죽음에 이르렀다. 이런 것에 대한 연구는 사회학의 통상적인 주제이다.

사회학은 인간의 허약함, 취약함, 수난에 대한 각성에서 생겨났다고 할 수 있다. 어느 곳에서나 사회는 '타자'에게는 적과 괴물의 역할을 덮어씌우면서 높이 평가할 '좋은 것'과 비인간화해야 할 '나쁜 것'의 위계를 창출한다고 할 수 있다. 역사에 오랫동안 존재한 노예제를 고안한 것은 결국 인간이었다. 그 체제는 지금도 존재하고 있다(2015년에 발표된 세계노예지수Global Slavery Index에 따르면, 오늘날 167개 나라에서 약 3580만 명이 강제 노동, 어린이 노동 그리고 인신매매의 상태에 있다). 기원전 1500년 무렵에 아리안어족Aryan-speaking people이 인도로 이동했을 때 '카스트caste'라는 사회계층 체계를 만들어내고, 불가촉천민untouchables이라 불리는 사람들을 통상적인 인간의 삶 밖으로 몰아내고 모든 더러운 일들을 떠안긴 것도 인간 활동 — 신이 뒷받침한 듯 보이는 — 이었다(7장을 볼 것). 그것은 모두 대규모의 비참한 대중을 화려함 속에서 지배하는 왕, 지배자, 제사장의 역사이다. 땅, 지위, 부, 종교를 둘러싼 전쟁이 없는 시기는 없었으며, 20세기가 인종 학살, 세계대전, 혁명의 대량 학살, '파시즘', '공산주의' 등으로 얼룩진 가장 유혈적인 세기였다는 점을 부인하는 설명은 없다. '대규모 희생자들'의 실질적인 숫자를 어떻게 셀 것인가에 관해서는 논쟁이 있지만, 1억 8000만에서 2억 사이의 수가 자주 인용된다. 즉, 1900년 세계 인구의 약 1/10은 20세기에 전쟁이나 인종 학살을 통해 대규모로 학살당했다. 그리고 늘 존재해온 빈곤, 기아, 질병이라는 광범한 문제는 아직도 단지 조금 감소했을 뿐이다. 이제 이 모든 것에 더하여 우리는 지구온난화, 그리고 머지않아 닥칠 잠재적인 생태적 파국을 자각하기 시작했다. 평화롭게, 행복하게, 그리고 생산적으로 함께 살아가는 아주 훌륭한 과제를 우리 인간은 수행하지 못하는 것으로 보인다. 이 모든 것은 위대한 시와 소설과 영화, 그리고 사회학의 재료이다.

그러므로 사회학은 '인간에 대한 인간의 비인간성'이 삼켜버린 황폐되고 손상된 수십억 명의 삶에 관심을 갖는다. 사회학자는 인간의 사회적 고통을 만들어낼 수 있는 사회적 조건에 관심을 갖는다. 사회학자는 사적이고 개인적인 고통이 어떻게 우리 사회 내부에서부터 기원하는가에 관심을 갖는다.

우리는 개인적인 문제로 보이는 것이 어떻게 공적인 쟁점이기도 한가에 관심을 갖는다. 우리는 개인 삶의 문제를 이해함으로써 난민들의 문제를 파악할 수도 있다. 그러나 우리는 또한 이 문제가 국가 간 갈등, 국가주의, 인종주의, 종교 그리고 경제적 불평등이라는 더 광범한 구조적 문제와 어떻게 연결되는가를 보여줄 수 있다. 사회학은 개인적인 것을 사회적인 것과 연결하고 사적인 것을 공적인 것과 연결하는 책임을 맡고 있다. 그리고 인간의 고통에 대한 분석은 사회학의 중심적인 관심사이다.

늘 삶의 밝은 측면을 본다: 인간의 사회적 삶의 기쁨과 잠재력

이런 점을 고려하면 많은 사람들이 사회학은 우울한 과학이라고, 어둡고 황폐하고 비관적인 학문이라고 말하는 것을 보더라도 놀랍지 않다. 사회학자와의 거래는 그들을 상당히 음울한 사람으로 만들기 때문에 사회학자들과 놀지 말라고 그들은 말한다. 어쩌면 여러분은 이 모든 것들 때문에 이 책을 내려놓고 싶을지도 모르겠다. 그렇지만 계속 들고 있기 바란다. 세상에는 정말로 그런 나쁜 소식들만 있는가? 우리는 비판적이다. 그러나 동시에 우리는 대부분의 시간에 사회 속의 사람들이 어떻게 서로 함께 일하고 서로 돌보고 서로 사랑하며 대체로 편안함과 협동 속에서 그들의 일상을 살아가는가를 볼 수밖에 없다. 우리는 사회가 인간의 놀라운 성취물이라는 것을 자주 깨닫는다.

몇 년 전, 내가 목숨을 건 10시간에 걸친 큰 수술을 마치고 병상에 누워 있을 때 이 모든 것들이 어떻게 가능할 수 있었는지를 생각했다. 내가 앓던 만성 간경변증이라는 치명적 질병은 그동안 수백만 명의 목숨을 앗아갔지만, 근대과학에 기초한 이식수술을 고안하면서 지난 60여 년 동안 수천 명이 목숨을 구할 수 있었다. 우리는 목숨을 위협하는 질병들을 극복해왔다. 그러나 질병 치료에는 훨씬 더 많은 것이 관련되어 있다. 나는 여기 현대식 병원에 입원해 있다. 병원은 내 목숨뿐 아니라 수천 명의 목숨을 구하기 위해 대규모 분업 속에서 수천의 상이한 방식으로 일하는 수천의 노동자들을 고용하고 있는, 아주 많은 비용을 필요로 하는 관료 체제이다. 사방에서 나는 매우 훌륭한 숙련과 과학적 지식을 가진 사람들의 사회적 행위를 관찰할 수 있다. 또한 친절하고 애정 있는 간호를 비롯한 실용적 활동과 관련된 사회적 행위들도 볼 수 있는데, 노동자들은 바닥을 청소하고 환자를 눕힌 침대를 밀고 음식을 제공하고 급배수를 유지하고 외래환자를 접수하고 병상을 정리하며 수많은 사소한 일상 업무를 조율하는 활동을 수행하고 있다. 결코 이런 것들을 하찮은 인간적이고 사회적인 노력이라고 할 수는 없다. 이것들이 어떻게 가능할 수 있는가? 나는 병원에 누워 있으면서 인간의 사회조직과 그것이 이러한 전체적 경험을 형성하는 방식의 경이로움을 찬양했다. 나는 병원의 역사, 전 세계 의사와 간호사의 훈련, 다른 사람을 치료하는 것의 사회적 의미, 많은 사람들의 관대함과 이타주의, (간호사, 의사, 운반자, 구급차 운전사, 사회봉사자, 약사, 채혈 의사, 물리치료사, 이식 조정자, 자원 활동가, 행정가, 병실 관리자, 그리고 그 밖의 사람들을 위한) 시간표와 역할의 일상적 조직을 문득 생각했다. 나는 병실에 있는 나 자신의 사회적 시간표와 수많은 건강 전문가와의 일상적인 만남과 엑스선부터 약물에 이르기까지 이어지는 일련의 의례를 생각했다. 그리고 나는 사회학자는 바로 이런 것들을 이해하고자 한다고 생각했다. 이 모든 것이 어떻게 모였을까? 이것이 어떻게 작동하는가? 그리고 이 모든 것 때문에 나는 그리고 다른 모든 사람들은 살 수 있는 것인가?

그렇지만 이것은 오랫동안 내가 느낀 사회학적 놀라움에 대해 내가 말할 수 있는 수백 가지 이야기 가운데 단지 하나일 뿐이다. 인간의 창의력, 돌봄 그리고 상상력의 경이로운 사례는 수없이 많이 있다. 과학, 의료, 미술, 음악에 대한, 즉 우리가 입는 옷, 우리가 만드는 음식, 우리가 즐기는 음악, 우리가 수백 년 동안 축적한 지식, 박물관과 도서관, 사람을 달에 착륙시키고 전 세계 사람들과 이야기할 수 있게 만드는 기술에 대한 경이가 있다. 그 사례는 얼마든지 이야기할 수 있다. 또한 사회학자들은 인간의 사회 세계 형성, 우리가 문제를 해결하는 방식, 일상 삶을 영위하는 방식, 그리고 종종 타인을 보살핌과 존경과 친절과 사랑으로 대접하는 방식도 순수한 경이 속에서 살펴본다. 그리고 질서 정연한 방식으로 이루어지는 모든 것을 살펴본다. 우리는 일상적인 삶의 사회적 조직, 행복하고 풍족한 삶, 심지어 일부 사람이 살아가는 특권적인 삶까지 살펴본다. 그리고 우리는 바람직하고 친절하며 행복한 사회적 삶을 살 수 있는 사회적 조건에 관해 질문한다.

좋은 소식과 나쁜 소식

그러므로 사회학자들은 야누스의 얼굴을 가졌다. 문제와 고통을 살펴보며 강하게 비판하는 한쪽 얼굴이 있다. 사회 세계의 기쁨과 박애를 살펴보며 (조심스럽게 그리고 비판적으로) 찬양하는 다른 쪽 얼굴이 있다. 이것은 사회에 관해 생각하는 데에서 오랫동안 쟁점이 되어왔다. 그것은 예를 들어 계몽주의 철학자 볼테르Voltaire의 유명한 풍자소설 『캉디드Candide』(1759)에서도 아주 뚜렷하게 발견된다. 여기서 주인공인 캉디드•는 그의 선생인 팡글로스의 '모든 것은 목적을 가지고 있고, 그 목적이란 가장 좋은 목적일 수

• '순박한'이라는 뜻의 이름. — 옮긴이

밖에 없기 때문에 우리의 세계는 가능한 모든 세계 중에서 최선의 세계이다'라는 철학(팡글로스 철학)을 믿지만, 그가 여행하는 모든 곳에서 성폭행, 잔혹, 착취, 살인, 전쟁, 재앙만을 만날 뿐이다. 결론을 내리면 그는 이것을 가능한 모든 세계 중의 최선이라고 할 수는 없다고, 그저 우리는 우리 자신의 삶을 만들고 있다고 말한다. 우리는 우리 자신의 정원을 가꾸는 것이 좋겠다고 그는 말한다. 그리고 여기서 우리는 세계 속에 있는 약간의 행복을 찾을 수도 있다.

생각하기 _ 하늘을 여행하기

여기에도 좋은 소식과 나쁜 소식이 있다.
나는 큰 국제공항에서 비행기를 기다리며 이 모든 것에 관해 경외를 느끼고 있다. 오늘날 호모 사피엔스homo sapiens(두뇌를 사용하는 인간) 수백만 명이 날마다 하늘을 날아 지구를 가로질러 여행하는 일은 어떻게 가능하게 되었는가? 100년 전만 하더라도 이런 일이 정말로 가능하다고 생각이나 했을까? 새로운 '항공 이동'은 근대 지구 세계를 조직하는 데 기여해왔다. 그리고 나는 이러한 사회적 행위의 놀라운 복잡성, 이러한 모든 것들을 가능하게 만든 (비행기, 항공 여행, 공항을 '발명한') 인간의 놀라운 창조성과 발명 능력에 대해 생각한다.
여행에 대해 생각해보자. 평범하게 살아가는 수백만 명의 사람들이 A에서 B로(이를테면 부에노스아이레스에서 카이로로, 아니면 그 어디거나) 가겠다는 결정을 내린다. 전화를 걸고, 웹사이트를 검색하고, 여행 관리자를 만난다. 수천 가지 업무를 포함하는 대규모의 세계적인 예약 체계가 가동한다. 이것은 분명히 세계적 수준에서의 인간 활동이다. 예약이 이루어진다. 도착과 출발이 확정된다. 그리고 공항 대합실에 도착한다. 여기에서 거대한 복합적 활동들이 일어나고 그 와중에 아주 많은 것들이 잘못될 수도 있을 것이다. 줄 서기, 표 받기, 짐 보내기, 여권 검사, 보안 검사, 탑승, 이륙, 착륙 등이 그것이다. 2014년에는 약 33억 명의 사람들이 세계를 가로질러 여행했다. 런던의 히드로 공항에서만 7400만 명이 이동했다(매년 9600만 명의 여행자가 이동하는 대서양은 세계에서 가장 번잡한 지역이다. 베이징 공항을 통해 이동한 사람의 수도 히드로 공항의 그것에 버금한다). 여기에서 놀랍게 복잡한 시간표가 움직인다. 주요 국제공항에서는 비행기가 매 초마다 뜨고 내린다. 그리고 이러한 장소(공간)들은 이제 거대한 소비의 대성당으로, 즉 우리가 하늘로 날아오르려 하는 곳일 뿐 아니라 매우 다양한 종류의 값비싼 상품들을 어느 정도는 사야 하는 장소로 건축되고 있다. 왜 거의 모든 공항들에는 캐비아, 훈제 연어, 해산물, 샴페인을 제공하는 멋진 식당이 자리 잡고 있는가에 대해 나는 자주 생각한다(하늘로 날아오르기 전에 내가 꿈꾸는 마지막 일은 그런 식당에서 식사하는 것인데, 그런 음식점들은 부자들이 자신의 신분을 드러내는 장소가 아닐까). 그러나 이것에 대한 수요도 분명히 있다. 공항은 흥미로운 연구 주제이다. 그것은 순간적인 공동체이고, 거대한 쇼핑몰이며, 감시의 구역이고, 노동의 장소이다. 그것은 거대한 분업, 다중의 복잡한 사회적 만남, 공간의 사회적 조직을 보여준다. 이해해야 하는 기호 체계, 수행해야 하는 실무적인 활동들, 암묵적으로 이해해야 하는 건축물이 있다. 그것은 시장, 의사소통, 갈등, 변동, 그리고 무엇보다도 사회질서의 세계이다. 그리고 그 세계와 함께 우리가 아는 것이 거의 없는, 그러나 때때로 우리가 그것에 관해 읽게 되는 공항의 전체적인 '지하 세계'가 있다. 그렇지만 우리는 아직 하늘로 이륙조차 하지 않았다.

일단 우리가 이륙하면 또 다른 전체적인 일련의 경이들이 등장한다. 약 600명을 싣고 거의 시속 1000km의 속도로 공간을 가로질러 하늘을 날 수 있는 거대한 무쇠 깡통을 인간이 만들어낼 것이라고 200년 전에 상상이나 할 수 있었겠는가. 그리고 그것보다 더한 것도 있다. 이 깡통 속에서 우리는 뜨거운 음식(나는 야채로 만든 저콜레스테롤 퓨전 타이 음식을 선택할 것이다)을 제공받고 끝없이 많은 목록의 영화, 게임, 음악을 골라서 즐길 것이다(수천 킬로미터를 이동하는 8시간의 여행에서 우리가 지루해하는 것을 하느님은 허락하지 않는다). 자동항법장치, 공항 기술자, 지상 근무자, 그리고 당연히 기내 근무자가 활동한다. 끝으로 나는 수백만 개인들의 삶에 대해, 그리고 사업 파트너나 사랑하는 사람을 만나기 위해 세계를 엇갈려 도는 항로에 대해 이것이 의미하는 것을 생각한다. 도착문에서 보게 되는 얼굴들은 많은 것을 말해준다. 리처드 커티스Richard Curtis 감독의 영화 〈러브 액추얼리Love Actually〉(2003)의 마지막 장면은 히드로 공항의 도착문을 보여준다. 막이 천천히 열리면서 여행에서 돌아오는 사람들과 기대 속에서 그들을 기다리는 수백 명의 얼굴이 등장한다. 여기에 공항의 사회질서를 만들고, 공항의 사회가 작동하게 만들면서, 일정한 유형의 방식으로 함께 일을 수행하는 수천 명의 사람들이 있다.

그러나 여기에는 매우 나쁜 소식도 있다. 세계 인구의 대부분은 비행기나 공항 근처에도 가본 적이 없다. 이것은 세계의 거대한 불평등을 시사한다. 세계 인구의 단 1%가 항공 여행의 80%를 이용하고 있으며 오늘날 살아 있는 사람의 단 5%만이 항공기를 타본 것으로 추산할 수 있다. 이보다 더 심각한 것은, 공항과 비행기가 막대한 환경 파괴를 초래한다는 점이다. 대규모의 이산화탄소를 배출하고 생물 서식지들을 파괴하고 있다(앞으로 20~30년 동안 공항과 비행기의 규모는 두 배 이상 증가할 전망이다). 그렇지만 이보다 더 심각한 것은, 2001년 9월 11일 알카에다의 세계무역센터 쌍둥이 빌딩과 펜타곤 공격(네 대의 비행기가 충돌하면서 약 3000명의 희생자와 19명의 지하드 비행기 납치자들이 죽었다) 이래, 비행기는 공포와 의심과 감시와 위험의 장소로 변했다. 내 친구들 가운데에는 보안 검색이 비행기 탑승을 무서운 것으로 만들고 있기 때문에 항공 여행을 혐오하는 사람도 많다. 이제 공항은 지독한 상업주의(탑승구까지 가려면 여러분은 끝없이 이어지는 쇼핑몰을 걸어서 지나야 한다)와 감시(여러분은 처음부터 끝까지 감시받고 있다)와 무례함(사람들은 추악해지고 있다)이 동시에 존재하는 경악의 중심이 되고 있다. 사회학자들은 공항이 어떻게 독특하게 불쾌하고 비인간적인 삶의 중심이 되었는가를 기록해왔다.
이 모든 것에 관해서는 존 어리John Urry의 『모빌리티Mobilities』(2007) 7장, 하비 몰로치Harvey Molotch의 『보안에 반대한다Against Security』(2013) 2장, 그리고 레이철 홀Rachel Hall의 『투명하게 들여다보이는 여행자The Transparent Traveler』(2015)에서 자세하게 볼 수 있다.

한 가지 사례를 더 제시하는 것으로 충분할 터인데, 이것은 훨씬 일반적인 것이다. 비록 사회학자들이 세계의 어두운 것을 보고 그것에 관해 글을 쓰지만 나는 오랫동안 생활 속에서, 그리고 문학작품 속에서 다른 측면도 보았다. 사람들은 가능한 한 불쾌하거나 파괴적이지 않은 방법으로 그들의 이웃과 친구에게 친절하게 대하며, 평범한 사회 세계를 구성하고 그들의 일상을 영위하는 수많은 소소한 방식들을 보여준다. 물론 갈등이 있다는 것, 나쁜 이웃이 있다는 것, 그리고 일부 사회학자들에 따르면 공동체의 몰락이 있다는 것을 우리는 알고 있다. 그렇지만 우리는 타인에 대한 인간적인 돌봄, 친절, 세심함으로 가득 찬 소소한 세계가 어디에나 있다는 것도 알고 있다. 여러 위대한 문학은 우리에게 비극과 활극, 증오와 질시를 잘 보여준다. 그러나 우리는 평범한 일상의 삶을 영위하는 보통 사람들에 대한 찬양도 자주 볼 수 있다. 조지 엘리엇George Eliot의 19세기 소설 『미들마치Middlemarch』• 는 놀라운 사례이다. 세계의 가장 위대한 소설 중 하나로 널리 평가받는 이 소설은 우리가 찾을 수 있을 모든 계급 및 성의 구분을 제시하면서 19세기 작은 공동체에 도래하는 산업화와 그로 인한 변동을 이야기해준다. 그러나 그것은 또한 일상의 영웅적 모습들을, 즉 때로는 다른 사람들을 돌보고 때로는 이타적인 행위를 하면서 자신들의 삶을 꾸려가는 사람들의 이야기를, 그리고 이것이 만들어내는 온갖 사소한 개인적 결점들을 보여준다. 이것은 일상적 삶의 사회조직으로 어디에나 있는 것이고 참으로 놀라운 것이다. 그러므로 사회학자는 일상의 사소한 활동들, 사람들이 서로 어떻게 돌보는가, 그리고 서로 어떻게 사랑하는가를 연구한다. 그렇기에 일상적 삶의 사회학, 돌봄의 사회학, 그리고 이타주의의 사회학이 있고 놀이의 사회학과 사랑의 사회학과 행복의 사회학이 있다.

모든 형편없는 것의 사회학

그러므로 사회학은 아무것이거나 연구할 수 있고 모든 것을 연구할 수 있다. 거대한 것과 사소한 것 둘 모두를 연구할 수 있다. 전통적으로 사회학은 종교, 교육, 경제 등과 같은 일련의 핵심적인 제도들을 자세히 연구한다. 어느 대학의 사회학 교과서들을 살펴보더라도 — 이것은 한 연구 분야에서 당연시하는 것을 찾아내는 좋은 방법이다 — 우리는 가족, 정부, 직장 같은 사회적인 것들에 관한 장章들을 볼 수 있다. 그러나 사회학은 실제로는 훨씬 더 많은 것을 연구한다. 사회학이 다루는 범위는 사회적 삶 전체이다. 인간이 수행하는 모든 것이 사회적인 것을 포함하기 때문에 우리는 어느 것이든 사회

• 영국 중부의 가상 도시를 지칭하는 소설 제목이다. — 옮긴이

학적으로 분석할 수 있다.

이것은 사회학이 분명히 사회적 삶의 모든 거대한 쟁점들(테러주의, 환경 재앙, 새로운 정보기술, 마약 거래, 이주 등)을 연구한다는 것을 확실하게 알려 준다. 그러나 이것은 또한 사회학자가 일상적인 삶의 이런저런 사소한 것들을 포함하는 모든 것에 무조건적으로 관심을 가질 수 있다는 것을 의미한다. 쉽게 떠오르는 몇 가지 주제를 적어본다면, 나이 먹음의 사회학, 병에 담긴 생수의 사회학, 소비의 사회학, 마약과 일탈의 사회학이 있다. 그런가 하면 교육의 사회학, 음식과 축구의 사회학, 지구적인 것의 사회학, 공포영화의 사회학 등도 들 수 있다. 사회학자들은 아일랜드, 이탈리아, 자메이카, 요하네스버그를 연구한다. 그들은 지식의 사회학, 사랑의 사회학, 음악의 사회학, 규범의 사회학을 탐구한다. 또한 그들은 동양 전제주의, 가부장제, 동성애의 정치, 성폭력, 자살, 성전환, 상류계급, 도시 생활, 투표 행위, 복지, 익스트림 스포츠, 청년, 무관용 정책을 연구한다. 우리가 생각할 수 있는 모든 형편없는 것에 대해서도, 심지어 학문 연구의 주제라고 생각하지 않는 것들에 대해서조차 사회학적으로 접근할 수 있다. 사회적으로 함께 모이는 사람들을 포함하는 것이라면 무엇이든 사회학적으로 연구할 수 있다. 사회적인 것이 있는 곳이라면 어디서나 사회학자는 그것을 연구할 수 있다. 사회학은 얼핏 보기에 매우 우스꽝스러운 것을 연구할 수 있고, 그러므로 극히 하찮아 보일 수 있다. 이 때문에 사회학을 상당히 거칠고 분별없는 학문이라고 조롱하는 사람도 더러 있다. 나는 이와 같은 견해가 그 자체로 아주 터무니없는 것임을 입증하고자 한다. 사회학자들은 자신들의 상상력을 발휘하여 인간의 삶에서 사회적인 모든 것(이것은 모든 것을 뜻한다)을 연구할 수 있다.

그렇다면 사회학은 시시한 것인가? 세 가지 T의 사회학

이처럼 겉보기에 '시시한' 사회학의 사례로 쉽게 생각나는 세 가지를 이야기해보자. 나는 그것들을 세 가지 T라고 부르겠다. 토마토tomato의 사회학, 화장실toilet의 사회학, 전화telephone의 사회학으로, '토마토와 화장실과 전화'가 주제이다. 글쎄, 여러분은 비웃을지도 모른다. 그리고 즉각 이것이 사회학에서 전형적인 것이며, 바로 이 때문에 사회학은 시시한 것이라는 평판을 얻는다고 말하는 사람도 있을 수 있다. 토마토의 사회학이나 화장실의 사회학이 정말로 있는가? 생각해보자. 그들이 연구하는 것은 이러하다.

토마토의 사회학은 어떤 것이라고 생각하는가? 내 친구 중 하나는 여러 해 동안 토마토의 사회학을 전문적으로 연구해왔다. 그는 교수이며, 큰 대학의 연구소 책임자이다. 그는 아주 진지한 사람이며, 여러분이 그에게 토마토에 관해 이야기할 기회를 주면 그는 멈추지 않을 것이다. 왜? 그는 가장 오래된 아즈텍 살사Aztec salsa에서부터 유명한 하인즈 케첩을 거쳐 최근에 유행하는 피자와 블러디 메리 칵테일Bloody Mary cocktail에 이르기까지 토마토의 역사를 살펴볼 수 있다. 그는 토마토를 생산하고 교환하고 소비하는 방식이 어떻게 지속적으로 변형되어왔는가를 보여줄 수 있다. 그는 근래의 자본주의 사회에서 토마토의 역할을 살펴보고 '그것'이 어떻게 대량생산에서 일찍부터 선구자였으며 지구적인 요리의 창출에 현대적으로 공헌하는지 보여준다. 오늘날에는 슈퍼마켓에서 판매하는 여러 품종의 토마토가 사람들이 이전에 구입할 수 있었던 것보다 더욱더 표준화되었지만 동시에 종류가 훨씬 더 다양해지면서 훨씬 더 흥미로운 연구 주제가 되고 있다. 우리는 어떻게 토마토를 더욱더 표준화하면서 동시에 그렇게 다양화할 수 있는가? 게다가 어떻게 같은 진열대에서 그렇게 할 수 있는가? 자본주의는 토마토를 어떻게 조직했는가? 세계는 어떻게 변화했는가? 여러분이 다음에 슈퍼마켓에 가면 토마토에 다가가 살펴보라. 사람들의 어떤 연결 사슬이 토마토를 그곳에 가져다 놓는가? 그것들은 왜 이런 형태를 취하는가? 누가 그것들을 구입하고 누가 그것들에서 돈을 버는가? 이것을 알려면 여러분은 그에 앞서 자본주의가 지배하는 지구적 경제체제의 역사적 성질을 논의해야 할 것이다. 하지만 우리는 아직 유전자 조작과 환경 쟁점에 대해서는 논의를 시작조차 하지 않았다.

좋다. 그렇다면 화장실은? 화장실의 사회학은 무엇을 다룰 수 있는가? 자, 내게는 공교롭게도 또 다른 친한 동료 사회학자 하비 몰로치Harvey Molotch가 있다. 그는 '도시사회학' 분야의 세계적인 연구자이며, 근래에는 '잡동사니stuff'라고 부르는 것에 대한 연구를 하고 있다. 그는 우리가 일상적으로 사용하는 모든 사회적인 것들(토스터부터 의자까지)을 살펴보고, 그것의 사회적 역사(그것들은 어디서 왔는가), 그것들의 사회적 외양(그것들은 왜 지금 보이는 것과 같은 모습을 갖게 되었는가), 그리고 일상의 삶에서 그것들을 어떻게 사용하는가에 관해 질문을 제기한다. 우리의 세계는 온갖 물건들로 어수선하다. 여러분은 곧장 여러분 주변의 것들, 즉 컴퓨터부터 연필, 책, 휴대전화, 그리고 그 밖의 것들에 이르기까지의 목록을 만들 수 있다. 그것들은 모두 사회적 객체이며, 그것들 각각을 연구하는 사회학이 있을 수 있다. 그런데 몰로치는 몇 년 전부터 화장실에 관심을 갖게 되었다(농담으로, 그와 그의 동료들은 그것을 '똥 연구'라고 부른다). 이것을 진지하게 이야기하지 않을 수도 있다. 화장실의 사회학? 똥 연구? 다시 계속 생각해보자.

화장실이 제기하는 쟁점들은 넓은 범위에 걸쳐 있다. 화장실은 지난 세기에 우리의 근대적 삶에서 기본적인 것이 되었다(여러분 가운데 화장실을 사용하지 않는 사람이 있는가?). 세계적으로 수세식 화장실은 근대성의 상징icon

이며 부의 문장紋章으로 인식된다. 왜냐하면 세계 인구 중 25억 명은 변소조차 없이 살고 있기 때문이다. 10억 이상의 사람들이 노출된 공간(들판, 흙바닥, 숲, 수풀)에서 방뇨하고 배변한다. 냄새와 광경은 금방 상상할 수 있다. 그러나 건강에 대한 영향은? 위생시설의 결여는 질병을 키운다. 우리가 위생시설을 사회적으로 재조직할 때 우리는 사회의 냄새, 광경, 그리고 건강을 변화시킨다. 그러므로 화장실의 사회학은 건강과 근대성이라는 큰 쟁점을 제기한다. 어떻게 19세기의 위생시설 변화는 건강과 질병 이환율 수준의 변동에서 결정적 요인인 것으로 판명되었는가? 그리고 오늘날의 사회 불평등의 쟁점을 제기한다. 세계에서 누가 '품위 있는' 화장실, 심지어 호화로운 욕실을 사용하는가? 가난한 사람들은 오늘날 어떻게 그렇게 자주 섬뜩한 위생 상태에서 살고 있는가?

이제 더 평범한 수준의 일상적 삶으로 옮겨가자. 일주일 동안 화장실에서의 여러분의 행위와 다른 사람들의 행위를 관찰해보자. 여러분의 행위를 조직하는 암묵적이고 명시적인 규칙들, 그리고 여러분이 발전시킨 사소한 사회적 의례들을 찾아보자. 사회학자들은 그런 것들을 연구하고, 우리 일상의 삶이 규칙과 의례의 미세한 체계 — 그것의 대부분을 우리가 거의 인식하지 못하는 — 에 의해 규제되는 방식을 제시한다. 여성 화장실에서 자주 볼 수 있는 긴 줄 서기를 생각해보자. 성별 차이에 관해 일반적으로 생각해보자. 남성들은 화장실에서 이야기를 나누는 일이 거의 없지만 여성들이 이야기를 나누는 것은 드문 일이 아니다. 옷매무새 고치기와 신체의 거동에 관해 생각해보자. 파로미타 보라Paromita Vohra•의 다큐멘터리 영화 〈Q2P〉••(2006)

• 성, 정치, 도시 생활과 대중매체 같은 주제를 다룬 작품들을 발표해온 인도 뭄바이 출신의 감독이자 작가이다. — 옮긴이

•• '소변을 보기 위해 기다리는 긴 줄(queue to pee)'을 가리킨다. — 옮긴이

를 본 적이 있는가. 유튜브에서도 찾을 수 있는 이 기록영화는 뭄바이를 무대로 어떤 사람들이 소변을 보기 위해 긴 줄을 서야 하는가를 살펴보고 화장실을 통해 성 불평등과 계급 불평등이 어떻게 드러나는지를 보여준다. 때때로 사회학자들은 이른바 일탈 유형(규칙이 깨지는 경우)을 살펴본다. 고전적이고 논쟁적인 훌륭한 사회학 연구서인 『공중화장실 거래Tearoom Trade』에서 사회학자 로드 험프리스Laud Humphreys(1930~1988)는 동성애 남성들이 동성애자를 접촉하기 위해 어떻게 화장실을 사용하는지를 — 일반적인 사용자들은 그곳에서 일어나는 동성애 활동을 알아채지 못하는 상황에서도 — 보여주었다. 그러므로 화장실에 관해 사회학적으로 이야기할 것은 아주 많다.

끝으로 전화의 사회학을 생각해보자. 무슨 이야기를 할 것 같은가? 아마도 전화만큼 보통 사람들의 일상을 혁명적으로 바꿔놓은 의사소통 수단은 없을 것이다. 전화는 1876년경에 발명되었으며, 초기에는 1000~2000명의 엘리트만이 사용하던 의사소통 수단에서 이제는 모든 사회계급과 세계 전역에서 사용하는 광범한 의사소통 방법으로 점차 확산했다(허버트 카슨Herbert Casson의 『전화의 역사History of the Telephone』는 1910년에 출판된 고전으로 전화 사용 초기의 35년을 다루고 있다. 그 이후 많은 문헌들이 전화의 역사를 다루었다). 이동전화는 1980년대에 등장했으며 1990년대에 대중적인 것이 되었다. 스마트폰은 2000년대에 등장했고 2007년에는 아이폰iPhone이 나타났다. 이제 스마트폰은 어디에서나 보편적으로 볼 수 있다. 2014년 무렵 세계 여러 곳에서 약 45억 5000만 명의 사람들이 이동전화를 사용하고 있었다. 영국만 하더라도 2014년에 인구의 93%가 이동전화를 소지했고 성인의 61%가 스마트폰을 사용하고 있었다(http://media.ofcom.org.uk/facts 참조). 단지 몇십 년 만에 이동전화는 세계 전역에서 근대적 삶의 지구적 필수품이 되었다.

이것은 무엇을 뜻하는가? 인간 역사의 대부분에서 의사소통은 직접 그리고 면대면으로 이루어져왔다. 그렇지만 전화의 등장과 함께 인간의 상호작용은 점점 더 기술에 의해 매개되기 시작했다. 우리는 누구에게 이야기할 수 있는가에서, 우리는 언제 그들에게 이야기할 수 있으며 어디서 그들에게 이야기할 수 있는가로 쟁점이 변화했다. 그렇지만 이동하는 스마트폰은 일상의 삶을 혁명적으로 바꾸고 있다. 그것은 지금 21세기가 대면해야 하는 새로운 쟁점들을 제기한다. 예를 들어 공간이 재조직화되고 있다. 이제 친교는 지구를 가로질러 쉽게 넘나들 수 있다. 시간도 변형되고 있다. 이동전화를 통한 수많은 '중단 없는 접촉'을 즉각 사용할 수 있게 되었다. 막대한 정보를 쉽게 어디서나 이용할 수 있게 되었다. 이제 '자아'도 새롭게 그리고 상이한 방식으로, 예컨대 '셀카selfie'를 통해서 표현하게 되었다. 우리가 스카이프Skype를 사용하면서 시각적인 것도 변화하고 있으며, 우리는 얼굴을 보면서 통화할 수 있게 되었다. 새로운 형태의 '문자 보내기'와 글쓰기가 나타나면서 언어도 변화하고 있다. 공적·사적의 구분도 형태가 달라졌다. 예전에는 사적이던 쟁점들이 점점 더 공적인 것으로 나타나고 있다. 전화에 대한 접근에 새로운 위계가 나타나면서 불평등도 심화한다. 어떤 사람들은 세계 전역에서 이 모든 것에 접근할 수 있는 반면 어떤 사람들은 그렇지 못하다. 규제(국가들은 이러한 새로운 의사소통 방법들을 어떻게 통제하는가)와 감시(국가들은 무슨 일이 일어나는지를 어떻게 관찰하는가)가 새로운 지구적 쟁점으로 등장했다. 여러분이 알 수 있듯, '전화'에 관해서는 분석할 것이 무궁무진하며, 사회학자들은 그것에 관해 많은 이야기를 해왔다. 변화는 계속될 것이다. 이제 우리는 '인터넷'과 '빅데이터'의 세계, 그리고 인공지능의 세계에 돌입하고 있다. 이 책에서는 이런 것들을 다시 살펴볼 것이다.

요약

사회학은 사회적인 것을 체계적 · 회의적 · 비판적으로 연구할 수 있는 상상력을 함양한다. 사회학은 인간이 구성한 사회 세계, 그리고 그것의 고통과 기쁨을 탐구하며, 개인적 삶과 공공적 삶 사이의 교량을 만들어낸다. 그것은 (전쟁, 이주, 빈곤 같은) 큰 쟁점부터 (토마토, 화장실, 전화 같은) 아주 작은 것들까지 무엇이든 연구할 수 있으며, 비판적인 동시에 찬양적일 수 있다. 우리는 우리가 만들지 않은 세계 속에서 태어나지만, 그 세계에 대해 행위할 수 있고 그 세계를 변동시킬 수 있다는 생각으로 사회학은 세계와 씨름한다. 사회학도들은 외부자의 입장을 채택한다. 일단 사회학을 만나면, 우리는 다시 그 세계를 예전과 똑같은 방식으로 바라보지 않을 것이다.

더 탐구하기

더 생각하기

1. 자종족중심주의와 자아중심주의에 대한 자세한 토론과 여러분 자신이 가지고 있는 (암묵적인) 가정에 대한 검토를 연결하는 것으로 여러분의 사회학적 상상력을 쌓아올리기 시작하자. 여러분이 여러분 자신의 가정에 대한 믿음을 적어도 당분간 보류할 수 있는지에 대해 생각해보자.
2. 사회학의 '기초'에 대해 조금은 명확하게 이해하기 시작하면서, 여러분 자신의 사회학 블로그나 일기 또는 페이스북을 만들고 또 그것을 다른 사람들과 공유하는 것은 어떤가? 이 장에 이야기한 토마토와 화장실과 전화의 사회학 사례들을 따라 여러분이 흥미를 갖는 사회적 삶의 몇몇 영역들 — 예를 들어 여섯 가지 'D'(춤

dance, 옷dress, 개dog, 민주주의democracy, 마약drug, 술drink) — 에 대해 생각하고, 그것에 대한 여러분 자신의 사회학적 분석을 시작해보자. 이 책을 다 읽을 무렵이면 여러분은 사회학적으로 생각하기를 시작하고 있을 것이며 여러분 자신의 첫 번째 소규모 사회학적 연구를 만들어내게 될 것이다.

3. 이 책의 각 장을 읽으면서, 조금 더 많은 견해들, 관련 링크들, 그리고 몇 가지 핵심 개념들을 모아서 정리해보자. 이 책에서 고딕체로 표시한 단어들은 이해를 위한 핵심 개념들로 책의 끝에 있는 용어 해설에 모아두었다. 여러분은 핵심 단어들에 대한 여러분 자신의 용어 해설을 만들고 그것을 여러분의 블로그에 제시할 수 있을 것이다.

읽을거리

찰스 라이트 밀스Charles Wright Mills의 『사회학적 상상력The Sociological Imagination』(1959)은 여러 세대에 걸쳐 사회학도들에게 영감을 일으켰다. 그 밖의 고전적인 사회학 소개서로는 피터 버거Peter Berger의 『사회학에의 초대Invitation to Sociology』(1966), 노르베르트 엘리아스Norbert Elias의 『사회학이란 무엇인가?What is Sociology?』(1978), 지그문트 바우만Zygmunt Bauman의 『사회학적으로 생각하기Thinking Sociologically』(2판, 팀 메이Tim May와 공저, 2001)가 있다. 나는 1960년대에 버거의 책을 읽고 사회학에 빠져들었다. 버거는 그의 『어쩌다 사회학자가 되어Adventures of an Accidental Sociologist』(2011)에서 자신의 개인적인 사회학 이야기를 이해하기 매우 쉽게 밝히고 있다. 그 밖의 중요한 소개서로는 벤 애거Ben Agger(1952~2015)의 『가상 자아The Virtual Self』(2004), 리처드 젠킨스Richard Jenkins의 『사회학의 기초Foundations of Sociology』(2002), 찰스 레머트Charles Lemert의 『사회적인 것Social Things』(4판, 2008)이 있다. 흔히 교과서들은 해당 학문 분과가 다루는 주제의 범위를 알아내고 그 분과에 대한 감각을 얻는 훌륭한 수단이기도 하다. 여러 교과서 가운데 앤서니 기든스Anthony Giddens와 필립 서턴Phillips Sutton의 『현대사회학Sociology』(7판, 2013), 로빈 코언Robin Cohen과 폴 케네디Paul Kennedy의 『지구사회학Global Sociology』(3판, 2013), 존 풀처John Fulcher와 존 스콧John Scott의 『사회학Sociology』(4판, 2011), 존 매키오니스John Macionis와 켄 플러머Ken Plummer의 『사회학: 지구적 소개Sociology: A Global Introduction』(5판, 2012)를 읽어볼 수 있다. 대니얼 네링Daniel Nehring의 『사회학: 소개서와 독본Sociology: An Introductory Textbook and Reader』(2013)은 읽을거리에 대한 유용한 목록과 명료한 해설을 담고 있다. 토마토에 관해서는 마크 하비Mark Harvey 등의 『토마토를 탐구한다Exploring the Tomato』(2002)를 읽어보기 바란다. 화장실의 사회학에 대한 근래의 연구로는 다라 블루멘털Dara Blumenthal의 『되돌리기의 작은 거대한 공간Little Vast Rooms of Undoing』(2014)이 있다. 전화에 관해서는 리치 링Rich Ling의 『모바일 미디어와 새로운 인간관계 네트워크의 출현New Tech, New Ties: How Mobile Communication is Reshaping Social Cohesion』(2008), 낸시 바임Nancy Baym의 『디지털 시대의 개인적 연결망Personal Connections in the Digital Age』(2015), 벤 애거의 『과잉 유출: 인터넷 시대의 자아 표현Oversharing: Presentations of Self in the Internet Age』(2015)을 보기 바란다.

Sociology

2

이론: 사회적인 것을 생각한다

사회는 개인들의 단순한 합이 아니다. 오히려 그들의 결사에 의해 형성된 체계는 그 자체의 특성을 갖는 특수한 실재를 나타낸다. …… 집단은 그것의 구성원들이 고립되어 있을 때의 방식과는 완전히 다른 방식으로 생각하고 느끼고 행위한다.

에밀 뒤르켐Émile Durkheim, 『사회학적 방법의 규칙The Rules of Sociological Method』, 1895

그렇다면 사회학자들이 연구하는 '사회적인 것the social'이라고 부르는 것은 무엇인가? 그리고 그것을 어떻게 분석할 수 있는가? 우리는 바로 여기서 출발한다. 많은 사람들은 인간의 삶을 생물학적인 것, 개인적인 것, 경제적인 것, 또는 종교적인 것으로 보는 데에서 출발하고자 한다. 그러나 사회학자에게 출발점은 늘 사회적인 것에 있다. 그래서 '사회적social'에 '학문ology'을 덧붙이는 것이다. 사회적인 것은 다중의 의미를 갖는 어려운 개념이다. 50여 년 전 내가 원기 왕성한 젊은이로서 처음으로 사회적인 것을 연구하게 되었을 때에도 그러했다. 순진하게도 '사회적인 것'과 강력하게 연결되는 단어로 내가 알고 있는 것은 세 가지였다. 사교 모임social partying, 사회사업 social work, 사회주의socialism가 그것이다. 그때 나는 세 가지 모두를 좋아했고, 그것이 연구하기에 좋은 주제임에 틀림없다고 생각했다. 그러나 곧 사회적인 것이 그것보다 훨씬 더 많은 것을 의미한다는 점을 알게 되었다. 이 장에서는 우리는 사회적인 것이라는 개념을 탐구하는 것에서 시작해 사회학자들이 사회에 관해 생각하는 몇 가지 방식들을 살펴볼 것이다.

사회적인 것은 무엇인가?

나는 사회학이 사람의 삶이라는 특징적 실재를 연구한다는 점을 명확하게 밝히려고 한다. '사회적social'과 '사회society'는 라틴어 'socius'에서 유래하는데, 이 어휘는 원래 친구나 동료를 뜻했다. 이것은 능동적 교제와 우의를 시사한다. '사회적인' 것이라는 관념은 19세기에 발전했으며 점점 더 인간의 경험을 매개하는 인간의 결사체와 공동체(가족, 촌락, 교구, 마을, 자발적 결사체, 계급)의 군집을 의미했다. 그것들은 (친목 모임이나 자립적·직업적 노동조합처럼) 종종 친교 목적으로 모이는 사람들의 결사체를 가리킨다. 그 후 '사회'라는 관념은 성장하여 사회학자들에게 중심 관념이 되었다. 그들은 이 관념을 그들의 연구 대상으로 만들면서 강조하거나 심지어 구성했다. 사회적인 것은 국가의 작동 범위 밖에 존재하는 결사체들(이제 '시민사회civic society'라고 종종 불림) 속에서 함께 기능하는 사람들이라는 관념을 포착하게 되었다. 그리고 근래에는 사회라는 개념 자체에 대한 도전이 나타났고 논쟁이 재연되고 있다. 이 장은 이러한 몇 가지 견해들을 제시할 것이다.

▌다학문 분과성 _ 사회학을 다른 학문 분과들과 연결하다

사회학은 인간과학 및 사회과학의 한 분야이다. 사회학이 초점을 맞추는 것은 사회적인 것이며, 이 책의 과제는 이것이 무엇을 의미하는가를 밝히는 것이다. 그러나 사회학은 다른 사유방식들과 분리되어 혼자 설 수는 없다. 사회학은 우리의 세계를 이해하고자 하는 광범한 다학문적 기획의 일부이며, 빈번하게 다른 학문 분과들로부터 도움을 받고 또한 그것들에 공헌한다. 인류학, 범죄학, 경제학, 인문학, 역사학, 철학, 심리학 그리고 그 밖의 학문 분과들과의 연결은 늘 필요하다.

그러므로 우리는 각 사회들의 의미의 그물망을 세계 전역에 있는 문화들 및 상징들과 비교하면서, 사회들이 어떤 점에서는 매우 상이하지만 어떤 점에서는 매우 유사한가를 볼 수 있는 인류학자의 눈을 필요로 한다. 우리는 근대의 금융자본주의와 지구자본주의 작동의 핵심에 접근하고 경제체제들을 대조하는 비판적인 경제학자의 분석 능력을 필요로 한다. 우리는 우리가 어디서 오는가를 감지할 수 있는, 우리가 탐구하는 모든 것이 과거로부터 등장하고 발전해온다는 것을 인지할 수 있는 역사가의 감수성을 필요로 한다. 이러한 '사회적인 것'은 어떻게 생겨났는가? 우리는 '내면적 삶'의 동역학이 광범한 세계와 어떻게 연결되는가를 파악하는 심리학과의 연계를 필요로 한다. 우리는 지식의 의미(인식론), 인간의 사회적 삶의 성질(존재론), 그리고 심지어 우리 존재의 궁극적 가치(윤리)를 둘러싼 어느 정도의 근본적 쟁점들을 다루는 철학자의 정신을 필요로 한다. 우리는 사람들이 그들 일상의 창의성과 실행의 무수한 다중성들을 다루어 나아가면서 보여주는 독특한 인간들의 복잡성과 상상력을 파악할 수 있는 예술가의 통찰도 조금은 필요로 한다. 우리는 다른 사람들의 삶에 대한 우리의 지평을 넓힐 수 있도록 책과 문학을 읽을 필요가 있다. 이 모든 것은 쉽지 않은 요구이며 어느 한 학문 분과(또는 개인)만이 수행할 수는 없는 일이다. 그렇지만 조금씩 조금씩, 그리고 한 사람씩 한 사람씩 결합하는 것은 가능하다. 사회학은 이러한 모든 다른 학문 분과들을 진지하게 취급하고 이것들을 묶어 더 심층적인 이해를 추구할 때 진정으로 최상의 상태에 도달할 것이다.

예를 들어 여러분이 교육을 연구한다고 상정해보자. 사회학자는 학교가 더 넓은 사회 그리고 불평등과 어떻게 연결되는가에 관한 '거시적' 질문과 학교 문화에 관한 '미시적' 질문을 제기할 것이다. 인류학자는 세계 여러 곳의 상이한 종류의 사회들에서 교육이 어떻게 존재하고 어떻게 작동하는가를 보여줄 것이다. 범죄학자는 학교의 '비행 문화'에 관해 질문할 것이다. 경제학자는 교육의 공급과 수요 그리고 비용의 움직임을 살펴볼 것이다. 인문학자는 학교, 선생과 학생에 관해 우리에게 상상력과 통찰력을 제공하는 영화, 그림, 소설을 제시할 것이다.

역사학자는 교육체계가 시간의 경과와 함께 어떻게 변동하고 성장해왔는가를 질문할 것이다. 철학자는 교육의 목표와 의미에 주목하도록 우리를 안내할 것이며, 심리학자는 아동과 청소년의 발달로 안내할 것이다. 한층 더 심층적인 이해는 여러 학문 분과들을 연결하는 데에서 얻을 수 있을 것이며, 그것들 가운데에서 사회학은 필수적인 부분을 맡고 있다.

사회적 사실 / 함께 실행한다

간단히 말해, 오늘날 '사회적인 것'은 두 가지 의미를 갖는다. 그것은 그 자체가 독립적으로(독자적으로sui generis) 존재하게 된 실재, 또는 사람들 사이의 상호작용과 의사소통이라는 실재를 묘사할 수 있다. 사회적인 것이 그 자체의 생명을 갖는다는 견해는 사회학의 찬양받는 창시자인 프랑스 학자 에밀 뒤르켐(1858~1917)이 유명하게 주장했다. 그에 따르면 사회는 집합적 실재로 개인을 넘어서, 그리고 개인의 위에 독특하게 자리하고 있다. 어떤 점에서 그것은 군중crowd처럼 작동한다. 사회는 그 자체의 생명을 갖게 되고, 그것을 통해 구성원들에게 특정의 방식으로 행위하도록 강제하게 된다. 그러므로 사회학자는 이런 사회적인 것을 개인들에 대해 외부적 사실 — 구성원들을 제약하는 — 로 연구한다(뒤르켐이 이것을 **사회적 사실**이라고 불렀다는 것은 유명하다).• 오늘날 사회적 사실들은 지구적이며 디지털적이다.

이와 대조적으로 또 다른 영향력 있는 초기 사회학자 게오르크 지멜Georg Simmel(1858~1918)은 사회적인 것을 관계와 상호작용에 자리 잡고 있는 것으로 보는 상이한 견해를 제시했다. 그는 '사회는 단지 실제의 실재들인 개인들의 군집constellation일 뿐'이라고 주장했다. 그에 따르면 동일한 종species의

• 앞에서 이야기했듯이 고딕체로 표시된 단어는 이 책의 끝에 있는 용어 해설에서 찾아볼 수 있다.

다른 사람들과의 의사소통은 사람들의 삶의 특징적인 **사회적 형식**social form 이 되었다(인류라는 종은 비사회적인 것일 수도 있었다). 사회적인 것은 인간의 상호작용이며, 사회학의 핵심은 이런 상호작용에 대한 연구이다. 유명한 고전 사회학자 막스 베버Max Weber(1864~1920)가 질문하듯, 우리는 어떻게 '타인들의 행위를 고려하게' 되는가? 주도적인 현대 사회학자의 하나인 하워드 베커Howard S. Becker(1928~)는 사회학이 '함께 행위하는doing things together' 사람들을 연구한다고 제시했다. 사회적인 것은 사람들 사이의 관계이며, 우리는 우리가 서로 연결하는 방식에 관해 질문한다. 우리는 어떻게 서로 함께 살아가는가, 그리고 우리는 타인 없이 어떻게 생존할 수 있을 것인가. 여기서 대니얼 디포Daniel Defoe의 유명한 소설 『로빈슨 크루소Robinson Crusoe』를 상기할 수 있다(그리고 디지털 연결망은 이것의 현대판이라고 할 수 있고, 여기서는 텔레비전 리얼리티 프로그램인 〈나는야 유명인 … 나를 뜨게 해줘요!I'm a Celebrity … Get Me Out Of Here!〉의 초기 스타가 아마도 로빈슨 크루소일 것이다). 사회학자들은 사회가 어떻게 가능한가, 그리고 인간이 어떻게 함께 살 수 있는가를 질문한다. 사회적 존재들은 사회적 협력과 결사를 통하지 않고서는 생존할 수 없고 그들 자신의 필요를 충족할 수 없다. 이런 의미에서 사회적인 것은 우리가 타인들의 정신을 통해 살아가기 때문에 우리의 상상력 속에 살아 있는 것이다. 사회학자들은 이러한 과정을 종종 **역할**role 습득과 **상호주관적인 것**inter-subjective이라고 부른다. 그렇다면 이것은 어떻게 일어날 수 있는가?

사회적인 것을 획득한다: 사회화와 자아

새로 태어난 아이는 신체적인 욕구로 가득 차 있으며 매우 인간적인 동물이다. 그러나 그다지 사회적인 동물은 아니다. 세계 모든 곳의 모든 좋은 부모들이 알고 있듯이, 아이를 훈련하고 아이가 적절하게 사회적이고 공감적인 존재가 되는 것을 돕는 데는 시간이 걸린다. 이 과정(흔히 초기 또는 일차 사회화socialization라고 부른다)은 문화에 따라, 그리고 역사에 따라 매우 상이하게 이루어진다. 어린이는 유모, 보모, 공동체와 대가족, 홀부모, 거주가정 등이 키운다. 육아 관습에는 많은 다양성이 있으며, 어린이들이 언어, 자아 감각, 그리고 그들의 사회적 관습 — 좋은 것이거나 나쁜 것이거나 — 을 어떻게 형성하게 되는지를 보여주는 연구들은 많이 있다. 발달에 중요한 다른 사람들의 영향력 없이 어린아이를 홀로 두었다면, 그 아이는 틀림없이 사람으로 발달하지 못했을 것이다. 고립 속에서 살도록 버려졌다가 나중에 발견된 야생 어린이에 대한 여러 연구들은 그가 사회적 존재로 기능할 수 없다는 것을 보여준다.

사회과학에서 제기되는 가장 공통적인 논쟁 중 하나는 이른바 '자연-양육nature-nurture' 논쟁이다. 우리는 우리의 자연(유전자 등) 때문에 지금의 우리가 되었는가, 아니면 우리의 양육과 더 넓은 환경 요인들 때문에 지금의 우리가 되었는가? 150여 년 동안 끝없는 논쟁이 이어졌지만, 그리고 많은 사람들이 그 논쟁을 지속하고 있지만, 이제는 그것을 잘못된 논쟁이라고 할 수 있다. 환경과 유전자 둘 모두 인간의 삶의 형성에서 중요한 역할을 수행한다. 분명히 연구자와 학문 분과에 따라 상이한 측면을 불가피하게 강조할 것이지만, 대부분 사람들은 이제 둘 사이의 상호작용이 중요한 사안이라는 점에 동의할 것이다. 진화론적 추동력과 특수한 생물학적·유전적 영향력이 늘 존재하며, 동시에 특수한 역사적이고 문화적인 형성자들이 늘 존재한다. 사회학을 다루는 이 책에서는 바로 이러한 사회적 형성자들이 최고의 자리를 차지하는데, 이것들을 무시하는 사람들도 적지 않다.

타인에 대한 깨달음: 자아와 상호작용

여기서 핵심적인 관념 중 하나는 인간의 자아self 발달이라는 관념이다. 이것은 심리학자 윌리엄 제임스William James(1842~1910), 사회학자 찰스 호턴 쿨리Charles Horton Cooley(1864~1929), 철학자 조지 허버트 미드George Herbert Mead(1863~1931), 그리고 이제는 흔히 상징적 상호작용론자symbolic interactionist로 알려져 있는 사회학자들의 견해가 주로 형성한 관념이다. 공감, 감정이입 그리고 자아 – 그것들의 특징, 원천, 변형, 그리고 사회질서를 창조하고, 우리 인간 본성을 일관성 있게 만드는 데에서 그것들이 수행하는 역할 – 를 탐구하는 지적 전통은 매우 오래된 것이다. 공감과 감정이입은 동류의 느낌에 말을 거는 반면, 자아는 사회적 행위 속에서 내가 누구인가를 질문하고, 진정으로 독특한 개인과 더 일반적인 사회적 존재 사이에 필수적인 연결을 만들어내는 데 기여한다. 자아 및 자아 각성에 대해 어느 정도의 감각을 갖는 것은 우리가 일관성 있는, 심지어 활발하게 활동하는 사회적 인간들로 더욱 진화하는 것을 돕는다.

이러한 자아는 우리가 사회적으로(삶 전체에 걸쳐 다른 사람들을 통해 그리고 다른 사람들과) 의사소통하는 방식이 우리 존재의 핵심에 자리하고 있다는 것을 시사한다. 그렇지만 우리는 그것을 우리의 가장 어린 시절의 경험에서 알아봐야 한다. 그것은 유아가 그 자신의 본능적인 욕구 충족의 세계 너머에 무엇인가가 있다는 것을 깨닫기 시작할 때, 그 자신의 주변에 있는 (그가 의존하는) 얼굴들과 손들을 인식하고 판별하게 되면서 시작된다. 조금씩 유아는 맥동하는 작은 묶음의 자아중심적 욕구들에서 타자들에 대한, 그리고 궁극적으로는 훨씬 더 광범한 사회 세계에 대한 인식으로 나아간다. 이러한 자아의 초기 단계는 어린이가 타자에게 기계적으로 반응할 때 간단히 일어날 수도 있다. 그렇지만 어린이는 조금씩 부모와 공감하게 되고, 궁극적으로는 타자(동무, 공동체, 사회)에 대한 폭넓은 감각을 확장하고 창출하게 된다. 미드는 이것이 여러 국면들 — 모방, 타자의 역할 수행, 놀이하는 타자에 대한 감각 및 궁극적으로는 공동체에 대한 훨씬 광범한 감각, 그리고 일반화된 타자에 대한 감각 획득 — 을 거치면서 진행한다고 말한다. 미드의 저작은 우리가 사회적인 존재가 되어가는 과정에서 핵심적 역할에 대한 중요한 초기 설명을 제공한다. 우리는 운동 종목이나 체스 경기를 배우는 것에 빗대어 유추할 수 있다. 그런 놀이들을 적절히 수행하기 위해서는 우리가 다른 사람들의 역할을 수행할 수 있어야 한다는 것을 생각해보자. 사회적 삶에서 우리의 모든 상호작용은 이것과 유사하다. 타자의 역할을 적절히 수행하지 못하는 것은 사회적 붕괴의 주요한 원천이다.

자아라는 관념은 (흔히 'I'라고 부르는) 내적 존재를 시사하는데, 이 존재는 외부 세계의 (종종 'Me'로 부르는) 기대와의 지속적인 대화에 참여한다. 이것은 우리가 끊임없이 우리 자신 및 타자들과 대화를 갖는 과정이며 그것을 통해 우리가 누구인가를 이해하고 우리 자신의 삶과 세계를 이해하기 위해 씨름하는 과정이다. 이러한 대화는 이미 존재하고 있는 사회적 유대와 의사소통적 유대에 의존한다. 이것을 수행하기 위해 우리는 우리의 (부분적으로 유전적인) 신체와 감정 속에 주어져 있는 우리의 내적 자원과 우리 주변의 가깝고 먼 다른 사람들 — 그들의 중요성은 우리의 삶에 의미를 부여하는 데 도움을 준다 — 에게서 우리가 찾아내는 것들과 늘 연결하며 심지어 균형을 맞춘다. 우리가 자아만으로 살아가는 것은 결코 아니다. 우리가 누구인가는 늘 다른 사람들에 의해 우리 자신에게 — 마치 거울 속의 자기 모습처럼 — 되돌려 성찰되며, 우리는 타자들의 마음속에 거주하게 된다. 우리는 거울 같은 의사소통의 망 — 상징과 기호의 흐름(기호학semiotics) — 을 직조한다. 여기서 타

표 2-1 _ 사회적인 것의 연속체

개인들 / 행위	자아	집단들	사회	세계
주체	상호작용	조직들	국가들	지구적
미시		중간		거시

자들은 늘 우리의 다음 움직임에 영향을 미친다. 그러므로 이런 의미에서 사회화는 태어나서부터 죽을 때까지 지속되며, 따라서 평생의 과정이다(사회학자들은 흔히 이것을 성인 사회화와 이차 사회화라고 말한다). 여기서 문제가 되는 것은 우리가 상상적인 타자들의 사유 속에 – 우리가 이것에 대해 의식하지 않을 때조차도 – 살게 된다는 것, 그리고 우리의 사회적 삶이 지속적으로 이것에 의해 형성된다는 것이다. 자아는 성찰적reflective이고 재귀적reflexive이며 그 자체와의 영원한 대화 속에서 사회적 삶을 이해하고자 시도한다. 그리고 타자들은 일차적으로 〈표 2-1〉과 같은 범위에 걸치는 일종의 연속체로 볼 수 있다.

사회학은 이 모든 것을 연구한다. 우리는 이러한 사회적 타자들을 개인과 자아라는 가장 작은 단위(미시micro)부터, 집단과 조직이라는 (종종 중간meso이라고 부르는) 일련의 중간적 단위들을 거쳐, 사회와 세계라는 가장 큰(거시macro) 단위들까지 접근할 수 있다. 이것에서 우리는 세 가지 상이한 종류의 사회학을 구성할 수 있다. **미시사회학**micro-sociology은 사회적 행위, 면대면 상호작용 및 그것의 맥락을 살펴보고, 사람들이 그들 자신이 살고 있는 세계를 어떻게 이해하는가를 검토한다. **거시사회학**macro-sociology은 사회 전체를 살펴보고, 흔히 사회구조들(또는 안정적인 유형들)과 교육이나 경제 같은 핵심적인 사회제도들(또는 조직화된 습관들)의 특징을 비교한다. **중간사회학**meso-sociology은 그것들을 연결하는 유형들(작업장, 학교, 병원 등과 같은 조직에서 상호작용)을 살펴본다.

삶의 어떤 측면이라도 이러한 수준들을 통해 분석할 수 있다. 예를 들어 범죄라는 문제를 사례로 살펴보자. 미시 수준에서 본다면 핵심적인 관심은 어떻게 많은 범죄들이 학습된 행위인가 하는 것이다. 우리는 '일탈' 행위의 유형들을 우리가 함께 지내는 집단과 관련지어, 또는 범죄의 기회를 제공하는 상황 속에 함께 있다는 사실과 관련지어 찾아낸다. 상황과 압박과 사회적 집단학습은 법률 위반이나 다른 '일탈들'을 이해하는 데에서 핵심 도구가 된다. 사회학자들은 순전히 개인적인 유형의 — 생물학적인 것(나쁜 혈통, 범죄적 유형, 범죄적 유전자) 또는 인성 유형(사이코패스, 환자, 위험한 인간) — 범죄에는 별다른 관심을 갖지 않는다. 오히려 그들의 관심은 집단학습과 일탈적 자아를 획득하는 방식에 있다. 또한 그들은 상호작용적인 것the interactional에, 즉 특정 상황에서 범죄가 어떻게 실제로 일어나는가에 초점을 맞춘다. 특정 상황에서 폭력단의 조직원은 어떻게 칼을 빼어드는가? 비행자들은 사회를 그리고 서로를 어떻게 보는가? 어떤 상황에서 일부 사람들은 세금에 관해 속임수를 사용하는 것을 괜찮다고 생각하는가? 절도, 성폭행, 살인, 음주운전, 마약, 테러 행위를 둘러싼 무엇이 그 행위의 발생을 촉진하는가? 이런 상황에서 사람들은 그들 자신을 어떻게 보게 되는가? 그리고 사람들은 상황이 그런 식으로 움직이도록 돕기 위해 그 상황에 어떤 이야기와 언어를 끌어들이는가?

중간 수준으로 움직이면, 사회학자들은 경찰, 법정, 감옥이 거대한 관료제로 기능하는 방식, 그리고 그 안에서 관료제를 통해 사람들을 다루는 방식에 관심을 갖는다. 더 넓게, 거시 또는 구조적 수준에서는 범죄가 사회적 삶의 정상적 조건과 결합하는 방식에 초점을 맞추게 된다. 범죄에는 일정한 유형이 있으며, 또 범죄는 모든 사회에서 발견된다. 유형은 금방 찾아낼 수 있다. 범죄 통계를 살펴보면 여러분은 범죄가 금방 아무렇게나 일어나지 않는다는 것을 감지할 것이다. 압도적으로 범죄를 저지르는 부류는 으레 젊은 이들이며, 흔히 하층계급과 유색인종이다. 우리는 이것이 어떻게 그러한가, 또는 심지어 이것이 사실인가를 질문할 수 있다. 어쩌면 통계는 다른 것을 측정해 보여주는 것이 아닌가, 통계 자체가 사회적 행위라고 생각해야 하는 것이 아닌가를 질문할 수 있다. 또 우리는 시간과 역사를 가로질러 여러 방식으로 조직되고 구조화된 법, 경찰, 죄수 같은 제도들에 관해 질문을 제기할 수 있다. 그리고 우리는 그런 제도들이 범죄에 어떤 영향을 미치는가(범죄를 방지하거나, 범죄 자체를 구조화하거나)를 질문할 수 있다. 더 넓은 수준에서 우리는 지구적인 것을 다룬다. 여기서 우리는 사회에 따라 범죄율이 상이하다는 것을 발견한다. 전통적인 이슬람 사회나 일본, 그리고 스위스에서는 왜 범죄 발생률이 낮은가? 그리고 다른 사회에서는 그것이 왜 높은가? 인신매매, 밀수, 돈세탁, 마약 거래 등의 사례에서 보듯이 범죄는 왜 그리고 어떻게 점점 더 지구적 형태를 취하는가?

그러므로 사회학은 모든 사회적인 것들(사람들이 서로서로 함께 만드는 광범한 연계)을 검토한다. 사회학은 사회적인 것을 우리가 숨 쉬는 공기로 생각하라고 권장한다. '사회적인 것'은 어디에나 있다. 우리는 늘 다른 사람들과 연결되며, 그러므로 광범한 전체는 늘 부분보다 크다. 전형적으로 우리는 이러한 관계들 속에 있는 기저의 유형을 찾고자 하며, 사람들이 문화 속에서 그들의 삶에 부여하는 의미를 검토하며 이 모든 것을 사회적 행위라는 지속적이고 영구한 흐름 속에서 흘러가는 것으로 본다. 고립된 개인 같은 것은 없다. 존 던John Donne(1572~1631)의 유명한 시가 말하듯, "인간은 섬이 아니다No Man Is an Island". 스티븐 손드하임Stephen Sondheim의 뮤지컬 〈숲 속으로 Into the Woods〉에서 노래하듯, "혼자인 사람은 아무도 없다No One is Alone". 우리의 개인성, 우리의 신체, 우리의 감정, 우리의 감각 등과 같이 겉보기에 가장 자연적인 것들조차도 상이한 사회적 상황 아래서 막대하게 달라진다. 아마도 대부분 사람들은 통상적으로 그들의 일상 세계를 이런 (사회학의) 방식으로 바라보지는 않을 것이다.

사회적인 것의 가장 큰 단위는 종종 '사회society'라고 할 수 있다. 오래되거나 새로운, 크거나 작은 모든 사회는 살아가기 위해 식량, 주거, 의복, 사물, '자본' 등과 같은 자원들을 조직해야 한다. 사회는 서로 일정 수준의 질서를 유지해야 한다. 만약 모든 사람들이 단지 그들 자신의 행위만을 수행한다면 아마도 혼돈과 붕괴가 일어날 것이다. 확실히, 갈등은 관리해야 한다. 나아가 사람이라는 동물은 그 어떤 동물들보다도 세련된 언어와 대화 방식을 발전시켰기 때문에 그들 자신의 믿음, 그리고 서로에 대한 그들의 의사소통 방식을 조직해야 한다. 그리고 끝으로 그들은 한 세대에서 다음 세대로 이것을 전달해야 하고 그들의 사회를 재생산해야 한다. 그렇지 않으면 그들은 사멸해갈 것이다. 요컨대 모든 사회는 '경제', '정치적·법적 체제'(지배구조governance), '문화·믿음·의사소통', 그리고 '사회화의 기제'를 필요로 한다. 이것들은 모든 사회조직의 구성 요소이다. 그러한 것들에 대한 관심은 이 책 전체에 걸쳐 계속 등장할 것이다.

사회적인 것으로서의 몸

아주 뚜렷한 사례로 사람의 몸에 대해 생각해보자. 몸에 대해 이야기하는 것은, 사회학자들이 뚱뚱한 개인들(겉보기에 가장 개인적인 것이다)을 보면서 그들이 사회적 관계 속에 흠뻑 젖어 있는 존재라는 것을 알아내기 때문이다. 우리의 '사회적 몸'은 사람들이 어떻게 '함께 무엇을 수행하는가'를 보여준다. 언제 어디서나 늘 몸은 근본적으로 '사회적'이다. 우리의 몸, 우리의 느낌, 우리의 감각은 사회적 상황에 따라 막대하게 다르다. 우리는 상이한 사회 속에서 세계를 상이하게 보며, 몸을 상이하게 경험하며, 심지어 상이하게 걷는다. 사회적인 것의 규칙 아래에서 몸은 변화한다.

몸은 사회적인 것을 이해하는 데 좋은 사례이다. 왜냐하면 상식적으로 우리는 몸을 압도적으로 생물학적이고 자연적인 것으로 생각해왔기 때문이다. 당연히 몸은 자연적인 것이다. 생물학자들(그리고 많은 심리학자들)은 적절하게 우리의 두뇌, 유전자, 호르몬의 생물학적인 작용에 일차적으로 초점을 맞춘다. 그들은 우리의 생물학적 몸의 진화, 구조, 기능을 살펴본다. 그들은 '자연적 몸'이라는 가정을 당연한 것으로 받아들인다. 사회학에서 어떻든 생물학을 거부하는 경우는 분명히 없으며, 사실상 많은 사회학자들은 생물학자에 가깝게 작업하는데, 때로는 '사회생물학'을 연구하고, 때로는 동물의 사회적 삶을 살펴보고, 때로는 사회적 삶에서 '자연'과 자연적인 것의 역할을 비판적으로 검토하며, 오늘날에는 사회적 삶을 중요한 환경적 쟁점과 종종 연결한다. 그렇다고 하더라도, 사회학자들은 또한 몸과 생물학을 인간과 관련하여 근본적으로 사회적인 것으로 간주해야 할 어떤 것이라고 상정하고 살펴본다. 그렇다면 몸은 어떤 방식에서 사회적인가?

간단한 답은 우리의 몸이 다른 사람들과 관계되기 때문에 우리는 우리의 몸에 무엇을 한다는 것이다. 우리는 우리의 몸을 다른 사람들과 연결한다. 우리의 몸을 어떻게 움직여야 하고 어떻게 장식해야 하는가에 대한 사회적 기대는 우리가 다른 사람들과 관계를 맺기 때문에 생겨난다. 궁극적으로 우리 몸의 행동은 (우리가 행위하는 방식을 강제하면서) 그 자체의 생명을 갖게 될 수 있다. 가장 단순한 수준에서, 우리가 옷, 머리 모양, 문신, 피어싱을 통해 우리의 몸을 어떻게 장식하고 보여주는가를 생각해보라. 우리 대부분은 몸에 관해 얼마나 안달하는가! 우리는 옷을 아무렇게나 입는 것이 아니라 특정 방식으로 입어야 한다. 우리가 유행하는 옷을 입는 까닭은 생물학적인 것이 아니라 문화적인 것이다. 우리는 사람들을, 그들을 특정의 문화와 세대에 묶는 그들의 복식과 유행과 옷차림을 통해 판별한다. 2010년의 청년은 1950년의 청년과 다르게 옷을 입는다. 마히Mahi 부족은 빅토리아 시대의 주교처럼 입지 않는다. 우리는 우리의 몸과 관련하여 사회적 함의를 갖는 것들을 분명히 수행한다. 그러나 우리가 이것을 수행하는 방식 — 종종 '체현embodiment', '몸 기획body project'으로 부르는 — 은 이러한 단순한 사례를 넘어서 방식을 확대한다. 이제 잘 발전된 몸의 사회학이 있으며, 다음의 글상자는 여러분에게 생각해볼 몇 가지 사례를 제공한다.

▌생각하기 _ 사회적 몸

몸이 사회적인 것인 여러 가지 방식을 생각해보자. 예를 들면 다음과 같다.

1. 우리는 일련의 활동(예를 들어 목욕과 이발, 화장과 위생)을 통해 우리의 몸을 청결하게 유지한다. 상이한 사회는 상이한 깨끗함의 체제를 기대한다. 이러한 실천들은 흔히 계급과 성에 따라 매우 큰 차이를 보인다. 여기서 우리는 화장실의 사회학으로 되돌아가게 된다 (36~38쪽을 볼 것).
2. 우리는 의료 작업(간호, 수술, 환경적 건강)과 몸 변경(문신, 성형수술, 성전환수술)을 통해 우리의 몸을 고치고 유지한다. 여기에도 계급과 성에 따른 주요한 차이들이 있으며, 산업세계의 수백만 사람들이 우리 몸에 작업을 가하는 일에 고용된다.
3. 우리는 우리의 몸을 훈육하고 규제한다. 식사 조절, 운동, 훈련, 체육관 가기 등이 그 사례이다. 여기서 사회학자들은 운동체제, 의료체제, 그리고 온갖 종류의 교육체제를 연구한다. 그들은 체육관, 건강 목욕 시설, 체중 조절소 등을 연구하기에 바쁘다.
4. 우리는 우리의 몸을 상이한 방식으로 제시한다. 미술, 영화, 소설, 패션, 광고 등에서 몸을 조명하는 방식을 생각해보라.

5. 우리는 우리 감각의 세계를 발전시킨다. 우리의 감각이 사회적 상황에 의해 어떻게 형성되는지를 생각해보라. 우리가 먹는 것(뱀, 달팽이)과 먹는 방식(손, 젓가락, 접시)은 문화에 따라 매우 다양하다. 마찬가지로 사람들이 소리를 듣는 방식(새로운 아이팟 소리는 숲속의 새소리를 막는다), 대상을 보는 방식(급속한 유튜브 이미지의 새로운 세계는 느린 일몰을 보는 것과 다르다), 대상을 만지는 방식은 집단과 사회에 따라 다르다('만지는' 문화와 '손대지 않는' 문화). 실제로 우리의 감각 각각에 초점을 맞춘 감각의 사회학이 발전하고 있다.
6. 우리는 우리의 몸을 상품화한다. 우리의 몸은 판매를 위한 상품으로 바뀌었다. 사람을 통째로 노예로 판매하는 것에서 신체 부분들의 판매를 거쳐 '성 노동'으로 바뀌었다. 피부, 뼈, 혈액에서부터 기관과 '타자'의 유전물질에 이르기까지 이제는 모든 것을 판매를 위해 내놓는다. 그리고 몸의 지구적 밀거래(이것은 거의 변함없이 한쪽 방향으로, 즉 가장 가난한 나라에서 가장 부유한 나라로 이루어진다)의 거대한 국제시장이 형성되어 있다.
7. 우리는 우리의 몸을 변형하고 확대한다. 몇 가지 방식에서 인간은 사이보그 피조물이다. 어떤 부분은 동물 피조물이고, 어떤 부분은 기계 피조물이다. 우리는 우리의 '자연적 몸'을 그대로 놓아두지 않는다. 그 대신 우리는 그것을 도구, 기계, 시계, 컴퓨터를 통해 외부로 확장한다. 컴퓨터 자판은 화면을 가진 사이버네틱 장치 속에서 우리의 몸에 결합된다. 신경외과 의사의 손은 수술하는 동안 광섬유 현미경 검사 장치의 안내를 받는다. 그리고 비디오게임 선수는 경기를 위해 자신의 몸을 기계와 연결한다. 마찬가지로 우리는 우리의 몸을 막대한 종류의 인공 장치(콘택트렌즈와 인공 손발부터 전면적인 성전환수술이나 이식수술까지)를 사용하여 내부로 확장한다. 우리는 탈인간posthuman, 초인간transhuman 그리고 기술적 몸technological body의 세계에 들어간다.
8. 우리는 우리의 몸을 제시하고 연기한다(연극에서, 면접에서, 그리고 모든 종류의 신체적 의례에서).
9. 우리는 성행위를 한다. 우리는 우리의 몸을 쾌락과 욕망의 대상으로 바꾸고 이것을 수행하기 위해 몸에 다중의 상이한 의미들을 부여한다. 우리는 우리의 몸을 번식부터 폭력까지 사회적 목적을 위해 성적으로 사용한다.

이 모든 것에 관한 논의와 사례의 생생하고 광범한 모음으로는 브라이언 터너Bryan S. Turner가 엮은 『라우틀리지 몸 연구 편람Routledge Handbook of Body Studies』(2012)을 살펴보기 바란다.

요컨대 역사 전체에서, 그리고 문화 전체에서 우리는 온갖 종류의 사회적인 사용법에 따라 우리의 몸을 사용한다. 오로지 또는 단순히 생물학적 힘이 우리의 행위를 결정하는 것은 결코 아니다. 집단 그리고 상이한 문화는 사람들의 몸을 상이한 방식으로 이해한다. 몸은 상이한 역사를 가지고 있다. 우리는 문자 그대로 상이한 시기에 상이한 방식으로 우리의 몸을 살아간다. 노예의 몸은 근대 특급 부자의 몸과 다르다. 비참한 빈곤에 사로잡힌 흑인 여성의 몸은 수십억 달러의 재산가인 대중음악 스타 마돈나Madonna나 레이디 가가Lady Gaga(이들은 자신의 성적 매력으로 세계 전역에서 부를 쌓는다)의 몸과 다르다.

많은 사람이 찬양하는 독일 출신의 영국 사회학자 노르베르트 엘리아스Norbert Elias(1897~1990)는 폭로적이고 영향력 있는 연구에서 사회학과 사회변동의 이해에 매우 중요한 공헌을 했다. 히틀러 치하의 독일에서 영국으로 피난한 그가 쓴 『문명화 과정The Civilizing Process』(원래는 유럽의 역사에서 나치가 인간성을 부인한 중요한 해인 1939년에 독일에서 출판되었다)은 중세 이래 유럽 대부분 지역에서 사람들이 어떻게 자신들의 행위와 몸에 대해 막대한 자기통제를 행사하게 되었는가를 제시했다. 먹고 자고 옷 입고 성행위 하고 배변하고 죽는 방식에 대한 일련의 연구를 통해 그는 삶의 변화하는 방식들을 도표화했다.

중세의 삶은 예측 불가능하고 매우 감성적이었으며, 자주 혼돈적이고 관대했으며, 몸의 기능을 둘러싼 규약이 거의 없었다. 몸은 변덕스럽고 위태롭고 단명하며, 질병과 죽음과 폭력, 그리고 고약한 악취로 둘러싸였다. 몸은 고문과 죽음에 직면했다. 그러나 엘리아스는 궁정 사회가 몸 관리를 위한 예절, 배변 장소와 잠자는 장소를 도입함으로써 서서히 이 모든 것이 변하기 시작했다고 주장한다. 식탁 예절을 관리하는 것과 같은 규약에서 억제가 나타났다. '문명화된' 자기통제 체계와 함께 국가가 발전했다. 이러한 '문명화된 사회'는 자기 훈육과 통제, 높은 수준의 수치스러움과 당황스러움을 보여준다. 사람들은 자연적 기능(배변, 배뇨 등)을 숨겨야 한다고 배운다. 우리는 이성적으로 변하고 우리 자신과 우리의 몸을 분리된 것으로 보게 된다(엘리아스의 많은 사회학적 추종자들은 더 근래에는 몸에 그 이상의 변화가 있었다고 제시했다. 몸은 이제 비공식화되었다. 즉, 우리는 몸에 대한 우리의 접근에서 많은 것들을 매우 임시적인 것으로 만들었다). 그러므로 우리 몸에서의 변화는 사회에서의 변화와 나란히 일어난다.

사회적인 것을 이해한다: 사회 속에서 살아가면서 사회적인 것을 이해하기 위해 우리가 사용하는 비유

엘리아스의 연구는 사회적 삶을 자세하게 서술하는 것에서 사회구조social structure와 과정을 광범하게 이해하는 것으로 옮겨간다. 어떤 사회학을 공부하든 여러분은 머지않아 사회학 이론theory이라는 쟁점과 만나게 될 텐데, 그것의 핵심 과제는 사회적인 것의 광범한 작동을 어떻게 잘 이해할 것인가, 그리고 심지어 어떻게 설명할 것인가에 대해, 즉 사회적 사실들이 우리를 어떻게 강제하고 우리가 어떻게 다른 사람들과 함께 살아가는가에 대해 숙고하는 것이다. 사회학 이론에 대해서는 많은 소개서가 있는 만큼, 이 작은 책에서 그것을 되풀이할 필요는 없을 것이다(몇 가지 문헌은 2장 끝에 소개했다). 여기서는 여러분들이 사회적인 것의 광범한 연관을 이해하는 데 도움이 될 수 있는 몇 가지 시각적 비유에 대한 감각을 발전시키도록 초대하고자 한다(〈표 2-2〉는 그 밖의 몇 가지를 요약하고 제시한다).

표 2-2 _ 사회 속에서 살아가면서 사회적인 것을 이해하기 위해 우리가 사용하는 비유: 사회학적으로 생각하기를 시작하는 몇 가지 첫머리 이미지들

	사회적인 것과 사회에 대해 마치 다음과 같이 생각한다	찾아볼 이론과 단어 (이것들이 서로 배타적인 것은 아니며, 그러므로 한 이론은 다수의 이미지를 가질 수 있다)
1	연결의 방식: 사회적 유대, 공동체 소속과 공동체 창조, 연대와 동반	**기능주의**, 공동체 연구, (일부의) 연결망 이론, 사회적 유대, 제도, 애착, **아노미** 속의 붕괴, 사회해체 (이 장에서 소개함)
2	구조: 유형과 조직, 유기체·기계·체계	**구조주의**, **기능주의**, 진화이론, 일부 마르크스주의 이론들, 체계이론, 사이버네틱스 (이 장에서 소개함)
3	갈등: 전쟁, 투쟁, 긴장, 분열, 강제, 권력	갈등이론, 마르크스주의, 불평등, **여성주의**, 인종, **퀴어**, **탈식민주의**, **비판이론** (이 장에서 소개함)
4	연극: 극장, 연기, 대본	**역할이론**, **연극지**, 수행이론, 정체성 이론 (이 장에서 소개함)
5	언어: 담론, 기호, 발화와 대화	**기호학**, **일상생활 방법론**, 대화분석, **담론**이론, **서사**사회학, **대화**이론 (이 장에서 소개함)
6	의미: 문화, 자아와 행위	**해석학적** 사회학, **상징적 상호작용론**, 현상학적 사회학, **사회구성주의**, 이해사회학, **아비투스** habitus, 문화이론 (이 장과 5장에서 소개함)
7	합리성: 합리적 선택과 공리주의적 행위	**합리적 선택이론**, 교환이론, 게임이론, 전략이론, 공리주의 및 **신자유주의** 경제이론과 연결됨 (이 장에서 소개함)
8	상호작용: 발현, 관계, 자아와 타자들	상호작용론, 형식사회학, 관계주의, 연결망, 의례 연쇄ritual chains (이 장의 앞부분을 볼 것)
9	무의식: 가면 쓴, 숨은, 그리고 억압된 의미	정신분석, 심층심리학, 프로이트, 트라우마 이론, 젠더, 억압 (이 장에서 소개함)
10	다중성: 다원성, 복잡성, 흐름, 연결망, 우주주의와 혼돈	관계성, 연결망, 땅속줄기rhizomes, 이동성, 조립, 행렬, 순회, 복잡성, 홀로그램, 액체, 탄력성, 복합사회, **탈근대주의** (이 장에서 소개함)
11	세계의 상호연관성: 국제적, 초국가적	**지구화**, 세계체제이론, 탈식민주의, 초국가적 이론 (3장을 볼 것)

일반적으로 모든 주요 사회이론들은 사회적인 것에 관한 이미지(수사, 은유)에 기초하고 있다. 그 이미지들은 사회적인 것이 어떻게 작동하는가를 설명하는 방식을 함축한다. 그것들을 통해 여러분은 새로운 방식으로 사회

세계를 보는 눈을 가질 수 있다. 각각의 비유적 표현은 각각의 보는 방식을 제공하는데, 어떤 것을 본다는 것은 다른 것을 보지 않는 것이기 때문에, 각각의 보는 방식은 언제나 보지 않는 방식이기도 하다. 우리 언어의 한계는 대체로 우리 시야의 한계이다. 그 이미지들이 서로 배타적인 것은 아니며, 흔히 그것들은 혼합된다. 그렇지만 여기서는 여러분이 그것들을 민감하게 인식하는 데 도움이 되는 몇 가지 은유만을 예시한다. 여기서 여러분이 잠깐이라도 몇 가지 상이한 언어들을 통해 세계를 둘러본다면 여러분은 자신이 '사회학적으로 사유하기'를 시작하고 있다는 것을 깨닫게 될 것이다.

유대로서 사회적인 것: 공동체의 비유, 그리고 서로 연결한다

사회적인 것이라는 개념은 즉각 우리의 유대와 상호연관성, 즉 우리가 다른 사람들에 대해 만드는 결속을 시사한다. 우리는 누가 누구와 어떻게, 어디서, 언제 유대를 맺는가, 그리고 유대를 맺지 않음의 함의는 무엇인가를 질문한다. 이 생각은 철학적으로 '사회계약이론' — 사회 구성원들 사이에 서로 돕는다는 계약이 사회를 작동하게 한다 — 이라 불러온 것과 강력한 역사적 연관을 갖고 있다. 이러한 사회적 유대는 가족, 공동체, 폭력 집단, 친구, 그리고 온갖 종류의 시민 집단들(합창단, 팀, 종교 집단, 운동부, 노동조합)에서 대부분 작동하는 것을 볼 수 있다. 그리고 사회학자들은 사람들이 다른 사람들과 함께 만들어내는 결속, 연관, 소속, 교제 등을 설명하고자 한다. 흔히 그것은 경제적 기초(공동의 작업장, 공동의 소비 등)를 갖는다. 또한 그것은 늘 일종의 규범적인 유대normative bond를 시사한다. 즉, 사람들은 경제적 상황과 규범norm을 공유한다. 매우 많은 사회학이 상이한 종류의 집단들과 조직들 속의 이러한 유대, 그리고 우리가 어떻게 함께 일을 수행하는가를 살펴본다.

사회적인 것에 대한 이러한 이미지들을 가지고 작업하는 사회학자들의 한 가지 관심은 이른바 공동체의 쇠퇴, 즉 근대 세계에서 **아노미**anomie와 사회적 유대의 붕괴였다. 로버트 퍼트넘Robert D. Putnam은 『나 홀로 볼링Bowling Alone』(2000)이라는 영향력 있는 연구에서 이와 같은 유형을 추적한다. 그는 1960년대 이래 미국 사람들이 시민적 삶에서 철수했다고 지적한다. 사회적 유대의 붕괴와 함께 신뢰의 붕괴가 있었다. 이 책의 제목은 그것들 모두를 시사한다. 한때 사람들이 함께 볼링을 하러 가고 서로에게 속했던 시기가 있었지만, 이제 그들은 각자 고독한 볼러가 되었다. 여기서 우리는 공동체의 쇠퇴, 가족의 붕괴, 해체된 사회를 본다. 그렇지만 이것은 참이 아니라고 말하는 사람들이 있다. 그들은 실제로 일어나는 일은 유대의 붕괴가 아니라 변경이라고 주장한다. 가족은 이제 과거의 가족과 같지 않다. 가족은 여전히 유대를 맺지만 예전과는 다른 방식으로 그렇게 한다. 가족은 더 작아졌고 더 집중적이며, 유대는 더 단단할 수도 있다. 이동전화를 생각해보자. 그것은 유대를 파괴하기는커녕 이제 하루 24시간 내내 가족을 연결한다. 인터넷과 이동전화를 통한 의사소통은 새로운 '연결망', 더 광범한 지구적 연결, 그리고 유대의 확장을 촉진한다. 마찬가지로 옛날의 국지적 기반(그리고 흔히 동업 기반)의 공동체들은 붕괴하고 쇠퇴했을 것이지만 새로운 공동체들이 온갖 장소에서 사회운동, 이해관심, 그리고 인터넷 연결망에 의해 형성되어 나타나고 있다. 우리는 여전히 유대를 — 그것이 모양을 변경하더라도 — 필요로 한다.

사회자본social capital이라는 개념은 사회적 연결을 통해 삶이 어떻게 조직되는가를 조명한다. 여러분이 사회자본을 가지고 있다는 것은 여러분이 다른 사람들과 잘 연결되어 있다는 것을 의미한다. 그것은 다른 사람들을 통해 유대를 창출한다는 것뿐 아니라 이러한 유대가 여러분의 삶에서 귀중한 자산으로 기여한다는 것을 의미한다. 유대는 사람들에게 응집과 결합을 제공할 뿐 아니라 서로에게서 이로움을 얻을 수 있게 한다. '자본'이라는 말은 전통적으로 경제적 용어였지만, '사회적인' 것에 대한 강조는 사람들의 연결망과 상호 친분을 통해 그들에게 자원이 생겨난다는 것을 강조한다. 사람들은 요람에서 무덤까지 자신들의 연결망에 주의를 기울인다. 단단한 연관은 일부 사람들을 다른 사람들보다 상승시킨다. 특권적인 사람들은 다른 특권적인 사람들과의 연관을 통해 그들의 특권을 유지하고 진전시킨다. 상이한 종류의 유대는 아주 상이한 종류의 보상을 제공한다. 그러므로 예를 들어 어떤 사람들은 영국에서 옥스브리지나 미국에서 아이비리그 대학들에 다니는 것으로 평생 동안의 연관과 연계를 세울 수 있다. 사회적 유대는 사회적 불평등을 발생시키고 증폭하면서 다른 집단에 대한 일부 집단의 유리함을 보호할 수도 있다(7장 참조). 존 필드John Field의 『사회자본Social Capital』(2008)은 이런 모든 것을, 그리고 사회자본 개념의 주요 제안자인 피에르 부르디외Pierre Bourdieu, 제임스 콜먼James Coleman, 로버트 퍼트넘을 간략하고 훌륭하게 소개하고 있다.

구조·기능·제도로서 사회적인 것: 몸의 비유

사회적인 것에 대한 또 하나의 일련의 (오랜 역사를 가진) 이미지는 사회적인 것을 '기능function하는 구조'라고 전체론적으로 보는 것에서 이끌어낼 수 있다. 여기서 우리는 사회의 부분들에 관한, 그리고 그것들이 어떻게 기능하는가에 관한 질문을 제기한다. 구조기능주의의 접근은 사회적인 것을, 사회의 주요한 제도들 그리고 그 제도들이 문제를 해결하고 사회의 작동을

표 2-3 _ 삶의 문제들과 그것들의 제도

사회적 삶의 문제: 핵심 관심	구조, 제도, 실천
기본 자원 얻기: 음식, 주거, 연료	경제, 에너지, 노동, 소비, 도시, 주택
조직화: 목표 성취	정치체, 지배, 조직
질서 유지하기	법, 사회화, 문화
사회 재생산하기	가족, 친족, 공동체
좋은 관계 촉진	시민적 삶, 시민권, 복지
의사소통 발전	언어, 매체, 디지털주의
지식의 획득과 발전	과학, 교육, 예술
삶에 대한 영적 측면 배양	종교, 치유, 초월
기타(예컨대 몸에 주의를 기울임)	의료

주: 이 목록이 모두를 포괄하는 것은 아니다.

돕는 데에서 수행하는 역할을 통해 연구한다. 〈표 2-3〉은 사회의 제도들이 작동하는 가장 기본적인 방식을 제시한다.

19세기에 이 같은 견해를 제시한 가장 유명한 사람은 영국 사회학을 창시한 괴짜 허버트 스펜서Herbert Spencer(1820~1903)였다. 찰스 다윈Charles Darwin(1809~1882)의 저작에 크게 영향을 받은 그는 사회를 동물 신체처럼 진화하는 것으로 보았다. 신체가 식별 가능한 구조들(심장, 두뇌, 피부, 다리, 간)을 가지고 있는 것과 똑같이 사회도 식별 가능한 구조들(경제, 정치체제, 법체제, 가족, 종교)을 가지고 있다. 신체가 명확한 기능을 지닌 구조를 가지고 있는 것처럼(심장은 피를 품어내고, 두뇌는 활동을 조정하며 지능을 제공하고, 간은 몸을 정화한다), 사회도 식별 가능한 기능적 구조들을 가지고 있다. 경제는 우리가 자원을 조직하고 환경에 적응하는 것을 돕고, 정치는 사회가 목표를 성취하는 것을 돕고, 공동체는 다양한 요소들을 사회화하고 통합하는 것을 돕는다. 그리고 법은 사회를 규제하고 통제한다. 더욱이 신체가 시간이 지나면서 가장 단순한 유기체에서 분화와 적응의 과정을 통해 가장 복합적인 유기체로 진화하는 것과 똑같이 사회도 오랜 기간에 걸쳐 점점 더 분화되고 적응적인 것으로 발전한다. 20세기 중반 사회학 이론의 거장 탤컷 파슨스Talcott Parsons(1902~1979)의 저작은 그러한 생각을 더욱 발전시키는 것을 도왔는데, 우리는 4장에서 그 생각을 조금 살펴볼 것이다.

이해관심의 갈등으로서 사회적인 것: 권력, 전쟁, 투쟁

사회적 유대의 이미지나 기능하는 유기체 또는 기계의 이미지와 달리, 많은 사람들은 사회적인 것을 자애롭지 않은 것으로, 즉 상이한 집단적 이해관심들 사이의 끝없는 정치적 갈등의 전쟁으로 본다. 여기서 우리는 사회관계 속의 인간 투쟁과 갈등에 관해 질문한다. 사회의 역사는 확실히 지독한 전쟁의 연속적 역사로 볼 수 있다. 로마와 그리스 전쟁들부터 오늘날 세계 전역의 전쟁에 이르기까지(현재 세계에는 아프가니스탄에서 짐바브웨까지 40개 이상의 분쟁 지역이 있다), 갈등과 소란이 대부분 사회적인 것의 내용 – 매우 역동적인 – 임을 보여주는 사례를 찾는 것은 어렵지 않다. 유대의 이미지와 대조적으로 여기서 우리의 초점은 차이로 옮겨간다. 이제 우리는 사회를 갈등하는 이해관심들 사이의 전쟁으로 간주한다.

일부 논자들은 사회의 일반적인 이해관심에, 그리고 **권력**power 및 갈등의 성질에 초점을 맞추어왔다. 니콜로 마키아벨리Niccolò Machiavelli(1469~1527)는 메디치 대공의 총애를 추구하면서 1513년에 메디치 대공을 위한 지배와 전쟁 전략에 관한 책자로 『군주론Il Principe』을 썼다. 반면 토머스 홉스Thomas Hobbes(1588~1679)는 1651년에 『리바이어던The Leviathan』을 쓸 때 시민전쟁과 혁명에 관한 논쟁에 빠져 있었다. 두 사람 모두 인간에게는 강력한 정부

표 2-4 _ 갈등은 사회의 모든 곳에 있다

갈등에서 핵심 이해관심과 그것들의 권력투쟁	계층화의 형태
경제	계급, 카스트, 노예, 지구적 불평등
종족	인종, 인종화, **인종주의**
젠더	가부장제, 성질서, 성차별주의
연령	세대와 고령화
국가	식민화, 국가주의, 종족학살
섹슈얼리티	이성애주의, 동성애 혐오
건강	질병과 장애

주: 이런 생각은 5장과 7장에서 더 탐구한다.

가 필요하다고 생각하는 초기의 영향력 있는 정치사상가였다. 사회적인 것이 잘 기능하기 위해서는, 사람들 자신의 이해관심을 억압하더라도, 강한 지배자가 있어야 했다. 그러한 논쟁은 나중에 프랑스 및 러시아 혁명의 갈등에서 정점에 도달했다. 그리고 민주주의에 관한 오늘날의 논쟁 대부분에 대해 맥락을 형성했다.

이런 사회의 이미지와 가장 부합하는 사회학자는 카를 마르크스Karl Marx(1818~1883)이다. 이 책에서는 많은 사회사상가들을 간략하게 소개할 것인데, 마르크스는 그들 가운데 세계에 가장 큰 영향을 미쳤다. 20세기 대부분에 걸쳐 그의 사상은 적어도 세계의 1/3(특히 러시아와 중국)의 삶에 영향을 끼쳤다. 마르크스는 사람들의 물질적 필요와 그들의 노동에 초점을 맞추었으며, 모든 사회의 역사가 계급투쟁의 역사라고 제시했다. 사람들은 계급 속에서 자신들의 인간적 이해관심이 부정당하고 자신들이 착취당하고 있다는 것을 인식하게 되면 갈등에 빠진다. 그러나 갈등은 이것보다 훨씬 광범하다. 많은 사람들이 계급갈등과 더불어 성sex들 사이의 오랜 싸움, 여성에 대한 학대, 인종들 사이의 잔인한 갈등, 그리고 당연히 나라들 사이의 유혈

전쟁과 폭력을 조명했다. 우리는 누가 지배하는가, 그리고 많은 사람들에게서 어떻게 권력과 자율성을 뺏는가를 이해해야 한다(〈표 2-4〉 참조). 지멜 같은 일부 사람들은 갈등이 모든 인간 상호작용에 고유한 것이며 일상생활 어디서나 발견할 수 있다고 말했다. 또 일부 사람들은 갈등이 사회가 작동하는 데 필수물일 수도 있다고까지 언급한다. 그러므로 갈등은 오랫동안 사회학자들의 중요한 관심사였으며 사회에 대한 이미지의 대부분을 제공했다.

일상 연극으로 설명하는 사회적인 것: 함께 연기하기

사회학자들이 사회적인 것의 수행(사회적 삶을 일상적으로 어떻게 영위하는가)에 초점을 맞추고자 할 때, 떠오르는 가장 공통되는 은유는 연극의 이미지이다. 사회적 삶은 극장이다. 우리는 삶을 헤쳐 나아가면서 사회적 역할을 수행하는 것으로 취급된다. 우리는 역할을 연기하고, 소품을 사용하고, 우리가 수행해야 할 역할을 연습하고, 때로는 우리의 역할을 환영하고, 때로는 그것에서 우리 자신과 '거리를 두는' 배우가 된다. **정체성**identity은 가면이 되고, 궁극적으로 우리는 실재하는 것과 그것의 제시된 외양 사이의 괴리에 관해 질문을 제기한다. 그러한 이미지를 사용한 대표적인 사회학적 사상가는 어빙 고프먼Erving Goffman(1922~1982)으로, 그는 20세기의 가장 영향력 있는 '미시사회학자'이다. 우리가 본 것처럼, 미시사회학은 국가나 경제 같은 대규모의 **사회구조**에 관심을 갖기보다는 사람들이 서로 만나는 미세한 것, 소규모 면대면의 사회적 삶을 탐구한다. 주로 1960년대에 출판한 일련의 책들에서 고프먼은 어떻게 사회를 이러한 면대면의 만남 — 그 안에서 사람들이 자신에 대해 타인들이 갖게 되는 인상을 관리하는 — 을 통해 부분적으로 구성되는 것으로 간주할 수 있는가를 우리에게 보여주었다. 『자아 연출의 사회학The Presentation of Self in Everyday Life』(1956)이라는 흥미로운 제목의 첫 번째 책에서 그는 헤브라이드 섬Hebrides Island에 사는 사람들의 삶을 관찰했는데, 사람들이 자신에 대해 타인들이 갖는 인상을 관리하기 위해 노력하고 상이한 사회적 상황을 가로질러 움직이면서 (무대 전면과 무대 후면에서) 다양한 방식으로 역할을 수행하며 자신들을 제시하는 무수한 방식들을 기록했다. 이 책은 우리 모두가 우리의 일상적 삶에서 사용하는 숙련 기술에 대한 일종의 편람이 되고 있다. 사회학 베스트셀러 중 하나인 후기 저서 『정신병원Asylums』(1961)에서 그는 병원, 집단수용소, 감옥, 그리고 그가 '전체적 제도total institutions'라고 부르는 사회 공간 — 여기서는 사람들이 통상적인 일상 삶의 상투적인 것들에서 단절된다 — 에서의 감춰진 삶underlife을 검토하는 것으로 나아갔다. 다시, 그는 삶이라는 연극에 초점을 맞추었다. 이 경우에는 전체적 제도라는 극단적 상황에서 자아가 어떻게 굴복되는가, 그리고 사람들이 어떻게 자신이 누구인가에 대한 생각을 개조하는가에 있다[고프먼에 관해서는 이야기할 것이 많은데, 그의 작업에 대한 유용한 안내서로는 그렉 스미스Greg Smith의 『어빙 고프먼Erving Goffman』(2007)이 있다].

그렇지만 이러한 연극의 이미지에 새로운 것이 있는 것은 아니다. 사람들이 가면과 장막 뒤에 숨는다는 것은 그리스 연극에서도 나타난다. 그것은 여러 부족사회들의 의례와 의식을 통해 나타난다. 그것은 정령 및 조상과 접촉하는 종교의식의 일부를 형성하는 가면무도회와 축제에도 있다. 셰익스피어William Shakespeare는 무대를 삶에 대한 비유로 자주 사용한다. "이 세상 모두가 무대이고 여자들과 남자들은 모두 한낱 연기자일 뿐이야. 제각각 무대에 등장했다가 퇴장하지. 그리고 누구나 살아가는 동안 여러 가지 역할을 연기하지"(『뜻대로 하세요As You Like It』 2막 7장에서 제이퀴즈Jacques의 대사). 또는 더 극적으로 이런 말도 남겼다. "삶은 한낱 걸어다니는 그림자일 뿐. 우리는 무대 위에 있을 때에는 잠깐 동안 뽐내고 떠들어대지만 시간이 지나면 아무런 말없이 사라지는 가련한 배우일 뿐. 삶이란 바보들이 지껄이는 이야기일 뿐, 헛소리와 분노로 가득 차 있지만 아무 의미도 없는 것"(『맥베스 Macbeth』 5막 5장). 이탈리아 극작가 루이지 피란델로Luigi Pirandello가 쓴 20세기 연극 『작가를 찾는 6인의 등장인물Six Characters in Search of an Author』(1921)도 이런 이미지를 잘 포착하고 있다.

언어로 설명하는 사회적인 것: 사회적인 것의 담론

연극 이미지와 밀접하게 연결된 또 하나의 이미지는 인문학과 의사소통 이론에서 크게 빌린 것이다. 이것은 사회가 언어처럼 구조화되어 있어서 담론discourse으로 분석할 수 있다는 생각이다. 여기서 사회적인 것은, 우리의 말하기와 이야기가 일련의 구조에 따라 이루어지는 것과 비슷한 방식으로, 정교하게 균형을 이루는 일련의 규칙을 통해 규제된다. 가장 일반적인 수준에서 사회적인 것은 담론으로 간주된다. 여기서 핵심 사상가는 프랑스 철학자 미셸 푸코Michel Foucault(1926~1984)이다. 그의 견해는 복잡하지만 광범하게 영향을 미치고 있다. 초기의 주요 저작 『말과 사물The Order of Things』(1969)의 많이 인용되는 문장에서 그는 중국의 백과사전에서 사물을 분류·정의하는 것에 관한 담론을 서술한다. 여기서는 동물의 분류인데, 다음과 같다.

> (a) 황제에게 속하는 것, (b) 향료로 방부 처리된 것, (c) 사육하는 것, (d) 젖먹이 돼지들, (e) 양서류, (f) 전설적인 것, (g) 길 잃은 것, (h) 현재의 분류체계에 포함된 것, (i) 광폭한 것, (j) 셀 수 없는 것, (k) 고운 낙타털 붓으로 그린 것, (l) 기타, (m) 물 단지를 깨뜨리는 것, (n) 멀리서 보면 파리처럼 보이는 것

표 2-5 _ 푸코의 주요 저작에 대한 기본 안내

검토하는 담론	그 속의 권력관계를 보여주는 제도	핵심 저서
범죄	감옥, 법정, 법, 정책화, 감시	『감시와 처벌Discipline and Punish』(1975)
건강	병원	『임상 의학의 탄생The Birth of the Clinic』(1963)
정신병, 정신의학	수용소, 분류체계, 복지	『광기의 역사Madness and Civilization』(1961)
성과학, 심리학, 사회과학	치료, 감옥, 정부 개입, 법	『성의 역사The History of Sexuality』(1976)
인문학, 문학, 역사	강단의 삶, 대학	『지식의 고고학The Archaeology of Knowledge』(1969)
종교, 정치, 교육	정부, 학교	그의 인터뷰와 논문 다수에서 발견됨

틀림없이 여러분은 이러한 분류를 납득할 수 없을 것이다. 하지만 바로 이것이 요점이다. 사회들은 이러한 분류체계(언어, 담론)에 의존하며, 이 분류체계는 사회들이 자신들을 자신들에게 납득시키는 것을 돕는다. 그러나 그것은 통상적으로 외부 사람들에게는 납득되지 않는 것이다. 분류체계들은 — 우리가 종종 생각하는 것처럼 — 가장 합리적인 것이거나 신이 준 것이거나 자연적인 것이 아니다(그렇다 하더라도 그것들은 작동한다). 푸코는 우리가 이러한 광대한 관념, 사상, 지식의 체계와 제도들을 살펴보기를 원한다. 그리고 그는 여러분이 그것들을 살펴본다면 권력이 늘 그것들을 조직한다는 것을 발견할 것이라고 주장한다. 권력은 언어 속 어디에나 있다. 〈표 2-5〉는 푸코가 집필한 일련의 저작들이다.

의미의 추구로서 사회적인 것: 인간의 문화

인간의 사회성은 그것의 복잡한 상징을 특징으로 한다. 우리는 의미를 형성하고 상징을 조작하는 동물로, 문화culture와 역사와 기억과 정체성과 대화를 창조한다. 우리는 우리의 의미를 세대에서 세대로 전달한다. 물론 모든 동물이 의사소통을 하지만 (우리가 아는 한) 동물들은 그런 난해한 기호와 언어체계를 발전시키지는 않는다. 어떤 다른 동물이 그렇게 많은 신들을 가지고 있으며 과학적으로 우주를 탐구하고 그들의 삶과 시간의 역사를 서술하며 음악과 미술을 발전시키거나 셰익스피어의 비극을 집필하는가? 인간의 사회적 삶은 문화적 삶이다.

분명히 밝혀보자. 다른 동물들이라고 해서 의미를 사용하지 않는 것은 아니다. 모든 동물들이 일종의 의사소통을 하며, 심지어는 '언어'를 가진 동물도 있다. 그렇지만 우리가 아는 한, 대부분의 생물 피조물들은 본능, 즉 생물학적 프로그램 — 아마도 그들이 거의 통제할 수 없는 — 에 의해 안내된다. 우리가 아는 한 침팬지 및 그에 인접한 영장류 같은 소수의 동물들은 제한적인 문화의 능력을 가지고 있다. 연구자들은 그 동물들이 도구를 사용하고 새끼에게 간단한 기술을 가르치는 것을 목격했다. 그러나 오직 인간만이 복합적인 의미 형성 체계를 구축했다. 복잡한 문화를 직조하고, 그들 자신과 그들의 사회에 관한 종교적·철학적·과학적(심지어 사회학적) 관념을 육성했다. 오직 인간만이 그들 자신의 정체성과 개성에 관한 복잡한 서사narrative를 직조한다. 오직 인간만이 역사, 즉 그들의 '죽은' 시간과 그 밖의 시간을 말하고 기억하기 위한 언어적 기술을 배양한다. 참으로 인간만이 역사와 사상을 오랜 시간에 걸쳐 서로 전달한다. 우리는 상징하고 서사하는 동물이며, 사회학은 오랫동안 이것을 마음에 새겨왔다. 사회학이 인간의 사회적인 것을 이해하고자 한다면 사회학은 인간의 활동이 작은 사회 세계들 — 인간의 의미들로 이루어지는 — 을 만들어내는 방식의 성질, 내용, 그리고 결과를 자세히 살펴봐야 한다.

이 책에서는 이 주제로 종종 되돌아올 것이다. 그렇지만 지금은 인용문

하나만을 살펴본다. 영국의 문화사회학자 레이먼드 윌리엄스Raymond Williams (1921~1988)는 문화의 의미를 다음과 같이 서술했다.

> 문화는 일상적이다. 이것이 첫 번째 사실이다. 모든 인간 사회는 그 자체의 모양, 그 자체의 목적, 그 자체의 의미를 가지고 있다. 모든 인간 사회는 그것들을 제도 속에서, 그리고 예술과 지식 속에서 표현한다. 사회의 형성은 공통의 의미와 방향의 발견이며, 그것의 성장은 경험, 접촉, 발견의 압력 아래에서의 적극적인 논쟁과 교정이며 땅에 자신을 기록하는 것이다. …… 문화는 일상적이며, 모든 사회와 모든 정신 속에 있다(Williams, 1989).

이러한 '의미의 세계'는 여러 가지 방식으로 자신을 드러낸다. 그러나 한 가지 두드러진 방식은 '정신적인 것'에 대한 탐색에 있다. 종교적이거나 정신적인 경험은 이러한 의미 있는 세계나 문화의 극단적인 사례와 평범한 사례 둘 모두를 제공할 수 있다. 아이티의 부두교Haitian Voodoo•에서 게데 정령Gede spirits••은 살아 있는 사람의 몸에 깃들게 된다. 인도에서 힌두교 참배자들은 바드라칼리Bhadrakali•••를 찾는다. 오순절파 교회Pentecostal church는 세계를 순회하며 '방언으로 말하기'에 도달하게 된다. 애팔래치아에서 독사 다루기는 종교적 경험을 만들어낸다. 홍콩에서는 사람들이 그들의 조상을 숭배한다. 종교는 신과 신을 믿는 사람들에 관한 (흔히 이상하게 보이는) 특수한

• 부두교는 아프리카의 오랜 민속신앙이다. 노예사냥과 수송 과정에서 서구인들이 부두교를 '저주의 종교'로 낙인찍고 '부두의 능력을 가진자'(일종의 무당)들을 아이티 섬으로 추방했다. 이 때문에 부두교는 아프리카보다 아이티에서 더 성행하고 있다. ― 옮긴이

•• 죽은 이들을 관장하는 신. ― 옮긴이

••• 여신들 중의 하나. ― 옮긴이

언어와 놀라운 상징을 구축하고, 의례와 흥미로운 이야기를 만들어낸다. 수백만의 유대인은 바다를 가르고, 산꼭대기에 서서 천둥과 번개 그리고 나팔 소리를 통해 '십계명'을 받은 모세 이야기를 믿는다. 마찬가지로 수백만 이슬람교도는 인간 무함마드가 모세와 예수와 아브라함을 만난 예루살렘으로 가는 말 위에서 그에게 날아온 천사 가브리엘의 방문을 받았다고, 그리고 거기서 천당의 7계단으로 들어가는 사다리에 올랐다고 믿는다. 수백만의 기독교도는 결혼하지 않은 여성이 처녀의 몸으로 잉태한 구세주를, 그리고 죽임을 당하고 죽음에서 부활해 영생한 구세주를 찬양하는 일상 의례를 가지고 있다. 처녀 출산, 죽음과 부활, 천당과 지옥에 관한 이야기를 믿는다. 이에 더해 새로운 종교들이 등장해서는 몇 세대 동안만 존속하기도 한다. 새로 등장한 종교의 목록으로 흔히 불리는 사이언톨로지교파Scientologists, 스베덴보리파Swedenborgians, 오순절파Pentecostals, 통일교도Moonies 등을 제시할 수 있다. 세계 여러 곳에서 사람들은 많은 종교 속에서 의미를 찾는다. 그리고 인간의 삶에서 의미의 추구는, 그리고 삶의 의미에 도달하는 경로들 가운데 하나로서 여러 새로운 종교들이 차지하는 중요성은 사회학자들이 다루는 핵심 탐구 주제 중 하나이다.

생각하기 _ 상표와 로고는 어떻게 사회적 삶에 대한 새로운 비유로 사용되는가

근대 세계에 대한 초기의 이미지는 세계를 거대한 기계로 보는 것이었다. 이런 이미지는 프리츠 랑Fritz Lang의 고전과학 공상 무성영화 〈메트로폴리스Metropolis〉(1927)와 찰리 채플린Charlie Chaplin의 〈모던 타임스Modern Times〉(1936)에서 생생하게 볼 수 있다(둘 모두 유튜브에서 볼 수 있다). 그것은 프란츠 카프카Franz Kafka나 찰스 디킨스Charles Dickens 같은 문학가의 주요 작품들에서도 발견된다. 우리는 사회를 포착하는 이미지들을 계속 살펴보았으며, 근래의 비유들은 상표와 상품 이름에서 종종 실마리를 얻는다. 지구적 자본주의 아래서 소비와 쇼핑이 증가하면서 코카콜라, 맥도널드, 아메리칸 익스프레스, 나이키, 디즈니, 월마트, 애플,

구글 등과 같은 세계적 상표들은 훨씬 더 광범한 사회조직을 상징하게 되었다. 사회과학자들은 이제 월마트, 코카콜라, 구글, 나이키, 아이폰 같은 것들이 현대사회가 어떻게 작동하는지를 이해하는 데 열쇠로 기능할 수 있다고 쓰고 있다. 구글을 이해한다면 여러분은 정보가 작동하는 방식을 이해하는 열쇠를 갖게 된다. 월마트를 이해하면 근대 자본주의의 작동을 이해하게 된다. 사회학자들은 사회의 디즈니화The Disneyization of Society(앨런 브라이먼Alan Bryman), 코카 지구화Coca-Globalization(로버트 J. 포스터Robert J. Foster), 모든 것의 구글화The Googlization of Everything(시바 바이드히아나단Siva Vaidhyanathan) 등에 관해 쓰고 있다.
조지 리처George Ritzer의 베스트셀러 사회학 저서 『맥도널드 그리고 맥도널드화The McDonaldization of Society』는 대표적인 사례이다. 1993년에 처음 출판된 이 책(2014년에 8판 출간)은 많은 논쟁을 야기했다. 리처는 베버의 합리성 및 관료제 개념을 발전시키면서, 맥도널드 햄버거를 즉석식품 자체에 관해 생각하는 출발점으로서뿐 아니라 소비자들의 행위가 조직되는 방식에 대한 비유로 취급한다. 리처에 따르면, 사회는 맥도널드화하고 있으며, 이것에서 네 가지 핵심 특징을 찾아낼 수 있다. 세계 어디서나 — 맥도널드 점포뿐 아니라 대학 강의, 종교 집단, 스포츠 등등에서 — 여러분은 맥도널드화를 향한 동일한 경향을 발견할 것이다. 효율성, 계산 가능성, 예측 가능성과 획일성, 그리고 자동화를 통한 통제가 그것이다. 세계는 거대한 맥도널드 점포들처럼 작동하기 시작하고 있다. 우리는 맥 대학, 맥 매체, 맥 종교, 그리고 심지어 맥 어린이를 경험하고 있다.

합리적 선택으로서 사회적인 것: 교환, 게임, 선물

사람이 여러 대안적인 행위의 비용과 편익에 관해 계산하는 합리적 존재라는 생각은 사회적인 것에 관해 생각하는 유력한 방식의 하나이다. 여기서 사회적인 것은 합리적이며 자기 이익에 기초를 두고 있다. 이것은 고전적인 계몽주의의 공리주의 이론에서 이끌어낸 이미지이며('최대 다수의 최대 행복'), (신)고전파 경제학 이론, 행태주의 심리학 그리고 합리적 인간의 철학과 밀접하게 결합해왔다. 사람들은 '상황의 논리logic of the situation'(이것은 철학자 칼 포퍼Karl Popper가 사용한 용어이다)에 따라 결정을 내린다. 사회학에서 이러한 견해는 합리적 선택이론으로 가장 잘 알려져 있다. 미국에서는 조지 호만스George Homans(1910~1989), 피터 블라우Peter Blau(1918~2002), 제임스 콜먼(1926~1995)의 저작이 대표적이며, 영국의 존 골드소프John Goldthorpe(1935~)와 노르웨이의 존 엘스터Jon Elster(1940~)도 대표적이다.

이 접근이 제시하는 이미지들은 대체로 사회적 삶을 게임, 교환 또는 전략적 경쟁으로 본다. 그것은 상호성, 선물, '이익 극대화', '승리'를 강조한다. 사회적 삶을 사람들이 돈, 사랑, 지위 또는 정치적 지지 등과 같은 보상을 얻기 위해 행위하는 (흔히 계산된) 교환으로, 그리고 사람들은 게임에서 흔히 볼 수 있는 전략과 전술을 사용해 자신들의 보상을 극대화한다고 간주한다. 교환에 관한 논의의 핵심적인 초기 사례는 프랑스 인류학자 마르셀 모스Marcel Mauss(1872~1950)가 쓴 『증여론The Gifts』에서 찾아볼 수 있다. 1920년대 초에 쓴 이 책은 선물이 어떻게 상호적인 사회관계의 형성과 유지의 핵심적인 특징이 되는가를 보여준다. 인간 집단, 관계적 불평등, 사회이동, 교육, 가족, 경제, 범죄행위, 조직, 권력 등 광범한 탐구 영역에서 여러 합리적 선택 개념을 응용해왔다. 이 이론의 영향력은 매우 강력하지만 비판자들은 이 이론이 대체로 감정, 정서, 몸, 비합리성, 무의식 등을 다루지 못하기 때문에 이 이론은 제한적이라고 지적한다.

억압된 무의식으로서 사회적인 것: 프로이트와 사회적 사유

지그문트 프로이트Sigmund Freud(1856~1939)는 20세기 주요 사상가의 한 사람으로 인간의 삶에서 억압된 무의식과 그것의 동역학에 관한 비유와 이미지를 제시했다. 프로이트와 사회학의 관계는 미묘하다. 그의 견해를 무시하는 사회학자들도 적지 않으며, 많은 사회학자들이 그를 비판해왔다. 그러나 그를 매우 진지하게 취급하며 사회적인 것의 형성에서 무의식의 중요성을 인정하는 사회학자들도 있다.

초기 저작에서 프로이트는 개인의 발달과 정신역학psychodynamics의 중요성을 강조하며 인간 삶의 형태가 어떻게 억압된 욕망, 유년기의 트라우마, 그리고 성을 둘러싼 갈등에 의해 영향받는가를 제시했다. 그는 이것이 정신적 투쟁, 불안 그리고 억압된 무의식 – 아동의 삶과 성년의 내면세계를 형성하는 – 을 만들어낸다고 주장한다. 이것의 대부분은 젠더, 섹슈얼리티, 어머니 노릇 그리고 폭력 – 사회학의 핵심 주제들이다 – 이 일상의 삶에서 어떻게 일어나는가에 대한 이해로 이어진다. 그의 후기 저작은 사회 자체가 특히 폭력, 성 그리고 죽음의 공포를 둘러싼 본능적 갈등과 그것의 억압을 통해 어떻게 트라우마를 겪게 되는가에 점점 더 초점을 맞추었다. 사회는 전쟁, 경제 위기, 노예제, 그리고 그 밖의 '트라우마'를 통해 '상처를 입을' 수 있고 은폐된 집합적 상처를 남겨서 그것이 미래 세대들의 사회적 삶의 형태에 영향을 미칠 수 있다. 사회적 무의식은, 그것이 감춰져 있더라도 사회의 갈등에서 핵심 역할을 수행할 수 있다(Elliott, 2013; Alexander, 2012를 볼 것).

다중성으로서 사회적인 것: 복잡성과 이동성

사회를 이해하는 또 다른 방식은 사회나 집단이 결코 통일적 · 정태적 · 직선적인 것이 아니라는 이미지를 포착하는 것이다. 오히려 사회는 항상 운동하는, 끊임없이 변동하고 발현하는 흐름 속 파편들의 다중성으로 보아야 한다는 것이다. 이 이미지에서 고정된 것은 아무것도 없으며, 모든 것이 다른 모든 것과 상호작용하고 있다. 사회에 대한 이해로서 그것은 오랜 역사를 가지고 있다(적어도 '만물은 유전한다'고 언명한 기원전 6세기의 철학자 헤라

클레이토스Heracleitos에서 시작하며, 때로는 그리스 바다의 신인 프로테우스Proteus에서 찾기도 한다). 근대에는 많은 옹호자를 찾을 수 있는데, 윌리엄 제임스, 질 들뢰즈Gilles Deleuze(1925~1995) 그리고 행위자 연결망 이론가들을 들 수 있다. 여기서 사용하는 비유는 사회의 복잡성과 운동에 대한 감각을 불러낸다. 공통의 이미지로는 미로labyrinth, 나선helix, 행렬matrix, 모자이크mosaic, 조립assemblage, 액체liquidity, 순회circuits, 연결망networks, 불확정성contingencies, 땅속줄기rhizomes 등을 들 수 있다.

근래 유력하게 사용하는 비유로 조립, 액체, 복잡성 세 가지를 들 수 있다. 사회를 조립으로 보는 것은 여러 부분을 결합한 것으로서 그것의 취약성을 강조하는 것이다(이것은 철학자 들뢰즈가 사용했지만 사스키아 사센Saskia Sassen과 실비아 왈비Sylvia Walby 같은 여러 사회학자의 저작에서 사회학적으로 발전시켰다). 사회를 액체로 보는 것은 어떻게 그것이 고체가 아니라 항상적인 변동과 운동에 개방되어 있는가를 강조하는 것이다. 모든 사회는 액체라고 할 수 있지만 근래에는 그것이 가속하고 있으며 사회의 핵심 특징이 되고 있다고 할 수 있다. 지그문트 바우만은 근대 액체사회가 더욱더 취약하고 모호하고 불안정해지고 있으며 항상적인 변동에 노출되어 있다고 주장한다. 그는 『액체 근대Liquid Modernity』(2000), 『리퀴드 러브Liquid Love』(2003), 『액체 인생Liquid Life』(2005), 『모두스 비벤디Liquid Times』(2007), 『친애하는 빅 브라더Liquid Surveillance』(2012) 등을 출판했다. 사회를 『지구적 복잡성Global Complexity』(Urry, 2003)으로 보는 것은 물리학과 복잡성 이론에 의존하고 있으며, 세계 기저의 운동하는 혼돈 — 여기서는 작은 사건들이 거대한 변동을 가져올 수 있다(그 역도 성립한다) — 을 제시한다. 이것은 불확정성과 예측 불가능성의 세계이다.

요약

이 장은 우리에게 특정한 방식으로 행위하도록 강제하는 외부적 사실(군중과 같은)로서 그리고 타인들과의 관계로서 '사회적인 것'이라는 관념과 '사회학 이론'을 소개한다. 나는 사회학 이론들에 관해 더 심층적으로 생각하는 방식을 준비하기 위해 몇 가지 핵심적인 이미지를 통해 이론들의 착상을 소개하고자 했다. 사회화, 유대, 갈등, 연극, 담론, 문화, 합리적인 것, 다중적인 것, 상호작용, 기계, 상표 등은 사회적인 것을 포착하기 위해 사용하는 이미지들이다. 이 모든 것들(그리고 더 많은 것들이 있다)은 여러분에게 '사회적인 것에 대한 이론'을 공부하는 출발점을 제공할 것이다.

더 탐구하기

더 생각하기

1. 여러분 자신이 일상 언어에서 '사회적'이라는 용어를 어떻게 사용하는지 생각해보자. 그리고 이 장의 첫 절과 연결해 '사회적'이라는 단어의 여러 의미를 정의하고 명확히 해보자. 또 여러분에게 사회학적으로 흥미를 일으키는 주제에 대해 생각해보고(1장 33~34쪽을 볼 것), 그것에 관해 무엇이 사회적인가를 질문해보자.
2. 비유란 무엇인가, 그리고 '사회 속에서 살아가면서 사회적인 것을 이해하기 위해 우리가 사용하는 비유'라는 관념이 무엇을 의미하는가에 관해 생각해보자. 이 장에서 제시한 이미지들의 일부를 골라서 그 이미지들이 사용하는 언어에 관해 생각해보자. 그런 이미지들을 여러분 주변의 세계에, 그리고 여러분이 흥미를 갖는 것들에 적용해 사용하고자 시도해보자. 그 이미지들을 사용하면 여러분은 세계

를 다르게 보게 되지 않는가? 그리고 여러 가지 '보는 방식'은 또한 '보지 않는 방식'이라고 할 수 있는데, 어떻게 그러한가? 대중적인 상표들과 로고들logos에 대해 생각해보자. 그것들에 대한 연구는 여러분이 사회가 어떻게 작동하는가를 이해하는 데 어떤 도움을 줄 수 있는가?

3. 사회학 이론이란 무엇이며, 그것이 성취하려는 것은 무엇인가? 아래 읽을거리로 소개한 책들을 읽어보자. 사회이론의 여러 학파를 분류해 소개하는 블로그를 만들어보는 것도 좋다. 세로축은 역사를, 가로축은 문화와 대륙을 배치할 수 있다.

읽을거리

사회이론은 모든 사회학 학습과 연구의 핵심에 자리하고 있다. 이 장에서는 사회이론을 단지 가볍게 소개하고 있다. 마찬가지로 초심자들을 염두에 두고 쓴 책으로는 폴 랜섬Paul Ransome의 『초심자를 위한 사회이론Social Theory for Beginner』(2010)과 숀 베스트Shaun Best의 『사회이론에 대한 초심자 안내A Beginner's Guide to Social Theory』(2002)가 있다. 그레고어 매클레넌Gregor McLennan은 그의 『사회학 이야기Story of Sociology』(2011)에서 '사회이론의 첫 동무'를 제시하고 있다. 랠프 페브르Ralph Fevre와 앵거스 밴크로프트Angus Bancroft의 『스무 살의 사회학Dead White Men and Other Important People』(2010)은 소설 형식을 빌려 사회학 공부를 시작하는 학도의 관점에서 '사회학의 중요한 생각들'을 소개하고 있다. 더 자세한 것으로 찰스 레머트Charles Lemert의 『사회이론Social Theory』(5판, 2013)은 고전적인 독본이다. 앤서니 엘리엇Anthony Elliot의 『현대사회이론 Contemporary Social Theory』(2판, 2014)은 최신의 생생한 400쪽짜리 대작이다. 그 밖의 안내서로 데이비드 잉글리스David Inglis와 크리스토퍼 소프Christopher Thorpe의 『사회이론에의 초대An Invitation to Social Theory』(2012), 롭 스톤스Rob Stones의 『주요 사회학 사상가Key Sociological Thinkers』(3판, 2016), 스티븐 사이드먼Steven Seidman의 『지식 논쟁Contested Knowledge』(5판, 2012)도 있다.

'사회'라는 개념이 무엇을 의미하는가에 대한 박학한 논의는 앤서니 엘리엇과 브라이언 터너Bryan S. Turner의 『사회론On Society』(2012)에서 찾아볼 수 있다. 그들은 구조, 연대, 창조 세 가지 이미지에만 초점을 맞춘다. 몸에 관해서는 브라이언 터너의 『몸과 사회The Body and Society』(1984; 3판, 2008)가 몸을 사회학의 주요한 탐구 영역으로 제안한 고전이다. 대니얼 리그니Daniel Rigney의 『비유적 사회: 사회이론에의 초대The Metaphorical Society: An Invitation to Social Theory』(2001)는 이 장에서 제시한 비유를 통한 사회 이해라는 착상을 이어서 여덟 가지의 주요한 비유를 제시한다. 여러분은 일부 비유들을 더 자세히 살펴보고자 할 수도 있다. 변동하는 사회적 유대에 관해서는 로버트 벨라Robert Bellah 등의 『미국인의 사고와 관습Habits of the Heart』(2007)을 보기 바란다. 일상생활의 연극에 관한 고전은 여전히 어빙 고프먼Erving Goffman의 『자아 연출의 사회학The Presentation of Self in Everyday Life』(1956)이다. 갈등에 관한 읽을거리는 7장 끝에서 찾을 수 있다. 푸코Michel Foucault와 담론의 고전적인(그리고 읽기에 가장 쉬운) 사례는 『감시와 처벌Discipline and Punish』(1991)에서의 감옥과 통제의 변화하는 성질에 대한 연구이다. 상표와 사회에 상품 이름 붙이기에 관한 고전은 조지 리처George Ritzer의 『맥도널드 그리고 맥도널드화The McDonaldization of Society』인데, 이 책은 2014년에 8판을 출판했다.

Sociology

3

사회: 21세기의 삶

인류 역사에서 문명이 존재한 시간의 총계는 단지 몇 분에 지나지 않는다. …… 그것은 대단히 미숙하며 계속되는 실험이고, 그것의 성공은 결코 입증되지 않는다.

콜린 턴불Colin Turnbull, 『인간의 순환 주기The Human Cycle』, 1984

지구라는 행성을 채우고 있는 지구적인 인간의 사회적 삶에 대한 이해는 사회학의 중심을 차지하는 핵심적인 도전이다. 이제 나는 이러한 이해의 가장 초기 시도 중 일부를 개관하고, 사회학도들이 오늘날 이해해야 하는 몇 가지 주요한 영역들을 제시하며, 지구적인 21세기 사회가 나아가는 방향을 논의할 것이다. 이 장에서는 근대 세계의 여러 '문제들'을 강조하고 궁극적으로 지금 우리가 어디로 가고 있는가에 대해 생각할 것을 여러분에게 요청한다.

우주와 진화: 인간 세계의 창조에 관해

태초에서 시작하자. 우리가 살고 있는 21세기 현대 세계를 이해하려면, 우리는 우리의 과거에 대해 조금은 알고 있어야 한다. 지구의 과거는 그다지 특별할 것이 없는 역사이다. 어린이들이 학교에서 배우듯, 행성 지구는 140억 년 나이의 우주 속에서 약 45억 년의 나이를 가지고 있다. 그리고 지구는 수십억 개의 별들로 구성된 은하계에 있는 한 행성이다(허블 우주망원경의 자료에 따르면 1991년에는 약 1250억 개, 2015년에는 약 1700억 개의 우주가 있는 것으로 추정할 수 있다. 아주 많으며, 늘어나고 있는 중이다!). 행성 지구에는 오랫동안 그 어떤 종류의 생명도 나타나지 않았으며, 수십억 년이 지나서 공룡이 지구를 지배하다가 사라졌다. 6500만 년 전 영장류가 등장했으며 1200만 년 전쯤 대형 유인원이 뒤따랐다. 화석 기록에 따르면, 불, 도구, 무기, 간단한 주거지, 기본 의복 등과 같은 문화적 기초들은 200만 년 전쯤에 나타나기 시작한 것으로 보인다. 현생 인류는 약 10만 년 전쯤 아프리카에서, 그리고 서남아시아의 경계 지역에서 나타나기 시작했다. 마지막 대빙하기 이후 지구의 인구는 약 500만이었을 것이지만, 기원전BCE: Before Common Era 500년 무렵 아마도 1억으로 늘었을 것으로 추정된다. 과거의 주요 문명들(이집트, 중국, 아랍, 그리고 메소아메리카를 포함)이 시작한 것은 불과 5000년 전이다. 주요한 문명들은 나타나고 사라지지만, 더 큰 그림 속에 놓고 보면 어느 것도 오랫동안 지속했다고 할 수는 없다. 그때부터 발전한 주요한 사회들은 유목, 농업, 그리고 봉건 사회이다. 그러나 우리가 알고 있는 것과 같은 공업 세계는 불과 300년 전에 시작했다. 대부분의 현대 사회학이 관심을 갖는 것은 전체 사회적인 역사에서 이렇게 조그마한 부분이다. 그러므로 사회학이 다루는 것은 말하자면 겨우 스무 줄짜리 세계사라고 할 수 있다.

그리고 당연히 수백만 명은 이런 이야기에 동의하지 않을 것이다. 예를 들어 '창조론자들'은 여전히 지구의 역사가 훨씬 더 단순하다고, 즉 하느님이 며칠 동안 만들었거나 수천 년에 지나지 않는다고 사람들이 믿기를 원할 것이다.

유인원들의 행성에 사회학이 등장하다

사회학은 찰스 다윈Charles Darwin(1809~1882)이 제시한 진화와 발현evolution and emergence 개념이 인간의 삶에 대한 주요한(비록 부분적이지만) 설명으로 발전하던 시기에 등장했다. 궁극적으로 영장류를 지구의 다른 많은 생명체들과 구별 짓는 것은 모든 살아 있는 피조물들 가운데 (몸 크기에 비해) 가장 큰 두뇌에 기초한 지능이다. 다윈이 세계 전역의 상이한 종류의 식물과 동물 생명체를 연구하고 비교하느라 바빴던 것과 똑같이, 가장 초기의 사회학자들, 역사학자들, 인류학자들의 다수는 과거와 현재의 상이한 종류의 사회들을 비교하느라 바빴다. 일부 학자들은 그들 자신의 과거를 더 자세하게 파악하기를 원하면서 고대 그리스와 로마, 그리고 동양의 옛날을 살펴보았다. 다른 학자들은 유럽 밖으로 눈을 옮겼는데, 비유럽인의 삶의 방식은 유럽인의 그것과 크게 달랐다. 그들은 대체로 유럽이 침략하고 식민화하고 기독교화한 나라들을 탐구했다. 그리고 만개한 **자종족중심주의**와 함께 그들은 대체로 그 문화들이 그들 자신의 것보다 열등하다고 보았다.

사회의 역사는 부분적으로 식량의 진화로 볼 수 있다. 식량이 없으면 사회도 없다. 초기 사회에서 핵심적인 과제 중 하나는 식량 원천을 찾기 위해 땅에서 돌아다니는 것이었다(수렵·채취). 일단 식량 자원이 고갈되면 이동할 필요가 있었다. 그러나 식량을 재배한다는 생각이 떠오르자, 사회는 점점 더 정착할 수 있었다. 지역의 식물 체계 및 동물들에서의 지리적 차이에 맞춰, 그것들을 '길들이기'에 이용할 수 있었다. 식물을 정착 구역에서 재배할 필요가 있었고, 동물을 사육할 필요가 있었다. 또 수리 체계를 개발할 필요가 있었다. 식량 생산의 등장은 세계 각 지역에 따라 다양했다. 그러나 식량 생산이 발전하고 진보한 곳에서는 많은 숙련skill들(글쓰기, 종자 통제, 기술technology, 정치체제)이 발전할 수 있었다.

이렇게 모든 과거의 규모가 어느 정도였는지를 기억하는 것은 매우 겸손하고 중요한 태도이다. 우리가 오늘날의 삶에 대해 거대한 주장을 할 때 우리는 늘 과거의 훨씬 더 거대한 주장을 상기해야 한다. 그런데 사회학은 비교적 최근의 서구에 있었던 주요한 변동들의 산물이라고 할 수 있다. 그 변동에는 산업혁명, 프랑스 혁명, 미국 혁명이 포함된다. 이것들은 모두 (사람들이 토지에서 도시로, 공장 생활과 자본주의로 이동하면서, 그리고 세계 여러 곳에서 수많은 사람들이 이주하면서 생겨난) 삶의 조건의 주요한 변화들 그리고 (사람들이 낡은 체제에 도전해 자유, 평등, 권리를 추구하면서 나타난) 정치적 기대들과 연결된 것이었다. 바로 여기 새로 등장하는 이러한 '근대 세계'에서 새로운 종류의 대규모 도시 빈곤과 계급체계의 고착과 함께 사회학은 태어났다. 초기 사회학의 대부분은 이러한 주요 변동을 그려내고자 했으며, 오늘날에도 여전히 대부분의 연구는 계속되는 변동을 살펴보고 있다. 먼저 이렇게 추정된 변동의 일부에 대한 간략한 요약을 살펴보는 것이 도움이 될 것이다(〈표 3-1〉을 볼 것). 사회학자 크리샨 쿠마르Krishan Kumar(1942~)는 이전에 '여러 가지 실용적인 목적에서 볼 때, 19세기 사회학의 임무를 근대 공업 사회의 특징적 유형에 대한 해부라고 생각하는 것은 잘못된 것이 아니다'라고 주장한 일이 있다(Kumar, 1978). 사회학은 그것의 시작부터 상이한 종류의 사회들에 대한 '이념형ideal type' 판형들을 만들어내고 때로는 한 형태에서

표 3-1 _ 인간의 사회 세계: 서구 사회에 대한 고전적인 기본 유형학('이념형')

	전통적(농업적)	근대화(산업자본주의적)	21세기(지구적 자본주의)
경제와 노동	농업, 목축, 어로	상업자본주의, 공장	지구적 자본주의, 서비스와 정보기술, 실업, 해외 이전, 로보틱스
기술	인간 및 동물 에너지	공업 에너지원	탈산업적, 정보, 디지털, 에너지 위기, 저탄소
인구	고출산·고사망률, 낮은 인구 성장	사망률 감소, 고출산율, 급속한 성장	낮은 사망률, 낮은 출산율, 인구 정체
지배구조	노예제, 봉건 전쟁 영주, 왕	국민국가, 신사회운동	세계기구, 세계시민주의, 디지털 활동주의
환경	'자연재해'	공업적 오염	생태파국, 환경운동, 저탄소 사회
종교	미신, 다신교부터 일신교까지	일신교에서 세속주의까지	탈세속적, 근본주의적, 다중 신앙, '자기 자신의 신'
의사소통	기호, 말과 쓰기	인쇄에서 전자까지	대량매체와 디지털문화, 미디어화와 디지털주의
공동체	부족, 촌락, 면대면, 지방적	도시, 결사, 2차적	지구적 연결망
지식과 관념	종교, 민속 미신	과학의 등장	상대주의, 성찰성, 관계주의, 혼돈과 복잡성
통제와 법	징벌적, 억압적, '자연적'	법과 공식 제도 증가, 배상적	소송 사회, 과도하게 조직화되고 금융화됨
건강	높은 사망률	환경적 건강과 '질병 모델'	관리된 치료, 의약품 사회, 고급 기술 의료
가치	전통적	'새롭게 만들기'	탈근대적 다원주의
집단	1차	2차	연결망
역할과 자아	귀속적	성취적	개인주의, 개방적, 선택적
문화	민속	대중문화	다문화적, 혼종적, 탈근대적, 세계시민주의적
사회	단순	공업	복합성(혼돈)
시간과 변동	매우 느림	가속화, 고안된 전통	급속, 고속, '속도'
군대	전쟁 중심적, 제한적·초점적	대규모 국민군대, 모든 사람, '자유·평등·박애'와 내적 혁명	'새로운 전쟁': 국가 독점의 종언, 퇴화, 파편화, 탈제도화

주: 우리는 모두 동시에 전통적·근대적, 그리고 탈근대적 세계에 (비록 그것들의 정도는 매우 상이하지만) 살고 있다.

다른 형태로의 진화를 제시하고자 했다고 이야기할 수 있다. 사회학자들은 여러 논의에서 이러한 판형들을 사용한다. 하지만 이 판형들에는 과잉 단순화와 과잉 일반화의 여러 위험이 자리하고 있다. 사회학도들은 변동이 필연적으로 정해진 단계를 따르며 예측 가능하다고 믿는 역사주의의 위험을 경계해야 한다. 사회는 불확정적으로 예측 불가능하게 발전하며 결코 균질적homogenous이지 않다. 또한 그러한 모델들에 대해서는 통상적으로 서구 문화의 관점에서 도출한 것으로 어디에나 적용할 수 있은 것은 아니라고 비판할 수 있다. 그렇지만 이 도식은 사회들의 심층적인 차이와 변동을 이해하는 출발점으로서는 유용할 수 있다. 오늘날 사회학은 지구적 의제들, 즉 서구 사회를 벗어나는 분석을 발전시키고 있다(이러한 사회학의 역사는 4장에서 추적할 것이며, 여기서는 이런 광범한 지구적 변동의 일부만을 살펴볼 것이다).

우리의 21세기 세계를 관찰하기: 2016년 무렵

근대 세계 그리고 대체로 서구 세계는 종종 프랑스 혁명부터 제1차 세계대전 시작까지의 '긴' 19세기(1789~1914)와, 두 차례의 세계대전, 냉전, 소련의 붕괴, 베를린 장벽의 붕괴, 그리고 1989년의 천안문 광장 학살로 이어지는 '짧은' 20세기(1914~1989)로 나뉜다. 흔히 이 후자의 시기를 자유주의적·민주주의적 서구와 전체주의 체제의 대립, 또는 자본주의와 공산주의의 대립으로 특징짓는다. 사회학자들, 역사학자들, 그리고 정치학자들은 이러한 변동에 대해 매우 자세하게 논쟁한다. 그러나 어떤 해명을 선호하든 대다수 논자들은 분명히 20세기가 유혈의 세기였다는 것에 동의할 것이다. 인간이라는 두뇌 큰 동물은 조금은 우둔하다. 독일 철학자이자 세계의 주도적인 사회학자인 위르겐 하버마스Jürgen Habermas(1929~)는 20세기를 벗어나며 쓴 책 『탈국가적 군집The Postnational Constellation』(2001)에서 다음과 같이 언급했다.

> (20세기는) 독가스실, 전면전, 국가가 지원하는 대량 종족학살, 강제수용소, 세뇌, 국가보안기구, 그리고 전체 주민에 대한 판옵틱panoptic 감시를 '창안한' 세기이다. 20세기는 상상할 수 있었던 것보다 훨씬 더 많은 희생자, 더 많은 죽은 군인, 더 많은 살해된 민간인, 더 많은 추방된 소수자들, 더 많은 고문, 추위와 기아와 학대에서 기인한 더 많은 죽음, 더 많은 정치범과 난민을 '만들어냈다'. 폭력과 야만 현상은 이 시대의 특징적 표지이다(Habermas, 2001: 45).

21세기도 지금까지는 그다지 나아지지 않고 있다. 우리는 여전히 전쟁, 대량 종족학살, 종교적 적대, 대륙적 전염병, 대규모 빈곤을 겪고 있다. 세계적 갈등이 도처에서 일어나고 있으며, 특히 아랍 문화와 서구 문화 사이의 갈등, 9·11 이후 '테러주의'의 등장은 뚜렷한 사례이다. 지구의 환경적 온난화는 중요한 세계적 쟁점이 되었으며 많은 논자들이 인류는 다음 세기 이전에 소멸할 것이라고 예측하고 있다. 경제 세계는 중국으로 기울고 있으며, 자본주의는 그 자체가 심각한 위기로 치달으면서도 대규모의 불평등과 부정의의 세계를 만들어내고 있다. 그렇다면 우리가 지금 살고 있는 이러한 21세기는 실제로 어떠한가?

내가 이 책을 쓰고 있는 2015년에 지구에는 대략 200개의 주요한 사회와 약 73억의 인구가 살고 있다. 일부 사회는 광대한 땅을 포괄하며 많은 인구를 가지고 있다. 가장 큰 것은 중국, 러시아, 미국, 인도이다. 다른 쪽 극단에는 가장 작은 나라들이 있으며 그중 일부는 섬나라들이다. 약 40개 나라들이 100만 이하의 인구를 가지고 있으며, 로마 중앙에서 오른쪽에 위치한 바티칸은 인구가 1000명이 채 안 된다(역설적으로, 바티칸은 규모와 숫자에서는 가장 작지만 가톨릭교회의 중심으로 세계에 막대한 영향력을 행사한다). 투발루Tuvalu, 나우루Nauru, 팔라우Palau 같은 작은 나라들(인구가 수천 명밖에 안 된다)은 거의 알려져 있지 않으며, 키프로스Kypros, 바베이도스Barbados, 아이슬란드Iceland 같은 조금 더 큰 나라들도 그러하다. 인구 100명 이하의 섬들도 많이 있다.

21세기 세계를 표시하는 지도는 여러 방식으로 그릴 수 있다. 오늘날 여러분은 인터넷에서 구글 지도에서 시작해 세계지도를 가지고 노는 큰 즐거움을 누릴 수 있다. 최근에 사회들은 종종 부유한 북부와 가난한 남부, 더 민주적인 서구와 덜 민주적인 동구로 구분된다. 그리고 20세기 후반의 50여 년 동안 사람들은 3세계를 말했다. 제1(공업), 제2(이행), 제3(비교적 미발전의 가난한) 세계가 그것이며, 나중에 환태평양과 이른바 '아시아적 가치'와 연결된 제4세계(신흥 공업국들)가 추가되었다. 이제 급속한 사회변동의 지속과 함께 더 이상 세계를 그렇게 간단하게 또는 명확하게 구별할 수는 없게 되었다. 기묘하게도 사회학은 대개 아주 소수의 이러한 나라들(이른바 '서구')에 관심의 초점을 맞추어왔으며, 지구적 상황에 대해 종종 매우 뒤틀린 견해를 제시했다. 이 책에서 내가 이야기하는 것의 대부분도 서구에 한정되어 있으며, 과거의 사회학이 가진 제한적인 특성을 보여준다. 그럼에도 21세기에는 사회학이 좀 더 지구적인 것이 되어가고 있다는 징후가 있으며, 여러분도 그것을 확인하게 될 것이다.

우리는 세계의 주도적인 사회학자 중 한 사람인 앤서니 기든스를 논의의 출발점으로 삼을 수 있다. 1999년 그는 BBC 방송의 유명한 연례 강좌인 리스 강연Reith Lectures에서 '질주하는 세계Runaway World'에 관해 일련의 강의를

했다. 이 강연은 세계 여러 곳 ─ 워싱턴(가족에 관해), 런던(민주주의에 관해), 홍콩(위험에 관해), 델리(전통에 관해) ─ 을 옮겨가며 진행되었다. 여러분은 이 모든 강의를 BBC의 웹사이트에 있는 리스 강연에서, 그리고 짧은 책 『질주하는 세계Runaway World』(1999)에서 찾아볼 수 있다. 기든스의 중심 주장은 근대 세계가 인간의 통제에서 급속하게 벗어나고 있으며, 그것을 다시 인간의 통제 아래로 되돌릴 수 있으려면 지속적인 분석이 필요하다는 것이다. 그는 통제에서 벗어나 쏜살같이 언덕을 굴러 내려가는 거대한 저거노트juggernaut의 이미지를 사용해 다음과 같이 말했다.

> 우리는 이러한 사회에 살고 있는 첫 세대이며, 이 사회의 형세를 우리는 아직 희미하게만 포착할 수 있다. 그것은 우리가 어디에 있든 간에 기존 삶의 방식을 흔들고 있다. 적어도 지금 그것은 집합적인 인간의 의지에 의해 추동되는 지구적 질서가 아니다. 그 대신 그것은 경제적·기술적·문화적 강제들의 혼합이 운반하는 무정부적이고 우연한 유행 속에서 등장하고 있다. 그것은 안정되거나 안전한 것이 아니라 근심으로 가득 차 있고 심층적인 분열에 의해 위협받는 것이다. 우리 대부분은 우리가 통제할 수 없는 힘의 손아귀 속에 있다고 느낀다. 우리는 그 힘을 우리의 의지에 맞게 다시 통제할 수 있는가? 나는 우리가 그럴 수 있다고 믿는다(Giddens, 1999: Lecture 1).

사회학자들은 새로이 등장하는 이러한 질서를 이해하고자 하며 이러한 변동을 파악하기 위해 여러 연구를 발표해왔다. 1960년대에는 그것을 많은 사람들이 탈공업사회post-industrial society(미국의 저명한 사회학자 대니얼 벨Daniel Bell이 서비스 노동과 지식과 정보와 고급 기술에 기초한 생산체계를 나타내기 위해 고안한 용어이다)라고 불렀다. 1980년대와 1990년대에는 우리가 살고 있는 사회를 가리키는 일련의 새로운 개념들이 등장했다. 탈근대사회post-modern society(장 보드리야르Jean Baudrillard, 크리샨 쿠마르)나 후기 근대late modernity(앤서니 기든스, 울리히 벡Ulrich Beck) 등은 계몽주의enlightenment 및 근대성modernity과의 단절, 그리고 파편화, 차이 및 다원주의pluralism의 도래 등을 시사한다. 일부 논자들은 후기 자본주의late capitalism, 탈조직 자본주의disorganized capitalism 그리고 도박장 자본주의casino capitalism라는 개념을 사용함으로써 마르크스가 처음 분석한 주제가 지금도 지속하고 있음을 시사한다. 새천년의 전환기에는 지구화 및 디지털주의가 압도적인 것이 되고 파편화와 취약성의 느낌이 뚜렷해지면서 사회학은 『위험사회Risk Society』, 『개인화Individualization』 그리고 『위험에 처한 세계World at Risk』에 대한 분석 – 이것들은 모두 독일의 뛰어난 사회학자 울리히 벡(1944~2015)이 쓴 책 제목이다 – 과 『액체 근대』(지그문트 바우만의 용어)에 대한 분석을 전개했다. 이제 우리는 『정보시대The Information Age』와 『네트워크 사회Network Society』(마누엘 카스텔Manuel Castells), 『지구시대The Global Age』(마틴 앨브로Martin Albrow), 『감시사회Surveillance Society』(데이비드 라이언스David Lyons), '탈근대사회Post-modern Society'(장 보드리야르), 그리고 『탈국가적 군집Postnational Constellation』과 '탈세속사회Post-Secular Society'(위르겐 하버마스)에 들어서고 있다. 사회학자들은 『비공식화Informalization』(카스 우터스Cas Wouters), 『사회의 맥도널드화The McDonaldization of Society』(조지 리처), 『사회의 디즈니화The Disneyization of Society』(앨런 브라이맨Alan Bryman)를 지적하기도 한다. 때때로 강단의 학자들은 종말론적 견해를 보이기도 한다. 『근대의 어두운 측면The Dark Side of Modernity』(제프리 알렉산더Jeffrey Alexander), 『역사의 종말The End of History and the Last Man』(프랜시스 후쿠야마Francis Fukuyama)과 『우리가 아는 세계의 종언The End of the World as We Know it』(이매뉴얼 월러스틴Immanuel Wallerstein) 등이 그 예이다. 게다가 21세기는 9·11과 2008년의 폭락으로 굴러 들어갔다.

'테러주의', '새로운 전쟁', '광포한 불평등', '환경 파국', '경제 붕괴' 그리고 '신자유주의 정책' 파탄의 이야기가 전면적으로 들려오고 있다. 새롭게 생겨난 연구들은 『축출 자본주의Expulsions』(사스키아 사센), 『금융화Financialization』(토머스 팰레이Thomas Palley), 『해외 이전Offshoring』(존 어리), 『재난 자본주의의 등장The Rise of Disaster Capitalism』(나오미 클라인Naomi Klein), 『자본의 17가지 모순Seventeen Contradictions and the End of Capitalism』(데이비드 하비David Harvey), 『위기Crisis』(실비아 왈비)에 관해 쓰기 시작했다. 다른 연구자들은 디지털주의와 '사물인터넷the internet of things: IoT'이 어떻게 『탈자본주의Postcapitalism』(폴 메이슨Paul Mason), 새로운 『공감의 시대Empathic Civilization』(제러미 리프킨Jeremy Riffkin), 그리고 『분노와 희망의 네트워크Network of Outrage and Hope』(마누엘 카스텔)를 가져오고 있는가를 강조하기 시작했다.•

여러분이 알 수 있듯, 변동하는 우리 시대에 대한 분석은 막대하게 많다. 그러나 우리가 어떤 용어를 사용하든 간에 시간을 거슬러 올라가 20세기 중반의 어디쯤인가에서 새로운 '제2의 거대한 변혁'(좋은 것이거나 나쁜 것이거나)이 등장하기 시작했다는 것, 그 변혁은 자본주의와 함께 지속하지만 그 자체가 지구화globalization와 다양한 신흥 다중 근대성들multiple modernities ― 사회학자 슈무엘 아이젠슈타트Shmuel Eisenstadt(1923~2010)의 용어 ― 에 직면하고 있음을 깨닫게 되었다는 것에는 일반적으로 동의한다. 근대사회는 디지털적으로 그리고 지구적으로 점점 더 상호 연결되고 있으며 자본주의가 나아가는 경로는 위기로 포장되어 있다. 그렇지만 이제 어느 한 유형의 근대성 탐

• 이 책에 등장하는 저서의 제목을 대부분 국내 번역서의 제목으로 옮겼으나, 여기서는 예외적으로 데이비드 라이언스의 『감시사회』와 조지 리처의 『사회의 맥도널드화』를 문맥상 원제 그대로 실었다. 참고로 라이언스의 『감시사회』는 『감시사회로의 유혹』으로, 리처의 『사회의 맥도널드화』는 『맥도널드 그리고 맥도널드화』로 국내에 번역·출판되었다. ― 옮긴이

색은 강력하게 논박되었다. 근대는 그것보다 훨씬 복잡하다. 전체적으로 살펴본다면 오히려 우리는 복수의 과거에서 등장하는 새로운 세계가 흔히 점점 가속하는 급속한 변동, 불확실성, 위험, 개방성, 개인주의와 아울러 지속적인 폭력, 전쟁, 착취, 종교적 적대와 불평등으로 가득한 다중의 미래로 이어지는 것을 알게 된다. 논자에 따라 강조하는 것도 상이하다. 일부는 어둡고 비관적인 암흑향dystopia을 보고 일부는 더 낙관적이고 긍정적인 이상향utopia의 이미지들을 제시한다(〈표 3-3〉을 볼 것). 이러한 변동에 대한 아주 많은 분석이 아주 많은 상이한 주제를 논의하고 있지만 여기서 내가 살펴볼 수 있는 것은 극히 일부일 뿐이다.

먼저 언급할 만한 중요한 주제 중 하나는 불평등의 증가이다. 10억 이상의 인구가 빈곤선 이하에서 살고 있는 반면 극소수의 최고 부자들이 부의 대부분을 소유하고 있으며 그것에 수반되는 것으로 보이는 권력을 행사하고 있다. 불평등이 20세기 중반에는 감소했지만 근래에는 급격하게 증가했다. 이 책의 7장에서 불평등에 대해 더 논의할 것이며, 여기서는 광범한 다른 중요한 쟁점을 소개하고자 한다.

▌세계를 하나의 장소로 만든다 _ 지구화와 세방화

21세기 세계에서 다른 나라로부터 고립된 채 존립할 수 있는 나라는 없다. 현대의 커뮤니케이션(지구적 매체, 디지털 연결망, 신속한 운송)은 세계 여러 곳의 사람들이 즉각 서로 접촉할 수 있게 한다. 세계는 더 빨라지는 동시에 더 작아지고 있다. 시간은 가속하고 공간은 압축되고 있다. 지금까지 역사에서 나라를 가로지르는 움직임은 매우 더디고 장애가 많았다. 이제는 모든 것이 바뀌었다. **지구화**globalization는 이러한 과정을 가리킨다. 그리고 그것의 쌍둥이인 **세방화**glocalization는 거대한 지구적 추세에도 지방의 공동체에 의해 수정되면서 새롭고 독특한 형태를 만들어내는 방식을 가리킨다.

가장 일반적으로 지구화는 경제적인 것으로, 즉 지구적 자본주의로 간주된다. 그것은 지구적 교역, 지구적 금융, 지구적 소비주의 그리고 해외 이전을 가리킨다. 그것은 자본주의 시장의 지구 전역으로의 확장과 연결되며 종종 불평등과 연결된다. 그러나 사회학자들은 지구화가 어디서나 작동하고 있음을 본다. 세계은행World Bank뿐 아니라 국제연합United Nations과 그린피스Greenpeace와 디즈니월드Disney World에서도 지구화를 본다. 국제 마라톤과 지구적 연주회에서 대량 여행과 인터넷까지 우리는 점점 더 많은 사람들이 고정된 공간적 공동체의 속박에서 벗어나 연결망 속에서 움직이는 것을 볼 수 있다. 사람들은 지구를 가로질러 연결망을 형성하며 지구적인 것을 그들의 지방적인 것으로, 그리고 그들의 지방적인 것을 지구적인 것으로 만들고 있다. 일부 사람들은 그들 자신을 '지구 시민global citizen'으로 생각한다. 모든 사회제도가 지구화에 의해 영향받고 있다. 지구적 교육('해외' 대학교 유학생들을 생각해보라), 지구적 건강(HIV와 에볼라 바이러스를 생각해보라), 지구적 정치(디지털 사회운동과 유엔을 생각해보라), 지구적 종교(다중 신앙과 종교 갈등을 생각해보라), 지구적 범죄(조직범죄, 마약밀매, 사이버 범죄를 생각해보라), 지구적 갈등(테러주의를 생각해보라), 지구적 인권과 지구적 노동(이주와 성 관련 인신매매를 생각해보라)이 있다. 수백만 명의 난민이 유랑하게 되는 '지구적 위기 이주'라는 세계적 문제에 대해서도 생각해보라. 또는 가족이나 배우자가 서로 다른 나라들에 흩어져 살아가는 '지구적 가족'이나 '원격 배우자'도 증가하는 현상이다. 그리고 이러한 세계가 점점 더 통제 불가능해지면서 우리는 지구적 위험에 직면하고 있다.
이러한 모든 지구적 변동은 인간의 사회적 삶의 모든 영역을 가로질러 일어나고 있으며 각 영역에서 논쟁을 유발하고 있다. 모든 사회학은 지구 사회학이 되었다.

인구: 우리는 인구과잉의 행성에 살고 있다

우리 세계의 한 가지 뚜렷한 특징은 그것이 인간 생명으로 가득 차 있다는 것이다. 2014년의 지구 인구는 73억 명이었고, 다가올 12년 동안 또 다른 10억 명이 증가할 전망이며 2050년에는 100억 명에 이를 것이다. 우리는 '인구과잉'의 압력 속에서 살고 있으며 압력은 더욱 심해지고 있다. 물론 대륙에 따라 실질적인 차이가 있다. 중국, 인도, 아프리카만으로 세계의 약 50%를 헤아린다. 2016년에 중국과 인도의 인구는 각각 14억 명과 13억 명으로 단연 규모가 가장 크다. 이 나라들에 뒤이어 미국이 3억 2200만 명, 인도네시아가 2억 2200만 명, 브라질이 2억 500만 명 순이다. 아프리카의 인구는 2050년경 두 배 이상(23억)이 될 것으로 예상된다. 이와 대조적으로 유럽, 북미, 일본, 오스트레일리아는 출산율이 매우 낮다. 세계의 인구 증가율은 1970년대 이래 조금 감소했지만 여전히 연 1.2%이며, 이것은 실질적으로 해마다 세계 인구에 7000만 명 이상을 추가한다는 것을 의미한다. 이것은 영국 같은 나라의 인구(2014년 중반 약 6500만 명이었다)보다 많은 숫자이다.

그러한 셈에는 어떻게 측정할 것인가의 주요한 문제가 있지만, 한 가지는 분명하다. 인구 규모가 매우 크다는 것, 그리고 〈표 3-2〉가 보여주는 것처럼 지난 두 세기에 걸쳐 극적으로 증가해오고 있다는 것이다.

세계 역사의 대부분 기간에 우리의 행성은 절대적으로 비어 있었고 단지 수백만 명만이 그 행성에서 살고 있었던 것으로 보인다. 구석기 시대에는 아마도 100만 명쯤 있었을까? 신석기 시대에는 1000만 명? 청동기 시대 무렵에는 아마 1억? 되풀이되는 전쟁과 전염병이 인구를 일소했을 것이다. 흑사병이 휩쓸고 지나간 1350년 무렵의 인구는 약 3억 5000만 명으로 추정된다. 그러나 일단 공업화가 시작하자 인구는 10억 명에 이르기 시작했다. 이제, 꼭 200년 만에 지구 인구는 70억을 훨씬 넘어섰다(그중 30억 명 이상은 최근 30년 동안 증가했다). 이것은 놀랄 만한 변동이며 사회적 삶의 성질에서 주요한 변동을 시사한다. 어떤 사람은 훨씬 더 거대한 번영을 말하고, 어떤 사람은 위태로운 인구과잉의 행성을 말한다. 인구의 기하급수적 증가와 그것이 초래할 문제들에 관한 토머스 맬서스Thomas Malthus(1766~1834)의 선구적인 작업 이래 인구 변동의 사회적 의미에 관한 논쟁이 이어져 왔다. 지금 우리 세계가 직면하고 있는 문제가 무엇이든 그것은 거대한 인구 숫자에 의해

표 3-2 _ 세계 인구

1750년	7억 9100만 명
1800년	9억 7800만 명
1900년	16억 5000만 명
1950년	25억 명
1999년	60억 명
2015년	73억 명
2050년	97억 명(예상치)

자료: United Nations, *World Population Prospects*, 2015 Revision.

증폭되고 있다.

사회학자들이 보기에 여러 가지 중요한 쟁점들이 발생한다. 인구과잉의 행성에서 출산율 저하, '고령화 사회'(이것은 세라 하퍼Sarah Harper의 저서 제목이다), 인구구조의 변동, 세계 환경 위기의 문제가 일어나고 있다. 어떤 논자들은 여전히 사람이 지나치게 많아서 문제이며 인구를 조절해야 한다고 주장한다. 다른 논자들은 고령 인구의 부양, 건강, 은퇴, 연금처럼 증대하는 문제들을 어떻게 처리할 것인가가 쟁점이라고 주장한다[유엔(United Nations, 2013)에 따르면, 세계의 고령 인구(60세 이상)는 1990년 9.2%에서 2013년 11.7%로 증가했으며, 고령 인구의 수는 2013년에서 2050년 사이에 약 8억 4000만 명에서 약 20억 명으로 두 배 이상 증가할 것으로 보인다]. 인구학자들은 이러한 인구 변동을 분석하지만, 사회학자들은 그 변동의 사회적 함의를 해명하고자 한다.

농촌의 삶에서 지구적 도시로: 빈민굴의 행성

이러한 인구 증가는 우리가 어디에 살고 있는가에 대해서도 함의를 갖는다. 세계의 대부분은 여전히 작은 공동체, 촌락, 그리고 고립된 섬에 살고 있지만 이제 세계 사람의 절반 이상은 도시화화고 있다. 단지 50년 동안의 성장은 놀라운 것이었다. 1950년에 도시에는 7억 4600만 명(30%)이 살고 있었는데 2014년에는 39억 명으로 증가했다. 그리고 일부 도시는 경악할 만큼 거대하다. (중동을 비롯한 몇몇 지역에) 도시가 처음 등장했을 때, 도시에는 세계 인구의 단지 작은 군집만이 거주했다. 1700년경 유럽에서 가장 큰 도시였던 런던은 50만 명이라는 경이적인 규모의 인구를 수용했다. 그렇지만 2015년의 런던 인구는 850만 명(그리고 메트로폴리탄 지역까지 포함하면 약 1400만 명)을 넘어섰다. 런던은 여전히 중요한 세계적인 금융 도시이지만 인구 규모를 기준으로 보면 세계도시 순위에서 겨우 25번째일 뿐이다. 2014년 도쿄는 3800만 명의 인구 덩어리를 가진 세계에서 가장 큰 도시였다. 2500만 명의 델리, 2300만 명의 상하이, 그리고 각각 대략 2100만 명의 멕시코시티, 뭄바이, 상파울루가 뒤를 이었다. 몇십 년 전만 하더라도 세계에서 가장 규모가 큰 도시 덩어리는 더 발전된 지역에서 찾아볼 수 있었는데 오늘날에는 거대 도시들이 지구의 남반구, 즉 저발전 지역에서 크게 늘어나고 있다. 앞으로 몇십 년 동안 도시 확장의 95%는 발전 도상 세계에서 일어날 것이다. 2030년경에는 세계에 거대도시mega-city(인구 1000만 명 이상의 도시)가 41개로 늘어날 전망이며 2050년경에는 60억 명 이상이 도시에 거주할 것으로 예상된다. 인도, 중국, 나이지리아 세 나라는 2014년부터 2050년 사이의 세계 도시인구 증가 예상치의 37%를 차지할 것이다(현재 아시아와 아프리카는 농촌 비율이 가장 큰 대륙이다. 이러한 예상치는 세계 각국에서 수집한 인구 규모를 기초로 정기적인 '예측'을 하는 유엔 기구에서 제시한 것이다).

다수의 거대 도시들은 지구적 도시global city라고 할 수 있다. 지구적 도시라는 용어는 지구금융지수Global Finance Index에 의거해 대규모 기업 투자 중심지를 가리킨다고 정의할 수 있다. 표면적으로는, 멋진 마천루와 거대 기업과 예술 세계가 모여 있는 도시들은 살기 좋은 멋진 곳으로 보인다. 그러나 이 도시들의 대부분에는 세계의 광대한 빈민굴들이 숨어 있다. 오늘날 8억 3000만 명의 사람들이 빈민굴에 살고 있으며 숫자는 계속 늘어나고 있다. 정치사회학자 마이크 데이비스Mike Davis는 이제 『빈민굴의 행성Planet of Slums』• 이 되고 있는 세계에 대해 저술한다. 그것은 대니 보일Danny Boyle의 오스카상 수상 영화 〈슬럼독 밀리어네어Slumdog Millionaire〉(2008)나 페르난두 메이렐리스Fernando Meirelles와 카티아 런드Kátia Lund의 〈시티 오브 갓City of God〉(2002) 같은 영화에서 잘 묘사한 판자촌 도시와 빈민굴의 세계이다. 이 영화들은 뭄바이와 리우데자네이루의 대규모 빈곤, 폭력, 마약, 범죄 그리고 인구과잉을 배경으로 거친 삶의 이야기를 전개한다. 생존을 위한 하루하루의 투쟁을 묘사하는 줄거리이다[마크 볼커Mark Volker의 〈제4세계The Fourth World〉(2011)도 비슷한 주제의 다큐멘터리이다]. 게다가 세계의 도시들은 토지의 단지 2%만을 차지하면서도 에너지 소비에서는 60~80%, 이산화탄소 배출에서는 75%를 차지하고 있다. 도시는 지구 환경 위기의 배후에 자리한 원동력이다(이것은 뒤에서 논의한다). 급속한 도시화는 생활환경(물, 생활필수품, 폐기물 등)에 압박을 가하고 있다. 사회학자들은 도시가 어떻게 새로운 형태의 사회적 삶을 발전시키고 자주 손상된 삶을 만들어내는가에 오랫동안 날카로운 관심을 가져왔다.

자본주의, 노동 그리고 경제: 신자유주의와 그것의 붕괴

근대 세계는 본질적으로 자본주의 세계이다. 자본주의capitalism는 여러 형

• 이 책의 국내 번역서 제목은 『슬럼, 지구를 뒤덮다』이다. — 옮긴이

태를 띠고 있지만 통상적으로 세 가지 핵심 특징을 보여준다. 사유재산(이것은 부를 만들어낸다)을 소유한 사적 개인들(국가state나 지배자에 대립되는 존재), 이윤을 얻기 위해 투자한 화폐, 그리고 (가정된) 국가의 최소 개입과 함께 작동하는 자유롭고 개방적인 시장이 그것이다. 우리는 근래의 역사 전체에서, 예를 들어 12세기의 제노바와 베네치아에서 상인들이 재화에 대한 투자를 통해 돈을 획득하는 초기 자본주의의 증거를 찾을 수 있다. 그러나 근대적인 자본주의의 뚜렷한 도래는 통상적으로 공업 세계의 등장과 연결되는데, 이것은 18세기 전환기에 영국의 면직물 제조에서 처음 나타났고 그다음 유럽과 미국으로, 그리고 결국에는 세계의 전역으로 확산되었다. 초기 공장제에 기초한 이런 자본주의에서 노동자들은 자신의 노동력을 (저)임금에 팔았으며, 그 과정을 통해 자본주의적 소유주들은 이윤을 만들었다.

지금 영국 지폐에 그려져 있는 18세기 사상가 애덤 스미스Adam Smith(1723~1790)는 『국부론The Wealth of Nations』에서 시장체계는 최소 비용으로 최대 효용을 제공하는 재화와 서비스를 선택하는 소비자가 지배한다고 주장했다. 그는 시장자본주의라고 불리게 된 것을 중심으로 하는 견해를 발전시켰다. 생산자들은 가능한 한 최저 가격에 최고 품질의 재화와 서비스를 제공하기 위해 서로 경쟁한다. 그러므로 기업가들은 개인적인 이익을 동기로 하는 반면 더 효율적인 생산과 계속 증가하는 가치에서 모든 사람이 이익을 얻는다고 주장한다. 스미스의 유명한 문구로, 협소한 이기심에서 '최대 다수의 사람들을 위한 최대의 재화'가 생겨난다. 이러한 자유방임laissez-faire, '낙수trickle down' 접근은 자유시장과 경쟁경제가 수요공급법칙의 '보이지 않는 손invisible hand'에 의해 그 자체를 규제할 것이라고 주장한다. 경제에 대한 정부의 통제는 복잡한 시장체계를 불가피하게 교란할 것이며 생산자의 동기를 위축시킬 뿐 아니라 생산되는 재화의 양과 질을 감소시키고 소비자를 속인다.

마르크스와 베버 같은 고전 사회학자(그리고 칼 폴라니Karl Polanyi, 이매뉴얼 월러스틴, 데이비드 하비 같은 근래의 사회학자)의 생각은 달랐다. 그 체계는 합리적 시장이 아니라 '기회와 이익에 대한 통제를 얻으려는 인간에 대한 인간의 싸움'의 장이었다[베버의 『경제와 사회Economy and Society』(1978)를 볼 것]. 사회사상에서 마르크스의 주요한 기여 중 하나는 자본의 운동에 대한 그의 통렬한 고발이었다. 그에 따르면 자본주의는 불평등, 착취, 그리고 노동자들의 빈곤과 궁핍화를 유발한다. 그리고 노동자들이 시장에서 자신들의 노동력을 그것의 가치 이하로 팔도록 강제당하는(그것에 의해 소유주들은 더 많은 이윤을 얻는) 불리한 위치에 있다는 것을 깨닫게 되면 결국 자본의 소유주들과 갈등에 빠지게 된다. 여기서는 자본주의가 스미스의 자비로운 체계가 아니라 더욱더 많은 이윤을 획득하고자 하는, 지속적으로 증대하는 요구에 의해 추동되는 본래 불안정하고 갈등적인 체계로 다수를 희생시키고 소수에게 혜택을 주면서 작동한다.

이러한 자본주의 모델들은 어느 정도 추상적인 것이다. 그렇지만 순전히 이념형적인 자본주의는 존재하지 않는다. 실제 자본주의는 여러 형태를 취하며 여러 국면을 거쳤고, 되풀이되는 위기에 직면해 계속 적응하며 변동하고 있다. 19세기 초·중반에는 자유주의적 자본주의liberal capitalism가 그것의 유지를 돕는 지원적인 정부 및 법적 틀과 함께 자유시장을 포획했다. 그러나 20세기 출발점에서는 대규모 조립 공정 생산이 등장했으며 — 흔히 포드주의Fordism로 부른다 — 이와 함께 대중에게 노동이 점점 더 단조로운 것('반숙련노동')이 되면서 이윤과 투자와 규모가 크게 증가했다. 제2차 세계대전 이후 조직자본주의organized capitalism 유형이 등장했는데, 이것은 국가가 관리하는 시장과 더 '감독적인 국가directive state'를 포함했다. 예를 들어 1946년부터 1979년까지 영국에서는 대체로 정부가 경제정책을 주도하면서 훨씬 더 많은 '국가' 개입이 있었다. 그러나 1970년대와 1980년대에는 영국에서 대처Margaret Thatcher와 미국에서 레이건Ronald Reagan이 신자유주의를 끌어들였다. 이와 함께 국가 개입은 감소했고 시장의 중심성은 더 지구적이고 분산적인 작동과 함께 증가했다. 영국에서 그것은 국영 산업의 종언, 국가의 복지 제공 축소, 서비스 부문의 증가, 소비의 대량 증가, 그리고 고용을 보호하는 안정된 노동시장의 붕괴를 특징으로 했다. 이러한 국면 각각은 위기와 붕괴를 특징으로 하며, 이제 우리는 디지털주의와 결합된 새로운 국면 및 새로운 형태로 진입하고 있다고 할 수 있다.

미국에서는 유럽보다 사적 시장이 훨씬 광대하며, 통상적으로 미국의 자본주의는 가장 순수한 형태의 자본주의로 간주되지만 여기서도 정부는 경제적 사안에 대해 일정한 역할을 한다. 예를 들어 미국 정부가 유지하는 군대는 거대한 시장에서 주요한 주체이며, 2008~2009년의 금융 위기에 정부는 기업과 은행의 파산을 막기 위해 '긴급 지원bailout'으로 개입해야 했다.

20세기의 대부분에서 공업자본주의는 동구, 특히 중국과 소련(러시아)과의 '냉전' 속에 있었다. 이 두 나라는 공산주의 체제를 채택했다가 '포기'하게 되었다. 소련의 종말을 예고한 동구 국가사회주의 몰락과 중국 천안문 광장에서 대규모 학생 시위가 있었던 1989년의 위기 이후 한동안 자본주의는 확실히 승리한 것으로 보였다. 독일민주공화국(동독), 체코슬로바키아, 헝가리, 폴란드, 루마니아, 불가리아를 포함한 동구 세계는 시장 주도 또는 자본주의 체제로 이동했으며, 오직 북한, 라오스, 쿠바만이 공산주의 체제를 유지하고 있다. 중국 같은 일부 나라들은 혼합 노선을 채택하고 있다. 1992년에는 소련, 즉 소비에트 연방 자체가 해체되었다. 10년 뒤, 국영기업의 3/4은 부분적으로 또는 전적으로 사적 소유 아래에 놓였다. 그렇지만 동구에서 시장개혁은 매우 불균등하다. 슬로바키아나 체코공화국 같은 일부 나라들은 잘 해나가고 있다. 러시아 연방 같은 나라들은 빈곤과 불평등의 증가, 심한 경쟁과 사회적 쇠퇴 등과 함께 자본주의의 가장 취약한 여러 특징을 보여주고 있다. 태평양의 가장자리에 있는 일본, 한국, 싱가포르에서는 또 다른 자본주의와 사회주의의 혼합을 볼 수 있다. 21세기에 중국은 여전히 중앙집중적인 국가 통제를 유지하면서 시장체계를 도입했다. 심한 역설이지만, 사실 중국은 전체주의를 유지하고 민주주의와 자유주의 이념에 반대하면서도 세계의 주도적인 자본주의 체제가 되었다.

그러므로 자본주의는 다양하며 지속적으로 적응하고 변화한다. 우리는 더욱더 지구적인 자본주의 연결망 속에 살고 있으며, 여기서 시장은 국가를 가로질러 작동하고 한 시장의 위기는 모든 시장에 영향을 미친다. 각 지방의 자본주의는 상이한 형태를 취한다. 신자유주의적 자본주의, 국가자본주의, 중국 자본주의, 이슬람 자본주의, 아랍 걸프만Arab Gulf 자본주의도 있다. 그리고 이 모든 것들은 사회학적 탐구의 주제이다. 이 모든 것 위에 일종의 지구적 연결망 자본주의 — 소수의 집단이 지배하고 세계 인구의 거의 전부를 배제하는 — 가 올라앉아 있다. 이제 사회적 불안정, 사회적 불평등, 그리고 경제적 예측 불가능성은 규범이 되었다. 2008~2009년 '금융 경색' 및 세계적 경제 위기에서 은행들은 수조 달러에 달하는 정부 자금을 지원받아야 했다. 이것은 지금까지의 자본주의 체제의 종언을 특징짓는다. 세계 전역에서 정부들은 이러저러한 종류의 안정을 복구하기 위해 개입해야 했으며, 완전 자유 기업이라는 신자유주의의 환상적인 풍선은 (한동안) 터져버렸다. 세계사의 장기적 과정에서 볼 때 현대 자본주의의 미래는 매우 불확실하다. 하지만 바로 지금 그것의 변동하는 운명은 사회 세계에 대한 모든 분석에서 중심을 차지할 수밖에 없다. 우리는 뿌리 깊게 — 불안정한 것이더라도 — 자본주의적인 세계에 살고 있다. 그렇지만 분명히 그것은 변동하고 있다.

비판적 경제학 _ 자본주의는 우리의 세계를 해치는가?

자본주의는 영원한 위기를 내장한 채 더욱더 많은 이윤을 추구하는 체제이다. 1970년대의 신자유주의가 주창한 탈규제와 통제의 배제는 2008년 9월 투자은행 리먼 브라더스Lehman Brothers의 파산과 세계적인 몰락을 초래했다. 그러나 그런 상황에 대한 주요한 대응은 정부가 금융권을 지원하고 다른 것들에 긴축을 부과하는 체계를 도입하는 것이었다. (정부의 재정 지출을 축소하고 절약을 강화하는) '긴축 경제'는 그 자체로 고유한 문제들을 야기한다. 더 많은 위기가 발생할 것을 예상할 수 있다. 사회학자들은 자본주의의 본성에 관해 오랫동안 논쟁하면서 다음과 같은 중요한 쟁점들을 강조했다.

1. 불평등의 확대widening inequalities: 세계 최상위 부자 85명은 최고 가난한 35억 명이 소유한 부와 대등한 부를 소유하고 있으며, 세계 인구의 1%는 세계 부의 46%를 차지하고 있다. 극소수의 부자들과 권력자들은 빈곤한 대중과 단절하고 있으며, 지금 빈곤한 대중의 대부분은 사회적 삶에서 상당한 정도로 배제되고 있다. 이것은 일련의 건강 문제와 인간의 취약성 문제로 이어진다. 이러한 불평등의 한계는 무엇인가?(Dorling, 2015; Sayer, 2015; Sassen, 2014; 이 책의 7장을 볼 것)
2. 시장화의 범람engulfing marketization: 21세기에는 무엇이든, 심지어 물조차도 상품화하여 판매에 내맡겨진다. 한때 공공적 재화이며 정부의 책임이라고 생각했던 것들(교도소, 교육, 건강, 교통 체계, 에너지 체계, 통신 등)이 이제는 시장에 나왔다(민영화). 화폐로 살 수 없는 것이 있는가? 시장의 도덕적 한계는 무엇인가?(Sandel, 2012)
3. 금융화의 증폭growing financialization: 현대 자본주의는 허구적인 화폐와 이윤의 세계이며 그것에 의존해 막대한 부를 얻는, '생산 없이 이윤을 얻는' 사람들이 있는 세계이다. 관련된 생산 및 노동이 거의 없는 상황에서 중요한 것은, 이윤을 목표로 투자하고 이윤을 얻고 또 더 많은 이윤을 얻으려고 재투자하는 사람들이다. 자본주의 아래에서는 여러 종류의 이윤 및 부가 존재한다. 이제 문제는 '화폐 자체를 위한 화폐의 쓰임새는 무엇이며, 누가 이 화폐를 갖는가?'이다(Lapavistas, 2013).
4. 부채 증가increasing debt: 자본주의는 투자에 의존하는데, 투자는 주로 부채와 결합된다. 이 사람의 투자는 흔히 저 사람의 부채이다. 우리는 '빚쟁이'가 되었다. 자본주의는 거대하게 광범한 부채 체계(공적인 것과 사적인 것, 학자금 대출부터 주택자금 융자와 신용카드까지)를 만들어낸다. 2015년 영국의 가구당 평균 부채는 5만 4000파운드(약 8000만 원)를 넘어섰다. 사람들은 부채 속에서 어떻게 살아가는가? 부채의 한계는 무엇인가?(Lazzarata, 2007)

5. 어디에나 침투하는 금융화의 문화pervasive cultures of financialization: 이제 세계의 중심 가치는 화폐, 물질주의, 시장 그리고 소비이며 세계는 완전히 금융에 기초한 논리를 따른다. 그것은 돌봄, 정의, 인간의 성숙human flourishing 같은 더 인간적인 가치들을 축출한다. 시장 가치는 사회를 위한 최상의 인간적 가치인가?(Haiven, 2014; Brown, 2015)
6. 비정규직의 양산emerging precariat•: 갈수록 많은 사람들이 더욱 불안전하고 불안정한 삶을 사는 가운데 새로운 사회계급이 등장하고 있다. 이들은 대개 저임금과 가난, 불안정한 노동에 시달린다. 이처럼 더욱더 많은 사람들이 프레카리아트가 되는 것을 어떻게 막을 수 있는가?(Standing, 2015)
7. 해외 이전의 은폐hiding offshoring: 권력을 가진 '해외 이전 부자들'은 조세피난처와 개인 소유 섬에 그들의 소득, 부, 이윤을 비밀리에 숨기면서 민주주의를 약화시킨다. 해외 이전을 어떻게 축소할 것인가?(Urry, 2014)
8. 부패의 확산spreading corruption: 사적 이익을 얻기 위해 광범하게 권력을 남용한다(공금횡령, 금융 서비스 사기, 큰 정부와 대기업 사이의 회전문 인사). 자본주의 아래에서 부패는 얼마나 광범한가?
9. 환경 파괴damaging the environment: 이산화탄소의 최대 배출자들은 세계 여러 곳의 대기업이다[중국(800만 톤 이상, 23%), 미국(550만 톤 이상, 19%), 유럽연합(13%), 일본(100만 톤 이상, 4%)]. 자본주의는 어떻게 환경을 파괴하는가?

데이비드 하비(Harvey, 2015)와 실비아 왈비(Walby, 2015)의 저술도 살펴보기 바란다.

• 프레카리아트precariat는 불안정한precarious과 프롤레타리아트proletariat를 합성한 조어이다. — 옮긴이

디지털 사회, 미디어화, 삶의 초인간화

우리는 근대 미디어의 발전에서 네 가지 혁명을 찾아낼 수 있다. 인쇄 미디어, 시각 미디어, 전자 미디어, 디지털 미디어가 그것이다. 인쇄는 구텐베르크Johannes Gutenberg 이래 발전해왔으며 1700년대 이후 신문과 잡지를 중심

으로 전개되었다. 19세기 초반에 등장하기 시작한 새로운 통신 기술은 많은 근본적인 변동을 촉발했다. 1839년에는 사진기가 나타나서 이전에는 불가능했던 새로운 시각적 재현의 세계를 출범시켰으며 기록된 이미지들을 도처에 제공했다(캠코더부터 디지털 사진까지). 전화는 1876년쯤 도래했는데 아주 먼 거리를 연결했고, 이동전화와 인간 의사소통의 극적인 재편성으로 이어졌다. 축음기는 1877년쯤 등장했으며 100년쯤 뒤의 워크맨과 아이팟을 선도했다. 오늘날 우리는 아이뮤직iMusic과 스포티파이Spotify를 통해 어디에서든 음악 — 조용했던 과거의 현장 생음악과는 전혀 다른 — 을 들을 수 있다. 1890년대에는 영화가 등장해 '영화와 영화관의 세기'라고 부르는 20세기를 이끌었다. 이러한 새로운 기술 형태는 이제 세계 여러 곳에서 직접 우리의 안방으로 들어와 있으며 대다수 사람의 일상이 되었다. 라디오와 텔레비전은 1920년대와 1930년대에 나타났으며 1950년대 후반 서구 대부분의 가정에 보급되었다. 이 모든 것이 세계를 변화시켰다.

그 이후 새로운 디지털 기술은 컴퓨터화와 사회적 연결망 그리고 '사물 인터넷'의 발전을 가져왔다. 이것은 21세기로의 전환기에 도래해 이제는 주요한 모든 사회제도와 세계 여러 곳의 대다수 사람들의 일상에 확고하게 자리 잡았다. 2015년에는 세계 인구의 40% 이상이 인터넷을 사용하고 있다(1995년에는 그 비율이 1%에 미치지 못했다). 그것의 사용 정도는 아시아 48%, 미주 21%, 유럽 29%, 아프리카 10%로 지역적으로 불균등하다. 평균적인 인터넷 사용자는 매일 약 4시간 25분가량을 사용하는데, 동남아시아에서 평균 사용 시간이 가장 많은 것으로 나타났다. 디지털화digitization와 미디어화mediatization는 21세기의 핵심적인 특징이 되었으며 세계를 근본적으로 변동시키고 있다. 오늘날 친구들과 가족들은 스마트폰, 페이스북, 트위터를 통해 삶을 살고 있다. 학교, 병원, 직장 등에서는 교육과 사이버 건강의 '전자혁명e-revolution'을 촉진하고 있으며, 컴퓨터가 멈추거나 해킹당하면 모든 것이 정지한다. 아이디 절도identity theft와 컴퓨터 해킹은 주요한 범죄가 되었으며, 경찰은 새로운 감시사회를 만들고 있다. 사이버 교회, 온라인 사회운동, 디지털 민주주의, 디지털 도시가 등장했으며 당연히 디지털 격차와 디지털 자아도 나타났다. 우리는 새로운 디지털 정보 경제의 형성을 목격하고 있는데, 이것은 자본주의를 대체하지는 못한다 하더라도 변화시키고 있다(카스텔, 메이슨, 리프킨의 저술을 볼 것). 그리고 현대의 테러주의는 'ISIS Islamic State of Iraq and Syria'의 '디지털 칼리프'를 만들어냈다(Atwan, 2015). 디지털 기술의 촉수에서 벗어난 사회제도는 없으며, 우리의 공동체와 관계 그리고 정서의 구조는 근본적으로 변화하고 있다. 새로운 미디어가 사회적 삶 전체를 휩쓸고 그 여파 속에서 모든 것이 변화하면서 여러 변동이 이루어지고 있다. 이러한 변동과 함께 '디지털 사회학'도 성장하고 있으며, 이 책에서도 그것을 이용할 것이다.

전반적으로 우리는 디지털 속에 살고 있다. 새로운 미디어는 이제 인간 경험에서 제거할 수 없는 부분이 되었다. 그것을 벗어난 사회에서 우리가 할 수 있는 것은 거의 없다. 그렇지만 이러한 디지털 과정은 일상과 온갖 사회제도에 뿌리내리면서 그것에 상당한 분란과 우려도 함께 만들었다. 그러한 '디지털 분란digital troubles'은 어떤 것들인가? 아래의 글상자가 설명한다.

▌비판적 디지털주의 _ 디지털 세계에 대한 미래의 도전

디지털 세계가 가져온 혜택들(정보, 자료, 접근성, 효율성, 속도, 생산성, 창조성, '선택성' 등)은 널리 알려져 있으며 21세기 삶의 불가결한 부분이 되었다. 그것을 벗어날 수는 없다. 그러나 그것은 광범한 '디지털 분란'의 잠재력도 초래했다. 사회학자들이 계속 제기해야 할 몇 가지 비판적이고 도전적인 질문들을 다음과 같이 소개한다.

1. 디지털 감시와 민주주의 쇠퇴: '모든 클릭은 어딘가에 기록된다'는 점에서 비판적 디지털주의는 '우리의 디지털 삶에 관해 누가 무엇을 알게 되는가?'를 계속 질문해야 한다. 에드워드 스노든Edward Snowden과 줄리언 어산지Julian Assange의 떠들썩한 사건은 정부 기관들이 우리의 인터넷과 전화 사용에 접근하는 방식에 관해 많은 것을 폭로했다. 그리고 더욱 많은 것들이 드러날 것이다. 디지털주의는 사생활 보호와 자유에 관한 막대한 쟁점을 제기한다. 또한 그것은 민주주의도 위태롭게 할 수 있다. 우리는 조지 오웰George Orwell의 『1984』의 예언을 훨씬 넘어섰다고 할 수 있다('생각하기: 감시사회' 112쪽을 볼 것).
2. 디지털 범죄와 악용: 디지털주의는 현대의 수많은 범죄에 왜 그리고 어떻게 스며드는가? 해킹, 피싱, 저작권 침해부터 금융 사기, 마약 판매, 테러주의까지 디지털은 증가하는 범죄의 최첨단에 자리하고 있다. 그리고 많은 사람에게 인터넷은 아주 두려운 공간이 되었다. 욕설, 위협, 희롱, 괴롭힘, 폭력, 엿보기, 여성 혐오, 동성애 혐오, **인종주의**의 본고장이 된 것이다.
3. 디지털 비인간화, 몰인격성, 사생활의 붕괴: 인간들 사이의 상호작용을 기계가 대체하면서 디지털주의는 우리의 상호 개인적인 면대면의 일상적 삶을 어떻게 변형하는가? 사람들이 있던 자리를 이제는 기계가 차지하고 있다. 유명세와 공공적인 자기도취증을 추구하는 '셀카' 세대의 등장에 따라 사생활은 공공적인 것이 되었다. 이제 우리는 '혼자서 함께alone together' 살고 있으며, '대화를 다시 요구함reclaiming conversation'(이것은 셰리 터클Sherry Turkle의 용어로, 그는 30년 이상 인간과 컴퓨터의 상호작용을 연구하고 있다)의 필요를 느끼고 있다. 우리가 '탈인간post human'의 세계 그리고 관계 맺기와 의사소통하기가 위축된 세계에 도착했다고 많은 사람들은 지적한다.
4. 디지털 실업: 새로운 디지털주의는 노동의 미래 모습을 어떻게 바꿀 것인가? 상점, 음식점, 도서관, 교육 현장, 사무실, 회계 처리 등 모든 분야에서 점점 더 로봇과 디지털 기계가 노동을 대신하고 있다. 우리는 대부분 전통적인 노동 붕괴의 가속화와 대량 실업이라는 새로운 문제의 발생 그리고 더 일시적이고 임시적인 노동 — 종종 '**프레카리아트**'라고 부르는 — 의 증가를 목격하고 있다.
5. 디지털 사회 불평등: 디지털 생활에 접근할 수 없는 사람들에게는 새로운 형태의 사회 불평등이 어떻게 발생하는가? 인터넷은 자유시장 개인주의를 구현하고 있으며 그와 함께 나라, 사회집단, 사람을 가로질러 새로운 엘리트와 대중의 분리 그리고 디지털 격차의 확대를 산출한다.
6. 디지털 자본주의적 집중: 디지털 자본주의는 어떻게 작동해 '세계를 지배하는' 메가 플랫폼

mega platform을 형성하는가? 오늘날 구글, 아마존, 유튜브, 페이스북, 트위터 같은 세계적인 디지털 기업들은 막대한 이윤을 남기면서 우리의 삶을 시장 소비/**생비**prosuming의 삶으로 조절하고 변형하는 거대한 집중을 만들어내고 있다. 예컨대 위키피디아Wikipedia 같은 소수의 기업만이 개방적이고 민주적이라고 할 수 있다.

7. 디지털 복잡성과 과부하: '풍요의 파국catastrophe of abundance'(앤드루 킨Andrew Keen의 용어이다) 속에서 우리는 어떻게 살 수 있는가? 오늘날 우리는 페타바이트petabyte•의 영역, 즉 지금까지는 생각할 수 없었던 복잡성과 속도의 세계에 직면하고 있다. 여기서 우리는 정보 과부하와 증식, 과도한 선택지들과 일상적으로 씨름하고 있다. 우리는 우리가 처리할 수 없을 만큼 많은 정보에 싸여 있으며, 삶의 속도는 감당할 수 없게 빨라지고 있다.
8. 디지털 바보: 우리의 두뇌는 새로운 사유 양식으로 회로 구성을 교체하는 중인가? 자세하고 선형적인 서사와 읽기의 심층성에서 건너뛰기, 훑어보기, 하이퍼링크 걸기hyperlinking, '빅데이터'로 옮겨가면서 우리는 지적 깊이, 지속적인 사유, 논리적 논증, 창의성을 상실할 수도 있다. 인간 행위 주체와 서사의 디지털 죽음이 진행되고 있는가?
9. 디지털 점령: 인공지능, 로봇, 센서 연결망은 어떻게 인간의 삶에 대한 인간들 자신의 통제를 배제하는가? 지금까지 과학 공상 소설에서 묘사하던 악몽의 세계가 현실이 되고 있다.

디지털주의에 관한 비판적 문헌들은 많이 있다. 예를 들어, 셰리 터클의 『외로워지는 사람들Alone Together』(2013)과 『대화를 다시 요구함Reclaiming Conversation』(2015), 니컬러스 카Nicolas Carr의 『생각하지 않는 사람들The Shallows』(2011), 그리고 앤드루 킨의 『인터넷은 답이 아니다The Internet is Not the Answer』(2015)를 읽어보기 바란다.

• 페타는 10의 15제곱으로, 1페타바이트는 약 100만 기가바이트에 해당한다. — 옮긴이

환경과 지속 가능성: 급박한 세계 파국

전체적으로 조망한다면, 문명은 물론이고 인류조차도 등장하고 사라질 것이다. 그러나 과거에는 행성 지구(제임스 러브록James Lovelock 같은 일부 주도적인 환경주의자들이 부르는 이름인 '가이아Gaia')에 거주하는 사람의 숫자가 매

우 적었으며, 인간의 활동은 지구에 비교적 작은 손상만을 가했지만 인구가 팽창하면서 — 거듭 말하지만 지난 30년 동안 인구가 30억가량 팽창함으로써 — 이제 행성 지구는 사방에서 공격을 받고 있다. 우리가 지구 기온이 공업화 이전보다 2°C 이상 상승하도록 허용한다면 심각한 기후 파국이 발생할 것이며, 아마도 2050년 또는 그보다 훨씬 이전에 이런 파국이 올 것이라는 것에 많은 사람들이 동의한다. 이것의 징후는 지구 기후 재앙의 급증을 통해 이미 나타나고 있다. 2004년 인도양의 쓰나미, 2005년 미국의 허리케인 카트리나, 2010년 아이티의 지진 등이 그 예이다. 오늘날 우리는 『다음 파국The Next Catastrophe』(찰스 페로Charles Perrow, 2011), 『위험에 처한 세계World at Risk』(울리히 벡, 2009), '새로운 격변설the new catastrophism'(존 어리, 2011)에 관해 많은 이야기를 듣는다.

'환경'에 관한 논의는 경제학자들과 과학자들과 정치가들의 영역이라고 생각하는 사람들이 많다. 하지만 이것은 사회학자들의 주요한 관심사이기도 하다. 결국 환경과 관련한 '위기'는 사회적인 것이다. 바로 사회적 행위가 세계에 손상을 초래하고 있는 것이 아닌가? 사회학자들이 제기하는 핵심적인 질문은 여러 가지이다. (소비주의, 자본주의, 만성적인 경제성장 정책 같은) 변화하는 사회적 조건은 세계 환경에 어떻게 영향을 미치는가? '환경'에 대한 상이한 사회적 반응들(미디어, 사회운동, 정부 정책, '온난화 부인론자' 등)은 어떻게 등장하며, '환경 위기'에 대한 사람들의 인식을 어떻게 형성하는가? 미래의 환경을 위한 인간 행위의 결과(그리고 위험)는 무엇인가? 특히 환경 파괴는 어떻게 불평등하게 배분되는가? 만약 우리의 지속 가능한 환경의 미래로 나아갈 길이 존재한다면, 그것은 무엇인가? 그리고 재난에 대해 사람들이 반응하는 방식을 우리는 어떻게 이해할 수 있는가?(재난의 사회학) 사회학자들은 '환경의 드라마'를 논쟁적 정치가 전개되는 중요한 영역으로 이해해야 한다.

이것은 확실히 사회학이 연구해야 할 시급한 의제이다. 궁극적으로 사회학자들이 직면하는 가장 광범한 도전은 우리의, 즉 사람과 제도의 '환경적 실천'이 어떻게 환경을 변동시키고 있는가를 이해하는 것이다. 우리는 어떻게 야생 생명체를 위협하고 있으며, 과잉 사냥과 과잉 어로를 서슴지 않고, 풍부한 종 다양성을 파괴하고, 생태체계를 손상하는가? 우리는 어떻게 밀림을 벌채하고(삼림 파괴 시대에 열대우림이 사라지고 있다) 토양을 침식함으로써 대지를 훼손하는가? 우리는 어떻게 물을 파괴하고 공기를 오염하며 도시에 과잉 인구를 집적하고 너무 많은 폐기물을 배출하는가? 우리의 운송체계는 폐기물을 환경에 내버리는 너무 많은 자동차, 비행기, 선박들을 어떻게 만들어냈는가? 이 모든 것은 분명히 우리 인간들의 사회적 제조물이다. 경제 규모가 클수록 더 심각한 문제들을 만들어낸다(단지 90개의 대형 기업이 공업시대 초기 이래 온실가스 배출량의 약 2/3을 배출했다!). 자본주의가 더욱 더 많은 이윤을 향한 탐욕에 사로잡혀 있을 때, 그리고 정부가 경제성장과 소비 확대를 더욱더 추구할 때, 사회학자들은 다음을 질문하지 않을 수 없다. 이러한 모든 성장과 소비의 한계는 무엇인가? 그것들에 종말이 없는가? 우리는 지속 가능 발전, 저탄소 사회로 나아가는 인간 활동과 우리가 지키고 돌봐야 하는 공동의 세계(공유지 the commons)에 대한 공유된 생각을 확립하는 것의 중요성을 어떻게 구상할 것인가?

이러한 모든 발전을 보면서 일부 사회학자들은 인간 세계가 위험 상태에서 조금도 벗어나지 못했다고 주장하고 있다. 이것에 대한 많은 논의에서 핵심적인 책은 독일 사회학자 울리히 벡의 『위험사회』(1992)이다. 그는 위험사회라는 개념을 처음 도입했다. 그는 지구적인 기술 변동이 예상하지 못한 결과 ― 우리가 쉽게 예측할 수 없는 ― 를 낳는다는 것을 보여준다. 유전공

학부터 핵무기까지, 자동차와 비행기 연결망의 대량 확산, 유전자 조작 작물의 발전, 동물 복제, 지구의 삼림 파괴, '시험관 아이와 대리모' 등 모든 것은 매우 광범한 영향을 동반한다. 흔히 가장 사소한 행위가 예측 불가능한 가장 무서운 결과를 동반할 수 있다.

사회적 삶의 합리화: 우리는 초인간이 되고 있는가?

이러한 변동에서 핵심적인 것은 이제 과학, 합리성 그리고 연구가 (그것이 동반하는 기술과 함께) 전면적으로 그 변동의 모습을 만들어낸다는 점이다. 과학은 오랜 역사를 가지고 있다(13세기까지는 아랍·이슬람의 과학이 매우 선진적이었다. 중국에서 기원전 200년 무렵에 만든 만리장성은 중국의 기술 발전을 보여준다). 그렇지만 지난 400여 년 동안 근대과학은 지속적으로 서구의 분명한 특징이 되었다. 이제 우리는 양자 혁명quantum revolution에 의해 물질과 우주 공간과 에너지를 새롭게 이해하고 있다. 과학기술에 의해 사람을 달에 보내고 우주여행의 가능성을 탐색하며 위성 감시를 실행하고 있다(이와 함께 히로시마와 나가사키에 핵폭탄을 투하해 — 많은 논쟁이 있는 추정에 따르면 — 15만 명에서 30만 명의 인명을 살상했다). 생체분자 혁명은 인간 게놈 기획Human Genome Project에서 인간의 생명과 유전자 지도를 그리고, 생체 복제, 맞춤형 아기designer baby, 인종 개량racial eugenics, 그리고 인간 생명의 연장을 가능하게 만들었다. 그리고 정보(컴퓨터) 혁명은 이동전화와 인터넷을 통한 유례없는 의사소통의 가능성을 창출했으며 아울러 로보틱과 감시사회를 향한 잠재력을 창출했다.

근대과학은 우리가 살고 있는 세계 어디에나 존재하며 '조직의 인간들organizational people', 심지어 '초인간들transhumans'을 양육하는 기술적 조직사회를 산출해왔다. 이제 사람들은 규칙, 합리성, 책임의 체계가 규제하는 대규모 위계적 관료제 속에서 삶의 대부분을 보낸다. 이제는 많은 신체가 새로운 기술적 개입의 지배를 받게 되었다. 베버가 20세기의 전환기에 '쇠 우리Iron Cage'라는 개념으로 유명하게 인지하고 서술했듯(또한 프란츠 카프카의 『심판The Trial』 같은 소설에서도 예시했듯), 우리는 21세기의 출발점에서 정부, 교육, 건강, 연구, 작업장, 미디어 등 어디에나 전면 포괄적인 규제가 작동함을 발견할 수 있다. 그것은 '품질 보증', '건강과 안전', '감사audits', '(서류) 양식 채우기', '감사 문화audit culture', '감시사회', 그리고 조지 리처가 '사회의 맥도널드화'라고 부른 것의 세계이다. 리처의 저서는 우리가 2장에서 본 것과 같이 맥도널드 체인의 경영을 지배하는 규칙이 지구적 수준에서 사회적 삶의 대부분을 조직하게 되었다고 제시한다. 맥도널드의 규칙은 여러 문제를 야기하지만 그것이 없다면 — 우리가 알고 있다시피 — 세계의 대부분은 작동하지 않을 것이다. 대형 매장은 파산할 것이고, 대학은 붕괴할 것이며, 의료 기록은 이용할 수 없고, 항공기 운행은 어그러져 재난으로 결말을 맺을 것이다.

그렇지만 이러한 합리성은 그보다 훨씬 더 나아간다. 우리는 이제 형성 중인 새로운 종류의 인간을 목도하고 있다. 이러한 '초인간'(또는 일부 논자들은 '탈인간post human'이라고 부른다)은 그것의 신체, 행위, 주체성이 기계에 의해 변형되었음을 알게 된다. 그것은 '생명공학', 인공지능, 의약 시장, 약품 관리, 줄기세포 연구, 유전자 선별, 유전자 치료, 뇌파검사, 양전자단층촬영과 자기공명촬영, 임신 보조 기술, 사이보그, 디지털 성, 디지털 2차 인생, 유전자 변형 식품, 고급 인공 장기, 로보틱스, 신체 기증, 신체 이식, 신체 시장의 세계이다. 근대과학과 합리성은 우리의 몸을 먹어 들어가면서 우리를 지금까지의 우리와는 다른 존재로 만들고 있으며, 그에 따라 다수의 정치적이고 윤리적인 쟁점들을 제기하고 있다.

▌생각하기 _ 감시사회

합리화, 디지털주의, 정보의 증가와 함께 인간의 삶이 감시당할 잠재력은 더욱더 커지고 있다. 폐쇄회로 텔레비전, 침입 탐지 시스템, 온갖 종류의 평가, 여권 등과 같은 공공적 감시체계와 함께 여러분 삶의 여러 영역이 감시당하고 있다고 생각해보자. 그런 사찰의 대부분에 대해 여러분은 신경을 쓰지 않지만, 그것이 더 멀리 뻗어나가고 심화하고 광범해지면서 여러분은 자신의 일상 속으로 감시의 촉수가 확장하고 있다는 것을 깨닫게 된다. 지문, 몸, 두뇌, 눈 같은 신체적 특징을 탐지하는 '생체 인식biometrics', 전자 발자국electronic footprints, 신용카드 거래, 바코드, 이메일, 인터넷 검색, 이동전화 사용 추적 — 이것들은 모두 빅데이터를 위한 탐지와 수집을 기다리고 있다 — 을 통해 개인의 디지털 경력을 체계적으로 기록하는 '자료감시dataveillance', 인간 게놈 기획 같은 유전자 탐지, 무선식별장치RFID와 위성항법장치GPS 같은 지리 위치 장비에 사용하는 지리정보체계GIS 그리고 위성 감시와 드론 감시 등을 생각해보자. 우리는 이미 조지 오웰의 『1984』에 도달했고 그것을 넘어섰다고 할 수 있다.

사회학도의 임무는 이러한 감시사회를 그려내고 그것의 여러 역사를 추적하고 그것이 사람들과 사회에 초래하는 결과 — 안전하고 효율적인 사회라는 긍정적 결과와 무방비성과 자유 상실 그리고 공포와 의심의 확산 등의 부정적 결과 — 를 탐구하는 것이다. 미국 국가안보국의 내부 고발자이자 사생활 보호 활동가인 에드워드 스노든과 위키리크스WikiLeaks의 설립자인 줄리언 어산지는 자유와 안전 사이의 거래에 관한 공공적 논쟁을 촉발했다. 우리가 사는 사회의 안전을 위해 국가는 우리에 관해 얼마나 많이 알아야 하는가? 중심적인 쟁점은 공공의 안전과 안녕 그리고 개인의 자유와 사생활 보호 사이의 균형 문제이다. 이것은 미래를 위한, 특히 민주주의를 위한 중요하고 거대한 쟁점이다.

이러한 감시 세계를 다룬 책과 영화는 많이 있다. 널리 알려진 영화로는 〈네트The Net〉(1995), 〈가타카Gattaca〉(2007), 〈타인의 삶The Lives of Others〉(2006), 〈마이너리티 리포트Minority Report〉(2002), 〈트루먼 쇼The Truman Show〉(1998) 등이 있다. 학문적인 연구를 위한 전거로는 『라우틀리지 감시 연구 편람The Routledge Handbook of Surveillance Studies』(Ball, Lyon and Haggerty, 2012)이 있다. 그리고 웹사이트로는 감시연구연결망Surveillance Studies Net(www.surveillance-studies.net)과 스테이트 워치State Watch(www.statewatch.org)를 참고할 수 있다.

'탈세속화' 세계에서 '신들의 귀환': 어떻게 다중 신앙을 갖고 살아가는가

하지만 과학과 합리성만이 근대 세계의 유일한 믿음 체계인 것은 아니다. 종교(그리고 영성spirituality)는 모든 사회에서 핵심 역할을 수행한다. 세계 전역에 수천 개의 특이한 종교가 있고, 7개의 주요 종교가 있으며, 아울러 막대한 수의 비신앙자들이 있다. 기독교 신도는 20억 명 이상이며, 2050년에는 30억 명을 넘을 전망이다(신도의 증가는 아마도 출산율 때문에 주로 아프리카에서 일어날 터인데, 2050년에는 세계 기독교도 중 사하라사막 이남 아프리카인의 비중이 40%로 늘어날 것이다). 이슬람 신도는 15억 명으로 가장 빠르게 증가하고 있으며, 2050년에는 "세계 이슬람교도의 숫자와 기독교도의 숫자가 거의 비슷해질 것이다"(Pew Research Center, 2015). 힌두교는 약 10억 명의 신도를 가지고 있으며, 불교도는 4억 8800만 명으로 인류의 약 7%에 이른다. 힌두교에서 갈라진 시크교도는 약 2700만 명이다. 유대교는 세계 전역에 단지 1400만 명의 신봉자를 가진 상대적으로 작은 종교이다(그중 600만 명은 미국에 있다). 나머지 두 가지 믿음 체계는 엄격히 말하면 종교라고 할 수 없다. 중국인의 대부분은 유교(조상숭배)를 믿어왔으며, 근래에는 공산주의, 즉 반종교anti-religion를 따르고 있다. 또한 신을 믿지 않는 사람도 10억 명에 이른다(유럽에 약 4000만 명이 있다).

사회학자들은 세계가 점점 더 세속화하고 있다고 오랫동안 주장해왔다(세계가 더 합리화되면서 신들은 소멸하고 있다는 것이다). '신은 죽었다'는 니체Friedrich Wilhelm Nietzsche의 선언은 유명한 것이며, 확실히 일부 주요 서구 나라에서는 무신론이 확장하고 있다. 그러나 일반적으로 사회학자들의 세속화 견해는 그른 것으로 판명된다. 9·11 이후의 세계는 과거에 대한 직선적 세속화 주장을 더 이상 유지할 수 없게 만들었다. 사회학자들은 이슬람 그리고 여러 분파를 가진 많은 세계 종교에 초점을 맞추고 있다. 우리는 이제 '신들의 귀환'이 일어나는 '탈세속post-secular' 시대에 들어섰다. 세속화 주장은 강력하게 공격받고 있다. 폭력적인 이슬람, 힌두, 기독교 종교 조직들 – 혼히 '테러주의적인' — 이 증가하고 있다. 이슬람 신앙과 기독교 신앙 둘 모두 세계적으로 더 강경하고 더 급진적으로 보수적인 경향이 심화하고 있다. 1900년 아프리카에서 기독교도는 1000만 명에 미치지 못했지만 2015년에는 5억 4000만 명 이상으로 증가했다.

그 자신이 가톨릭교도인 주요한 종교 사회학자 피터 버거의 말을 인용하면, 세계에서는 지금 '종교적 열정의 거품이 일고' 있다. 그리고 이런 변동에서 정말 두드러지는 것은 이렇게 확장하는 종교들이 매우 근본주의적이라는, 즉 전통적이며 도덕적이고(신성한 경전Holy Books을 고수하려는) 보수적이며 복음주의적이라는 점이다. 2050년에는 기독교도의 72%가 아프리카, 아시아, 라틴아메리카 주민일 것으로 추정하는데, 이들은 대체로 근본주의적인 오순절파Pentecostal에 속한다. 다수는 신앙 치유, 악령 퇴치, 신비주의의 경향을 보인다. 흔히 그 교회들은 가난한 사람들에게서 막대한 자금을 조성한다. 상대적으로 가난한 세계에 도래한 이러한 새로운 '기독교 왕국'은 서구의 개종 작업의 산물이라고 할 수 있는데, 서구에서 종교 십자군이 실패하면서 다른 곳으로 활동 지역을 바꾼 셈이다. 마찬가지로 세계 전역에서 이슬람의 정치화가 크게 증가했으며, 종교전쟁(성전Jihad)이 확산하고 있다. 이 책을 쓰고 있는 시기에 ISIS는 폭력적인 살상 행위로 세계를 심각하게 위협하고 있다(Atwan, 2015 참조).

이러한 새로운 세계적(그리고 흔히 디지털적) 종교 질서는 새로운 근대 세계의 등장에 대처하기 위해 분투하며(대부분의 경우 대처할 수 없다) 아울러 이제는 세계에서 공적으로 드러나는 여러 종교적 경험과 함께 살아가야 할 필요에 대처하기 위해 분투하고 있다. 지난 세기에는 여러 신앙 사이의 대화가 크게 발전했지만, 동시에 근본주의도 뚜렷하게 증가했다. 성장하고 있는 많은 종교운동은 매우 절대주의적인 과거로 복귀하고자 한다. 전통적인 젠더 역할과 섹슈얼리티의 복원을 심각하게, 심지어는 폭력적으로 요구하면서 그것들은 다중 근대성 아래에서 다툼이 증가하는 세계의 기초를 형성한다.

새로운 종교적 세계는 (옛날의 그것들과 마찬가지로) 좋은 사회를 위한 잠재력과 함께 막대한 위해와 폭력의 잠재력을 동시에 제공한다. 이것에서 울리히 벡은 우리는 어떻게 유일신을 믿는 세계종교들 사이의 지구적 갈등의 잠재력을 문명화하고, '진리가 아니라 평화'라는 새로운 형태의 목표를 갖는 '종교의 세계시민주의화 the cosmopolitanization of religions'를 이끌어낼 것인가를 질문한다(Beck, 2010). 지구적 신앙운동의 등장은 핵심적인 한 가지 대응이었다. 한때 세속화의 불가피성을 선언했던 사회학은 다시 생각해야 한다.

사회운동과 정체성 정치: 디지털 활동주의는 세계를 변동시키는가?

대중 동원과 사회운동은 18세기 후반에 서구 나라에서 모습을 드러내기 시작했으며, 프랑스 혁명은 이것을 대규모로 상징했다. 19세기에는 (식민지화, 이민, 교역을 통해) 세계 여러 곳을 이동하는 일련의 지속적인 요소들이 나타나기 시작했으며, 그것에 의해 점점 더 많은 집단과 주민이 새로운 형태의 정치적 행동에 참여했다. 찰스 틸리 Charles Tilley (1929~2008)는 투표의 발전과 함께 진행된 사회운동의 등장을 설명하는 데 평생을 보낸 사회학자이다. 그의 책 『사회운동, 1768~2004 Social Movements, 1768~2004』에서 그는 이런 신사회운동들 new social movements: NSMs이 세 가지 것을 결합한다고 제시한다. 그것들은 특정 집단 targeted audience에 관한 집합적 주장을 내세우기 위해 공공 캠페인을 발전시키고 조직화한다. 그것들은 집회와 행진에서 시위, 청원, 그리고 특별한 목적의 결사체 구성에 이르기까지의 여러 가지 정치적 행동들을 조합한다. 궁극적으로 신사회운동들은 그것들이 훌륭한 명분과 존경스러운 사람들로 구성되었다고 공중에게 제시하고 표현한다. 신사회운동들은 다수의 헌신적인 지지자들과 통합된다.

사회운동은 근대 정치적 삶의 핵심 특징이 되었다고 할 수 있다. 사회운동은 정치적 변동을 위한 계기를 제공할 뿐 아니라 삶의 의미에 대한 감각도 제공한다. 매우 자주 사람들은 나는 누구인가(그들의 정체성)에 대한 감각을 바로 이런 사회운동을 통해 구성한다. 사회학자들은 **정체성**이 사회적 행위와 변동의 핵심적인 기초가 되고 있다고 주장한다. 그러한 조직적 운동과 정체성의 목록은 매우 길며 아주 인상적이다. 신사회운동들은 여성운동, 성소수자LGBT(여성 동성애자lesbian, 남성 동성애자gay, 양성애자bisexual, 성전환자transgender) 운동, 환경운동, 학생운동, 반지구화 운동, 삶의 권리운동, 동물권리운동, 땅 없는 사람 운동, 원주민 운동, 인권 및 시민권 운동, 장애인 운동, 에이즈 운동, 금욕운동 그리고 모든 종류의 권리운동을 포괄한다. 사회학자들은 이 모든 것을 연구하며, 흔히 이것들은 현대의 정치적 삶을 이해하는 데 중요하다.

디지털 시대의 도래 이래 이런 운동들은 변화해왔으며 사회학자 마누엘 카스텔이 『분노와 희망의 네트워크』라고 부른 것을 통해 더욱 뚜렷해졌다. 이제 우리는 웹 활동주의web activism(다트넬Michael Y. Dartnell), 온라인 활동주의online activism(맥코히Martha McCaughey), 사이버 항의cyberprotest(피커릴Jenny Pickerill), 해방 기술liberation technology(다이아몬드Larry Diamond), 디지털 반란digital rebellion(울프슨Todd Wolfson), 인민의 기반People's Platform(테일러Astra Taylor), 그리고 정보정치information politics(조던Tim Jordan)를 실행하고 있다. 스마트폰 그리고 페이스북이나 트위터 같은 사회 연결망은 훨씬 더 자연 발생적으로 일어나는, 더 유연하고 주도자가 없고 참여적인 활동주의의 열쇠이다. 근래의 사례로는 2011년 '월가를 점령하라Occupy Wall Street'를 시작으로 세계 여러 곳에서 전개된 점령운동Occupy Movement, 이집트의 아랍의 봄Arab Spring, 2014년 홍콩의 우산 운동Umbrella Movement, 2013년 터키의 게지 공원 운동Gezi Park Movement, 2012년 러시아의 푸시 라이엇Pussy Riot 구명운동 등을 들 수 있다. 이러한 새로운 정치에 대해 일부 논자들은 민주주의를 진작하는 것으로 평가하는 반면 일부 논자들은 그것들이 지배권력 집단에 진정으로 도전하는 것은 아니라고 강조한다.

영구한 지구적 폭력: 남성성의 문제

폭력은 여러 형태로 나타나는데, 역사 전체에 걸쳐 대부분의 사회에서 찾아볼 수 있다. 기원전 3600년 이래, 약 1만 4500회의 큰 전쟁이 일어났고 약 40억 명이 죽임을 당한 것으로 추정해왔다. 폭력의 모습은 여러 가지이다. 개인 간의 폭력(살인, 폭행, 학대, 괴롭힘)이나 집단적 폭력(폭력단gangs, 종족학살), 국가가 승인한 정당한 폭력(전쟁, 사형)이나 부당한 폭력(테러주의), 도구적 폭력이나 의례로서의 폭력 등을 들 수 있다. 사회학자들은 사회집단별로, 그리고 사회별로 폭력의 비율이 어떻게 상이한가를 탐구한다(민주제democracy 특징과 독재제autocracy 특징을 뒤섞은 혼합제anocracy가 민주제보다 훨씬 더 폭력적인 것으로 나타난다).

21세기에 폭력은 '새로운 전쟁', '테러주의', '종족학살', '개인 간 폭력', '성폭력' 그리고 계속되는 '여성에 대한 지구적 야만성global brutalization of women'을 특징으로 한다. 제1차 세계대전, 홀로코스트Holocaust, 소련의 숙청 등이 비상한 잔학성을 드러낸 이래, 우리는 더욱더 인간성을 벗어난 '극단적인' 폭력을 산출해왔다. 여전히 수많은 폭력이 있는데, 과거의 폭력과 비교할 때

(심리학자 스티븐 핑커Steven Pinker 같은) 일부 논자들은 그 숫자가 감소하고 있다고 주장하기도 하고, (역사가 로버트 베셀Robert Bessel 같은) 일부 논자들은 그것이 '근대적 강박증'이 되어서 더욱더 용인할 수 없는 것이 되고 있다고 주장한다. 역설적으로 폭력을 용인하는 정도는 낮아졌다고 하더라도 미디어나 게임에서는 폭력을 일상화하고 정규화해왔다.

2015년의 근대적 폭력을 간략히 살펴보면, 세계의 1/5이 분쟁 속에 있음을 알 수 있다(세계 전역에서 약 30가지의 전쟁이 진행 중이다). 이것들의 대부분은 국가 내부의 분쟁이다. 그것들은 지역에 살고 있는 사람들을 일상적으로 폭행하고 학살하고 공격하는 '새로운 전쟁' — 마틴 쇼Martin Shaw(2013)는 '변질한 전쟁degenerate wars'이라는 용어를 제시한다 — 이다. 2015년의 주요한 분쟁 지역으로는 시리아, 이라크, 우크라이나, 남수단, 나이지리아(보코하람 반란Boko Haram insurgency), 소말리아, 콩고민주공화국, 아프가니스탄, 예멘, 리비아, 베네수엘라 등을 들 수 있다. 성폭행도 만연해 있다(니콜 웨스트말랜드Nicole Westmarland는 가족 안에서, 사회관계 안에서, 그리고 공적 영역과 제도 안에서 일어나는 여성에 대한 15가지 형태의 폭력을 조사한다). 지구적 통계는, 문제점을 가지고 있지만, 통상적으로 세계에서 여성 3명 가운데 1명은 (으레 자신이 알고 있는 사람한테) 맞거나 성행위를 강요당하거나 학대받고 있다고 제시한다. 해마다 약 5000명의 여성이나 소녀가 이른바 '명예 살인honor killings'으로 죽임을 당하고 있다(그들 대부분은 '불명예스럽게' 성폭행을 당했다는 이유로). 세계적으로 약 1억 4000만 명의 소녀와 젊은 여성이 할례를 겪고 있다. 매년 세계적으로 약 400만 명의 여성과 소녀가 혼인, 성매매, 노예 등을 통해 매매되고 있는 것으로 추정된다. 약 6400만 명의 여성과 소녀는 어린 신부child bride로 강제된다. 해마다 5000만 명의 여성이 임신중절을 강제당하는데, 그중 2000만 명은 위험한 방법에 의해 강제당하고 약 7만 8000명의 여성은 사망하며 수백만은 질병에 걸리는 것으로 추정된다.

대부분의 폭력은 흔히 '명예' 및 남성성과 결합해 있다. 전쟁을 일으키고 수행하는 것은 압도적으로 남성들이다. 살인을 범하고 당하는 것도 대부분 남성들이다. 살인자의 90%는 남성이며 그들은 대체로 살인의 희생자가 될 가능성이 크다. 자살하는 것도 남성이며(대략 75%), 폭행하는 것도, 학대하는 것도, 폭력단에 가담하는 것도, 폭력적인 테러주의자가 되는 것도 대부분 남성이다. 그것은 폭력단 폭행과 전쟁 폭행에서 집약적으로 나타난다. 이러한 폭력의 세계는 근대 세계에서 남성성이 위기에 처해 있음을 나타낸다.

21세기의 테러주의 _ 사회학의 의제를 만들다

2011년 9월 11일 뉴욕 세계무역센터 쌍둥이 빌딩과 펜타곤에 대한 자살 폭탄 공격(약 3000명이 희생당했다) 이래, 테러주의는 세계 정치 무대의 중앙으로 이동했다. 사회학자들은 '테러주의의 사회학' 의제를 구성하고 있다. 다음은 사회학도들이 제기하는 질문의 일부이다.

1. '테러주의'는 무엇을 의미하는가? [맥도널드는 100가지 이상의 정의가 사용된다고 제시한다(McDonald, 2013)]. 그것을 어떻게 정의할 것인가, 그리고 누구의 정의를 사용할 것인가? '한 사람의 테러주의자는 다른 사람의 해방자이다'라는 상투어를 생각해보자. 그것은 국가가 정당화하지 않은 정치적 폭력인가?
2. 그것의 역사적 맥락은 무엇인가? 특히 아마도 프랑스 혁명의 갈등(1789~1799)과 함께 시작한 특수한 테러주의의 역사를 살펴보고 '근대적 테러주의'의 역사에 관해 질문을 제기해보자. 새로운 폭력, 공포, 기법에 중요한 차이가 있는가?
3. 테러주의의 종류와 형태를 탐구해보자. 신념이 확고한 혁명가들과 성전의 전사들부터 환경 활동가들까지, 낡은 것(경직적 · 지역적)부터 새로운 것(분산적 · 지구적 등)까지. 웹에서 찾을 수 있는 경험적 목록은 150개 이상의 테러주의자 집단을 보여준다. 알카에다 al-Qadea, 보코하람, ISIS, 탈레반, 하마스 등은 빙산의 일각일 뿐이다.
4. 테러주의의 원인은 무엇인가? 테러주의 집단들은 어떻게 생겨나고 어떻게 움직이는가? 그 집단들을 발생시키는 세계적 · 사회적 조건을 (무엇이 한 사람을 테러주의자로 만드는가에 대한 아마도 더 심리학적인 문제와 함께) 탐구해보자.

5. 테러주의 조직들은 사회운동인가? 사회학자들이 논의했던 사회운동의 낡은 모델(통상적으로 '긴장, 정체성, 명분 제시, 자원 동원'의 쟁점을 포함한다)은 이 운동을 해명할 수 있는가?
6. 테러주의에 대한 정부, 미디어, 주민, 희생자의 상이한 종류의 대응은 무엇인가? 그리고 그 대응의 결과는 무엇인가? 국제적인 경찰 활동과 '국토 안보'를 통한 테러주의에 대한 대응은 어떻게 작동하는가? 그것의 의도한, 그리고 의도하지 않은 결과는 무엇인가? 이것은 테러주의를 다룬 영화나 책에 대한 탐구도 포함할 것이다.
7. 사회통제의 한 형태로서 테러주의는 어떻게 작동하는가? 테러주의 및 반정부 활동은 어떻게 공포의 문화를 창조하는가? 사회변동에서 테러주의는 어떤 역할을 수행하는가? 도덕적 경계를 변경하고 쟁점과 공포에 대한 공중의 깨달음을 이끌어내는가?
8. 테러주의는 인권, 자유, 폭력, 갈등 해결, 생명과 인간 발전 무시 등의 더 광범한 쟁점들에 어떻게 영향을 미치는가?
9. 테러주의는 불평등과 어떻게 연결되는가?

캐럴라인 케네디-파이프Caroline Kennedy-Pipe의 『테러주의와 정치 폭력Terrorism and Political Violence』(2015)과 케빈 맥도널드Kevin McDonald의 『우리의 폭력적인 세계: 사회속의 테러주의Our Violent World: Terrorism in Society』(2013)는 테러주의를 둘러싼 일련의 생각을 논의하고 있다.

국민국가의 성장: 이주의 위기

오늘날 지구에 살고 있는 대부분 사람들은 국민국가nation-state 속에서 살고 있다. 그러나 국민국가는 역사의 새로운 현상으로, 과거에는 전형적인 모습이 아니었다. 과거에는 땅의 대부분을 부족장, 왕, 황제, 술탄 — 힘에 의해 지배하는 전제군주와 종교에 의해 통합하는 신권정치 — 이 다양하게 지배했다. 종족 집단들은 그들 자신의 영토를 주장했으며, 정확히 16세기에 이르기까지 사람들은 땅의 관리를 통해 설정된 이러한 영토적 경계 안에서 살았다. 그렇지만 베스트팔렌 조약(1648)과 함께 처음으로 지역적인 영토를 구별하고 독립국가를 인정하는 기준이 자리 잡기 시작했다. 러시아 제국, 오스만 제국, 대영제국 등의 옛 제국들은 20세기 초반까지 존속했고, 그때부터 붕괴하기 시작하면서 새로운 국민국가들이 등장하기 시작했다. 이후 근대 국민국가들은 20세기에 국민주의nationalism(민족주의)를 중심으로 형성된 파국적인 전쟁 체제의 핵심이 되었다.

국민국가는 모순처럼 들린다. **국가**state는 제한된 지리적 영역에 대해 효력을 발휘하는 지배, 주권, 그리고 통치체governance를 가진 정치조직이다. 우리는 국가가 권위의 독점을 주장하고, 군대와 행정 업무를 통제하며, 폭력을 '정당하게' 사용할 수 있다고 믿는다. 이와 대조적으로 **국민**nation은 흔히 종교, 언어, 종족, 공유한 삶의 양식과 관련된 인간적·문화적 공동체와 연결된다. 우리는 그것을 위해 기꺼이 희생을 치르기도 하며, 심지어 우리의 삶을 내던지기도 한다. 그것은 흔히 국민주의와 결합하며, 통상적으로 강한 정체성을 발생시킨다(나는 독일인이다, 나는 태국인이다, 나는 마오리인이다). 흔히 그것은 실재하는 공동체라기보다는 상상의 공동체imagined community이다. '상상의 공동체'라는 개념은 베네딕트 앤더슨Benedict Anderson이 발전시킨 영향력 있는 용어로, 국민주의가 '인쇄자본주의print-capitalism'•의 등장, 그리고 왕정 및 신의 지배라는 관념에 대한 거부의 증가와 어떻게 연결되는가를 제시한다(국민국가와 그것의 작동에 관해서는, 이러한 국가들의 민주화 여부에 관한 관심과 함께 근래 마이클 만Michael Mann, 앤서니 스미스Anthony Smith, 사스키아 사센 등 많은 사회학자들의 연구가 있다). 국민주의 및 국민국가는 사람들이 국가를 가로질러 이동하면서 이주라는 쟁점을 제기한다. 다음의 글상자 '생각

• 자본주의 체제에서 인쇄술의 발전으로 문자에 대한 보편적 접근이 가능하게 되었다는 것을 의미한다. — 옮긴이

하기: 위기 이주'는 오늘날 세계에서 얼마나 많은 이동이 일어나고 있는가를 논의한다.

▌생각하기 _ 위기 이주

세계적인 이주는 늘 있어왔다. 2015년의 경우, 세계 70억 명의 사람들 가운데 10억 명에 가까운 인구가 이주자이다. 그렇지만 '위기' 이주와 '강제된' 이주는 21세기 삶의 주요한 특징이 되었다. 사람들이 곤궁한 처지에 빠져서 자신들의 '가정'에서 떠나야 할 때 그들은 삶의 장소를 옮길 필요가 있다는 것, 그리고 자신의 나라를 떠나는 것 이외에는 다른 선택지가 없다는 것을 확인한다. 우리는 이제 분쟁, 박해, 전쟁, 폭력, 인권 침해, 홍수, 기근, 지진, 그리고 정치적 불안정을 피해서 떠나는, 지속적으로 증가하는 많은 규모의 사람들을 다룰 것이다. 그것은 불평등과 심층적으로 결합되어 있는 현상이다. 부자들은 훨씬 더 쉽게 세계를 이동할 수 있다.

2015년 초, 세계적으로 거의 6000만 명의 개인들이 살던 곳에서 쫓겨났다. 1950만 명의 난민, 3800만 명의 유민 그리고 180만 명의 망명 요청자가 있었다. 이러한 모든 난민의 절반 이상은 오로지 아프가니스탄, 시리아, 소말리아 세 나라에서 나왔다. 빈곤 국가와 발전 도상 국가가 이주민의 대다수를 받아들였다. 터키, 파키스탄, 레바논은 주요한 난민 수용 나라이다. 터키 한 나라가 200만 명 이상의 난민을 수용했다. 사회학자들은 이러한 이주 위기를 만들어 내는 사회적 조건에 관해 질문하고, 사람들이 그런 상황에 어떻게 대처하는가를 탐구하며, 왜 일부는 이동하지만 나머지는 이동하지 않는가를 묻고, 그들이 어떻게 정착에 성공하거나 실패하는가를 질문한다. 사회학자들은 예컨대 바다에 떠 있는 이주민들, 수용소에 있는 이주민들, 전쟁 지역에 갇힌 이주민들, 어린이들, 고령자들, 여성들, 젊은이들 등과 같은 상이한 집단들이 문제에 어떻게 대처하는가를 묻는다. 이들이 겪는 고통은 모두 우연적인 것이지만, '이주 사업'이라는 새로운 산업 – 합법적인 것(출입국 관리)과 불법적인 것(인신 매매) – 이 등장했다. 전체적으로 정부와 국제기구가 이주 문제를 적절히 다루지 못하기 때문에 이 모든 것이 중요한 지구적 인도주의 관련 쟁점들을 야기하고 있다.

UN, *UNHCR Global Trends 2014: World at War*(2015)

Katy Long, *The Huddled Masses: Immigration and Inequality*(2015)

IDMC Internal Displacement Monitoring Centre, www.internal-displacement.org

혼종적 이산자: 세계시민주의를 향하여

사람들 사이의 차이에 대한 21세기 자각의 증대는 국가의 문제와 연결되어 있다(통합되어 있다고 할 수 있다). 약 200개의 국가가 있으며, 수천 범주의 토착민들과 지역 부족들이 약 7000가지 언어를 사용하고, 상이한 종교, 가치, 정치 그리고 삶의 양식을 따르고 있다. 역사적으로 수많은 대량 이주가 나라 내부에서, 그리고 나라들 사이에서 있었다. 사람들이 이동하고 세계 여러 곳에 흩어지면서 지구적 **이산자**diaspora들이 생겼다. 정말 귀에 거슬리는 낯선 언어들을 들을 수 있다. 그러한 다원적인 차이는 인도나 짐바브웨 같은 상이한 문화 사이에서도 찾을 수 있고, 한 나라 안에서도 찾을 수 있다. 인도네시아에는 700개 이상의 언어가 있고 러시아에는 150가지 문화가 있으며 여러 아랍 나라에서는 이슬람 신앙의 진정한 본성을 넘어서는 많은 내적 분파를 볼 수 있다. 이러한 차이들의 심층적인 복잡성은 이제 우리가 진지하게 다루기 시작했을 뿐인, 그리고 종종 많은 논쟁이 있는 쟁점이다. 먼저 우리는 모든 사회가 **혼종적**hybrid이라고, 즉 이러한 모든 차이의 혼합이나 혼성을 드러낸다고 볼 수 있다. 정치적 이데올로그들은 존재한다고 주장하지만 단일한 사회나 통일된 국민은 존재하지 않는다. 그러므로 모든 사회는 **다문화주의**multiculturalism — 한 사회 안에 상이한 (흔히 종족적인) 문화들의 혼합 — 의 문제를 가지고 있으며, 이것은 이민 정책, 사회 통합, '외부자'에 대한 두려움의 쟁점을 제기한다. 국민적 정체성도 도전받을 수 있다. 그러한 쟁점을 처리할 수 있는 능력은 동화, 수용, 통합, 분리 등의 정부 정책에 의존한다. 이 모든 것은 **세계시민주의**cosmopolitanism라는 오래된 이상에 대한 근대적 관심으로 이어진다. 그 이상은 차이에 대한 일종의 개방성과 관용을 제안한다. 그것은 관용의 사회구조 그리고 타자들에 대한 공감의 태도 둘 모두를 발전시킬 것을 요청한다. 그것은 타자들과의 적극적인 공존의 의지를 포함한다. 최상의 경우 그것은 국경과 영토의 폐지, '타자'에 대한 오명 낙인의 배제, 그리고 인간의 차이에 대한 더 공감적인 지구 도덕 공동체 형성으로 이어진다.

가장 넓은 수준에서 사람들이 차이를 더 인식할 때 우리는 탈근대post-modern라고 부르는 사회로 들어간다. 원래 탈근대주의는 통일성, 직선적 일관성, 일원론적 총체 또는 절대적 진리 등이 (참으로 그런 것들이 존재한 적이 있다면) 종말에 도달했다는 것을 인식한 20세기의 주요한 건축과 예술 운동이었다. 우리는 더욱더 다양성과 복잡성으로 넘쳐나는 파편화한 세계에 살고 있다. 여기서 우리가 할 수 있는 것은 프랑스 철학자 장 프랑수아 리오타르Jean-François Lyotard(1924~1998)가 표현하듯 '조각들을 가지고 노는 것play with the pieces'이 전부이다. 그 후 탈근대라는 용어는 1980년대의 현학적인 용어가 되어 이제 우리가 상이한 문화를 파편화한 것들로 간주하는 방식을 형성하는 데 도움을 주었다.

인터넷을 통해 21세기의 세계를 탐색한다

사회학도는 웹사이트 검색을 통해 세계에 대한 더 큰 그림을 마음속에 그릴 수 있다. 다음의 몇 가지 주제어에 관한 웹사이트들은 여러분의 '즐겨찾기' 목록에 추가할 만한 것으로, 최신의 자료에 접근하는 데 도움이 될 것이다. 이런 식으로 여러분은 세계의 상태를 정기적으로 점검하고 무슨 일들이 일어나는지를 알아볼 수 있다. 하지만 모든 통계는 한계를 가졌으며 문제를 일으킨다는 것을 늘 잊지 않고 비판적으로 생각할 필요가 있다(6장을 볼 것).

- 사회society: The World Bank, The CIA Factbook, United Nations, NationMaster, New Internationalist, Human Millennium Development Reports를 검색할 것.
- 인구population: United Nations World Population Reports(UNFPA), World Population Prospects and Projections를 검색할 것.

- 도시city: UNhabitat, World Urbanization Prospects, State of the World를 검색할 것.
- 경제발전economic development: United Nations, OECD를 검색할 것.
- 빈곤poverty: World Bank Poverty Net, Global Issues를 검색할 것.
- 환경environment: World Watch Institute, World Resources Institute, IPCC(Intergovernment Panel on Climate Change), UNEP(United Nations Environmental Panel), Defra UK (Department for Environment, Food and Rural Affairs), People and Planet(student activism)을 검색할 것.
- 인권human right: Amnesty International, Human Rights Watch, Map of United Nations Indicators on Rights, ILGA(International Lesbian and Gay Rights)를 검색할 것.
- 폭력violence, 전쟁war, 테러주의terrorism, 종족학살genocide: Global Peace Index, Terrorism Index, Vision of Humanity, Genocide Watch, Stockholm Peace Research Institute를 검색할 것.
- 이민migration, 난민refugee, 유민displaced people: United Nations High Commissioner for Refugees(UNHCR), Refugee International을 검색할 것.
- 정치적 자유political freedom, 민주주의democracy: Global Democracy Ranking, Freedom House를 검색할 것.
- 종교religion: Adherents를 검색할 것.
- 언어language: Ethnologue를 검색할 것.
- 가치value: World Values Survey를 검색할 것.
- 지도map: World Atlas, Google Maps, mapsoftheworld.com를 검색할 것.
- 인간 성숙human flourishing: UN Human Development Index, World Happiness Report, Human Security Index를 검색할 것.

이 모든 것에 대한 간편한 안내는 이코노미스트The Economist의 『숫자로 본 세계Pocket World in Figures』(25판, 2015)를 살펴보기 바란다.

근본주의fundamentalism의 발전은 이러한 모든 입장에 대한 가장 심각한 도전이었다. 그것은 오로지 단 하나의 진리만이 있다고 단언하면서 통상적으로 과거의 어디인가에 자리하고 있는 목소리에서 이끌어낸 (흔히 종교적인)

권위를 제시하는 태도이다. 우리는 바로 여기 이러한 분열 속에서 현대 세계의 갈등 대부분을 발견한다.

미래 사회의 모습과 변동하는 시대에 대한 진단

사회학자들은 현대 세계의 광범한 사회변동을 연구한다. 여기서는 몇 가지 사례만 제시하겠다. 이 밖에도 변화하는 가족(동성 결혼, 지구 가족 등과 같은 새로운 동거 형태), 건강(에이즈, 새로운 지구적 전염병), 교육(초등교육과 고등교육의 세계적 증가) 등 많은 주제가 있다. 이 장의 말미에서는, 이 모든 것이 우리를 어디로 데려가는가를 질문할 수 있을 것이다. 우리는 이런 변동에 대해 포괄적 평가를 할 수 있는가? 사회학자는 점쟁이나 미래학자가 아니며 우리가 어디로 향해 가는지를 예언할 수는 없다. 그렇지만 사회학자는 미래 사회에 대한 상상들을 구성하고 시대 흐름을 진단할 수는 있다. 〈표 3-3〉은 미래 사회의 상상들이 매우 혼합적인 메시지의 전조라는 것을 보여준다.

표 3-3 _ 우리 시대에 대한 진단: 미래 사회의 상상들

암흑향을 향해: 어둠과 비극적 세계의 전망	이상향을 향해: 희망과 모두를 위한 더 나은 세계의 전망
불평등의 증대	불평등의 감소: 공정한 사회
환경 파괴	지속 가능성, 저탄소 사회와 '공동재'
폭력, 테러, 전쟁	평화 형성과 평화의 사회
영속적인 자본주의적 위기	신경제 질서
종교적 적대와 종족 갈등	공감, 다중 신앙, 다문화주의, 세계시민주의 사회
존엄이나 권리가 손상된 헛된 삶	예의 바름, **시민권**, 인권 사회
기술적 비인간화와 감시	인간화한 디지털주의: 인도적인 사회
배제와 추방: 배제 사회	포용: 포용 사회

나쁜 소식

한편으로 나쁜 소식은 바로 더욱더 나빠질 것이며, 나의 비관주의적인 동료 사회학자들은 이 장에서 많은 '무기들'을 얻는다. 우리는 환경적 파국의 시대에 살고 있다. 빈민굴의 거대도시, 디지털 비인간화, 종교전쟁의 시대인 것이다. 폭력은 어디에나 존재하며, 테러는 증가하고 있고, 노예제는 여전히 광범위하며, 여성들의 삶은 심하게 야만화되고 있다. 불평등이 갈수록 확산·심화하고 있고, 인종주의는 여전히 지배적이다. 많은 사람들이 공포와 통제 상실의 위험사회를 이야기한다. 도움을 찾기 위해 살던 곳을 떠난 필사적인 유민들이 증가하면서 이주의 위기가 도래하고 있다. 민주주의는 시장화와 감시의 심화 확대와 함께 와해하고 있다. 위기 자본주의는 부패하면서 대규모의 지구적 불평등을 증대한다. 세계 부의 절반은 인구의 단 1%의 수중에 있으며, 이들은 이러저러한 방식으로 세계를 지배한다. 지금 우리가 직면하고 있는 지구 인구의 증가는 이런 모든 문제들을 혼합하고 증폭한다.

이런 것들을 분석하는 사회학 연구는 많이 있으며, 우리는 훨씬 더 많은 사례들을 제시할 수 있다. 예컨대 70개 이상의 나라가 동성애를 범죄로 규정하는 법률을 가지고 있으며, 이란, 아프가니스탄, 사우디아라비아, 체첸을 포함한 다수의 나라들은 남성의 동성애에 대한 사형제도를 가지고 있다. 고문은 '일탈'에 대한 자백을 받아내기 위해 광범하게 사용되고 있으며, 남성 동성애자들은 '그들의 일탈을 치료하기' 위해 폭행당한다. 그리고 그들은 종종 살해단death squads에 의해 죽임을 당한다. 여성, 어린이, 동성애자의 권리는 어디서나 침해된다.

좋은 소식

그렇지만 많은 전선에서 어느 정도의 전진이 있다는 좋은 소식도 있다. 예의 바름(엘리아스)과 온정(스나이더Natan Sznaider)과 공감(리프킨)이 증가했다는 보고와 함께 폭력도 점차 감소한다(핑커Steven Pinker)는 보고도 있다. 여러 기구가 세계의 상태에 대한 탐색을 돕는 정기적인 보고서를 펴내고 웹사이트를 개설하면서 이 세계를 더 나은 곳으로 만들고자 헌신하고 있다. 좋은 사례는 '월드워치Worldwatch'이다. 이 기구는 1984년부터 『세계의 상태The State of the World』라는 보고서를 해마다 발표하고 있다. 이제 인권 문제는 보편적으로 제기하는 쟁점이며 돌봄, 정의, 복지, 안전, 환경 등에 관한 관심도 마찬가지이다. 이런 것들은 200년 전에는 의제로 설정조차 되지 않았다. 수십억의 인구가 빈곤으로 고통받고 있지만 다수의 삶의 수준에 향상이 있었다는 보고도 있다.

논쟁의 여지가 있는 한 가지 사례를 살펴보자. 1990년 유엔은 '새천년 발전 목표Millennium Development Goals'라는 기획을 제안했는데, 이것은 세계 빈곤, 유아 사망, 세계 문맹, 여성 상황 등과 같은 것들을 변화하려는 목적을 담고 있다. 전체적으로 성공이라고 할 수는 없지만, 그리고 많은 비용이 필요했지만, 그것은 여러 가지 의미 있는 변화를 이끌어냈다. 이 기획의 완료 시점인 2015년에는 세계 빈곤이 상당히 감소했다고 주장할 수 있었다. 세계적으로 극단적인 빈곤 수준에서 살고 있는 사람들의 수는 1990년 19억 명에서 2015년 8억 3600만 명으로 절반 이상 감소했다. 지난 50년 동안의 빈곤과의 전쟁이 그 이전 500년 동안의 그것보다 더 성공적이었다고 할 수 있다. 마찬가지로 저소득 사회에서 기아와 만성적 영양결핍의 수치는 1960년의 약 40%에서 2013년에는 12.9%로 감소했다. 2015년에는 식수에 대한 접근(90% 이상)과 적절한 위생시설 사용(자연 배변은 1990년 이래 절반 정도 감소했다)도 개선되었다. 저소득 사회에서는 유아 사망률이 명백히 하락했다. 1960년 출생자 1000명당 165명의 죽음에서 2015년에는 약 43명으로 감소했다. 문자 해독률은 1960년 약 16%에서 2015년 약 91%로 증가했다. 그리고 모든 수준의 교육이 인정되고 있으며 (특히 여성에 대해) 상당히 증가하고 있다. 참으로 여성의 상황에 대한 지구적 관심이 크게 증가했으며, 고용과 정치제도에서는 양성평등이 다소간 진전했다.

2015년 이 기획은 '지속 가능 발전 목표Sustainable Development Goals: SDG'로 확대되었는데, 이제는 약 17가지 목표에 169개의 표적을 가지고 있다. 이들 목표는 2015년에서 2030년 사이에 긍정적인 변화를 만들어내기 위해 적어도 7조 달러의 해외 원조를 이끌어낼 수 있다. 17가지 목표 가운데 '모든 곳, 모든 형태의 빈곤 종식', '모든 연령, 모든 사람을 위한 건강한 삶의 보장과 안녕의 증진', '양성평등의 실현과 모든 여성 및 소녀의 권능 강화', '나라들 사이의 그리고 내부 불평등의 저감', '지속 가능한 발전을 위한 평화롭고 포용적인 사회의 촉진', '모든 사람을 위한 정의 접근의 제공', '기후변화 및 그 영향에 대처하는 긴급한 활동' 등이 포함된다. 그러므로 여기서 어떻게 이러한 목표를 구성할 것인가, 모델을 만들 것인가, 그리고 (아마도) 궁극적으로 성취할 것인가를 이해하는 작업은 사회학의 중요한 새로운 기획이 된다.

우리는 더 나아갈 수 있다. 지난 500년 이상에 걸쳐 진행한 보통 사람들의 자유와 정의를 위한 싸움과 그 성과에 의해 이제 그것들은 오랜 과거에는 상상할 수 없었던 방식으로 의제에 확고하게 자리 잡았다. 또한 이제 아마도 세계 46%의 나라들이 더 '자유로운' 상태 — 이것이 무엇을 의미하는가에 관한 실질적인 질문들이 있기는 하지만 — 에서, 즉 민주주의 안에서 살고 있다고 주장하는 사람들도 있다. 지난 100여 년 동안의 많은 기술 발전을 보더라도 인상적인 것이 아닐 수 없다. 지난 200년 동안 지식과 예술적 창조성은 그 이전의 모든 세기 동안 성취한 것보다 더 큰 발전을 이뤘으며, 특히 최근 50년 동안에는 역사에서 이전 어느 때보다도 훨씬 더 많은 사람이 이 모든 것에 접근할 수 있게 되었다고 말하는 것이 아마도 공정할 것이다. 미술, 문화, 음악, 스포츠, 그리고 인간의 창조성의 세계사는 사회학 연구의 경이로운 주제이다.

이러한 모든 '진보'와 함께 최근에는 '행복과 안녕과 성숙의 사회학sociology of happiness, well-being and flourishing'이라고 부를 수 있는 것에 대한 관심이 증가하고 있다. 이론사회학자들은 인간의 역량과 성숙에 관한 주장을 확립하고 있으며, 경험적 연구자들은 '행복'을 측정하고자 한다. 여러 해에 걸쳐 유엔이 정한 '인간개발지수Human Development Index'는 경제적 지수를 넘어서 교육과 환경에 대한 척도를 포함하게 되었다. 더 최근에 들어서는 행복과 안녕을 측정하는 '지구행복지수The Happy Planet Index'가 생태 발자국, 삶의 만족, 기대수명을 조합했다(〈표 3-4〉에는 몇몇 나라의 2015년 인간개발지수 사례들이 있다).

요약하면 세계의 상태에 관한 대차대조표는 매우 복잡한 이야기를 보여준다. 사회학자들은 이러한 모든 변동 속에 자리 잡고 있으면서 그것들을 연구하고 세계를 모두에게 조금이라도 더 나은 곳으로 만드는 길을 따라가고자 시도한다. 기대수명, 문맹, 인터넷 사용 등과 같은 일부 사안은 약간의 향상이 이뤄지고 있는 반면, 환경, 테러, 부패 등에 관해서는 상태가 상당히 악화되고 있다고 할 수 있다(유엔 새천년 기획UN Millennium Project의 『2015~2016 미래의 상태State of the Future』를 볼 것). 미래는 양면적이다.

표 3-4 _ 지구적 발전: '인간개발지수 2015'의 일부 나라들 사례

국가 순위	HDI	국가 순위	HDI	국가 순위	HDI
최고				최저	
1. 노르웨이	0.944	39. 사우디아라비아	0.837	147. 파키스탄	0.538
2. 오스트레일리아	0.935	40. 아르헨티나	0.836	152. 나이지리아	0.514
3. 스위스	0.930	41. 아랍에미리트	0.835	171. 아프가니스탄	0.462
4. 덴마크	0.923	42. 칠레	0.832	176. 콩고민주공화국	0.433
5. 네덜란드	0.922	43. 포르투갈	0.830	180. 모잠비크	0.416
6. 독일	0.916	50. 러시아	0.789	181. 시에라리온	0.413
6. 아일랜드	0.916	67. 쿠바	0.769	182. 기니	0.411
8. 미국	0.915	74. 멕시코	0.756	183. 부르키나파소	0.402
14. 영국	0.907	75. 브라질	0.755	184. 부룬디	0.400
17. 한국	0.898	90. 중국	0.727	185. 차드	0.392
20. 일본	0.891	93. 태국	0.726	186. 에리트레아	0.391
26. 스페인	0.876	110. 인도네시아	0.684	187. 중앙아프리카공화국	0.350
36. 폴란드	0.843	130. 인도	0.609	188. 니제르	0.348

주: HDI는 1990년부터 매년 측정하고 있다. 이 지수는 생명(출생 시 기대 수명), 지식(성인 문맹률과 학교 등록률), 생활수준(1인당 소득) 세 가지 요소를 종합한 척도이다. 전체 표는 온라인 'Human Development Index'(2015)에서 쉽게 볼 수 있다.

요약

영구히 변동하는 우리의 세계를 이해하는 것은 사회학이 직면한 주요한 도전이다. 이 장은 오늘날 사회학자들이 세계를 가로질러 연구하고 논쟁하는 핵심적 쟁점들의 일부를 살펴보았다. 그것의 주제들은 자본주의의 변화하는 본성, 디지털 세계, 인구와 도시의 성장, 과학과 합리성의 발전, 환경 위기, 종교의 '세속화'와 근본주의화, 근대 테러주의와 폭력 국민국가의 등장, 이주의 위기, 사회운동의 변화하는 본성 등 크고 광범한 것들이다. 그것들 하나하나는 사회학 연구의 하위 분야이며 사회학자들은 미래에 관한 전망을 가지고 그것들을 분석한다. 우리는 어디를 향해 나아가고 있는가?

더 탐구하기

더 생각하기

1. '인터넷을 통해 21세기의 세계를 탐지한다'는 이름으로 여러분 자신의 웹사이트를 시작해보자. 이 장에서 제시한 안내 링크를 사용할 수 있다.
2. 이 장에서 논의한 주제들 각각에 대해 그것들을 지금 여러분의 삶과 어떻게 연결할 것인가 생각해보자. 예를 들어 '디지털 분란'에 관한 상자를 살펴보자. 여러분이 공부하는 곳, 일하는 곳, 또는 여러분의 친구들 사이에서 이런 분란들 가운데 어떤 것을 발견할 수 있지 않은가?(오늘날 누가 여러분의 친구들인가, 그들은 모두 온라인이 아닌가?) 환경문제를 살펴보고 여러분은 환경 위기를 어떻게 경험하는가 생각해보자. 여러분 자신의 활동을 검토해보고 '자료'를 수집해보자. 인간의 사회적 활동이 바로 우리의 대지, 우리의 물, 우리의 공기를 오염하고 악화하고 심지어 파괴하는 요인이라는 것을 상기하자.
3. 여러분이 알고 있는 사람들을 떠올리면서 그들이 어떤 종류의 사회집단에 소속해 있는가를 생각해보자. 그들은 어떻게 다르며, 또 어떤 공통점을 갖고 있는가?

읽을거리

예란 테르보른Göran Therborn의 『다른 세계를 요구한다The World: A Biginner's Guide』(2010)는 훌륭한 개괄적 안내서이다. 근대 서구 세계의 간략한 역사에 대해서는 메리 에번스Mary Evans의 『사회의 간략한 역사A Short History of Society』(2006)가 잘 정리하고 있다. 패트릭 놀란Patrick Nolan과 게르하르트 렌스키Gerhard Lenski의 『인간 사회: 거시사회학의 소개Human Societies: An Introduction to Macrosociology』(12판, 2014)는 사회의 상이한 유형에 대해 탁월하게 설명하고 있다. 로빈 코언Robin Cohen과 폴 케네디Paul Kennedy의 『지구사회학Global Sociology』(3판, 2013)은 광범한 분야를 포괄하는 훌륭한 개론서이다. 이코노미스트The Economist의 『숫자로 본 세계Pocket World in Figures』(25판, 2015)는 기본적인 세계 통계에 대한 간편한 연례 안내서이다.

이 장에서는 사회변동에 관해 많은 책을 인용했다. 앤서니 기든스Anthony Giddens의 『질주하는 세계Runaway World』(1999)는 가장 간략하고 읽기 쉬운 책이다. 마누엘 카스텔Manuel Castells의 『정보시대The Information Age』(개정판, 2009)는 더 종합적인 책이다(『정보시대』는 총 3권으로 출판되었다). 얀 네더베인 피터르세Jan Nederveen Pieterse의 『지구화와 문화Globalization and Culture』(3판, 2015), 조지 리처George Ritzer의 『지구화: 기본 문헌Globalization: A Basic Text』(2판, 2015), 루크 마텔Luke Martell의 『지구화의 사회학The Sociology of Globalization』(2010)은 여러분이 지구화와 세방화에 관한 무수한 문헌들을 섭렵하는 데 안내를 제공할 것이다. 더 자세한 것은 울리히 벡Ulrich Beck의 저작들(1986, 2000, 2006, 2008, 2009, 2013)을 읽어보기 바란다.

개별 주제에 관해서는, 인구는 대니 돌링Danny Dorling의 『100억 명Population 10 Billion』(2013), 자본주의는 제프리 잉햄Geoffrey Ingham의 『자본주의 특강Capitalism』(2008)과 제임스 풀처James Fulcher의 『자본주의: 아주 간략한 소개Capitalism: A Very Short Introduction』(2판, 2015), 환경은 존 어리John Urry의 『기후변화와 사회Climate Change and Society』(2011), 테러주의는 케빈 맥도널드Kevin McDonald의 『우리의 폭력적인 세계: 사회 속의 테러주의Our Violent World: Terrorism in Society』(2013), 사회운동은 이모겐 테일러Imogen Taylor의 『반란하는 주체들Revolitn Subjects』(2013), 디지털과 미디어 사회학은 데버러 럽턴Deborah Lupton의 『디지털 사회학Digital Sociology』(2015)과 크리스천 푹스Christian Fuchs의 『소셜 미디어: 비판적 소개Social Media: A Critical Introduction』(2013), 종

교는 울리히 벡의 『자기만의 신A God of One's Own』(2008/2010)과 마크 위르겐스마이어Mark Juergensmeyer의 『지구적 광장의 소동 속의 신: 지구적 시민 영역에서 종교God in the Tumit of the Global Square: Religion in the Global Civil Society』(2015), 새로운 합리성과 초인간은 니콜라스 로즈Nikolas Rose의 『삶 자체의 정치The Politics of Life Itself』(2007)와 로시 브레이도티Rosi Braidotti의 『포스트휴먼The Posthuman』(2013), 감시는 토머스 마티이센Thomas Mathiesen의 『감시사회를 향하여: 유럽에서 감시체계의 등장Towards a Surveillant Society: The Rise of Surveillance Systems in Europe』(2013)과 지그문트 바우만Zygmunt Bauman과 데이비드 라이언스David Lyons의 『친애하는 빅 브라더Liquid Surveillance』, 세계시민주의는 로버트 홀먼Robert Holman의 『세계시민주의들Cosmopolitanisms』(2009)과 로버트 파인Robert Fine의 『세계시민주의Cosmopolitanism』(2007), 국가는 시니사 말레세비치Sinisa Malesevic의 『국민국가들과 국민주의들Nation-States and Nationalisms』(2013), 도시는 사스키아 사센Saskia Sassen의 『사스키아 사센의 세계경제와 도시Cities in a Global Economy』(2006) 등이 있다.

Sociology

4

역사: 거장들의 어깨에 선다•

여러분이 태어나기 전에 일어난 것에 대해 무지無知하다면 여러분은 언제나 어린이로 남아 있게 된다. 역사의 기록에 의해 우리 조상들의 삶 속으로 직조되어 들어가지 않는다면 인간의 삶의 가치는 무엇을 위한 것인가.

마르쿠스 툴리우스 키케로Marcus Tullius Cicero, 「웅변Oration」 xxxiv

세계 역사에서 어느 때나 많은 사람들은 그들이 살고 있는 사회 세계의 성질에 관해 궁금해했다. 그들의 세계는 어떻게 존재하게 되었는가, 그 세계 속에서 그들의 위치는 무엇이며, 그 세계를 묶는 거대한 끈은 무엇인가? 모든 사회에는 그들의 사회 본성에 관해 생각하는 사람들이 있다. 과거에 이런 사회적 사유는 종종 종교적이거나 영적인 모습을 취했다. 사회적인 것

• 뉴턴(Isaac Newton)의 "내가 더 많은 것을 보았다면 그것은 내가 거장들의 어깨 위에 섰기 때문이다"라는 말에서 따온 것이다. 이것은 과학 지식이 누적적으로 발전해왔음을 나타내는 표현으로 취급된다. 하지만 『과학혁명의 구조』에서 쿤(Thomas S. Kuhn)은 과학 지식이 혁명적 변동의 구조 속에 있다고 지적하며 누적적 발전 주장을 반박했다. — 옮긴이

을 여러 신들의 창조물이라고 진단하고 설명했다(무시무시한 신들의 무리가 있고, 대체로 그 신들을 격퇴하기에 충분하게 중요한 신들이 있다). 그리고 여기서 인간은 이러한 종교적 덮개나 호弧 안에 위치한다. 종종 이러한 사회적 사유는 정치적으로 전환하여 나타나기도 한다. 사람들은 사회를 권력 있는 사람들이나 집단들(핵심적 전제군주나 황제, 또는 착취자들과 피착취자들 같은 집단)의 창조물로 설명한다. 사회적 사물들을 생물학적 관점에서 — 진화나 개인적 의지의 결과로 — 설명하는 사람들도 많이 있었다. 그러므로 우리가 살고 있는 사회 세계에 관해 사유하는 데에는 여러 방식이 있다.

여기서 역사에 등장한 여러 위대한 사상가와 예술가가 논의한 사회의 본성에 관한 더 정식적인 사유의 세계사를 추적할 수는 없다. 동양에는 중국 사상가 공자孔子(BCE 551~479)의 중요성, 아랍권에는 14세기 무슬림 학자 이븐 할둔Ibn Khaldun(1332~1406)의 사상, 그리고 아프리카에는 시인들과 민간설화 이야기꾼들의 오랜 역사가 있다. 사회적인 것에 관한 생각은 세계 전역에서 오랜 역사를 통해 발전했다. '사회학'은 어떤 의미에서 단지 가장 최근의, 그리고 가장 서구적인 것일 뿐이다. 우리는 우리가 살고 있는 세계에 관해 오랫동안 그리고 열심히 생각해온 거인들의 어깨 위에 서 있다. 우리의 과거는 사회적인 것을 이해하고자 애쓰는 창조적이고 예술적인 노력들로 가득 차 있다. 잊지 말아야 할 중요한 역사가 있다. 그렇지만 나는 단지 사회학이 지난 200년 동안 주로 서구에서 어떻게 발전해왔는가를 다룬다.

서구 사회학의 아주 간략한 역사

사회의 규모가 커지고 과학적 사유가 발전하면서 '사회학'이 새로운 지적 학문 분과로 서서히 등장하게 된 것은 놀라운 일이 아니다. 19세기 초의 '대변혁Great Transformation' 이래 사회학은 대학에 기반을 둔 학문 분과로 서구 세계에서 점진적으로 확산했으며, 이제 21세기 세계 대부분의 나라에서 그것을 찾아볼 수 있게 되었다. 근대 지구적 삶의 복잡성은 대부분 우리에게 사회에 관한 진지한(심지어 '학문적인') 사유를 계발할 것을 요구한다. 그리고 근대 세계가 만들어낸 삶의 거대한 분업 속에서 이제 많은 사람들이 이런 사유를 제공하기 위해 시간과 재능과 지적 에너지를 쏟고 있다. 동시에 근대 사회학은 서구적인 것이라는 점을 늘 기억하자. 이것은 사회학 전체가 서구 사회의 전제 가정과 가치를 기초에 두고 있다는 것을 의미한다. 우리가 살펴볼 것처럼 이런 상황은 변화에 직면하고 있다.

근대 서구 사회학의 선구: 계몽주의의 수수께끼

역사적으로 사상, 즉 지적 세계는 기원전 800년부터 200년 사이에, 철학자 카를 야스퍼스Karl Jaspers가 그의 『철학 입문Way to Wisdom』(1951)에서 주축의 시대Die Achsenzeit, The Axial Age라고 부른 시기에 등장했다고 학자들은 주장해왔다. 그 시기에 우리는 중국에서 공자를, 인도에서 부처를, 이란에서 자라투스트라Zarathustra를, 팔레스타인에서 이사야Isaiah를, 그리스에서 호메로스Homeros와 플라톤Platon 그리고 아르키메데스Archimedes를 발견한다. 여기서 우리는 사회와 인간 조건에 관한 '위대한 사상들과 위대한 사상가들'의 초기 발전, 그리고 그 밖의 많은 사상가들이 인류 지성사의 거대한 궤적을 이어왔음을 알 수 있다. 그렇지만 독특하게 근대적인 서구 세계는 그것의 지적 모습의 대부분을 15세기와 18세기 사이에, 과학의 추구 그리고 인간의 '자유와 권리'를 위한 투쟁을 통해 종교적이고 절대주의적인 독단과 테러에서 오랫동안 해방을 추구하면서 형성했다. 우리는 이 시기에 미신, 주술, 종교, 교회, 그리고 여러 왕정과 귀족정의 지배가 붕괴했음을 알고 있다. 또한 우리는 스페인 종교재판, 마녀사냥, 30년 전쟁, 영국의 시민전쟁, 프랑스 혁명, 그리고 미국의 혁명 — 노예제의 성장과 그다음의 궁극적인 노예 해방과 함께 이루어진 — 에서 오랜 역사의 참혹함을 보았다. 또한 이 시기에 상업자본주의의 점진적인 성장과 세계의 대부분에 대한 유럽의 대규모 식민지화(그리고 억압과 약탈)도 보았다. 동시에 이 시기 여성, 노예, 그리고 다양한 부류의 소수자들이 자신의 자유를 위해 싸우는 해방운동의 점진적 등장도 보았다.

디드로Denis Diderot, 홉스Thomas Hobbes, 호가스William Hogarth, 흄David Hume, 칸트Immanuel Kant, 로크John Locke, 모차르트Wolfgang Amadeus Mozart, 뉴턴Isaac Newton, 포프Alexander Pope, 루소Jean Jacques Rousseau, 볼테르Voltaire 등을 비롯한 여러 사람들과 결합된 계몽주의는 세계가 합리적 · 과학적 · 진보적이어야 한다고 주장했다. 계몽주의는 다양한 흐름의 급진적 사상들을 수용했지만, 합리적 사유를 통해 진보를 이룬다는 희망을 담고 있었다. 종종 고대 그리스를 되돌아보면서 그들은 사회에 관한 매우 중심적인 몇 가지 질문들을 제기했고, 이 질문들은 오늘날에도 여전히 사회학을 사로잡고 있다. 아래의 글상자 '계몽주의 사유의 수수께끼'는 이러한 커다란 질문들의 일부를 보여준다.

생각하기 __ 계몽주의 사유의 수수께끼

사회학의 기초는 **계몽주의**라고 통상적으로 말한다. 계몽운동이 전개된 시대는 합리적 성찰, 과학적 발전, 그리고 종교적이고 전통적인 '신화'로부터의 해방 시기였다. 계몽주의는 일련의 비판적 질문들에 부심했으며, 그중에는 다음과 같은 것들도 포함된다.

1. 인간의 본성은 무엇인가? 그런 것이 있는가, 그리고 만약 있다면 그것은 보편적인 것인가? (로크, 홉스, 흄 등이 전개한 논쟁)

2. 우리는 우리의 삶을 어떻게 살아야 하는가?(볼테르, 루소, 칸트 등이 제기한 도덕적 문제)
3. 사회는 어떻게 존재하며 어떤 종류의 사회가 있고 그것들은 어떻게 변동하고 발전하는가? 인간의 질서는, 그리고 인간의 진보는 어떻게 가능한가? '야만'과 '미개'에서 '문명'으로의 움직임이 있는가? 점차, 사회의 유형에 대한 분류가 등장한다. 사회는 어떻게 연구할 수 있는가?(콩트 등이 제기한 사회학적 질문)
4. 사회는 어떻게 지배해야 하는가? 권력은 신의 손에 있는가, 지배자(리비이어던Leviathan)의 손에 있는가, 아니면 인민의 손에 있는가? 민주주의적 지배는 가능하거나 바람직한가?(이 질문은 홉스가 제기한 질문임을 빗대어 흔히 홉스적 문제Hobbesian Question라고 부른다)
5. 다양한 종교들을 관용하고 인정할 수 있는가? 종교는 자신의 패권을 유지하기 위해 얼마나 많은 테러를 허용해야 하는가? 종교의 다양성을 사회의 붕괴 없이 인정할 수 있는가? [종교적 문제인데, 찰스 터너Charles Turner는 『세속 시대The Secular Age』(2007)에서 이 문제를 자세히 논의하고 있다]
6. 사람은 누구이며 무엇인가? 새로 등장하고 있는 자아는 어떠하며 근대적 개인은 누구인가? 그리고 밀접하게 관련된 것으로, 사람은 이기적인가? 사회의 기초는 타인들에 대한 집합적 관심인가, 아니면 더 기본적인 이기심인가?(애덤 스미스 문제라고 부를 수 있는 것이다)
7. 지식, 진리, 도덕은 무엇인가?(데카르트, 칸트, 흄의 문제)

거듭 말하지만, 이 책처럼 작은 책에서 계몽주의 사유를 자세하게 추적할 수는 없다. [『계몽의 변증법Dialectic of Enlightenment』(1944)을 쓴 테오도어 아도르노Theodor Adorno와 막스 호르크하이머Max Horkheimer를 비롯한] 많은 사람들은 이러한 합리주의적이고 낙관론적이며 서구 중심적인 세계관에 대해 매우 비판적이었다. 그들은 이 세계관이 우리를 지나치게 도구적이고 기술적이며 통제적인 세계로 이끌었으며, 근대의 감시사회, 합리성, 소외, 그리고 심지어 홀로코스트의 선구가 되었다고 지적한다. 그렇다고 하더라도 많은 사람들은 이 세계관을 세계를 이해하려는 도구로서, 그리고 세계를 더 나은 것으로 변동시키려는 도구로서 과학과 합리성의 발전에서 중요한 진보로 간주했다. 사회학은 이런 운동에서 태어났다.

1800~1920: 근대 초기의 사회학

거대하고 일반적인 '과학적 학문 분과'로서 사회학은 일반적으로 계몽주의 사유와 18~19세기의 대혁명들에서 등장한 이야기라고 말한다. 그것은 '새로움의 충격'에서 태어난 학문 분과로 간주된다. 사회적 삶이 그러한 소용돌이 속에 휩쓸려 들어간 일은 일찍이 없었을 것이다. 사회적 삶은 이제 프랑스 혁명, 산업혁명, 새롭게 등장하는 국민국가, 미국의 독립과 민주주의 이념의 성장, 그리고 세계 여러 곳의 인구 증가와 그것이 수반하는 새로운 도시와 빈민가의 등장에 직면했다. 오늘날 우리는 으레 우리가 비상한 사회변동의 시대에 있다고 생각한다. 잠시 역사를 보면 이러한 변동이 여러 세기에 걸쳐 전개되어왔다는 것을 알 수 있다. 이 시기 서구 세계의 분위기 속에는, 새로이 형성되는 세계, 급속하고 심지어 혁명적인 변동의 시간을 바라보는 어떤 것이 분명히 있었다. 낡은 질서는 심각하게 쇠퇴하는 것으로 보였고, 전통적인 삶은 휩쓸려 날아가고 있었다.

사회학은 바로 이러한 분위기에서 태어났으며, 곧바로 발생하고 있는 것들을 찬양했다. 그리고 눈앞에 도래하는 새로운 근대사회의 명백한 복잡성과 대규모성을 분석했다. 이러한 새로운 세계의 핵심 특징은 무엇인가? 이러한 변동은 왜 일어났는가? 이러한 변동 속에서 사회질서는 어떻게 유지될 것인가? 그리고 이런 새로운 사회질서를 어떻게 연구할 것인가? 사회에 대한 과학은 실제로 가능한가, 그리고 가능하다면 그것은 어떤 것이어야 하는가? 이러한 차이들을 파악하고자 씨름했던 사회학 창시자들의 대부분은 세계를 더 나은 곳으로 만드는 것을 사회학의 사명으로 생각했다.

이러한 서구 사회학의 최초 선구자 두 사람은 기인 오귀스트 콩트Auguste Comte(1798~1857)와 괴짜 외톨이 허버트 스펜서였다. 프랑스 혁명의 여파 속에서 성장한 콩트는 1838년에 사회학이라는 용어를 만들었으며 통상적으로 사회학의 창시자로 알려져 있다. 그에 따르면 사회는 종교적 사회에서 철학적 사회를 거쳐 과학적 사회로 움직인다. 최초의 시기는, 유럽에서 중세 전체였는데, 신학적 단계theological stage(종교가 안내하는 세계, 신의 의지로서의 사회)에 있었다. 르네상스와 함께 사회에 대한 신학적 접근은 점차 형이상학적 단계metaphysical stage(초자연적인 것이 아니라 자연적인 것으로 이해된 세계)에 밀려났다. 그렇지만 근대 세계는 과학적 단계scientific stage와 기술의 발전을 가져왔으며, 코페르니쿠스Nicolaus Copernicus(1473~1543), 갈릴레이Galileo Galilei(1564~1642), 뉴턴(1642~1727) 등과 같은 과학자들이 추동했다. 콩트는 사회가 불변의 법칙을 따른다고 주장했다. 물리적 세계가 중력을 비롯한 자연법칙에 따라 작동한다는 것을 밝혀낸 것처럼 사회학의 임무는 사회의 법칙을 밝히는 것이었다. 이러한 과학의 새로운 접근을 그는 **실증주의**positivism라고 불렀다. 이 단어는 오늘날에도 여전히 과학적 방법을 가리키는 데 널리 사용된다.

다윈의 발견을 확실히 보았던 스펜서는 사회를 진화하는 것 — 이때에는 덜 복잡하거나 단순한 것에서 대규모적으로, 다중적으로 복잡한 것을 향하여 — 으로 보았다. 위계와 복종의 관계를 중심으로 조직된 군사형 사회는 단순하고 분화되지 않았다. 자발적인, 즉 계약적으로 떠맡은 사회적 의무에 기초한 산업형 사회는 복잡하고 분화되어 있다. 우리가 앞서 2장에서 본 것처럼 스펜서는 사회를 '사회유기체social organism'(인간의 신체와 유사한)처럼 기능하는 것으로 개념화했는데, 그것은 진화의 보편법칙에 따라 더 단순한 상태에서 더 복잡한 상태로 진화하는 것이었다. 스펜서는 진보를 '적자생존the survival

표 4-1 _ 급속한 사회변동: 서구 사상가의 진화론적 형태 분류 전통

사회학자	초기 사회	도래하는 새로운 사회	설명하는 동역학?
애덤 스미스 (1723~1790)	수렵, 목축, 농업적	상업적	자유시장의 등장
오귀스트 콩트 (1798~1857)	신학적, 형이상학적	과학적, 실증주의적	과학의 성장
헨리 메인 Henry Maine (1822~1888)	신분	계약	법률의 변화
허버트 스펜서 (1820~1903)	동질적(단순, 군사적)	이질적(복합, 공업적)	인구의 변화
페르디난트 퇴니에스 Ferdinand Tönnies (1855~1936)	**공동사회** Gemeinschaft, 공동체에 기초	**이익사회** Gesellschaft, 결사체에 기초	공동체 변환
카를 마르크스 (1818~1883)	원시공산주의, 노예제, 봉건제	자본주의(그러나 사회주의로 나아감)	경제적 착취
에밀 뒤르켐 (1858~1917)	기계적 연대	유기적 연대	인구밀도와 분업
막스 베버 (1864~1920)	전통적	합리적·관료제적, 세속적	종교(개신교)와 경제(자본주의)에서 변동
게오르크 지멜 (1858~1918)	원시적 생산	화폐와 근대	화폐의 순환, 집단 규모 성장

of the fittest'(이것은 다윈이 아니라 스펜서가 만든 용어이다)으로 보았다. 그는 상이한 사회들의 등장을 분류하고 이해하고자 시도한 수많은 사상가들 중 하나였다. 〈표 4-1〉은 이러한 입장들의 일부를 요약한 것이다(85쪽 〈표 3-1〉도 볼 것).

19세기 고전 사회학의 형성

19세기와 20세기 초에는 사회의 성질을 둘러싼 지적 활동의 막대한 질풍이 있었다. 그것의 대부분은 오랫동안 잊혀져 왔다. 역사적인 문헌들을 읽는다면, 이제는 수많은 신사들이 진화이론의 충격과 씨름하면서 급속한 사회변동을 이해하기 위해 세계 전역을 살펴보고자 분투했다는 것을 알게 된다. 그들은 세계 사회들을 비교하고 우리가 어디서 왔으며 지금 어디로 향하는가를 이해하고자 노력했다. 진화이론은 영향력 있는 동시에 충격적이었다는 점을 기억하자. 그것은 세계에 대한 많은 정통의 견해, 특히 종교적 견해에 도전하고 있었다. 그 견해들은 모두 서구의 것이었지만, 더 넓은 지구적 세계를 보는 눈을 가졌다.

이 시기 수백 명의 사상가가 있었지만, 사회학의 역사에 대한 설명에서 지금 정통을 차지하는 서술은 1950년대에 등장했고, 세 사람의 핵심 인물이 고전 사회학의 상징으로 간주된다. 카를 마르크스, 에밀 뒤르켐, 막스 베버가 그들인데, 우리는 이미 그들을 조금씩은 만났다. 그들은 사회학의 성삼위일체holy trinity이며, 그들이 살던 시대에 그들이 시작한 몇 가지 주요한 논쟁이 지금도 여전히 계속되고 있다는 단순한 이유 때문에, 사회학의 모든 학위 과정에서는 그들을 종교적으로 교육한다. 마르크스는 자본주의의 성장, 경제와 물질적 세계의 중요성, 계급, 착취 및 불평등의 중요성, 그리고 사회주의 사회의 가능성을 분석했다. 베버는 대규모 합리성의 성장, 관료제적 국가와 각성된 세계를 발견했다. 뒤르켐은 종교와 분업에서의 변동을 검토하며 사회적 연대의 중요성을 인식했다. 모두 종교의 역할을 해명한다.

우리는 마르크스의 핵심 작업을 이미 앞에서 살펴보았고, 뒤에서도 더 논의할 것이다. 그는 산업**자본주의**의 착취를 받는 대중의 궁핍한 삶을 탐구하고 사회의 **계급**투쟁을 분석했다. 그의 초기 저작들은 철학적인 것이었으며 종종 인간주의적이라고 불리는 반면, 그의 후기 작업은 역사에 대한 물질론적 견해와 **생산양식**mode of production에 대한 과학적 분석을 발전시켰다(6장 참조). 1850년대에 그는 노동계급 운동에 대한 역사적 연구를 수행하고 경제적 기초와 이데올로기적 상부구조 사이의 관계를 분석했다. 그는 사람들이 산업혁명이 만들어낸 비참함 속에서 살아가고 있을 때, 역사적 행위자들과 사회계급의 역할을 인간에 대한 이해에서 중심적인 것으로 보았다. 그리고 그는 경제적 불평등과 사회계급의 역할을 사회변동에서 핵심 요인으로 특징지었다. 초기 사회학자들(그리고 당연히 그 이후의 사회학자들) 가운데 유일하게 그의 작업은 20세기 공산주의 사회의 형성과 발전에서 중요한 역할을 수행했다(한때 러시아, 중국, 그리고 아프리카와 라틴아메리카의 많은 나라들을 포함하는, 아마도 지구의 1/3 이상이 그의 저작에 자극을 받았다). 그가 쓴 문헌은 20세기의 주요한 (1918년 러시아와 1949년 중국의) 마르크스주의 혁명(그리고 실패)으로 이어졌다.

뒤르켐은 1887년에 보르도 대학교의 교육학 교수가 되어 교육학과 함께 처음으로 대학에서 사회학을 가르쳤으며, 1902년에 소르본 대학교로 옮긴 뒤 1913년에는 교육학과 사회학 교수가 되었다. 그리고 지속적인 중요성을 갖는 네 가지 저서를 저술했다. 『사회분업론The Division of Labour』(1893)은 '기계적인 것에서 유기적인 것으로'의 사회의 발전을 추적했다. 『사회학적 방법의 규칙The Rules of Sociological Method』(1895)은 '사회적 사실'의 성질과 그것을 어떻게 연구해야 하는가를 분석했다. 『자살론Suicide』(1897)은 자신이 자신을 죽이는, 매우 개인적인 현상을 주제로 자살률에 대한 분석을 통해 그것이 어떻게 사회적으로 유형화되는지를 설명했다. 『종교 생활의 원초적 형태The Elementary Form of Religious Life』(1912)는 원주민들에 대한 사례연구를 통해 어떻게 '종교가 현저하게 사회적인 것인가'를 입증했다. 뒤르켐은 우리를 인구의 대규모 성장과 사회의 도덕적 질서의 전환에 관한 핵심적인 논쟁으로 이끈다. 그에 따르면, 인구의 조밀한 성장은 인간 유대의 성질을 변화시켰다. 사회는 기계적 연대에서 유기적 연대로, 즉 전통적인 유사성과 결속의 공동체에서 분업의 대규모 차이와 변동하는 유형에 기초한 새로운 공업 사회로 이동하면서 규범의 붕괴(아노미)와 사회적 유대의 약화에 훨씬 더 빠지기 쉽게 되었다. 옛 형태의 유대가 약화되면서 연대와 공동체 형성의 새로운 방식이 필요했다.

베버는 인간의 행위와 그것의 의미에 더 관심을 가졌다. 그는 우리에게 '관념은 결과를 갖는다'고 말했다. 새로운 합리성은 자본주의와 새로 나타나는 관료제적 세계가 형성되는 데 도움을 주었다. 베버에 따르면 사회에서 일어나는 변화는 관념과 종교적 믿음에서의 전환과 훨씬 더 연관이 있었다. 근대 자본주의 세계는 개신교(또는 그가 표현한 것처럼 '개신교 윤리The Protestant Ethic')의 등장과 밀접한 친화성을 가졌다. 그는 카프카의 사회학적 맞상대로 볼 수 있다. 그에 따르면 근대 세계는 냉정하고 비인격적인 관료제의 성장으로 이어지며, 궁극적으로는 세계에 대한 대규모의 낙담으로 이어진다.

주의 사항: 숨어 있는, 그리고 지하의 전통

나는 지금까지 학계에서 널리 통용되는 이야기인 정통 사회학의 역사를 간단히 서술했다. 그러나 어떤 역사도 사람들이 말하는 역사와 똑같은 것은 결코 아니다. 사상사에 대한 랜달 콜린스Randall Collins의 훌륭한 연구는 지식인들이 어떤 사상은 전진시키고 어떤 사상은 배제하는 연결망을 통해 작업한다고 알려준다. 발굴되기를 기다리는 묻힌 역사들이 언제나 있다. 주요한 인물들이 있지만, 사회학은 젊은 학문 분과였고 많은 투쟁들과 함께 여러 곳에서 발전했다. 지금 그 인물들을 찾아내기는 대체로 어렵다. 그렇다, 광범한 도구를 통해 사회적인 것을 파악하고자 시도한 들끓는, 그렇지만 드러나지 않은 전통들이 있었다. 이 전통에 속하는 초기의 많은 저자들은 소설가, 정치적 저술가, 개혁가, 정치가, 사진작가, 언론인, 역사가, 성직자, 연구자 등이었다. 참으로 잡다한 선수단이었다. 예를 들어 그 역사에서 이제 여성주의자의 역사와 흑인 사회학자의 역사를 발굴했고 심지어 그들이 위대한 공헌을 했다고 쓰고 있다[듀보이스Du Bois에 관해서는 올던 모리스(Morris, 2015), 제인 애덤스Jane Addams에 관해서는 메리 디건(Deegan, 1990)의 저술을 볼 것]. 그러므로 여기서 사회학의 '간략한 역사'를 되풀이한다 하더라도, 이 학문 분과의 기원에 통일성이 있는 것은 아니라는 점을 기억하자. 뒤에서 보겠지만 아직도 통일성은 없다. 하지만 그것은 내 이야기보다 앞서가는 것이다.

20세기 초의 사회학: 전문화

20세기에 접어들면서 사회학은 급속하게 '확정'되었고 대학의 학문 분과로 '전문화'되었다. 앨비언 스몰Albion Small(1854~1926)은 1892년에 시카고 대학교에 사회학과를 창설했으며, 이 학과는 피티림 소로킨Pitirim Sorokin(1889~1968)이 1931년에 창설한 하버드 대학교 사회학과의 도전을 받은 1930년대 중반까지 미국 사회학을 주도했다. 뒤르켐은 1895년에 보르도 대학교에 유럽 최초의 사회학과를 창설하고, 사회학은 무엇이며 무엇을 해야 하는가를 진술하는 일종의 선언으로 『사회학적 방법의 규칙』을 출판했다. 영국에서는 사회학이 1907년 레너드 홉하우스Leonard T. Hobhouse(1864~1929)가 런던 정치경제대학교에서 최초의 사회학 교수가 되었을 때 대학의 학과로서 생명을 시작했다. 런던 정치경제대학교는 20세기 중반까지 사회학의 중심이었으며, 사실상 유일한 곳이었다(리버풀 대학교는 별도로 하고). 독일에서는 1918년 최초의 사회학 교수직이 생겼고 1923년에는 영향력 있는 사회조사

연구소Institute of Social Research가 프랑크푸르트 대학교에 설립되었다. 1919년에는 뭄바이에 인도 최초의 사회학과가 설치되었다. 그러나 세계 여러 나라에서 사회학은 20세기 대부분에 걸쳐 거의 발전하지 못했으며 사회학을 금지하는 나라들도 있었다.

서구 사회학의 기초적인 저작은 대부분 유럽에서 나왔지만 20세기 초에 새로운 '미국 사회학'이 미합중국에서 발전하기 시작했으며, 이제 (민주주의 정부와 경제적 기회에 의해 그 나라가 세계에서 예외적 지위를 갖는다고 믿는) 미합중국이 사회학에서 가장 중요한 역할을 맡게 되었다. 20세기 전반의 사회학은 미국 사회학에 속한다고 말하더라도 잘못된 것은 아닐 것이다. 사회학은 세계 전역의 사회들에 대한 지구적 인식에서 점점 단 하나의 사회, 즉 미합중국 사회의 작동에 초점을 맞추는 것으로 (슬프게도) 이동했다. 사회분석의 모델은 점점 더 북미적인 것이 되었다. 이것은 미국을 세계의 사회적 삶의 규범적 핵심으로 취급하는 북미적 사유에 기초를 두었다. 미국에서의 삶이 곧 사회적 삶이었다. 자본주의와 개인주의가 핵심 가정이 되었다.

이러한 사회학은 통상적으로 **시카고 사회학**Chicago sociology이 설립했다고 간주된다(이야기는 이것보다 훨씬 더 복잡하지만). 시카고 사회학은 도시와 도시문제에 대한 연구, 로버트 파크Robert E. Park와 어니스트 버지스Ernest W. Burgess가 쓴 『사회학이라는 과학 입문Introduction to the Science of Sociology』(1921) — 널리 보급된 이 책은 미국 사회학의 표준 교과서로 자리 잡게 되면서 '녹색성경The Green Bible'으로 불렸다 — 그리고 새롭고 저명한 대학원 체제를 특징으로 하면서, 사회학을 대중화했다는 평판을 얻었다. 시카고 사회학자들은 도시가 새로이 도래하는 세계의 핵심 특징이 되었다고 주장했다. 더욱더 많은 사람들이 도시에 살게 되면서 '도시성urbanism'이 '삶의 양식'이 되었다는 것이다. 이들에게 강한 영향을 미친 것은 독일의 게오르크 지멜이었다. 우리는 지멜을

앞에서 살펴보았는데, 그는 도시가 일차적 접촉보다는 이차적 접촉을 특징으로 한다고 제시했다. 물론 도시에서의 접촉은 면대면 접촉도 있기는 하지만, 이제 대부분 비인격적·표피적·일시적·단편적인 것이 되었다. 도시에서 사람들의 침묵, 무관심, 무감동한 표정은 그들에게 다른 사람들이 아무런 기대도 갖지 않도록 만든다. 또한 그것은 도시 거주자들이 일반적으로 보여주는 세련과 합리성으로 이어진다. 도시는 새로운 형식의 사회적 삶을 등장시킨다.

최초의 위대한 아프리카계 미국인 사회학자 W. E. B. 듀보이스W. E. B. Du Bois(1868~1963)도 이 시기에 등장했다. 1920년대 이래 그는 인종과 사회적 차이의 구조화에 대한 근대 자본주의의 영향을 입증했다. 그는 『흑인 민중의 영혼The Souls of Black Folk』(1903)에서 [타자(지배자인 백인)의 눈을 통해 자신을 바라보는 피지배자 흑인의] 이중 의식double consciousness에 대한 자신의 이론을 제시했다. 흑인은 언제나 자신의 이중성(미국인으로서, 흑인으로서)을 느낀다. 하나의 검은 몸에 있는 두 개의 영혼, 두 개의 사상, 두 개의 화해할 수 없는 열망, 두 개의 적대하는 이상, 그 몸의 완강한 힘만이 그것이 산산이 찢기는 것을 가로막는다. 여기, 늘 타자의 눈을 통해 자신의 자아를 바라보는 '검둥이the negro'의 의식이 있다. 듀보이스는 인종 관계의 진보 가능성을 믿었으며 필라델피아에서 도시 거주 흑인들의 삶에 관한 중요한 경험적 조사를 수행했다. 그 후 '인종 분리'를 매우 진지하게 다루는 미국 작업의 주요한 흐름이 있어왔다.

세계대전 시기의 사회학

이러한 '짧은' 20세기는 새로운 문제들에 부딪혔다. 두 차례의 세계대전 공포, 두 나라(러시아와 중국)의 주요한 세계적 혁명, 과거의 식민지 약탈에 대한 타협, 그리고 잔인한 초기 공업화가 유발한 피해와 곤궁화가 그것이었다. 인간의 고통과 죽음은 극심했다. 그러므로 상이한 일련의 사회적 조건에서 상이한 분석이 나오기 시작했다. 독일에서는 파시즘의 섬뜩한 등장이 있었으며, 그것이 강화되면서 (그들이 자리 잡았던 대학의 이름을 빌려) 프랑크푸르트학파로 알려진 일단의 사상가들이 그것을 관찰하고 비판이론critical theory을 발전시켰다. 테오도어 아도르노(1903~1969), 헤르베르트 마르쿠제Herbert Marcuse(1898~1979), 마리 야호다Marie Jahoda(1907~2001), 에리히 프롬Erich Fromm(1900~1980), 발터 베냐민Walter Benjamin(1892~1940), 막스 호르크하이머(1895~1973) 등은 사회 및 문화 비판가로서 주요한 유산을 남겼다.

그들의 핵심 관심사는 대중사회의 도래, 기술과 관료제의 확산, 그리고 아도르노가 '문화산업'이라고 부른 것(흔히 우리 삶을 규제하고 사소한 것으로 만든다)의 성장을 검토하면서, 문화의 작동에 대한 분석에 넓은 범위의 마르크스주의적(그리고 종종 프로이트적) 사상을 적용하는 것이었다. 지식사회학을 발전시킨 카를 만하임Karl Mannheim(1893~1947)과 '문명화 과정civilizing process'에 대한 이론을 제시한 노르베르트 엘리아스도 한때 프랑크푸르트에서 연구했다. 그러나 결국 나치의 등장으로 이들은 모두 그곳을 떠났으며, 대부분은 미국의 캘리포니아(아도르노와 마르쿠제)나 뉴욕(뉴스쿨), 또는 영국(엘리아스와 만하임)에 정착했다. 그들의 저작은 대부분 이해하기 어렵지만 문화에 대한 현대적 분석을 형성하는 데 중요했다(오늘날 아마도 이런 입장의 가장 중요한 발전은 위르겐 하버마스의 저작에서 찾을 수 있다). 이 시기에 사회학은 스탈린주의와 마오쩌둥주의 둘 아래에서는 어느 정도 사라졌다. 이 거대한 두 지역에서 사회학은 수용할 수 없는 학문 분과였다.

제2차 세계대전 이후의 사회학: 동의에서 다중 패러다임 학문으로

제2차 세계대전이 끝난 후 '전문사회학professional sociology'의 새로운 시대가 성숙해가는 듯 보였으며, 한동안 사회학자들 사이에 일종의 동의가 형성되는 듯했다. (정치사상의 고갈을 주장하는) '이데올로기의 종언the end of ideology'이라는 말도 등장했다. 그 동의는 특히 기능주의functionalism 이론가들(킹슬리 데이비스Kingsley Davis, 로버트 머튼Robert King Merton, 탤컷 파슨스 등)의 연구와 결합되어 있었다. 사실상 20세기 중반에는 탤컷 파슨스보다 더 유명한 사회학자는 없었다. 모든 사회학자들이 그러하듯 파슨스의 견해도 시간과 함께 변화했으며, 1951년에 그는 『사회체계The Social System』를 출판했다. 이것은 사회질서가 어떻게 작동하는지에 대한 거대한 전면적 설명을 발전시키려는 시도라는 점에서 선구적이었다. 그리고 여기서 그는 일련의 정교한 유형론과 사각형을 사용하여 사회가 기능하는 데 필수적인 요건들을 개괄했다. 파슨스에 따르면 모든 사회는 특정의 핵심 기능들을 수행해야 한다. 사회는 적응'A'dapt해야 하고, 목표'G'oals를 성취해야 하며, 통합'I'ntegrate해야 하고, 궁극적으로 그 자체를 유지해야 한다(파슨스는 이것을 잠재성'L'atency이라고 불렀다). 이 주장은 흔히 'AGIL'로 축약된다. 안정적인 사회적 삶을 유지할 수 있으려면 모든 사회가 충족해야 하는 특정의 사회적 필수물들에 대한 이러한 매우 추상적인 체계적 묘사는, 100개에 달하는 유형론과 표(생물학적 체계에서 세계체계까지, 사회체계와 그것의 상호 연관된 기능에 대한 지도)로 이어졌다. 그의 연구는 사회적 삶의 여러 영역에 적용할 수 있다. 학교는 어떻게 작동하는가, 병원은 어떻게 경영하는가, 감옥은 어떤 체계로 기능하는가? 그것들은 모두 특정 목표를 성취하고자 노력하고 그 성원들을 그것의 문화에 사회화시키며, 경로를 따라 적응하는 체계로 볼 수 있다. 사회라는 거대한 체계(거의 유토피아적인 질서)가 핵심 주제가 되었다.

그러나 오래가지는 못했다. 파슨스가 이러한 추상적인 사회 모델을 발전시키는 동안 비판자들도 등장했다. 1950년대 말에 사회학이 대학교와 전문 영역에서 점점 더 공식적으로 조직되자 사회학이 지향하는 방향에 관해 수많은 주요한 내적 비판들이 제기되었고, 이것은 분열과 논쟁으로 이어졌다. 미국의 마르크스주의자 라이트 밀스(1916~1962)가 1959년에 출판한 『사회학적 상상력The Sociological Imagination』은 일종의 기념비적 저서로 평가받았다(밀스는 젊은 나이에 사망했기 때문에 남긴 저서가 많지 않지만 '이단아maverick'라는 평판을 얻었다). 이 책은 파슨스와 그의 전문 용어에 대한 유쾌한 — 불공정할 수 있는 — 공격으로 시작한다. 그리고 당시의 사회학 상태에 대한 비판으로 명성을 얻었다. 밀스는 세 가지 주요한 오도적 경향(거대한 추상화grand abstraction, 경험적 사소함empirical triviality, 방법론적 번잡함methodological fussiness)이 당시의 사회학을 지배하고 있다고 분석했다. 밀스에 따르면 사회학은 그것의 비판적 길을 상실했다. 마찬가지로 제정 러시아 차르 체제의 투옥에서 탈출, 미국으로 이주하여 하버드 대학교에 사회학과를 창설한 피티림 소로킨은 사회학 작업이 이제 '다양하고 종종 조화하지 않는 이론들의 혼란 상태'가 되었으며 '변덕과 결점fads and foibles'(그의 저서 중 하나의 제목이다)을 향한 추세에 의해 부패했다고 지적했다. 사회학이라는 학문 분과의 상황이 그 후에도 계속 그러했던 점을 고려하면, 소로킨은 정확했던 것으로 보인다. 대체로 전문 사회학자들은 사회에 대한 이해와 실천 속에서 기저의 이론적 응집성과 질서 비슷한 것이 있는 것처럼 제시하려 했지만, 사회학은 파열되고 파편화된, 그리고 **다중 패러다임**multi-paradigm의 학문 분과(흔히 이것은 시대의 추세와 유행을 따르는 것의 젓값이다)였고 계속 그런 학문 분과로 성장하고 있다.

표 4-2 _ 콩트에서 부르디외까지: 1824년부터 1984년까지 서구 남성의 기념비적인 저서 20권

1. 1824 _ 오귀스트 콩트, 『실증정치학 체계System of Positive Politics』: 사회학이라는 용어 소개.

2. 1846 _ 카를 마르크스·프리드리히 엥겔스, 『독일 이데올로기The German Ideology』: 물질론적 역사이론 개관.

3. 1886 _ 찰스 부스Charles Booth, 『런던 사람의 삶과 노동Life and Labour of the People in London』: 대규모 조사를 사용하여 도시의 빈곤을 측정.

4. 1897 _ 에밀 뒤르켐, 『자살론Suicide』: 자살 통계를 통해 자살이 어떻게 사회에 따라 다른지를 보여준다.

5. 1889 _ W. E. B. 듀보이스, 『필라델피아 흑인The Philadelphia Negro』: 미국 흑인에 대한 최초의 주요 연구.

6. 1904 _ 막스 베버, 『프로테스탄티즘 윤리와 자본주의 정신The Protestant Ethic and the Spirit of Capitalism』: 관념은 역사의 모습을 형성하고, 여기서 종교는 자본주의의 형태에 영향을 미친다.

7. 1900 _ 게오르크 지멜, 『돈의 철학The Philosophy of Money』: 화폐 조직에서의 변화는 인간관계를 변화시킨다.

8. 1921 _ 로버트 파크·어니스트 버지스, 『사회학이라는 과학 입문Introduction to the Science of Sociology』: 시카고 대학교에 새로 설치된 사회학과에서 만든, 도시 갈등을 강조하는 최초의 주요한 교과서.

9. 1918~1920 _ 윌리엄 토머스William I. Thomas·플로리안 즈나니에츠키Florian W. Znaniecki, 『유럽과 미국의 폴란드 농민The Polish Peasant in Europe and America』: 이민자와 도시의 삶에 관한 혁신적 방법과 이론 및 자료로 매우 주목받은 5권의 책.

10. 1929 _ 로버트 린드Robert Lynd·헬렌 린드Helen Lynd, 『미들타운Middletown』: 계급체계를 통해 자세히 관찰한 미국 소도시(인디애나 주의 문시Muncie)의 공동체 삶.

11. 1934 _ 조지 허버트 미드, 『정신, 자아, 사회Mind, Self and Society』: 개인과 사회를 연결하는 철학적 기초.

12. 1944 _ 테오도어 아도르노·막스 호르크하이머, 『계몽의 변증법Dialectics of Enlightenment』: '인간은 왜 진정한 인간적 조건 속으로 들어가는 대신 새로운 종류의 야만에 빠져드는가'를 질문한다.

13. 1949 _ 로버트 머튼, 『사회이론과 사회구조Social Theory and Social Structure』: 20세기 중반의 기능주의에 관한 주요 진술.

14. 1950 _ 데이비드 리스먼David Riesman·네이선 글레이저Nathan Glazer·르엘 데니Reuel Denney, 『고독한 군중The Lonely Crowd』: 사회는 전통 지향에서 외부 지향으로 이동했다.

15. 1951 _ 탤컷 파슨스, 『사회체계The Social System』: 통합된 사회질서에 관한 이론적 논의.

16. 1959 _ C. 라이트 밀스, 『사회학적 상상력The Sociological Imagination』: 사회학에서 거대 이론과 과잉 방법론에 대한 좌파의 비판.

17. 1956/1959 _ 어빙 고프먼, 『자아 연출의 사회학The Presentation of Self in Everyday Life』: 연극의 비유에 기초한 사회적 삶에 관한 미시사회학적 논의.

18. 1970 _ 앨빈 굴드너Alvin Gouldner, 『현대 사회학의 위기: 서구 사회학의 다가오는 위기와 전망The Coming Crisis of Western Sociology』: 주류 사회학 이론에 대한 또 다른 실질적이고 좌파적인 기초의 비판.

19. 1975 _ 미셸 푸코, 『감시와 처벌Discipline and Punish』: 감옥과 범죄에 대한 유명한 담론.

20. 1984 _ 피에르 부르디외, 『구별짓기Distinction』: 사회계급에 대한 20세기 후반의 핵심 분석.

21. 1986/1992 _ 울리히 벡, 『위험사회Risk Society』: '근대성'과 그것의 위험에 대한 영향력 있는 해명.

주: 기념비는 과거와 단절하고 미래를 위한 새로운 작업을 시도했음을 알리는 표지와 같다. 이러한 기념비 목록에 넣을 수 있는 연구는 수천 개에 이르지만, 여기서는 소수의 '표본'만을 선택한다. 사망한 저자들의 저서만을 목록에 넣었고, 여성이 쓴 문헌은 〈표 4-3〉에 별도로 정리했다. 전문 사회학자라면 여기 열거한 저서들을 대부분 잘 알 것이다.

1968년, 그리고 그 비슷한 모든 것: 상징적인 해

이제 시대를 내려오자. 제2차 세계대전 이후 사회학은 많은 대학에 학과로 자리 잡으면서 추진력과 지위와 특정 종류의 유행을 발전시키며 영역을 크게 확대했다. 학문 분과는 점점 더 대중적으로 되었고, 1970년대 중반까지는 거의 유행과 첨단이었으며, 다루는 분야는 급속히 증가했다. 사회학의 확장은 서구 현대사회에서 분수령을 표시하는 상징적 해인 1968년의 급진적인 지구적 학생 정치와 자주 연결된다.

- 세계 전역에서 고등교육의 대규모 확대
- 대학살과 제2차 세계대전 직후 태어난 베이비붐 세대의 시대 도래. 각 세대들과 마찬가지로 이 세대도 그 이전 세대와 달랐으나, 스스로를 '청년 문화'라고 일컬은 최초의 세대였다.
- '새로운 사회질서'가 도래하고 있다는 '분위기'가 퍼져 있었고 아주 강력한 희망과 낙관주의가 유행했다. 세계는 그렇게 변화하게 되어 있다고 생각했다.
- 그러므로 이것과 함께 '충동적 자아Impulsive self' 및 '자아 중심 시대Me decade'라는 개인주의, 새로운 시장의 소비주의, 그리고 비형식주의informalism

의 새로운 시대(탈근대postmodern)가 형성되고 있었다.

- 1948년 국제연합의 인권선언 이후, 민권운동과 여성운동에서의 인권 발전
- 전쟁과 국제분쟁(대표적으로 베트남 전쟁)의 지속
- 영적인 '물병자리 시대The Age of Aquarius'(점성술에서 자유, 평화, 우애의 시대로 예언한 새로운 시대)의 여명과 반문화 계기의 성장
- 마르크스주의 세계의 동시적인 재탄생과 점진적 사멸
- 주로 대중매체를 통한 지구적 자각의 확산. 토드 기틀린Todd Gitlin의 책 제목처럼 더욱더 '전체 세계가 감시하고 있다the whole world was watching'. 그리고 상징들은 지구적인 것이 되어버렸다.

이것들은 매우 거대한 주제이다. '1968'은 하나의 연도가 아니라 중요한 사회변동이 자리 잡은 전체적인 시대(대체로 1950년대 후반부터 1980년대 초반까지)를 상징한다. 그리고 사회학의 중요한 발전은 이 시대와 결합되어 있다. 이제 사회학은 인기 있는 학문 분과가 되었고, 많은 조롱의 표적(!)이 되었다. 이 시기는 전문사회학의 급속한 발전과 대학 강의실에서 사회학의 광범한 통합의 도래를 특징으로 한다. 20세기 중반 영국의 주요 사회학자 중 하나인 앨버트 할시Albert Henry Halsey(1923~2014)는 영국 사회학의 발전을 자세하게(매우 전통적이라고 할 수 있게) 설명하면서, 1940년대에는 학부생이 200명 미만이었던 반면 2000년 무렵에는 '영국 대학에서 2만 4000명의 학생을 2000명의 사회학자가 가르치고 있을 만큼 많다'는 것에 놀라움을 표시했다(Halsey, 2004: 3). 영국에서는 1960년대 중반에 사회학이 학교의 교육과정에 도입되었고, 서구 세계 전체에서 사회학은 대학들에서 성장하며 평판 좋은 학문 분야가 되었다.

이 시기에 번성하기 시작한 사회학은 사회학의 전통적인 정전이나 정통들에 대해 훨씬 더 비판적인 것이 되었다. 그리고 실제로 뒤르켐이나 베버의 저작보다 마르크스의 저작의 영향을 훨씬 더 많이 받게 되었다. 비판적인 사회학자 중 하나인 앨빈 굴드너(1920~1980)는 『현대 사회학의 위기: 서구 사회학의 다가오는 위기와 전망』(1970)를 저술했으며, 새로운 시대가 닥쳐오는 듯 보였다. 굴드너는 사회학이 훨씬 더 성찰적인 것이 되어야 한다고 주장했다. 즉, 사회학은 사회학이 사회를 보는 것과 동일한 방식으로 자신도 보아야 한다는 것이었다. 사회학은 늘 그것이 위치한 시대라는 맥락과 결합되어 있으며, 그 맥락을 사회학적 사유에 완전히 통합해야 한다는 것이다. 이것은 다른 모든 것들을 구조 짓는 것만큼이나 사회학을 구조 짓는 자본주의에 대한 진지한 분석을 의미했다.

사회학적 사유의 기초를 확대한다: 학문의 경계 무너뜨리기

1968년 이후 사회학적 사유의 뚜렷한 특징 중 하나는 그 지적 기초를 점점 더 확장하면서 그것의 전통적인 가정들에 의문을 제기하는 것이었다. 일부 사회학자들은 그러한 발전에 관해 모르는 척했고, 일부 학자들은 그 경향을 신랄하게 비판하고 비난했다. 그러나 그 발전을 환영하든 환영하지 않든 사회적인 것에 대한 연구는 확장되었다. 사회적인 것에 대한 연구는 더 이상 사회학자들의 전유물이 아니었다. 이제 사회학에 접근하는 다른 여러 경로가 등장했으며, 사회학의 주류 외부에 있는 학자들은 사회적인 것을 살펴보는 데에서 전문 사회학자들의 지배력에 도전해왔다. 이러한 새로운 탐구들 가운데에는 문화연구, 여성주의 및 젠더 연구, 매체와 의사소통 연구, 탈식민주의 연구, 다문화주의, 인종과 반인종주의 연구, 동성애 연구, 지구적 연구, 디지털 연구, 인권 연구 등이 있다. 또한 그 시기에는 상당히 많은 사회적 도전들이 있었다. 여러 관련 학문 분과들과 사회적인 것에 대한 연구를 연결하는 교량도 만들어졌다. 지리학은 '공간 연구'가 되었고, 역사학은 구술사와 아울러 새로운 문화사 및 사회사를 다루고 있으며, 인류학자는 '문화인류학'을 발전시키고 있다. 대형 서점에 가보면 이런 변화를 금방 느낄 수 있다. 사회학 서적들을 꼽아놓았던 오래된 서가는 상당히 줄어든 반면 이 새로운 연구들은 별도의 독립된 서가를 차지하고 있다. 그리고 흔히 사회학의 서가를 압도하거나 심지어 대체한다. 전문 사회학자들은 사회적인 것이라는 영역에 대한 그것의 전통적 주장을 유지하고자 해왔지만, 실제로 그것은 이제 상당히 다양해지고 있다. 학자들은 이제 아주 여러 학문분야에서 사회적인 것을 연구하고 있다. 사회학은 흩어져왔으며 이제는 훨씬 덜 '순수'해지고 있다.

탈근대주의, 다문화주의, 그리고 푸코로 들어가다

이러한 다양화를 촉진한 것은 여러 가지이다. 3장에서 살펴본 것처럼 탈근대주의는 1980년대 중반쯤 사회학에서 소란스러운 단어가 되었는데, 그 까닭은 하나의 거대한 진리에 대한 추구가 끝난 세계로의 변형을 주장했기 때문이다. 마찬가지로 다문화주의도 1980년대에 등장했으며(이것은 여러 곳에서 확산했지만 미국에서 특히 뚜렷하게 등장했다), 단일 목소리 문화라는 관념, 즉 문화가 하나의 목소리만으로 말한다는 생각을 비판했다. 1968년의 격렬한 나날들에 있었던 흑인의 역사와 여성의 역사에 대한 발견을 근거로, 학계에 백인 중간계급 남성에게 유리한 막대한 편견이 있다는 것이 금방 분명해졌다. 많은 사람들의 목소리가 묵살되어온 것이었다. 대학을 비롯해 학교를 운영하고 가르치는 사람들을 살펴보는 것만으로도 그 점은 간단히 알 수 있다. 여성, 그리고 세계에 대한 여성의 견해는 찾아보기 어렵다. 흑인의 목소리는 아주 드물다. 비서구인의 목소리는 존재하지 않으며, 성소수자의 목소리는 침묵당하고 있다. 이런 상황에서 벗어나는 한 가지 경로는 더 많은 여성과 더 많은 인종집단을 대학에서 가르치도록 직접 충원하는 것이었다. 그러나 연구의 내용과 대학 학문 분과들 또한 변화했으며, 무엇을 가르쳐야 하는가를 두고 교정에서 훨씬 더 많은 갈등(이른바 '문화전쟁culture wars')이 이어졌다. 강의 내용과 무엇이 지식을 구성하는가에 대한 도전은 계속되었다. 그리고 그것은 사회학에도 영향을 미쳤다. 사회학적 사유에 주요한 영향을 미치기 시작한, 그러나 사회학자는 아닌 새로운 필자들이 등장했다. 2장에서 살펴본 미셸 푸코는 모든 인문학과 사회과학에 상당한 영향을 미쳤으며, 철학자 주디스 버틀러Judith Butler(1956~)의 견해는 거의 종교적 숭배cult-like의 지위를 얻었다.

속박 풀린 여성주의

이러한 확장의 훌륭하고 뚜렷한 사례는 학계에 여성주의가 도착한 것이다. 1970년대에 사회학은 압도적으로 남성에 의한, 남성에 관한, 그리고 남성을 위한 것이라고 가차 없이 비판받았다. 초기 사회학의 많은 숨은 의제들은 '남성중심주의적masculinist'이었다. 여성 사회학자가 거의 없었을(그리고 있던 여성 사회학자들은 '여성의 역사herstory 밖으로 감춰졌을') 뿐 아니라 주제들(그리고 많은 가정들) 자체가 암묵적으로 대부분 남성man에 관한 것이었다. 남성과 산업, 남성과 계급, 남성과 교육, 남성과 권력이 그것의 주제였다. 이제 여성이 등장할 시간이었다. 그리고 우리는 지난 50여 년에 걸친 이러

표 4-3 _ 사회학의 관심 확대: 여성주의의 영향

여성주의가 확장한 사회학의 범위	저자와 저서의 사례
가사·가내노동	앤 오클리Ann Oakley, 『가사노동의 사회학Sociology of Housework』(1974)
감정노동	앨리 혹실드Arlie Hochschild, 『감정노동The Managed Heart: Commercialization of Human Feeling』(1983)
돌봄	셀마 세븐하위선Selma Sevenhuijsen, 『시민권과 돌봄 윤리Citizenship and the Ethics of Care』(1998)
섹슈얼리티	게일 루빈Gayle Rubin, 『성을 생각한다Thinking Sex』(1984)
성폭력	리즈 켈리Liz Kelly, 『성폭력에서 살아남기Surviving Sexual Violence』(1988)
어머니 노릇	낸시 초도로Nancy Chodorow, 『어머니 노릇의 재생산The Reproduction of Mothering』(1979)
젊은 여성과 소녀	앤젤라 맥로비Angela McRobbie, 『여성주의와 청년 문화Feminism and Youth Culture』(2000)
젠더	주디스 버틀러, 『젠더 트러블Gender Trouble』(1990)
여성과 범죄	캐럴 스마트Carol Smart, 『여성, 범죄, 그리고 범죄학Women, Crime and Criminology』(1976)
남성성의 재검토	래윈 코넬Raewyn Connell, 『남성성/들Masculinities』(2판, 2005)
국가와 여성	실비아 월비, 『가부장제를 이론화한다Theorizing Patriarchy』(1990)
여성애의 삶	알린 스타인Arlene Stein, 『성과 감수성: 여성애 세대의 이야기Sex and Sensibility: Stories of a Lesbian Generation』(1997)
인종에 대한 재검토	퍼트리샤 콜린스Patricia Hill Collins, 『흑인 여성주의 사상Black Feminist Thought』(1990)
소속	니라 유발-데이비스Nira Yuval-Davis, 『소속의 정치학The Politics of Belonging』(2011)
여성주의 방법	리즈 스탠리Liz Stanley·수 와이스Sue Wise, 『탈주Breaking Out』(2판, 1993)
식민주의	찬드라 모한티Chandra Mohanty, 『경계 없는 여성주의Feminism Without Borders』(2003)
여성주의 인식론	샌드라 하딩Sandra Harding, 『여성주의에서 과학 문제The Science Question in Feminism』(1968)

한 변화를 볼 수 있다. 이제 많은 옛날 주제들을 새로운 시선으로 접근하게 되었다. 종교(왜 신과 성직자는 압도적으로 남성인가)나 범죄학(왜 범죄자들은 남성이 많은가)이 그러하다. 방법론과 이론은 객관성에 대한 그것들의 남성적 시선 때문에 조사를 받았다. 그리고 왜 여성을 무시했는가를 알아보기 위

해 과거 이론에 대한 주요한 재검토가 있었다. 그것은 역사에 기록되지 않은 많은 여성 사회학자들의 발견으로 이어졌다. 해리엇 마티노Harriet Martineau(1802~1876), 제인 애덤스Jane Addams(1860~1935), 샬럿 길먼Charlotte Perkins Gilman(1860~1935), 마리안 베버Marianne Weber(1870~1954), 애너 쿠퍼Anna Julia Cooper(1858~1964), 비어트리스 웨브Beatrice Potter Webb(1858~1943) 등이 그 사례이다. 이 사람들의 이야기는 느리게 복원되고 있다. 그렇지만 무엇보다도 여성주의는 여러 가지 새로운 관심사를 사회학의 의제로 설정했다. 〈표 4-3〉이 보여주듯이 돌봄, 감정, 가정폭력, 분만과 출산, 가사·가내노동 등이 그것이다. 여성주의자들이 그것들을 조명하기 전까지는 그것들은 사회학의 의제에서 '사라졌었다'.

문화연구의 등장

20세기의 마지막 몇십 년 동안 사회과학에서 '문화적 전환'이 있었다는 것에는 논란이 있을 수 없다. 유럽에서는 그것이 안토니오 그람시Antonio Gramsci(1891~1937), 미셸 푸코, 피에르 부르디외, 위르겐 하버마스 등의 영감을 받았다. 우리는 이들 모두를 간략히 살펴볼 것이다. 영국에서는 리처드 호가트Richard Hogart(1918~2014), 레이먼드 윌리엄스와 관련 있는 문학사회주의에서 그러한 관심이 성장했으며, 마르크스주의자인 스튜어트 홀Stuart Hall(1932~2014)의 연구 및 1970년대에 문화, 정체성, 계급, 탈식민주의, 미디어, 인종, 젠더에 대한 연구로 유명한 버밍엄 문화연구소Birmingham Centre of Cultural Studies: BCCS로 이어졌다. 미국에서는 제프리 알렉산더(1947~), 스티븐 사이드먼Steven Seidman, 앤 스와이들러Ann Swidler 등의 저작에서 문화(그것의 상징, 언어, 시민사회)에 대한 주류 사회학에 더 가까운 접근이 발전하기 시작했다. 그들의 견해는 모두 상이하지만, 문화의 작동 속에서 발견하는 갈등과 변동에 대한 이해는 사회적인 것의 연구에서 점점 더 중심적인 관심사가 되었다.

탈식민주의 전망의 도래

탈식민주의 이론은 또 다른 사례이다. 탈식민주의는 한때 타국에 의해, 특히 18~19세기 영국, 프랑스, 스페인이 침략하거나 영향을 미친 것에 의해 식민화되었던 나라들을 살펴본다. 식민화 과정에서 토착민들은 그들을 식민화하는 (제국주의적) 사상의 지배에 예속됨으로써 그들 자신은 누구이며 그들 자신의 역사는 무엇인가에 대한 스스로의 감각을 상실했다. 에드워드 사이드Edward Said의 저서 『오리엔탈리즘Orientialism』(1978)에 의해 크게 영향을 받은 **탈식민주의**post-colonialism는 식민화된(예속된, 정복당한) 사람들의 지식이 식민자들에 의해 어떻게 형성되는지를 보여준다. 과거에는 아주 자주 사회학자들의 접근이 식민자의 입장을 정당화했으며, 심지어 지배자의 가정을 은폐했다. 이제, 여러 전통에서 등장한 탈식민주의는 묵살당한 타자들('종속 주체subaltern')의 목소리를 조명한다. 대부분의 사회학은 타자의 목소리를 억압한 이러한 초기의 과학과 공모했다고 비판받는다. 계몽주의 사상 자체가 식민자들의 중심적인 도구라고 할 수 있을 터인데, 그 사상은 합리성과 진보가 서구의 과학관에서 그러했던 것처럼 미래의 사상에서도 핵심이라고 주장했다. 그러므로 여기서 사회학 자체는 과학적 진보의 도구가 아니라 식민지 억압의 공모적 도구가 된다. 이것을 진지하게 취급하는 것은 사실상 다른 문화에서 제시하는 타자의 목소리를 훨씬 더 주의 깊게 듣는다는 것을 의미한다.

사회학에서 내밀함의 공표: 성소수자에게 좀 더 다가가다

사회학의 200년 역사 대부분에서 사회학은 섹슈얼리티sexuality의 복합성에 관심을 갖지 않았고, 동성애와 이성애 사이의 징벌적 대립을 당연하게 받아들였다. 여기서는 동성애를 통탄할 병적·모독적 범죄로 상정했다. 1870년대에 고안된 용어인 동성애homosexual는 사회학 자체 안에서조차 우리가 1장에서 논의한 낙인찍힌 외부자stigmatized outsider의 고전적 사례였다. 그러나 1968년 이후 사회학의 새로운 물결과 함께 도래한 남성애자 해방전선Gay Liberation Front과 퀴어 운동Queer Movement은 결국 이것을 변화시키기 시작했다. 여성, 흑인, 탈식민주의 집단 등과 마찬가지로 남성애자들과 여성애자들도 세계의 여러 나라에서 목소리를 내기 시작했다. 또한 이것은 대다수 사회학 저술의 노골적인 동성애 혐오homophobia와 이성애 규범성heteronormativity에 도전했다. 1980년대 후반 이후 퀴어 이론queer theory이 강단에 도착해 남성과 여성의 범주와 양성 구분 틀의 안정성에 의문을 제기했다. 국제적으로 이루어지는 비판적 섹슈얼리티 연구는 점점 더 유력해지고 있으며, 이제는 주요한 관심 영역의 하나가 되고 있다.

사회학적 상상력과 사회학의 미래

사회학은 파편화된 학문 분과이다(그리고 언제나 그런 학문 분과였다). 그렇지 않을 수는 없을 것이다. 자세히 살펴보면 여러분은 수백 가지의 상이한 이론, 방법, 관심 분야를 찾을 수 있을 것이다. 교과서는 이것들을 몇몇 학파의 사상으로 단순화하고자 하지만, 요점은 사회학이 매우 번잡한 학문 분과라는 것이다. 적어도 우리는 사회학이 다중 패러다임적multi-paradigmatic이라고 말할 수 있다. 여성주의부터 문화연구를 거쳐 디지털 분석에 이르기까지 최근의 여러 가지 발전은 사회학을 더욱 파편적인 것으로 만들었다. 더욱더 전문화하고 파편화하고 새로운 학문 분과로 나아가는 것이 사회학의 미래인가? 틀림없이 그럴 것이다.

여기서 주의할 것이 있다. 이 장에서는 주류 서구 사회학의 역사를 간략히 소개했다. 사회학은 계몽주의와 근대 공업적·자본주의적 세계 — 그것은 백인, 기독교(때로는 유대교) 남성이 모든 지배적 지위를 차지한 세계이다 — 에 의해 형성되어왔다. 그것은 서구 세계를 기준으로 삼고 서구(부유하며 대체로 식민지를 지배해왔다)와 결합된 제한된 숫자의 사회에만 압도적으로 초점을 맞추었다. 그 밖의 대부분 나라에 대한 연구는 인류학이나 '발전 연구'라고 부르는 전문 영역에 맡겨두었다. 솔직하게 말하면, 세계에 대한 주류 서구 사회학의 설명은 세계의 3/4 이상(중국, 이슬람 나라들, 아프리카, 아시아와 라틴아메리카의 대부분)을 대부분 배제한 채 진행해왔다. 20세기의 대부분 기간 동안 서구 사회학의 오만함은 상당히 놀라운 것이다. 오늘날에는 약간의 변화가 눈에 들어온다. 여러분은 서구에서 벗어나 더 지구적인 세계를 살펴보고자 하는 사회학자들을 종종 볼 수 있을 것이다. 사회학은 여러 비서구 나라들에서도 성장하기 시작했으며, 때로는 서구의 편향에 그다지 의지하지 않은 채 그 자체의 경로를 찾아내고 있다. 물론 서구에서 배울 수 있는 교훈들도 있지만, 지금 필요한 것은 각각의 나라들이 자기 땅에서 키운home-grown 사회학들 — 예를 들면 중국의 사회학, 인도네시아의 사회학, 한국의 사회학 — 그리고 21세기 지구사회학을 향해 스스로 외부를 지향하는 사회학들이다.

그렇지만 사회학이 모든 다중의 목소리와 다양성을 특징으로 한다고 하더라도, 궁극적으로 사회학은 사회적인 것의 중요성에 대한 공통의 비판적 자각에 의해 통합된다. 사회학은 상상력이고, 사유방식이며, 비판적 의식이다. 그리고 그 자체로 그것은 언제나 지구적으로 필요한 것이다. 이 책의 나머지 부분에서 보여주려는 것은, 갖가지 변형, 이견, 문화적 격차가 있다고 하더라도 사회학을 실행한다는 것은 언제나 사회적인 것에 대한 이러한 공통의 비판적 의식을 발전시키는 것을 의미한다는 것이다. 다음 세 개의 장에서는 이러한 사회학적 상상력을 발전시키면서 무엇을 추구해야 하는가를 여러분에게 말하고자 한다. 관심 영역, 이론적 경향, 방법론적 숙련 등은 새로 나타나기도 하고 사라지기도 할 것이다. 경향과 유행은 언제나 있을 것이다. 그러나 사회학의 본질적 지혜는 늘 필요할 것이다.

▌생각하기 __ 계몽주의 사유의 수수께끼

사회학은 200년 이상의 역사를 갖고 있으면서도 끊임없이 변화하는 학문 분과이다. 21세기 사회학의 모습을 형성할 수 있는 현재의 경향들 가운데 몇 가지를 살펴보자.

1. 지구화: 사회학은 점점 더 '서구의 헤게모니'에서 벗어날 것이다. 그리고 국가적·지역적 관점(한 지역만을 연구한다), 비교 연구의 관점(상이한 나라들과 국가들을 비교한다) 그리고 지구적 관점(세계의 상호 연관을 탐구한다)의 세 가지 관점을 인정할 것이다.
2. 디지털: 사회학은 점점 더 디지털적인 것이 될 것이다. 몇 가지 주요한 경향은 6장에서 논의할 것이며, 관련된 문제는 3장에서 제기했다. 미래의 사회학도들은 평범한 일상의 디지털주의가 제기하는 여러 문제를 넘어서는 비판적 디지털주의를 발전시켜야 한다.
3. 다학문성: 사회학도들은 점점 더 강단의 작업 및 사유의 복잡성을 인식하고 대응해야 할 것이다. 근래 사회학의 한 가지 걱정스러운 추세는 그것이 초점과 관심을 계속 축소하고 있다는 점이다. 사회학에 대한 관심이 약화하는 상황에서는 이런 추세가 계속할 것이다. 미래의 학도들은 비판적·사회학적 분석이 광범한 연구 영역들을 다뤄왔다는 것을 잊지 않고, 지금 유행하는 것보다 훨씬 더 광범한 지적 관심과 사유를 다뤄야 한다.

4. 가치에 대한 인식: 사회학은 점점 더 자신의 가치 기반에 대해 인식하게 될 것이다. 사회학은 객관성 및 가치중립성을 계속 추구하겠지만 가치에 관해 일정한 입장을 취할 필요가 있으며, 사회학의 편향에 대해 더 자각해야 한다. 미래의 학도들은 더욱더 자기반성적이고 성찰적이어야 할 것이며, 사회적 삶에서 그리고 자신의 삶에서 가치의 역할을 이해하고 모두에게 '더 나은' 세계를 만드는 데 더 공공적으로 기여하는 사회학을 만들어야 할 것이다.
5. 대학을 넘어섬: 사회학은 점점 더 최근의 대학들이 보여주는 '경영, 돈, 계량' 모델의 지배를 받고 있다. 이런 추세가 지속되고 대학이 단지 허무한 작업만을 수행할 수 있는 곳이 된다면, 미래의 사회학도들은 대학을 넘어서 더 넓은 공동체와 세계에서 더 창조적으로 자신들의 작업을 수행할 수 있는 곳을 찾을 것이다.

요약

사회적인 것에 관한 사유는 아주 먼 옛날부터 존재했지만, 근대 서구 사회학은 계몽주의와 산업화에서 태어났으며, 약 200년 동안 '전문적 형태' 속에 있어왔다. 이 장은 사회학의 간략한 역사를 제공한다. 하지만 사회와 마찬가지로 사회학도 끊임없는 변화 속에 있다. 다문화주의, 여성주의, 퀴어 이론 등이 그렇게 하듯, 디지털주의와 비판적 경향 같은 근래의 사회적 흐름도 사회학이라는 학문 분과를 변화시키고 있다. 세계의 최근 발전은 (과거에 유럽과 미국이 지배해온) 대부분의 '서구' 사회학에 점점 더 강하게 도전한다. 우리는 세계 모든 나라와 지역에 적절하게 초점을 맞출 때 이러한 역사를 개정할 수 있을 것이며, 또한 가까운 미래에 그렇게 할 수 있을 것으로 기대한다.

표 4-4 _ 2016년 미국 사회학회의 주제 분과

1. 고령화와 삶의 과정	19. 정서	37. 조직, 직업, 그리고 일
2. 알콜, 마약, 담배	20. 환경과 기술	38. 평화, 전쟁, 그리고 사회 갈등
3. 이타주의, 도덕, 사회적 연대	21. 민족지와 대화 분석	39. 세계체제의 정치경제학
4. 동물과 사회	22. 진화, 생물학, 그리고 사회	40. 정치사회학
5. 아시아와 아시안 아메리카	23. 가족	41. 인구
6. 어린이와 젊은이	24. 사회학의 역사	42. 인종, 젠더, 계급
7. 몸과 신체화	25. 지구적·초국적 사회학	43. 인종적·종족적 소수자
8. 집합행위와 사회운동	26. 인권	44. 합리성과 사회
9. 의사소통, 정보기술, 미디어 사회학	27. 국제 이민	45. 종교
10. 공동체와 도시사회학	28. 불평등, 빈곤, 사회 이동	46. 과학, 지식, 기술
11. 비교 역사 사회학	29. 노동과 노동운동	47. 성과 젠더
12. 범죄, 법, 일탈	30. 라티나/노 사회학	48. 섹슈얼리티
13. 소비자와 소비	31. 법	49. 사회심리학
14. 문화	32. 마르크스주의 사회학	50. 사회학의 실천과 공공사회학
15. 경제사회학	33. 수리사회학	51. 가르치기와 배우기
16. 발전	34. 의료사회학	52. 이론
17. 장애와 사회	35. 정신건강	
18. 교육	36. 방법론	

주: 이 목록은 (적어도 미국에서) 사회학의 주요 전문 영역 및 오늘날 사회학의 관심 분야를 알아볼 수 있는 단서를 제공한다. 이 분과들은 상당수의 회원들로 구성되며, 각자 자체의 모임과 소식지를 가지고 있다. 그렇지만 이 목록이 사회학의 관심 영역을 모두 포괄하는 것은 아니다. 또한 이 목록에 우선순위가 있지는 않다.

더 탐구하기

더 생각하기

1. 사회학의 역사 위에 여러분 자신의 '연대표'를 만들어보자(여러분을 돕는 프로그램이 있으므로 여러분은 온라인으로 그것을 만들 수 있다). 주요 이론가, 나라, 사상 그리고 역사적 국면에 대해 생각해보자.

2. '주축의 시대Axial Age'와 '계몽주의'의 의미를 알아보자. 주요 사상가들의 견해에 대해 논의하고 이것이 초기의 사회학일 것인가 생각해보자.
3. 지금 세계에는 약 220개 나라가 있다. 여러분이 관심 있는 2~3개 나라를 골라 그 나라 사회학의 역사는 이 책에서 제시한 것과 어떻게 다를지를 생각해보자. 사회학이 존재하지 않는 나라도 있을 것이며, 어떤 나라에서는 사회학이 최신 학문일 것이다. 또 어떤 나라에서는 특징적으로 상이한 경로로 발전했을 것이다. 예컨대 일본 사회학, 인도네시아 사회학, 포르투갈 사회학, 중국 사회학의 역사를 생각해보자. 그것들은 어떠할 것인가? [래윈 코넬Raewyn Connell의 『남반구의 이론: 사회과학에서 지식의 지구적 동역학Southern Theory: The Global Dynamics of Knowledge in Social Science』(2007)이 자극을 줄 것이다. 인터넷 탐색이 필요할 것이다.]

읽을거리

지성사에 대한 폭넓은 안내는 카를 야스퍼스Karl Jaspers의 『철학 입문Way to Wisdom』(1951), 랜달 콜린스Randall Collins의 『철학들의 사회학: 지구적인 지성 변동의 이론The Sociology of Philosophies: A Global Theory of Intellectual Change』(1998), 유발 하라리Yuval Harari의 『사피엔스Sapiens』(2015)를 살펴보기 바란다. 계몽주의 전통에 관해서는 앤서니 파그던Anthony Pagden의 『계몽주의, 그것은 왜 여전히 문제인가The Enlightenment Why It Still Matters』(2013)를, 사회학 이론의 역사에 관해서는 앨런 스윈지우드Alan Swingewood의 『사회학 사상의 간략한 역사A Short History of Sociological Thought』(3판, 2000)를 읽어보기 바란다. 앨버트 할시Albert Halsey의 『영국 사회학의 역사A History of Sociology in Britain』(2004)는 영국 사회학 전체를 훌륭하게 설명하고 있다. 제니퍼 플랫Jennifer Platt의 『영국 사회학회의 역사A History of the British Sociological Association』(2003)는 중심적인 조직의 역사를 서술한다. 존 홀름우드John Holmwood와 존 스콧John Scott이 엮은 『폴그레이브 영국 사회학 편람The Palgrave Handbook of Sociology in Britain』(2014)

은 현재 영국 사회학의 상황에 대한 논평을 싣고 있다. 그리고 켄 플러머Ken Plummer의 『상상력: 에식스 사회학의 50년Imaginations: Fifty Years of Essex Sociology』(2014)은 에식스 대학교 사회학과의 역사를 살펴본다. 미국 사회학에 관해서는 근래 주요한 논평서가 나왔다. 크레이그 캘훈Craig Calhoun이 엮은 『미국에서의 사회학Sociology in America』(2007)이 그것이다. 사회학 초기 여성의 역사에 관해서는 퍼트리샤 렝거만Patricia Madoo Lengermann과 질 니에브루게-브란틀리Jill Niebrugge-Brantley의 『여성 창시자들The Women Founders』(1998)을 읽어보기 바란다. 또한 로즈마리 통Rosemarie Tong의 『페미니즘 사상Feminist Thought』(4판, 2015)도 살펴보기 바란다. 섹슈얼리티에 관해서는 제프리 윅스Jeffrey Weeks의 『섹슈얼리티Sexuality』(3판, 2009)와 켄 플러머의 「비판적 인간주의와 퀴어 이론Critical Humanism and Queer Theory」(2011), 「비판적 섹슈얼리티 연구Critical Sexualities Studies」(2012)를 참고하기 바란다. 인종과 인종주의에 관해서는 레스 백Les Back과 존 솔로모스John Solomos가 엮은 『인종과 인종주의 이론들: 읽기Theories of Race and Racism: A Reader』(2007)가 있다.

서구 사회학의 편향적인 발전과 새로운 방향에 관한 비판적 논평으로는 래윈 코넬의 『남반구의 이론: 사회과학에서 지식의 지구적 동역학』(2007)과 퍼트리샤 콜린스Patricia Hill Collins의 『흑인 여성주의 사상Black Feminst Thought』(1990)과 구르민더 밤브라Gurminder K. Bhambra의 『근대성을 다시 생각한다: 탈식민주의와 사회학적 상상력Rethinking Modernity: Postcolonialism and the Sociological Imagination』(2007) 이 있다.

Sociology

5

질문: 사회학적 상상력을 키운다

사회학적 상상력은 우리에게 생애사와 일대기, 그리고 사회 속에서 둘 사이의 관계를 파악할 수 있게 한다. 그것이 사회학적 상상력의 과제이며 약속이다.

C. 라이트 밀스C. Wright Mills, 『사회학적 상상력The Sociological Imagination』, 1959

이제 우리는 성배the Holy Grail,• 즉 사회학적 상상력에 도달하고 있다. 막대하게 복잡하고 늘 변동하며 정치적 의미를 포함하는 이러한 인간의 사회적 삶의 흐름 또는 적어도 그것의 일부를 생각하고 이해하는 방법을 우리는 어떻게 발전시킬 것인가? 어떤 '정신의 틀frames of mind'을 발전시켜야 하며 어떤 비판적 질문들을 제기해야 하는가? 라이트 밀스의 영향력 있는 저서 『사회학적 상상력』은 여러 세대의 사회학자들에게 영감을 고취했다. 나는 그의 생각을 이 장의 틀로 사용하면서 그것을 확장해 12가지 비판적 도전을 제기할 것이다(239~242쪽을 볼 것).

• 쉽게 얻을 수는 없지만 꼭 찾아야만 하는 것. — 옮긴이

이 논의는 사회학을 어떻게 공부하고 가르칠 것인가의 핵심적 특징에 대한 관심, 즉 일반적으로 방법론methodology, 이론theory 그리고 경험주의empiricism 문제에 대한 관심으로 이어진다. 방법론자들은 사회조사의 도구와 통계 기법을 더욱더 세련되게 만드는 데 그들의 지적 열정을 쏟는다. '훌륭한 측정과 세련된 조사 설계', 필요한 것은 바로 그것이라고 그들은 강조한다. 이론가들은 흔히 인간의 사상과 정연한 사유를 멋지게 뒤얽는데, 즉 우리의 사유를 가능한 한 정밀하고 논리적이고 명확하게 만드는 데 전념하며, 사회사상의 일반적이고 추상적인 원칙을 확립하기 위해 노력한다. 그리고 경험주의자들은 대체로 사회적 삶의 미세한 것들을 조사연구하는 데 사로잡혀 있으며, 그들이 할 수 있는 한 아주 자세하게 서술하고자 한다. '이야기의 진실은 미세한 것에 숨어 있다The truth of the story lies in the detail'고 그들은 믿고 있다. 사실에 더 편안함을 느끼는 사람과 추상화에 더 행복해하는 사람 사이의 이런 구분은 참으로 오래된 이야기이다. 대학에서 사회학을 공부한다고 하면, 거의 당연하게 '방법론'(흔히 경험주의자들이 담당하는) 분야에서 한두 과목, '사회학 이론'(통상적으로 남성 이론가들이 담당하는) 분야에서 두세 과목의 강의를 듣는다는 것을 의미할 것이다. 방법론자들은 이상적인 세계에서 조사연구를 어떻게 수행할 것인가를 여러분에게 이야기할 것이고, 이론가들은 더 일반적인 법칙을 어떻게 찾아내고 사회적인 것을 어떻게 이해할 것인가를 이야기할 것이며, 경험주의자들은 여러분에게 '사실들'을 제시할 것이다.

사회학적 질문들에 관하여 지도 그리기

다음 두 장에서는 이러한 접근의 기초를 살펴보고자 한다. 그렇지만 여기서 나는 방법론과 추상적 이론화에 대한 맹목적 숭배에 반대하는 주장을 하고자 한다. 물론 '방법'과 '이론'은 물리학부터 음악에 이르기까지 그 어느 학문 분야에서나 진지한 연구의 수행과 관련해 늘 중요한 쟁점일 것이다. 그러나 그것들의 중요성은 흔히 과장되어왔다. 이론과 방법은 단지 어떤 목표에 도달하려는 우리의 도구이자 수단일 뿐이다. 사회학이 직면하는 도전은 우리가 살고 있는 **경험적** 사회 세계를 더 심층적으로 이해하는 것이며, 그러므로 우리는 그것을 가장 잘 성취할 수 있는, 그리고 그 세계에 대한 접근을 유지할 수 있는 경로 — 그것이 어떤 경로이거나 — 를 택해야 한다. 이 장에서는 사회적인 것에 관해 사유하는 방식을 계발하기 위한 몇 가지 안내 지침을 제시한다. 그런 다음 조사연구를 수행하는 데, 그리고 여러분이 읽는 조사연구의 적합성에 관해 판단하는 데 필요한 몇 가지 기본적인 숙련들을 발전시켜야 한다고 주장한다. 언제나 그렇듯 이것들은 단지 출발점, 즉 기초일 뿐이다. 아래의 글상자는 이것을 요약한 것이다.

▌생각하기 _ 사회학적 상상력을 형성하기 위한 질문들

사회학은 획득한 형태의 의식, 즉 비판적 상상력이다. 간단히 말해 다음은 그러한 상상력 함양에 적합한 좋은 습관을 형성하는 데 도움이 되는 12가지 중요한 조언이다.

1. 기저의 구조와 사회적 유형을 찾을 것
2. 사회적 행위와 의미를 이해할 것
3. 미시/행위와 거시/구조를 연결할 것
4. 지속하는 문화와 공감할 것
5. 물질적 세계를 심문할 것
6. 시대와 역사에 대한 인식을 발전시킬 것
7. 움직임을 유지할 것: 우연성, 변동, 흐름을 살펴볼 것
8. 사회적 삶을 장소와 공간 속에 위치하게 할 것
9. 생애사와 연결할 것

10. 권력을 진지하게 다룰 것
11. 복합성, 다중성, 모순을 생각할 것
12. 불평등의 기반을 분석할 것
(12번째 쟁점은 이 장에서 논의하지 않지만, 7장에서는 전적으로 이 쟁점만을 다룬다.)

1 구조를 찾는다: 사회적 삶의 기저의 유형은 무엇인가?

사회학적 정신의 뿌리 깊은 첫 번째 습관은 계속해서 사회적 유형을 찾는 것이다. 사회적 삶은 수많은 임의와 우연의 요인들을 포함한다. 그러나 우리가 아주 열심히 살펴본다면 우리는 통상적으로 그것들 대부분의 밑바탕에 어떤 질서가 있다는 것을 감지할 수 있다. 사회학자들은 그것을 포착하기 위해 사회구조social structure, 제도institution, 사회적 형식social form, 습관habit, 아비투스habitus 등의 용어를 사용한다. 잠시 그것들을 사회적 삶의 유형이라고 간단히 이해하자.

하루와 습관

가장 손쉬운 출발점은 여러분 자신의 전형적인 하루에 관해 생각하는 것이다. 일반적으로 하루의 일상이 완전히 무질서한 혼란인 경우는 — 때로는 그렇게 보인다고 하더라도 — 없다. 하루하루를 매우 빈틈없이 엄격하게 살아가는 사람들도 있다. 〈스트레인저 댄 픽션Stranger than Fiction〉(2006)이라는 영화에서 주인공 크릭(세무서의 지루한 조사관)은 시계의 지배를 받는 사람으로 묘사된다(그리고 그는 자기 삶의 서사를 듣는 사람이다). 그는 아침에 칫솔질

하는 숫자를 세고(38번!), 매일 아침 정해진 시간에 버스를 타러 집을 나선다. 출근하기 위해서는 버스를 타야 하는데 그는 결코 버스를 놓치는 일이 없다. 직장에서는 모든 일이 시간으로 정해져 있다. 그는 의례·시간·서사의 지배를 받는 사람이다. 마찬가지로 〈사랑의 블랙홀Groundhog Day〉(1993)이라는 영화는 매일 정확히 똑같은 시간에 일어나서 똑같은 일을 하는 사람을 보여준다. 영화 소개에 쓰여 있듯 그는 '그의 생애에서 최악의 날을 되풀이하고 있었다'. 주인공인 기상예보관 코너스는 매일 일어나면서 그날이 다시 2월 2일이라는 것을 발견한다. 그는 매일 아침 오전 6시에 똑같은 노래, 즉 자명종 시계 라디오에서 나오는 소니와 셰어Sonny and Cher의 〈나의 귀여운 당신I got you baby〉에 맞춰 일어나면서 하루를 시작한다. '어제'에 대한 그의 기억은 변함이 없다. 그는 똑같은 작은 도시에서 똑같은 방식으로 똑같은 하루를 반복하는, 겉보기에 끝없는 '시간 맴돌이' 속에 사로잡혀 있는 것으로 보인다.

이제 여러분 자신의 하루, 여러분 자신의 환경을 살펴보고, 그것 자체의 유형이나 구조를 도표로 만들자. 여러분이 매일 저녁 술자리를 갖고, 아주 늦게 일어나고 대부분의 날들을 그저 빈둥거리고 우물거리며 보낸다고 하더라도 여러분은 아마도 어떤 유형을 따르고 있을 것이다. 대다수 서구 사람들은 대부분 판에 박힌 동일한 일상을 되풀이한다. 침대에서 일어나 비틀거리며 화장실로 들어가고, 일종의 아침을 먹고 일종의 일이나 하루의 '행사 일정'(친구 만나기, 일하러 가기, 아이들 데려다주기, 음식 만들기)에 착수한다. 19세기 후반의 실용주의 사회철학자 윌리엄 제임스는 이것을 '습관의 속도조절바퀴flywheel of habit'라고 불렀다. 그는 우리 대부분이 습관과 판에 박힌 일상 속에서 살고 있으며 바로 이것이 사회적 삶을 작동하게 만든다고 지적했다.

거리와 사회질서

이제 여러분 자신의 삶에서 조금 벗어나자. 그렇지만 많이 벗어나는 것은 아니다. 여러분의 이웃을 둘러보자. 사회학자는 오랫동안 도시와 거리를 어슬렁거리면서 그의 눈앞에 나타나는 삶의 유형을 살펴봐 왔다. 그리고 분명해지는 것은 우리가 움직이고 있는 공간이 삶의 일정한 방식을 발전시킨다는 점이다.

엘리야 앤더슨Elijah Anderson은 아프리카계 미국인으로 사회학 교수이며, 『거리의 규칙Code of the Street』(1999)이라는 책을 썼다. 그의 연구는 필라델피아 저먼타운 대로Germantown Avenue(세계의 여러 도시 중심부에서 볼 수 있는 것과 똑같이, 방대한 사회적·경제적 어려움을 보여주는 도시의 주요한 간선도로)의 다문화 이웃들이 보여주는 의례, 가치, 그리고 사회적 예의를 살펴본다. 첫 장에서 앤더슨은 그 대로를 따라 함께 산책하자고 독자를 초대한다. 그것은 긴 대로이며, 그가 그 대로를 걸어가는 동안 거리는 가장 부유한 사람들의 호화로운 모습과 문화에서 가장 가난한 사람들의 빈곤한 그것으로 변모한다. 그가 걸어가는 동안 거리의 사회적 유형들(어떤 집단이 어디로 가는가, 그들의 변화하는 가치, 그들의 거리 암호)이 변화한다. 그는 '점잖은' 가족들과 우악스러운 '거리의' 가족들, 도시의 멋진 지역들과 도시 부패가 만들어낸 지역들 사이의 차이를 살펴본다. 앤더슨의 연구는 지난 150년 동안의 도시 모습과 구조를 오랫동안 지도로 그려온 도시사회학 전통의 일부이다. 어떻든, 이미 여러분은 이것을 직관적으로 알고 있을 것이다. 도시의 어떤 지역은 출입 금지 구역이다. 다른 곳은 지독하게 부유하다. 거리는 여러분이 거기서 무엇을 기대할 수 있는가에 대해 여러분에게 말한다. 여러분이 런던의 상업 지역인 메이페어Mayfair 주변을 어슬렁거릴 때 만나는 사람들과 아프리카·카리브계인들의 거주 지역인 브릭스턴Brixton 근처를 어슬렁거릴 때 만나는 사람들은 전혀 다를 것이다. 사회학자는 오랫동안 여러 도시들의 지도를 그려왔다. 도시 연구의 선구자인 찰스 부스Charles Booth(1840~1916)는 런던의 빈곤을 지도로 그렸으며, 시카고 대학교 사회학자들은 1920~1930년대에 '구역zone'에 대한 분석으로 유명해졌다. 그리고 오늘날에는 우편번호 및 우편물 구역과 결합된 삶의 양식들을 지도화하는 데 몰두하는 전체적인 연구도 있다.

감옥으로서의 세계

여기까지 왔다면, 우리는 이제 사회질서에 대해 훨씬 더 멀리까지 나아가는 지도를 그릴 수 있다. 우리는 모든 사회를 특정의 '문제들' — 가족, 학교, 직장, 교회, 정부, 증권거래소, 감옥에서 — 을 둘러싸고 지속적으로 만들어지고 다시 만들어지는 사회질서와 유형의 흐름으로 볼 수 있다. 여기서의 유형은 무엇인가?

예를 들어 가족을 생각해보자. 모든 사회는 어린이 양육, 성의 규제, 그리고 정체성과 세대의 조직화 등의 편제를 돕는 구조를 가지고 있다. 그러나 잘 기록되어 있는 것처럼, 가족 조직은 시간과 장소에 따라 상당히 다양하다. 예를 들어 결혼만 하더라도 계약, 강제, 힘, 선택 등 여러 요인에 의해 이루어진다. 사람들은 이성 및 동성 배우자와 결혼한다. 배우자는 여럿(복혼)일 수도 있고 하나(단혼)일 수도 있다. 동일한 범주 안에서 결혼할(족내혼) 수도 있고 그것의 외부에서 결혼할(족외혼) 수도 있다. 대가족도 있고 소가족도 있으며, 자녀를 부모가 양육하기도 하고, 여러 종류의 타인들의 도움으로 양육하기도 한다. 그리고 가족의 범위가 넓을(확대 가족) 수도 있고 그렇지 않을 수도 있다. 그렇다고 하더라도 이러한 모든 다양성 안에 언제나 어떤 유형과 구조가 있을 것이다.

그리고 사회의 유형과 구조는 다시 이것보다 더 나아간다. 세계의 전역에서 모든 사회들은 일정한 판별 가능한 유형들을 발전시킨다. 프랑스 사회는 태국 사회도 아니고 오스트리아 사회도 아니다. 사회구조는 삶에서의 핵심적인 문제들을 중심으로 모여든 인간의 예측 가능한 행위들의 유형이며 그것은 모든 사회들에서 다양하다.

2 사회적 행위와 의미를 탐구한다: 사람들은 다른 사람들을 향한 행위를 어떻게 이해하는가?

사회학의 첫째 임무는 사회구조의 이러한 광범한 유형을 그려내는 것이며, 궁극적으로 그것들이 어떻게 작동하는가를 이해하고자 시도하는 것이다. 그러나 계속 이러한 질문에 머문다면 그다지 멀리 나아가지 못할 것이다. 사람들은 사회라는 감옥이 자신들을 구속하고 있고 일정한 유형으로 형성한다고 생각하는 방식에 곧 반대할 것이기 때문이다. 사람들은 이것보다 훨씬 더 능동적active이다. 인간은 사회적 행위 및 타인들과의 상호행위에 지속적으로 참여하면서 자신과 타인의 삶을 변화시키고 그들이 자신의 주변에서 발견하는 것에 도전한다. 인간의 삶은 결코 수동적인 것이 아니며, 언제나 영구한 움직임 속에 있다. 그리고 인간은 대체로 이러한 구조 때문에 행위할 수 있다.

이러한 의미에서 우리가 생각해볼 사회학의 기본 단위는 인간의 사회적 행위social action와 상호행위interaction이다. 사람들은 세계 속에서 다른 사람들을 향해 행위하고, 다른 사람들과 함께 사회 세계를 창출한다. 사람들은 지금 존재하고 있는 사회질서, 사회구조, 감옥이나 기타 유형의 단순한 수동적 수용자가 아니다. 사람들이 다른 사람들과 조우하는 동안, 그들의 행위는 세계를 계속 변화시키고 사회적 삶을 영구한 움직임 속에서 유지한다. 우리는 늘 우리의 세계를 만들고 있는 역사적 행위자이다. 우리는 결코 고독한 개인이 아니며, 늘 우리가 누구인가에 대한 감각을 위해 다른 사람들에게 의존한다. 사회학자들은 인간의 사회적 행위social action, 자아self, 주체성subjectivity, 아비투스habitus를 탐구하기 위해 열심히 작업한다.

사회적 행위

사회적 행위에 대한 가장 유명한 설명은 1세기 전에 막스 베버가 제공했다. 간단히 말하면, 그는 사회적 행위에 대해, 사람의 삶이 다른 사람들에 대해 갖는 의미를 고려할 때의 행위를 가리킨다고 주장했다. 그것은 종종 '상호주관성inter-subjectivity'이라 부르는 것 — 사람들은 그들이 상호 행위하는 다른 사람들의 정신 속에 들어가는 것을 통해 사회적 삶을 이해한다 — 에 연결된다. 또한 찰스 쿨리가 '우리는 다른 사람들의 정신 속에 살고 있다'고 주장했을 때 본 것도 바로 이것이다.

그러므로 사회학자의 한 가지 임무는 상이한 종류의 사회적 행위들 — 각각 그 자체의 실재성과 속성을 가진 — 을 탐구하는 것이다. 그러한 사회적 행위의 목록을 간략하게 제시하면 다음과 같을 것이다(이 목록이 모두를 망라한 것은 아니다).

- 합리적 행위: 우리의 행위가 목표와 수단에 의해 이루어질 때(예: 과학

이 그러하며, 특히 경제학자들은 우리 자신의 이해관심을 극대화하는 경로를 따르는 것이 합리적이라고 말한다)

- 가치적 행위: 우리의 행위가 (흔히 개인적인) 가치에 의해 이루어질 때 (예: 우리가 도덕적·윤리적 입장을 택할 때)
- 실용적 행위: 우리의 행위가 일상의 문제들을 해결하는 것에 의해 안내될 때
- 도구적 행위: 우리의 행위가 그 자신의 목표 추구에 의해 이루어질 때 (예: 우리는 교사를 지식이나 학습에 대한 접근을 얻기 위한 수단으로 이용한다)
- 감정적 행위: 우리의 행위가 감정에 의해 이루어질 때(예: 우리가 장례식장에서 울 때)
- 전통적 행위: 우리의 행위가 습관에 의해 이루어질 때(예: 양치질, 자동차 운전)
- 체현된 행위: 우리의 행위가 우리 신체의 기능, 움직임, 그리고 기획에 밀접하게 연결될 때(예: 씻는 활동, 성행위, 우리 자신을 치장하는 옷. 2장의 56~57쪽 참조)
- 혁신적 행위: 우리의 행위가 창조성에 의해 안내될 때(예: 미술, 음악, 글쓰기)
- 기술적·디지털적 행위: 우리의 행위가 여러 종류의 기계와 결합되어 있을 때(예: 컴퓨터 사용, 스마트폰 사용)

물론 이 목록은 단지 출발점일 뿐이며, 그 영역들은 흔히 중첩된다. 여러분은 이러한 행위들의 순수한 범위를 기록하려고 할 수도 있다. 그것들은 감정, 신체, 창의성, 가치, 실용성을 포함한다. 대부분의 사회과학은 합리적 행위에 초점을 맞추는 경향이 있다. 그러나 흔히 사회적 삶의 대부분은 결

코 합리적 행위에 의해 이루어지지 않는다. 오늘날 우리는 내가 디지털 행위라고 부른 것을 점점 더 많이 수행하고 있다(예컨대 스마트폰을 사용한다). 그 행위들은 상이한 종류의 관계와 의미를 초래하는 상이한 종류의 단면들이다. 사회학자들은 과학에서, 체육관에서, 학교에서, 거리 행동에서, 사랑과 갈등에서 수행하는 이러한 행위를 연구해야 한다. 그러나 사회학은 심리학이 아니라는 점을 기억하자. 심리학자는 개인의 동기를 연구할 것이다. 사회학자들은 사회적 행위의 창조를, 그리고 사람들이 자신의 삶을 어떻게 다른 사람들에게 지향하는가를 살펴본다. 여러분은 여러분이 오후 또는 저녁에 만나는 '사회적 행위'의 일부를 검토할 수 있다. 사람들은 어떻게 자신을 다른 사람들을 향하게 만드는가, 그리고 의미는 어떻게 생겨나는가? 여러분은 사회적 행위에서 결코 혼자가 아니라는 점을 기억하자.

실천과 아비투스

이러한 행위들을 더 살펴보면 우리는 그것들이 스스로 유형에 따라 군집을 이루는 것으로 볼 수도 있다. 여기서 일부 사회학자는 실천의 논리에 대해 말한다(여기서 피에르 부르디외는 핵심 인물이다. 255쪽, 258~260쪽 참조). 다시 말하지만 이것은 사회 세계 안에서의 신체와 **실천**practice의 중요성을 강조한다. 이 견해는 사람들이 단순히 합리적이고 일관성 있는 방식으로 행위한다는 터무니없이 순진한 견해에 대립한다. 여러분이 늘 합리적으로 행위하는가를 여러분 자신에게 질문해보라. 그보다도 사회적 행위는 으레 실천적이다. 그것은 암묵적이고 습관적이며 실천적인 행위 논리에 따라 작동한다. 사회학자는 여기서 자주, 우리가 짊어지고 다니는 습관의 체계 — 사회적 삶을 통해 획득한 — 를 나타내기 위해 **아비투스**를 말한다. 우리는 무엇을 수행하거나 그것에 대한 의례, 감각, '게임을 위한 직감'을 발전시킨다. 이 개념은 우리를 단순한 개인의 습관이라는 개념 너머로, 그리고 우리가 늘 우리의 사회적 습관 속에서 거주한다는 더 넓은 감각으로 데려간다. 사회학의 한 가지 주요한 임무는 이러한 일상의 논리, 사회적 행위의 공통 감각 형식의 작동을 이해하는 것이다. 왜냐하면 이것은 참으로 우리가 늘 함께 가지고 살아가는 것이기 때문이다. 어떤 의미에서 그것은 세계를 움직이게 만드는 것이다. 그것은 주체성이나 개인성 같은 다른 관념과 연결된다. 대부분의 사회학 연구는 사람들이 그들의 활동 속에서 형성하는 의미에 초점을 맞춘다. 우리는 다음 장에서 이것을 어떻게 수행하는가를 잠깐 살펴볼 것이다.

3 행위와 구조를 연결한다: 우리는 미시와 거시, 개인과 사회를 어떻게 연결하는가?

앞에서 이야기한 것처럼, 사회학자는 사회적 삶을 심층적으로 조직하는 '사회구조'와 거대한 유형을 살펴보는 동시에 그 구조에 도전하고 그 구조를 변동시키는 '사회적 행위', 즉 타인들(또는 타인들의 행위)을 지향하는 능동적 인간의 행위를 탐구한다. 사회학자의 관심은 이중적이다. 사회가 어떻게 움직이는가에 대한 집합적이고 다양하고 폭넓은 관심과 동시에 개인들이 살고 있는 구체적인 삶에 대한 관심이 있다. 이것은 모든 사회학적 사유에서 반복해 나타나는 중요한 한 가지 질문, 즉 (행위 주체를) 제약하는 구조와 (행위 주체의) 창조적인 행위 모두를 어떻게 동시에 다룰 것인가의 문제로 이어진다. 이것은 행위·구조 사이의 긴장(때로는 미시·거시의 쟁점)이며, 사회학에 영속하는 긴장도 바로 이것이다.

개인주의와 사회적인 것

이 문제는 사회학에서 여러 방식으로 나타나며, 결코 사라지지 않는다. 사회는 개인성을 촉진하고 독특한 인간성을 배양하면서 또한 어떻게 응집과 집합성을 발전시킬 수 있는가? 사회 속의 개인들, 그리고 개인들로 이루어지는 사회는 어떻게 존재할 수 있는가? 우리는 제약을 받으면서 어떻게 자유를 가질 수 있는가? 개인적인 것은 어떻게 사회적인 것 속에, 그리고 사회적인 것은 어떻게 개인적인 것 속에 거주할 수 있는가? 우리는 공동체와 유대 — 그것들 자체를 넘어 전체주의와 독재에 도달하지 않는 — 를 어떻게 가질 수 있는가? 우리는 어떻게 자신을 넘어 이기적이고 자아도취적인 이기주의자에 도달하지 않고 창조적이고 보살피는 개인을 가질 수 있는가? 간단히 말해, 우리는 어떻게 삶과 사회에서 개인성과 사회성 사이의 균형을 발전시키고 유지할 수 있는가? 개인에 지나치게 초점을 맞추는 것은 개인주의와 환원주의라는 비난으로 이어지고 구조에 지나치게 초점을 맞추는 것은 결정론, 전체론, 그리고 추상화라는 비난으로 이어질 것이다.

결국 이 문제를 다루지 않는 사회학자(또는 그 어떤 학문 분과에서나 사실상 사회적인 것에 관심을 갖지 않는 사상가)를 찾아내기는 어려울 것이다. 이 문제에 관한 토론은 여러 형태를 취하며 여러 방식으로 부분적으로 해결될 수도 있지만, 그것은 큰 사회적 질문이다. '개인'이 승리한다면 우리는 대체로 이기주의와 이기심으로 이루어진 무정부주의가 사회를 분쇄하고 점령한다고 느낄 것이다. '사회적인 것'이 승리한다면 우리는 우리가 집합적인 것의 테러에 의해 쫓길 때 느끼는 것과 같은 개인성의 고통스러운 상실을 대체로 느낄 것이다. 이 쟁점을 다룬 사상가들의 출석부는 막대하다. 플라톤, 아리스토텔레스, 홉스, 루소, 몽테스키외, 스미스, 칸트, 괴테, 토크빌, 마르크스, 뒤르켐, 베버, 지멜, 듀이, 미드 등에서부터 데이비드 리스먼의 『고독한 군중』(1950), 로버트 벨라 등의 『미국인의 사고와 관습』(1985), 로버트 퍼트넘의 『나 홀로 볼링』(2000), 앤서니 엘리엇과 찰스 레머트의 『새로운 개인주의The New Individualism』(2009) 등과 같은 주요한 현대 사회학의 작업에 이르기까지 실로 엄청나게 많다. 이 동아리에 가입한 것을 환영한다.

▌생각하기 _ 행위-구조 수수께끼를 푸는 여섯 가지 길

행위-구조 논쟁은 복잡하며, 이것을 다루는 중요하고 밀도 높은 이론적 연구들이 많이 생산되었다. 여기에 사회학자들이 이 수수께끼를 풀고자 하는 몇 가지 방식이 있다. 그것들을 살펴보자.

1. 전기적인 생애사biographical life history: 인간의 생애사 연구를 시작하고 사회구조가 사람들의 삶을 제약하는 방식을 그려낸다(시카고의 한 카페테리아에 대한 4년간의 현지 연구를 기초로 흑인 기술자 슬림을 중심으로 한 동료들의 삶을 보여주는 시카고 대학교 사회학과 학생 미첼 더네이어Mitchell Duneier의 『슬림의 식탁Slim's Table』을 볼 것).
2. 구조적 분석structural analysis: 구조라는 외부적인 사회적 사실에서 시작하지만, 그다음 실재하는 사람들과 그들의 삶이 어떻게 형성되는지에 대한 작업으로 내려간다(래윈 코넬의 『남성성』을 볼 것).
3. 문화적 형상화cultural configuration: 문화적 의미와 개인적 의미를 동시에 살펴보고, 그것들 사이에서 움직인다(노르베르트 엘리아스의 『문명화 과정』을 볼 것).
4. **구조화** 이론structuration theory: 움직임 속의 구조의 이중성을 본다. 사회구조는 사회적 행위를 가능하게 만들고 동시에 사회적 행위는 바로 그러한 구조들을 창출한다(앤서니 기든스의 『사회의 구성The Constitution of Society』을 볼 것).
5. 위치와 관계position and relation: 아비투스 속의 관계와 실천을 연구한다(피에르 부르디외의 저작과 함께, 베벌리 스케그스Beverley Skeggs의 『계급과 젠더의 형성Formations of Class and Gender』을 볼 것).
6. 민족지ethnography: 연구 대상에 다가가 실제 상황에서 작동하는 행위와 구조 둘 모두를 본다(폴 윌리스Paul Willis의 『학교와 계급재생산Learning to Labour』을 볼 것).

4 생생한 문화와 공감한다: 우리는 의미 있는 상징 세계를 어떻게 파악할 수 있는가?

이 책에서 우리는 인간의 사회적 삶이 예외 없이 의미와 결합되어 있다는 것을 거듭해서 보았다. 아즈텍이나 로마 또는 계몽주의 사회 어디를 보거나, 세계의 가장 큰 도시들에서나 페루 야산의 가장 작은 부족들에서나, 인간은 태어나서 죽을 때까지 그들을 둘러싼 세계를 이해하려는 지속적인 탐색에 관여한다. 이런 의미 있는 세계를 파악하는 데 중요한 것은 **문화**culture라는 관념이다(2장 참조). 문화는 독특하게 인간의 것이다. 다른 모든 형태의 삶(개미에서 얼룩말까지)은 상당히 일률적이고 종특수적인species-specific 방식으로 행위한다. 대부분의 동물들과 인간을 진정으로 구별 짓는 것은 문화이다. 우리는 의미를 만드는 동물이다. 그리고 의미는 결과를 갖는다. 사람들이 그들의 삶에 어떻게 의미를 부여하는가 하는 것은 그들에게 핵심적인 실재가 된다.

문화는 '삶의 양식ways of life'과 '삶을 위한 설계designs for living'로, '중요한 의미의 그물webs of significant meanings'을 조립하는 '도구 상자'로, '일상적 삶의 파편, 조각, 넝마scraps, patches and rags of daily life'로 볼 수 있다. 문화는 우리가 우리 삶의 일상적 문제를 해결하고자 시도하는 흐름 속에 일상적으로 존속하는, 그리고 해결에 도움을 주는 일련의 창조적 도구와 반응으로 볼 수 있다. 문화의 핵심에는 모든 사람들의 삶의 양식을 형성하는 언어, 상징, 서사, 이야기, 의례, 가치, 역할, 정체성, 신화, 믿음, 실천, 물질적 객체들이 자리하고 있다. 문화는 우리가 사람들의 삶의 양식을 이해할 수 있게 하는 처방이다. 문화는 결코 엄격하거나 고정되거나 동의된 것이 아니며, 문화를 통일체, 전체 또는 어떤 방식으로든 고정된 것으로 생각하는 것은 위험하다. 문화는 결코 고정되어 있지 않다. 문화는 늘 살아 있고 변동한다. 광범한 실천적 행위의 흐름 속에서 그 성원들에 의해 경쟁되고 논쟁되고 수정되고 지지되고 기각된다. 그것은 늘 지저분하고 다층적이며 복수의 모자이크이다. 그리고 과거와 연결하고 미래로 안내한다.

문화는 지속적으로 모순적이고 긴장으로 가득 찬 무수한 사회 세계들을 시사한다. 우리가 여러 문화를 살펴보면서, 그것들의 막대한 차이를 발견한다고 하더라도 결코 놀랄 일이 아니다. 그러나 이 점은 우리가 특정 문화 내부를 살펴볼 때에도 마찬가지이다. 문화는 동의와 획일성을 보여주지 않는다. 그것의 성질 때문에 그것은 그럴 수 없다. 그러므로 문화를 조화롭고 질서 정연하며 동의적인 전체로 이야기하는 것은 완전히 터무니없는 것이다. '이슬람 문화', '노동계급 문화', '여성 문화', '영국 문화' 또는 심지어 '동성애자 문화'에 대해 짧게 말하는 것은 사실은 거짓을 구성하는 것이다. 즉각 사회학자들은 인간의 사회 세계가 대규모의 모호성, 모순, 긴장으로 가득 차 있다는 것, 합의에 동의한 세계가 결코 아니라는 것을 인식할 수 있다. 언제나 모든 사람들에 의해 존속하는 사회적 삶은 이러한 긴장들 속에서 성장한다. 이것을 파악하는 것이 매우 중요하다. 왜냐하면 문화에 관해, 그것을 평탄화하고 균질화하며, 단일논리적이고 단일체적이며 단일도덕적인, 과도하게 안정된 형태로 취급하는 견해는 사회학적 사유에 매우 위험하다. 그런 견해는 대부분 일상적 사유의 고정관념을 조장한다.

인간 문화의 가장 놀라운 특징 중 하나는 상이한 장소와 상이한 시대에 사는 사람들이 믿게 되는 것이 매우 다르다는 점이다. 2장에서 우리가 살펴본 종교가 좋은 사례이다. 그런데 사람들이 무엇을 믿게 되는가, 그리고 그들이 사회적 삶을 어떻게 이해하는가에 관해 가치판단을 하는 것은 사회학자들의 과제가 아니다. 사회학자들의 관심은 그러한 믿음이 어떻게 생겨나는가(역사적 문제), 사람들이 그것들을 어떻게 학습하고 자신의 삶 속으로 조직화하는가(사회화 문제), 그리고 그것들이 삶에서 어떤 역할과 임무를 수행하는가(기능적 문제)에 있다.

이런 문화는 어디에나 있다. 사회학자들은 주류의 지배적 문화를 포착하고자 시도하는 것과 마찬가지로 수많은 상이한 문화를 연구하는 데에도 많은 주의를 기울였다. 기본적으로 사회학자들은 이러한 세계에 들어가서 그 속의 언어, 이야기, 의례, 정체성 등을 이해하고자 시도한다. 이러한 임무를 흔히 **민족지**ethnography(삶의 양식을 문자적으로 서술하기)라고 부른다. 여러분이 친숙한 삶의 양식을 생각해보자. 다음은 사회학자들이 연구한 몇 가지 사례들이다.

> 점성술 문화, 사이버 문화, 모든 종류의 마약 문화(아편 문화, 헤로인 문화, LSD 문화 등), 인종 문화(흑인, 아시안, 이슬람 등), 환경운동 집단 문화, 여성주의 집단 문화, 비행접시 숭배, 남성애 · 여성애 · 동성애 문화, 총기 소유권 문화, 여가 문화, 음악 문화(록 그룹, 재즈 밴드, 교향악, 오페라 등), 정치 문화(우파, 좌파, 중도), 인종 우월주의 문화(나치, KKK, 스킨헤드, 블랙팬더, 영국 국민전선 등), 모든 종류의 종교적 · 영성적 문화, 학교 문화, 스포츠 문화(권투, 축구, 달리기, 수영 등), 청년 문화(불량 청소년, 모드족과 록커들, 펑크족, 고트족, 헤비메탈, 레이브 등)

목록은 얼마든지 확장할 수 있다. 그리고 바로 이것이 많은 사회학자들이 하는 일이다. 그들은 작은 사회 세계들과 그것들의 삶의 양식을 연구한다. 그들은 이해Verstehen의 방법을 사용한다. 그들은 사람들에게 다가가고, 그들의 세계 속에서 살며 무엇이 진행되는지 이해한다. 그러므로 문화적인

표 5-1 _ 문화 분석을 수행한다

생각하는 대상	문제	연관 학문 분야
언어	이 문화에서 그러한 단어, 은어, 용어의 특별한 의미는 무엇인가?	언어학
기호와 상징	핵심적인 상징을 검토하고 기호의 연쇄와 기호화 과정을 살펴본다.	기호학
이야기와 서사	사람들이 말하는 이야기(서사, 신화, 설명 등)를 듣는다.	서사이론
이해와 역할 수행	사람들이 다른 사람들을 보게 되는 방식을 이해한다. 타자의 눈으로 세계를 본다.	베버는 '이해'라는 용어를 사용했다. 미드는 '역할 수행'이라는 관념을 발전시켰다.
감정과 공감	다른 사람들이 느끼고 있는 것을 파악한다.	감정의 사회학(쿨리, 혹실드)
정체성과 역할	사람들이 그들 자신을 어떻게 보는가?('나는 누구인가?') 그리고 그들은 어떤 역할을 수행하는가?	연극지(고프먼 참조), 역할 수행 이론, 근대적 정체성 이론
신체	사람들이 자신의 신체를 사용하는 핵심 기획은 무엇인가?	정신/신체 이원론 논쟁, 새로운 '신체 이론'
가치	삶을 안내하는 가치를 알아낸다.	태도와 가치 연구

것을 분석하는 시도는 언어, 상징, 이야기, 역할 수행, 느낌, 신체, 정체성, 가치에 관해 생각할 것을 요구한다. 모든 사회학은 사람들이 구성하는 의미에 대한 이해를 핵심 과제로 삼고 있다. 이상적으로 말한다면 언제나 사회학자는 삶의 모든 것에 스며 있는 이러한 논쟁되는 의미들 — 기호, 몸짓, 언어, 서사, 그리고 사람들이 그들 자신의 삶에 부여하는 이야기 속에 담겨 있는 — 을 이해하고자 노력한다. 〈표 5-1〉을 보자.

5 물질적 세계를 질문한다: 우리는 우리의 신체, 경제, 그리고 환경에 의해 어떻게 구성되는가?

사회학은 인간의 사회 세계가 문화적이고 상징적이라는 사실에 강렬한 흥미를 갖는다. 하지만 이것으로 충분한 것은 결코 아니다. 우리가 살고 있는 세계는 부인할 수 없게 물질적이며, 가차 없는 — 빅토리아 시대의 시인 앨프레드 테니슨Alfred Tennyson이 표현하듯 '인정사정없는red in tooth and claw' — 물리적 실재를 갖고 있다. 여러분 자신의 삶과 사회 세계에 대해 생각해보라. 여러분은 여러분 자신이 일정한 욕구(음식, 물, 거주지, 안전, 건강 등과 같은)를 충족해야 하는, 물리적으로 생물학적인 한계가 있는 동물이라는 것을 알고 있다. 여러분은 광대한 물리적 힘 — 진화, 환경, 그리고 경제(여러분의 '땅', 밀도 높은 인구, 여러분의 '재산'과 '기술', 여러분을 둘러싼 디지털 세계 그리고 궁극적으로 법과 정부의 권력을 포함하는) — 에 의해 이루어진 우주 속의 지구에 살고 있다. 또한 여러분은 계발하고자 하거나 계발하지 않고자 하는 심층적인 인간적 능력들도 가지고 있다. 여러분 가운데 별 생각 없이 그것들을 원하거나 무시하는 사람은 분명히 거의 없을 것이다. 그것들은 그것들에 의미를 부여하는 우리에게서 독립해 존재할 것이다. 그것들을 우리는 물질적인 사회 세계라고 부를 수 있을 것이다. 그것은 '손으로 만질 수 있는 세계', 정말로 실재하는 세계, 우리 자신의 소망 너머에 존재하는 세계, 관념과 문화의 영역 너머에 존재하는 세계, 우리가 만들지 않은 물리적 세계이다. 우리는 우리 존재의 이러한 물질적 조건에 매일 직면한다. 이러한 세계를 감지하는 데에서 주요한 역할을 한 근대의 (많은 사상가 중) 두 사상가는 다윈과 마르크스였다.

그것의 가장 일반적인 수준에서 물질론materialism(그리고 그것과 자주 연결되는 짝인 실재론realism)은 실재의 성질 — 그것의 모든 측면에서 — 을 물질의 관점에서 설명하는 철학적 입장이다. 세계는 무엇보다 물질적·물리적·실체적tangible이다. 신체들과 자원들의 세계이다. (기원전 460~370년경의 데모크리토스Democritos 같은) 가장 초기의 물질론 철학자들은 우주와 물질이 순전히 기계적인 방식으로 결합하는 원자들로 구성된다고 생각한 원자주의자들이었다. 그들은 세계와 생명의 형성을 유일한 실재인 이러한 원자들의 결합으로 설명한다. 이런 입장에 따르면 사회 세계는 관념과 의식에 대해 독립적인 절대적 존재를 갖는 외부 세계이다. 극단적인 물질론은 모든 종류의 관념론idealism, 또는 의미에 우선성을 부여하는 모든 이론에 반대한다. 여기서 사회학은 철학에서 가장 오래된 논쟁 중 하나인, 관념론자(관념과 이상의 세계에 주목)와 물질론자(물질과 물질론에 주목) 사이의 논쟁에 들어간다. 이와 대조적으로 플라톤부터 칸트까지 초기의 관념론 철학자들은 사회적 실재가 정신이나 관념에 기초한다고 주장했다. 이것은 또한 사회학의 핵심적이고 지속적인 긴장의 하나인 실재론 대 관념론의 논쟁을 유발했다.

하지만 이것들 모두에 신경을 쓸 필요는 없다. 가장 직접적이고 구체적인 수준에서 물질세계는 여러분을 진화적인 것the evolutionary, 경제적인 것the economic, 환경적인 것the environmental — 나는 이것들을 세 가지 E라고 부르고자 한다 — 을 연구하도록 이끈다. 진화적 사유는 인간의 신체적 상태와 한계를 인식하도록 안내한다. 경제적 사유는 우리가 살아가기 위해 노동의 대상으로 삼는 자원들(광물, 석유, 땅)과 그 과정에서 고안하는 생산기술들을 보도록 안내한다. 그리고 환경적 분석은 인간이 광대한 세계에 대해, 광대한 세계가 인간의 활동에 부과하는 심각한 한계에 대해, 그리고 지금 지구에서 일어나고 있는 땅과 희소 자원을 둘러싼 경쟁에 대해 의식하게 만든다. 이 모든 힘들은 대체로 우리의 통제를 넘어, 그리고 그것 위에서 작동한다. 우리는 (통상적으로) 우리의 두뇌 기능과 호르몬을, 즉 우리의 동물적 본성을 통제할 수 없다. 우리는 부富를 통제하지 못하며, 우리가 그 속에서 활동하는 노동 상황 — 우리의 기술이 쟁기이든 컴퓨터이든 — 을, 그리고 매일 사물들이 판매 가능한 상품으로 전환하게 되는(흔히 '상품화'라고 부르는) 방식을 통제하지 못한다. 그리고 오늘날 우리가 알고 있듯, 환경과 그것의 네 가지 핵심 요소, 즉 공기, 불, 땅, 물은 인간을 (인간이 만든) 재해와 환경 파괴 속으로 몰아넣을 수도 있다. 매일 우리는 또 다른 대재난(쓰나미, 불, 지진)에 대해 듣고 있다(당연히 재난의 사회학이 있다).

6 역사와 시간에 대한 인식을 발전시킨다: 우리는 시간 흐름 속에서 인간의 사회적 삶의 과거, 현재, 미래를 어떻게 연결할 수 있는가?

사회적인 것은 늘 과거와 현재 그리고 미래를 갖는다. 그리고 그것은 늘 움직이고 있다. 우리가 이주, 음악, 대중운동 그 무엇을 연구하든 간에, 사회학자들은 그것의 역사, 그것이 지금 여기에서 역동적으로 존속하는 방식을 이해하고자 원할 것이며, 궁극적으로 그것의 움직임, 그리고 그것이 어디를 향하고 있는가 — 비록 그들이 미래학자는 아니지만(미래는 결코 알 수 없다) — 에 대해 알아보고자 할 것이다. '사회적인 것'은 늘 진행 중이다.

모든 사회적인 것들은 과거를 가지고 있다. 그러므로 사회학은 모든 사회적인 것들의 역사학과 고고학과 계보학을 살펴볼 필요가 있다. 그리고 그 이상으로 과거는 다원적이며 현재 속에 언제나 나타난다. 모든 사회적인 것들은 다양한 모습으로 영원히 출몰한다. 에이버리 고든Avery Gordon의 『유령 이야기Ghostly Matter』(2008)는 미국에서 수세기에 걸친 인종적 억압이 어떻게 지금 현실에서 유령처럼 살아 있는가를 보여준다. 더욱이 이러한 역사는 거대하고 대담하며 동시에 사소하고 미세하다. 사회학자들은 — 예를 들어 대량 학살에 관한 마이클 만의 연구와 사회운동에 관한 찰스 틸리의 연구처럼 — 국민국가의 역사에 관해 주요한 연구를 수행했다. 그러나 사회학은 모든 하찮은 것들의 더 작은 역사도 살펴본다(화장실, 전화, 토마토의 사회사). 이와 함께 이제는 수면, 성, 춤 등을 연구하는 사회학자도 있다. 현재의 사회적인 것들을 살펴보고 그것들이 어떻게 과거에 의해 사로잡히는가를 살펴보자. 과거 자체는 늘 현재의 순간 속에서 구성되며, 그런 다음 그 자체가 잃어버린 과거로 되돌아가며 심지어 이것들은 미래를 예기한다.

그리고 이는 시간이라는 쟁점을 제기한다. 우리가 예상하듯 시간의 사회학이 있으며, 이것은 '시간적 질서temporal order'의 전체적인 형성을 살펴본다. 시간은 단순히 '자연적'이고 주어진 것이 아니라, 대단히 문제가 되는 인간의 생산물이다. 우리가 늘 시계를 가지고 있었던 것은 아니며, 시계가 세계 전역에서 모두 동일한 것도 아니다. 그렇지만 일단 시계가 고안된 뒤 그것은 우리가 살아가는 방식을 상당히 변화시켰다고 할 수 있다[그렇다, 시계의 사회학도 있고, 시간표의 사회학도 있다(Zerubavel, 2003 참조)]. 시간의 사회학은 우리가 시계 같은 여러 장치를 통해 객관적으로 우리의 시간 감각을 구성하는 방식, 그리고 그것과 구별되게 주관적으로 구성하는 방식을 살펴본다. 우리는 하루하루의 시간 흐름을 어떻게 경험하는가(우리가 말하듯 시간의 현상학), 그리고 과거에 대한 우리의 기억(사회적 기억)을 어떻게 구성하는가 등의 문제를 다룬다. 사회학에서 기억은 단순히 개인의 심리학적 특징으로 볼 것이 아니라 우리가 움직여 들어가는 집단에 의해 부분적으로 구성되는 것으로 볼 수 있다. 기억은 집합적이다.

이러한 시간의 움직임 일부는 '세대'라는 개념을 통해 조직된다. 사람들의 모든 삶은 특정의 연령집단age cohort을 통해 조직된다. 대처 · 레이건 시대에 태어난 사람들, 르완다 종족학살을 겪으며 살아온 사람들, 중국 혁명 기간에 자란 사람들, 홀로코스트에서 생존한 사람들 등이 그 사례이다. 그들은 공통의 경험을 공유하며 그것은 그들을 결합시킨다. 그 경험은 그들의 삶에서 독특한 것으로, 그들이 살아가는 동안 그들의 삶에서 닻으로 구실한다. 세대로서의 삶은 우리 삶의 자동계단escalator이다. 모든 집단의 사람들은 영속적인 움직임 속에 있으며, 특정 세대별 집단(베이비붐 세대, X 세대, 밀레니엄 세대) 속에서 또는 그들에게, 그리고 그들에게만 공통적인 한 묶음의 경험 속에서 함께 움직여 나아간다. 그 경험은 그들을 서로 결합하면서 또한 그들의 세대에 속하지 않는 사람들과의 중요한 차이를 만들어낸다. 이러한 자동계단을 따라 앞으로 또 앞으로 움직이면서 그들은 계단에 올라서지 않은 사람들과 더욱더 멀어진다. 그리고 이러한 여정에 따라 온갖 쟁점들이 발생한다[예를 들어 '제3세대 홀로코스트 생존자들'이 겪었던 문제에 대한 알린 스타인Arlene Stein(2014)의 연구를 볼 것].

7 계속 움직인다: 우연성, 이동성, 그리고 사회적 삶의 흐름을 어떻게 검토하는가?

위의 것과 밀접하게 연결되는 것으로, 사회학은 인간의 사회적 삶(그리고 사회학)을 언제나 과정, 이동성mobility으로 봐야 한다고 강조한다. 모든 것은 변화하며, 삶은 흐른다. 머물러 있는 것은 아무것도 없다. 우리가 약자 괴롭히기나 살인 또는 건강체계 그 무엇을 분석하든 모든 것은 짧은 시간에 변화하며, 우연성에 의해 모양이 달라진다. 사회학의 주제는 — 사회학의 바로 그 범주들조차 — 결코 고정되거나 안정되지 않는다. 특정 순간에 제시한 논평은 다음에는 변화할 수 있다. 특정 시점에 형성된 집단은 다음에 변화한다. 상황은 움직인다. 생애사적 삶은 순간에서 순간으로 변형된다. 사회는 결코 멈추지 않는 변동의 끓는 가마솥이다. 동일하게 머무르는 것은 아무것도 없다. 모든 사회학의 발견은 그 발견이 이루어진 순간 이미 낡은 것이 된다. 모든 '발견들'은 일시적이며, 그것들은 그것들을 발견한 순간에만 존속한다. 이런 의미에서 사회학은 세계가 움직이고 있기 때문에 영구히 낡은 것이다. 그러므로 중요한 도전이 자주 제기된다. 거대한 흐름과 변화 속의 무엇이 안정적이고 반복적인 가치를 가질 수 있는가? 이러한 모든 영구한 변동 속에서 영속성은 어디 있는가? 우리는 이제 사회적 행위의 지속적인 변동 속에서 어떻게 살아가는가?

내가 이야기하는 것의 대부분이 그러하듯, 이것도 간단한 생각이 아니다. 삶은 온갖 방식의 우연과 예측하지 못한 사건들 — 거대한 사회적 결과를 낳을 수 있는 — 을 통해 움직이는 흐름이다. 삶이 주요한 생물학적·개인적·사회적 힘에 의해 결정된다고 하더라도 일부 과학이 제시하는 것보다는 대체로 훨씬 덜 결정되어 있다. 삶에서 작은 우연적 요인들도 거대한 인과적 힘을 가질 수 있다. 마찬가지로 많은 우연성이 삶의 규칙적 연쇄와 유형 속으로 겹쳐져서 거의 인식되지 못할 수도 있다. 이러한 우연성의 관념은 발전된 사회학 이론과 철학적 설명이 분명히 주목할 만한 주제이지만 기묘하게도 사회학에서는 다루지 않고 있다. 인간은 취약하고 삶은 불안정하다. 우리 모두는 언제나 우연성에 의해 고통받는다. 우연의 우발성은 우리 삶의 재료이며, 사회학자들은 이것을 파악해야 한다.

삶에서 우연성이 중요한 기능을 한다는 것은 역사나 문학이나 예술에서 자주 등장하는 주제이다. 피터 호윗Peter Howitt이 감독하고 기네스 팰트로Gwyneth Paltrow와 존 한나John Hannah가 주연한 영화 〈슬라이딩 도어즈Sliding Doors〉(1998)를 생각해보자. 여기서 주인공인 헬렌은 직장에서 해고를 당하고 여느 때와 달리 이른 시간에 집으로 향한다. 그녀는 지하철을 타기 위해 걸음을 재촉한다. 그리고 영화는 그녀가 닫히는 문에 가까스로 끼어들어 지하철에 올라타는 하나의 현실을 묘사한다. 그리고 다른 장면에서는 그녀가 지하철을 놓치는 현실을 보여준다. 그것은 결정적인 순간이었다. 첫 번째 장면에서 그녀는 지하철에서 제임스를 만나지만 집에 돌아오고, 그녀의 남자 친구 게리가 옛날 여자 친구와 놀아나는 것을 발견한다. 두 번째 장면에서는, 헬렌은 지하철을 놓친 뒤 노상강도를 당하고 병원에 가서 치료를 받고 마침내 집에 돌아와 그녀의 동거인이 혼자 있는 것을 발견한다. 그 한 순간, 그 한 우연에서 그녀의 삶은 상이한 가능성들로 가득 차게 된다. 그리고 영화에서 두 가지 순간 ― 두 가지 현실을 형성하는 ― 은 나란히 앞으로 움직이면서 완전히 상이한 결과를 낳는다. 첫 번째 현실에서 헬렌은 게리와 결별한 뒤 제임스와 확실하고 쾌적한 연인 관계를 맺는다. 두 번째 현실에서는, 동거하는 게리가 계속 그녀를 속이기 때문에 헬렌의 삶이 망가져 간다. 삶에서 순간은 거대한 차이를 만든다. 통속적인 사례로, 즐거운 마음으로 집의 대문을 나와서 달리는 화물차와 부딪히는 것이 바로 그런 순간이다. 우리는 결코 앞일을 장담할 수 없다. 무슨 일이든 일어날 수 있다. 순간들이 참으로 문제가 된다. 가능성은 어디에나 있으며, 일은 지금과 다를 수 있다.

비슷한 줄거리를 말하는 영화나 소설은 많이 있다. 하지만 우리의 삶이 수많은 가능성을 가지고 있고 우연적인 것들과 결합하여 그 가능성들이 실현된다고 하더라도 대부분의 시간에, 즉 우리 삶의 대부분에서 우리는 사회적 습관을 형성하는 우리의 지속적인 경향에 의해 그런 광범한 가능성들에서 벗어난다. 인간 존재의 막대한 가능성과 위험은 '습관의 속도조절바퀴'에 의해 지속적으로 좁아진다. 세계의 소란스럽고 요란스러운 혼란은 지속적으로 제한되며, 그러므로 삶의 대부분(거의 대부분의 나날들)에서 우리는 잘 유형화된 습관을 따른다. 우리가 아주 많은 삶을 살아갈 수는 없다. 따라서 행위, 사유, 느낌에서 일상의 가능성들을 잘 짜인 일과routine로 줄이고 제한해야 한다. 거칠게 말해 우리는 좀비 같은 것이 된다. 그렇다고 해서 이것이 우리의 삶이 여러 불확실한 순간들에 전면적인 우연한 가능성에 의해 형성되는 것을 배제하는 것은 아니다.

생각하기 _ 무슬림 경험의 다양성

철학자 윌리엄 제임스와 한나 아렌트Hannah Arendt는 세계의 다원성, 그리고 사람들 하나하나가 서로 다르다는 점을 진지하게 고려해야 한다고 주장한다. 모든 사회학도들이 알아야 할 주요한 교훈은 단일성을 피하고 사물을 그것의 다양성과 다중성 속에서 보아야 한다는 것이다. 여러분이 연구하는 모든 것의 다양성을 찾아야 한다. 예를 들어 '무슬림'에 대해 이야기하는 것은 다양성을 인식하는 것이다. 다수의 무슬림들이 있다. 세계에는 약 15억 명의 이슬람교도가 있으며 대부분은 약 50개 나라에 각각의 고유한 문화를 가지고 거주한다. 인도네시아 무슬림, 말레이시아 무슬림, 파키스탄 무슬림, 뉴욕 무슬림 등이다. 무슬림은 수니파Sunni(신도의 약 85%를 차지하며 가장 정통적인 종파)와 시아파Shiah(알리Ali의 당파)로 나뉜다. 어떤 여성들은 얼굴을 가리고 어떤 여성들은 가리지 않으며, 얼굴을 가리는 방식도 다양하다. 일부 무슬림 사회(이집트, 소말리아, 수단, 잠비아)에서는 여성 할례가 일반적이지만 다른 나라에서는 그렇지 않다. 일부 사회(파키스탄, 사우디아라비아)에서는 '명예 살인'을 볼 수 있지만 다른 나라에서는 그렇지 않다. 베두인족은 석유 부자 걸프 국가의 자본가들과는 분리된 세계에서 산다. 인도네시아에는 생물학적으로는 여성이면서 스스로를 남성으로 분류하는, 남성적 여성으로 행위하는 톰보이tomboy가 있다. 이란에서 동성애는 불법이지만 트렌스젠더에 대해서는 국가가 수술을 제공한다. 퀴어/게이 무슬림도 있으며 '새로운 아랍 사람new Arab men'도 있다. 세계 여러 곳에서 성전Jihad을 수행하는 급진적 집단들, 이집트의 무슬림 형제단Muslim Brotherhood, 알제리의 이슬람 혁명전선Islamic Revolution Front, 레바논의 헤즈볼라Hezbollah, 요르단 서안 지구의 하마스Hamas, 아프가니스탄의 알카에다al-Qaeda, 시리아와 이라크의 ISIS 등 다양하다. 이들 강경 세력은 모두 언어, 세계관, 정체성, 지식 등에서 그 자신의 독특한 문화를 가지고 있다. 아랍 세계의 아랍인들은 매우 보수적이며, 동남아시아의 무슬림과는 상당히 다르다. 거기서도 모든 것들은 변화하고 있다.

사회학도들은 늘 차이를 살펴보아야 한다. 이것은 사회적 삶의 금과옥조이다.

8 사회적 삶을 장소와 공간 속에 위치시키다: 인간의 사회적 삶은 상황적인 것, 지구적인 것, 공공적인 것에 의해 어떻게 형성되는가?

모든 사회적 삶은 장소와 공간 속에서 흐르고 움직인다. 사회적인 것의 지리학과 기하학이 있다. 상황이나 맥락의 흐름 외부에서 일어나는 일은 없다. 그리고 사회학은 늘 이러한 공간의 구성, 조직, 영향에 관한 질문을 제기한다. 앞에서 우리는 거리의 습관을 살펴보면서, 그리고 도시에 대한 지도 그리기를 다루면서 이미 이것의 일부를 보았다. 찰스 부스는 런던 빈민이 사는 거리와 삶을 지도화했다. 반면 미국에서는 시카고 생태학파Chicago ecological school로 알려진 사회학의 강력한 고전적 전통이 우리의 삶에서 도시의 구역들이 갖는 중요성을 기록하면서 농촌 지역의 공간들과 거기서 수행되는 삶들을 주요하게 대비했다. 우리가 도시에 사는가, 아니면 시골에 사는가는 중요하다. 그리고 우리가 알고 있듯, 점점 더 많은 사람들이 이제는 '지구적 도시global city' 공간에 거주하게 되었다. 오늘날 우리는 우편번호 사회에 살고 있는데, 우편번호는 그 구역, 도시, 지역, 거리에서의 삶의 양식을 알려주는 단서가 된다. 우리는 또한 사람들이 수행하는 역할이 상황에 따라 어떻게 상이한지를 보았다. 그리고 세계가 지방적인 장소에서 지구적인 장소로 움직이는 방식을 살펴보았다(3장 참조).

공간과 사회적인 것에 관해 생각하자면, 실습을 하는 것이 도움이 될 것이다. 여러분 자신, 여러분의 신체, 그리고 여러분의 정신을 상이한 여러 사회적 공간, 상황, 배경을 지나면서 서서히 이동해가는(동시에 구성해가는) 일종의 자동차라고 생각해보자. 여러분은 여러분의 신체에서부터 시작하여 다섯 가지 공간을 옮겨갈 수 있을 것이다. 첫째, 여러분이 살고 있는 세계에 대해 여러분이 머릿속에 그리는 정신적 지도가 있다. 이것은 공간의 현상학

phenomenology of space이라고 할 수 있다. 여러분이 살면서 돌아다니는 지역에 관해 여러분이 생각한다면 여러분은 다른 사람이 가지고 있는 것이 아닌 여러분 자신의 공간 감각을 가지고 있다는 것을 확인하게 될 것이다. 둘째, 여러분이 모든 사회적 상황(학교 교실, 거리 모퉁이, 작업장, 교회, 공중화장실 등)에 들어갈 때 여러분은 여러분이 어떻게 행동해야 하는가에 관한 어떤 기대가 여러분을 기다리고 있다는 것을 깨닫게 될 것이다. 물론 여러분은 그런 방식으로 행동하지 않을 수 있지만 그것은 또 다른 문제이다. 확실한 것은 거의 모든 공간에 어떤 일반적인 행동양식이 결합되어 있다는 점이다. 이것은 '상황 및 공존의 사회학sociology of situation and co-presence'이라고 부를 수 있다. 이것을 확장하면 우리는 사람들이 자주 다양한 집단들 — 사회 세계들과 그것들의 관점 — 을 통해 서로 연결된다는 것을 발견할 수 있다. 이런 의미에서 사회는, 앞에서 개괄한 상이한 문화들과 조금은 유사한 상이한 종류의 세계들로 지도를 그릴 수 있다. 사회는 동질적인 전체가 아니라 서로 맞물려 있는 일련의 사회적 세계이다. 또한 그 세계는 연결망network, 즉 관계들의 연쇄로, 우리는 그것을 통해 살아간다. 인터넷의 도래와 함께 더욱더 많은 사람들이 가상공간 — 오로지 연결망 사회라고 부를 수 있는 — 을 통해 그들의 삶을 살아가고 있다. 끝으로 우리는 사회적 삶이 특정의 사회 세계 안에 위치하는 것에서 지구적 세계라는 훨씬 더 광범한 의미로 움직인다는 것을 느낄 수 있다(3장 참조). 이제 여러분 삶의 대부분은 세계 전역의 타인들과 연결되는 연쇄의 일부로 볼 수 있다. 공간은 더욱더 지구화되고 있으며, 사회학은 이러한 연관들을 탐구해야 한다.

9 생애사와 연결한다: 육신을 갖고 있고 정서적이며 실재하는 사람들을 어떻게 이해할 것인가?

사회학자들이 행성 지구에 있는 수십억 인구 모두를 연구할 수는 없다(그런 생각은 집어치워라!). 그렇지만 우리가 실제로 살아가는 사람들의 생애사적으로 생생하고 감동적인 삶에 대한 통찰을 놓친다면 우리는 자칫 사회적 삶에서 분리된 추상화 속에서 헤맬 수 있다. 사회학자들은 사람들의 삶의 그물망이 생애사적인 근거를 갖는다는 것을 결코 망각할 수 없다. 그러므로 사회학자들은 그들이 무엇을 하든 간에 규칙적으로 육신을 가지고, 실제로 살고 있는 삶으로 돌아와 그 사람들의 경험을 관찰하고 그 사람들이 말하는 것을 들어야 한다. 사회적 삶을 생애사들에 연결하고, 그것들의 더 광범한 행위들과 구조들과 역사들의 작동과 연결하는 것은 사회학이 사회적 삶에서 멀리 벗어나는 것 – 사회학은 쉽사리 그렇게 할 수 있다 – 을 방지하기 위해 필요한 교정책이다. 피에르 부르디외의 『세계의 무게La misère du monde』(1990)는 그러한 접근의 놀라운 사례를 보여준다. 그것은 자신들의 삶의 모순에 대해 말하는 소소한 파리 사람들에 대한 면접으로 전부를 채운 연구이다.

삶의 이야기에 대한 연구는 사회 세계의 여러 특징을 세밀하게 드러낸다. 실업자의 이야기는 개인의 실패가 아니라 전반적인 경제의 작동 방식을 드러낸다. 동성애는 개인의 병리가 아니라 법률과 젠더의 사회적 의미에 의해 깊이 규정된 것이다. 우리의 신체는 단순한 생물학이 아니라 우리 시대의 신체 프로젝트와 정서 구조에 연결된다(2장 참조). 그러므로 사회학의 중심 도구는 늘 '삶의 서사life narrative'이다. 사회학자는 사람들이 그들 자신의 삶에 대해 말하는 이야기를 공감하며 듣는다. 그렇지만 여러분의 연구를 아무리 광범하게 확장하더라도, 그리고 아무리 많은(이를테면 수천에 이르는) 사람들을 연구하더라도, 사회학은 언제나 전체적인 상황을 파악하는 것이 실질적으로 불가능하다는 점을 스스로 상기하면서 하나하나의 구체적인 삶을 심층적으로 연구해야 한다.

10 권력을 진지하게 다룬다: 여기서 진행되는 것을 누가 통제하는가?

권력은 우리의 사회적 삶을 어떻게 건드리는가? 사회학은 권력을 사회적인 것의 두드러진 – 논란이 되는 – 특징으로 간주한다. 사람들이 그들 자신의 삶에 영향을 미치며 통제할 수 있고, 타인들의 통제에 저항할 수 있는 과정이라고 느슨하게 정의되는 권력power은 여러 형태로 나타나며 지배와 복종의 문제를 제기하는 여러 논쟁을 야기한다.

큰 권력과 작은 권력, 보이는 권력과 보이지 않는 권력

권력은 큰 의미에서 식별할 수 있다. 대부분의 사회들은 상이한 종류의 권력을 행사하는, 그리고 권위주의 국가, 군주국가, 신정국가, 전체주의 국가, 민주국가 등과 같은 상이한 형태로 나타나는 정부를 갖고 있다. 또한 권력은 무수히 작은 방식들로, 즉 우리가 학교와 직장, 남성과 여성 사이, 가정, 친구들 사이, 그리고 인종이나 성 같은 차별의 장 등과 같은 일상의 삶에서 직면하는 선택, 규칙, 규제에서 나타난다. 앞의 것은 일반적으로 '권력의 사회학'의 주제인 반면, 뒤의 것은 종종 일상생활의 '미시정치학'으로 간주된다. 둘 중 어느 쪽에서 접근하든, 권력은 어디에나 존재하며 사회적 삶에 대한 연구에서 늘 나타난다. 그 연구는 '여기서 진행되고 있는 것을 누가 통제하며 어떻게 통제하는가'를 질문한다.

일부 형태의 권력은 매우 잘 드러나 있으며 우리는 그것이 작동하고 있음을 즉각 볼 수 있다. 전제적 지배자나 폭군과 노예 또는 심지어 죄수와 간수를 생각해보자. 그것은 강제, 물리적 통제, 그리고 타인의 신체에 대한 궁극적으로 잔인한 폭력을 통해 유지된다. 일부 형태의 권력은 다른 사람들에게 양도된다. 우리는 처음에는 우리가 선택한 민주적 정부가 우리를 위해서 움직일 것으로 상정하고 그 정부에 권력을 양여한다. 어린이들은 자녀의 최대 이익을 위해 행위할 것으로 상정하는 부모에게 권력을 양여한다. 그리고 일부 형태의 권력은 은폐된 방식으로 작동한다. 우리는 타인이 우리의 삶을 규제하는 것에 대해, 우리가 실제로는 동의하고 있다고 깨닫지 못하면서 동의한다. 아주 자주 권력의 작동은 사회계층화 작동의 배후에서 찾아내게 되는 핵심적 특징이다.

권력에 대한 가장 분명한 설명은 다른 집단 위에 있는 지배적 집단을 조명하는 것이다. 아마도 이것은 사회학에서 가장 뚜렷하게 나타나는 접근으로 매우 많이 나타난다고 할 만하다. 멀리 거슬러 올라가 플라톤과 마키아벨리를 거쳐 파레토Vilfredo Pareto와 모스카Gaetano Mosca, 베버와 마르크스로 이어지는 오랜 이론화의 역사를 갖고 있는 이러한 '엘리트 권력이론'은 모든 사회에는 다른 사람들을 지배하는 소수의 사람들(정치계급이나 지배 엘리트)이 있다고 주장한다. 물론 이 소수의 성질이 무엇인가는 문제이다. 그것은 경제적 집단(마르크스의 지배계급)일 수도 있고, 종교적 지도자들(이란의 신정에서처럼)이나 지식인들(문인literati 지배 아래의 중국에서처럼)일 수도 있으며, 집단들의 연합(밀스는 미국의 권력체계에 대한 그의 1956년의 유명한 연구 『파워 엘리트The Power Elite』에서 세 가지 주요한 엘리트들, 즉 기업 경영자, 정치 지도자, 군부 지휘관을 구별한다)일 수도 있다. 이들은 '지휘소'를 차지하고 있는 사람들이다. 그리고 여러 유파의 마르크스주의 사회학자들은 궁극적으로 이런 지배집단들을 계급에 되돌려 연결한다. 지배적인 경제적 계급이 지배계급이라는 것이다(이런 주장은 랄프 밀리반트Ralph Milliband의 『자본주의 사회에서의 국가The State in Capitalist Society』에서 찾아볼 수 있다). 다른 사람들은 권력이 그것보다는 더 분산적이며 훨씬 광범한 집단들과 연결된다고 오랫동안 주장해왔다[이런 입장은 오랫동안 '다원주의 권력이론'으로 불려왔으며, 로버트 달Robert Dahl의 『누가 지배하는가?Who Governs?』(1961)에서 대표적으로 찾아볼 수 있다].

권력에 관한 생각에서 핵심 문제는 사람들이 대체로 지배와 종속의 체계에 대해 실제로 생각해보지 않은 채 그 체계 속에서 살아간다는 점이다. 사람들이 사실상 그들 자신의 삶에 관해 결정을 내리지 않으면서 살아가고 있다는 점에서 그것은 '의사결정 없음non decision making'이라고 할 수 있다. 어떻게 일부 쟁점들은 정치 속으로 조직화되는 반면 일부 쟁점들은 조직화에서 배제되는가? 이 문제와 관련하여 발전된 핵심 개념은 헤게모니hegemony로, 이탈리아 마르크스주의자 안토니오 그람시가 그의 『옥중수고Prison Notebooks』(1929~1935)에서 사람들이 국가의 강제적 역할을 별생각 없이, 그리고 무비판적으로 받아들이게 되는 방식을 제시하기 위해 (그리스어 hēgemonía에서) 발전시켰다. 사람들은 자신들의 이익을 손상하는 행위를 하는 정부에 어떻게 동의하게 되는가? 여기서 많은 정치이론가들은 문화, 그리고 프랑스 마르크스주의자 루이 알튀세르Louis Althusser(1918~1990)가 '이데올로기적 국가기구ideological state apparatuses: ISAs'라고 부른 것의 작동을 살펴보는 쪽으로 광범하게 전환했다. 이데올로기적 국가기구는 시민들에게 국가에 복종하고 국가의 지배적 가치를 수용하도록 영향을 미치는, 그러므로 '헤게모니적 현상태hegemonic status quo'를 유지시키는 대중매체, 조직된 종교, 학교(교육과정),

그리고 상품화된 대중 예술(영화, 음악 등) 등과 같은 중요한 기제들을 가리킨다. 이런 종류의 접근은 사회학이 권력의 작동을 이해하는 방식으로 이들 매체에 상당히 초점을 맞춰야 할 필요가 있으며 시민들이 언제 동의를 중단할 수도 있는가에 대해서도 살펴보아야 한다는 것을 의미한다.

그리고 우리는 무엇이 사람들이 반란을 일으키지 않도록 제어하는가를 질문할 수 있다. 이유에 대한 긴 목록을 제공할 수 있을 것이다. 사람들의 관성과 습관은 모든 것을 그 자리에 유지한다. 매체에 의한 이데올로기적 조작은 사람들이 그들 자신의 진정한 이해관심을 파악하는 것을 방해한다. 사람들은 대부분의 시간 동안 정부와 함께 가면서 정부에서 충분한 만족을 얻는다. 격렬한 종류의 반란은 사람들의 삶에 아주 지독하게 많은 비용을 부과한다(대부분의 혁명은 수천 명, 때로는 수백만 명의 죽음이라는 비극적 결과를 동반한다). 그리고 아마도 가장 흥미로운 것으로, 많은 사람들은 참으로 그들의 정부, 그리고 타인의 권력에 매일 저항한다. 사회에는 영구한 불만과 반항이 존재한다. 모든 사회에는 아주 많은 사소한 방식의 저항과 반격의 숨어 있는 전통이 있다. 일단 우리가 이것을 분석하기 시작하면 권력이 사회의 일상적 삶에 퍼져 있다는 것을 볼 수 있다. 권력은 어디에나 있다(그리고 어디에도 없다)! 푸코는 권력을 자신의 이론의 중심에 정확히 놓고 있으며, 많은 사회학자들이 권력을 사회적 삶의 중심 특징으로 생각한다.

이제 여러분 자신의 사회적 삶으로 돌아가자. 그것은 여러분 자신의 사회관계 속에 권력이 어떻게 편재하는가 — 모든 상황을 통해 퍼져 있으며 순환한다 — 에 대해 생각하는 것에 도움을 줄 것이다. 더욱이 권력은 여러분의 몸과 정신에도 실제로 들어올 수 있다. (가족 사이에서, 친구들 사이에서, 학교에서, 직장에서) 여러분의 일상적 삶은 권력관계를 통해 어떻게 조직되는가? 이것은 야만적인 힘이나 단순한 억압의 문제가 아니라 사회가 수많은 미세한 규제적 형태들과 실천들을 우리의 존재에 침투시키는 방식의 문제이다. 우리는 어린 시절부터 이러한 권력에 의해 형성된다. 우리의 모든 생각, 우리의 신체, 우리의 행위는 우리를 규제하는 권력체계 내부에 있다. 우리는 가정과 학교에서, 감옥과 병원에서, 거리와 매체에서, 우리의 지식과 일상의 만남에서 권력이 작동하고 있음을 발견한다. 권력은 어디에나 퍼진다. 그리고 당연히 우리는 그것에 저항한다. 푸코는 '권력이 있는 곳에는 저항이 있다'고 말한다. 그렇지만 우리가 저항하는 때조차도 우리는 권력과 통제의 새로운 장으로 들어간다. 우리의 사회운동은 그것 자체의 규제를 가지고 있다. 우리는 늘 권력에 사로잡혀 있는 것으로 보인다. 그리고 그것을 파악하는 것은 또 다른 사회학적 도전이다.

11 복합성 및 모순과 함께 살아간다: 사회적 삶의 논쟁점 및 수수께끼와 어떻게 함께 살아가는가?

사회학에 관한 가장 곤란한 신화 중 하나는 그것이 수월한 분야라는 것이다. 내가 사회학을 진지하게 공부하기 위한 안내 지침으로 제시한 10가지 요점들을 여러분이 진지하게 취급한다면, 여러분은 이제 사회학이 지적으로 매우 도전적이라고, 심지어 위협적이라고 느낄 것이다. 사회학은 끝없는 수수께끼와 지적 질문을 제기한다. 어떤 의미에서 사회학은 삶의 의미와 씨름한다! 그리고 내가 앞에서 이야기한 모든 것에는 문제가 있다. 여러분은 삶이 일련의 수수께끼라고 느끼지 않는다면 사회학에서 또는 사회에서 멀리 벗어나는 여행을 하지 못할 것이다. 모든 것들은 그 대립물을 품고 있는 것으로 보인다. 삶은 역설이다. 우리가 직면하는 가장 공통적인 긴장 가운데에는 다음과 같은 것들이 있다.

- 사회는 자유로운가, 아니면 결정되어 있는가? 그것은 둘 모두이다.
- 사회는 물질적인가, 아니면 관념적인가? 그것은 둘 모두이다.
- 사회는 진보하는가, 아니면 퇴보하는가? 그것은 둘 모두이다.
- 사회는 전체인가, 아니면 개인주의적인가? 그것은 둘 모두이다.
- 사회적인 것은 독특한가, 아니면 일반적인가? 그것은 둘 모두이다.

이런 대비는 계속 제시할 수 있다. 인간의 (사회학적 사유를 포함한) 사회적 삶은 교정할 수 없게 모순적이고 논란적이다. 모든 사회적인 것들은 '논란되는contested' 것으로 보인다. 우리는 『논란되는 도시』, 『논란되는 자연』, 『논란되는 공동체』, 『논란되는 정체성』, 『논란되는 자아』, 『논란되는 환경』, 『논란되는 의미』, 『논란되는 역사』, 『논란되는 시민권』, 『논란되는 지식』, 『논란되는 공간』, 『논란되는 미래』, 『논란되는 정의』, 『논란되는 가치』를 가지고 있다(이것들은 모두 근래 나온 책들의 제목이다!). 그러한 긴장은 사회학의 모든 곳에서 나타나며, 여러분은 사회학의 모든 책들이 그것들을 둘러싸고 구성되어 있음을 알게 될 것이다. 고전적으로는 로버트 니스벳Robert Nisbet의 『사회학의 전통The Sociological Tradition』(1966)이 그러한데, 이 책은 세속적인 것과 신성한 것, 권위와 권력 등과 같은 주요한 긴장들을 제시한다. 크리스 젠크스Chris Jenks가 엮은 『사회학의 핵심 이분법들Core Sociological Dichotomies』(1998)은 20가지 이상의 이러한 주요한 긴장들을 논의하고 있다. 우리는 마르크스의 물질론과 계급갈등 이론의 핵심에서도 논쟁을 발견할 것이다. 정상적인 것은 비정상적인 것 또는 병리적인 것과 분리할 수 없게 결합되어 있으며, 다른 하나가 없는 채 하나를 가질 수는 없는 것으로 보인다고 뒤르켐이 주장할 때에도 거기에는 이러한 긴장이 있다. 대립물과 긴장은 서로 의지해 자라는 것으로 보인다.

다시 말하지만, 여기에 새로운 것은 없다. 세계의 오랜 역사 속에서 철학은 이런 모순과 긴장을 인식하고 있다. 헤라클레이토스에 따르면 지각된 객체는 변동의 두 가지 기본 단위, 즉 차고 기욺waxing and waning 사이의 조화이다. 플라톤에 따르면, 그것은 관념론과 물질론의 유령이었다. 중국 사상에서 음과 양(또는 땅과 하늘)의 관념은 실재의 대립하는, 그러나 서로 보완하는 또는 통일을 창출하는 두 측면을 서술한다. 그리고 독일 철학자 헤겔G. W. F. Hegel(1770~1831)의 저작에 따르면, 관념과 사회는 피할 수 없게 모순이나 대립하는 경향을 통해 운동하는 것으로 볼 수 있다. 그는 이것을 변증법이라고 말한다. 두 대립물이 충돌하고(명제와 반명제) 새로운 형태가 등장한다(종합). 예를 들어 그는 프랑스 혁명 같은 사건이 어떻게 평등이라는 위대한 사상과 폭력의 전면적인 급증(공포의 통치) 둘 모두를 가져왔는가, 그렇지만 이러한 격돌이 궁극적으로는 새로운 입헌 정부의 가능성으로 이어질 수 있는가(그리고 이것은 그 자체가 끝없는 변증법적dialectical 과정의 다음 부분이 된다)를 분석한다.

그러므로 여기서 이러한 이론적이고 철학적인 논쟁과 사회학적 기획 사이의 커다란 차이가 나타난다. 사회학자들은 존속하는 인간의 사회적 삶에서 무엇이 일어나는가를 보기 위해 언제나 경험적 세계로 되돌아가야 한다. 그들은 존속하는 것으로서 모순들을 살펴본다. 사회학은 경험적 학문 분과이며, 사회학자들은 늘 이론적인 하늘에서 경험적인 땅으로 되돌아가야 한다. 그리고 그러한 의미에서 그들은 사회 속의 사람들이 이러한 모순들을 가지고 어떻게 살고 있는가를 해명해야 한다는 것을 깨닫는다. 철학자들은 아마도 그들의 머릿속에서 그것들을 분류할 수 있지만 일상의 실천적인 사회적 삶은 그렇게 쉬운 것이 아니다. 우리는 다원주의적 세계에 살고 있으며 인간의 사회적 삶은 교정할 수 없게 모순, 차이, 긴장, 모호함으로 가득 차 있다. 사회학자들은 이것을 조만간 인식해야 한다. 그들은 그러한 긴장들을 관찰하고 그것들을 철저히 탐구하고 대립하는 경로들 사이에서 협상하고 투쟁하며, 궁극적으로 그들의 사유 속에서 그것들을 다루는 어려운 요령을 익혀야 한다. 그것들은 어디에나 존재하며(그것은 훌륭한 균형 있는 행위이다), 우리는 그것들과 함께 살아야 한다. 바로 사회학을 실행하는 방식들의 일부는 다음 장에서 우리의 관심사가 될 것이다.

이러한 긴장과 함께 살아가는 것이 수월한 일은 아니지만, 필연적으로 사회학의 실행은 사회적 삶이 역설적인 사안이라는 것을 인식함을 의미한다. 쉬운 답은 없으며, 우리가 어느 한쪽 편을 든다고 하더라도 결국 삶은 언제 그리고 어디서나 긴장, 모순, 역설로 넘친다. 사회학은 우리가 살고 있는 지속적이고 모순적이며 우연적인 사회 세계를 철저하게 사유하는, 그리고 그것과 함께 살아가는 책임을 지고 있다. 삶과 마찬가지로 사회학도 수수께끼이다.

요약

사회학은 상상력의 한 형태이며, 이 장은 그것의 복합성과 모순의 일부를 지도로 그리고 있다. 사회학자들은 행위와 구조, 그리고 그것들 사이의 긴장을 살펴보고 그것들을 연결해야 한다. 그들은 물질적 세계와 문화적 세계를 동시에 검토한다. 그들은 사회적 삶을 시간(역사)과 공간(지리) 속에 위치한 것, 그리고 그것들 사이에서의 흐름과 운동으로 본다. 그들은 사회적

그림 5-1 __ 묶기: '사회적인 것'의 흐름을 지도로 그리다

거시

지구 세계

권력과 복합체 속에 위치한
지구화, 세방화, 상호연관, 흐름

↕

사회들

'영토': 예전에는 공동체, 지금은 통상적인 **제도와 구조**를 갖춘 국민국가
(지방정부, 경제, 가족, 종교, 의사소통 제도, 법률 등)

↕

문화

그리고 각 문화의 지배적인, 그리고
지하에 숨은 의미와 언어

↔

물질 세계

그리고 그것의 자원: 경제, 환경의
진화, 토지와 인구, 기술

↕

중간

장, 영역, 사회적 삶의 경기장

(사회관계의 제도화와 습관화)

↕

관계, 아비투스, 장, 삶의 세계, 사회 세계 등의 조직화와 연결망

미시

↕

사회적 행위, 상호작용, 실천

인간의 에너지, 능력, 목표
(가능하게 하는 것이면서도 결정된 것)

↕

체현된 삶, 인간의 주체성, 서사

(몸, 두뇌, 감정, 말, 내적 세계 등)

시간

발현: 과거, 현재, 미래
공시적: 역사적 움직임
통시적: 시간 속의 어떤 순간

(속에서 조직됨)

공간

상호작용 순서
농촌 / 도시
지구화 / 지역적 · 상황적
공공적 / 개인적

인 것 배후의 권력관계를 탐색하며, 누가 무엇을 형성하고 있는가를 질문한다. 그리고 그들은 이 모든 것을 존속하는 삶, 생애사, 그리고 사람들이 그들에게 말하는 이야기의 연관에 연결하고자 한다. 어떤 사회학 연구든 이 모든 것을 실행하기는 어렵지만, 어떤 연구에서나 여러분은 더 많이 검토할수록 더 잘 실행할 수 있다. 이 장에는 사회적인 것에 관해 생각하는 다수의 핵심적인 입구들이 있다. 〈그림 5-1〉은 모든 사회학적 분석을 위한 핵심 요소들의 일부를 보여준다.

더 탐구하기

더 생각하기

1. 사회학은 사유의 한 방식이며 의식의 한 형태라는 견해를 검토해보자. 만약 그렇다면 이 '사유의 방식'은 어떤 특징을 가지고 있는가?(이 책의 결론 부분에 있는 21가지 명제를 살펴볼 것)
2. 이 장에서는 사회학적 상상력을 발전시키는 데 도움이 되는 12가지 이정표가 있는 구상도를 제시했다. 여러분은 그 이정표 각각에 관해 좀 생각해야 하겠지만, 일부는 여러분이 보기에 다른 것들보다 더 흥미롭고 적절할 것이다. 우선 여러분의 사회학적 작업과 사유에서 그것들 모두를 적용하고자 시도하고 그런 다음 여러분에게 가장 흥미로운 것을 발전시키자. 그것들 모두를 실행할 수 있는 사람은 없다!
3. 여러분이 흥미를 느끼는 주제를 선택해 'ㅇㅇ의 다양성'이라는 제목의 간략한 글을 써보자(193쪽 글상자 '무슬림 경험의 다양성'을 볼 것).

읽을거리

이 장에서 제기한 여러 수수께끼에 관한 유익한 소개는 크리스 젠크스Cris Jenks가 엮은 『사회학의 핵심적인 이분법들Core Sociological Dichotomies』(1998)에서 볼 수 있다. 또한 이 장에서 제기한 쟁점들의 일부에 대해 더 탐구하는 데 도움이 될 문헌들은 다음과 같다. 구조와 체계에 관해서는 탤컷 파슨스Talcott Parsons의 『사회체계The Social System』(1951)를, 의미에 관해서는 폴 리쾨르Paul Ricoeur의 『해석학과 인문사회과학Hermeneutics and Human Sciences』(1981)을, 구조/행위에 관해서는 앤서니 기든스Anthony Giddens의 『사회구성론The Constitution of Society』(1986)을, 시간에 관해서는 바버라 애덤Barbara Adam의 『시간Time』(2004)을, 세대에 관해서는 켄 플러머Ken Plummer의 「세대 집단들Generational Cohorts」(2011)을, 권력에 관해서는 스티븐 루크스Steven Lukes의 『권력Power』(2004)과 라이트 밀스C. Wright Mills의 『파워 엘리트Power Elite』(1956)를 살펴보기 바란다. 읽어볼 만한 사회학의 고전적인 책 몇 가지를 적어보겠다. 엘리야 앤더슨Elijah Anderson의 『거리의 규칙: 도심에서의 품격, 폭력, 도덕생활Code of the Street: Decency, Violence and the Moral life of the Inner City』(1999)은 인종과 도심에서의 분란을 살펴본다. 스탠리 코언Stanley Cohen의 『잔인한 국가 외면하는 대중States of Denial: Knowing About Atrocities and Suffering』(2001)은 우리가 세계의 잔학 행위를 외면하는 방식을 살펴본다. 클리퍼드 쇼Clifford Shaw의 『퍽치기: 비행소년의 자기 이야기The Jack Roller: A Delinquent Boy's Own Story』(수정판, 1966)는 한 비행소년의 삶의 이야기로, 시카고학파의 고전적인 연구이다. 앨리 혹실드Arlie Hochschild의 『감정노동The Managed Heart: Commercialization of Human Feeling』(1983)은 항공기 승무원들에 대한 연구를 통해 감정의 중요성을 소개한다. 피에르 부르디외Pierre Bourdieu의 『세계의 무게: 현대사회에서의 사회적 고통The Weight of the World: Social Suffering in Contemporary Society』(1990)은 해고 노동자, 이민자 가족 등에 대한 면접을 통해 그의 중요한 이론적 작업에 '살'을 붙이고 있다. 아서 프랭크Arthur W. Frank의 『몸의 증언The Wounded Storyteller: Body,

Illness and Ethics』(1995)은 우리가 우리의 질병에 대해 하는 이야기를 그 자신의 질병에 의지하여 서술한다. 위르겐 하버마스Jürgen Habermas의 『공론장의 구조변동The Structural Transformation of the Public Sphere』(1989), 제프리 알렉산더Jeffrey C. Alexander의 『시민 영역The Civil Sphere』(2006), 호베르투 웅거Roberto Mangabeira Unger의 『주체의 각성The Self Awakened: Pragmatism Unbound』(2007)도 읽어보기 바란다. 켄 플러머의 「사회학에서 비판적 인간주의 선언A Manifesto for Critical Humanism in Sociology」(2013)도 참고하기 바란다.

Sociology

6

조사연구: 경험적인 것과 비판적으로 씨름한다

훌륭한 장인craftman이 되어라. 절차의 엄격한 연쇄를 피하라. 무엇보다도 사회학적 상상력을 발전시키고 사용하라. 방법 및 기법에 대한 물신숭배를 피하라. 허세 부리지 않는 지적 장인의 복원을 촉구하고 여러분 자신이 그런 장인이 되고자 노력하라. 모든 사람이 독자적으로 고유한 방법론자가 되도록 하라. 모든 사람이 독자적으로 고유한 이론가가 되도록 하라. 이론과 방법이 다시 기예craft의 실천이 되도록 하라.

C. 라이트 밀스C. Wright Mills, 『사회학적 상상력The Sociological Imagination』, 1959

많은 사람들은 사회학자를 면접을 수행하거나 사회조사social survey를 실시하거나 질문지를 설계하는 사람으로 생각한다. 그럴지도 모른다. 그러나 사회학자만 그런 것은 아니다. 다른 집단의 사람들도 그러한 연구 도구를 사용한다. 사회학자들을 다른 사람들과 다르게 만드는 것은 그들의 '질문'과 '관점'이다. 이것들에 기초해서 사회학자들은 그들이 광범한 자료들을 놓고 비판적으로 씨름할 수 있게 해주는 온갖 방법을 선택한다. 실질적으로 사회학자들은 우리가 그 속에서 살고 있는 경험 세계에 대한 세심한 인식을 언제나 발전시켜야 한다. 주의 깊게 살펴보고 이야기를 듣고, 사람들 및 그들의 힘든 처지를 만나며 깊이 생각할 수 있어야 한다. 우리는 세계를 여러 가지 상이한 방식으로 관찰하고, 그것의 다양성, 복합성, 내적 의미를 파악하며, 우리의 모든 감각기관을 사용해 그것들과 씨름한다. 이것의 수행에 바로 사회학적 방법의 자극과 도전이 자리하고 있다. 우리는 우리가 다루는 문제와 연구 주제에 적합한 방법을 사용해야 한다. 이 모든 것을 수행할 때 목표는 궁극적으로 '적절한 객관성', 즉 충분히 공정한 중립성을 가지고 진리를 말하는 것이다. 그렇지만 이것은 말하기는 쉬워도 실행하기는 매우 힘들다. 정확하게 이것을 어떻게 수행할 수 있는가, 또는 어떻게 수행해야 하는가를 놓고 사회학자들은 많은 논쟁을 벌여왔다. 이것이 이 장의 초점으로, 여기서는 입문적이지만 어려운 주제들을 다룬다.

사회학의 실천: 장사의 요령

세계를 사회학적으로 이해하는 작업은 다른 숙련과 비슷하다. 그것은 실천을 요구한다. 그리고 그것은 이전부터 거기에 있던 다른 사람들에게서 이러저러한 '장사의 요령tricks of the trade'(하워드 베커의 표현이다)•을 배운다는 것을 뜻한다. 사회학자들은 다른 과학자들이나 예술가들과 마찬가지로 특정의 기예, 상상력, 그리고 사유 방법을 함양해야 한다. 그리고 비판적·대화적·성찰적이어야 한다. 우리는 시간과 공간 속에서 발생하는 복잡한 인간 생애사와 행위에 주목해야 한다. 권력관계와 물질적 세계에 뿌리를 둔

• 이것은 베커가 쓴 책의 제목으로, 국내에는 『학계의 술책』으로 번역되어 있다. — 옮긴이

인간의 주체성을 파악해야 한다. 그리고 우리는 개인적인 열정을 쏟으면서도 적절한 객관성을 얻고자 노력하며 냉정한 거리를 유지해야 한다. 사회학적 연구의 실행은 부분적으로 피아노 연주나 새로운 언어를 배우는 것, 또는 생물학자나 화학자의 도구들(그리고 후속의 지식들)을 익히는 것과 조금은 유사하다. 이 모든 것들에는 초보자부터 전문가에 이르기까지의 숙련의 층위들이 있다. 처음에는 배워야 할 것도 많고 익혀야 할 숙련도 여러 가지가 있다. 그렇지만 우리는 조금씩 여러 수준의 능력들을 획득하게 된다. 결국에는 모든 것들이 잘 작동할 수 있게 만드는 신선한 안목과 창의성이 필요하다.

다른 숙련들과 사회학의 한 가지 차이는 우리가 사회 속에서 살고 있는 덕분에 이미 '초보 사회학자'라는 사실에 있다. 일상의 사회 세계를 둘러싼 우리의 길을 다니려면 그 사회가 어떻게 움직이는가에 관한 어느 정도의 지식을 가지고 있어야 한다. 그렇지만 우리는 이러한 초기의 기본적인 지식만으로도 우리가 사회학자라고 말하기에 충분하다고 오해할 수 있다. 사실 사회학자가 된다는 것은 사회학적 상상력을 익히는 느린 과정이다. 그것은 두세 가지 악보의 단순한 선율을 즉석에서 연주하고 4분음표와 8분음표를 구별할 수 있는 피아노 연주자와 음악을 읽고 음계와 화음의 복잡성을 파악하며 합주를 연주할 수 있는 연주자 사이의 차이라고 할 수 있다.

사회학 연구 방법론의 모든 측면에 관해서는 수백 권의 책과 강의가 있고, 이 책은 그것들의 대부분에 대해 소개조차 할 수 없다(일부는 이 장의 끝에 있는 읽을거리에 제시한다). 그 대신 여기서는 몇 가지 중요한 쟁점들을 통해 여러분을 안내할 수 있는 매우 기본적인 틀을 제공할 것이다. 사회학을 실행한다는 것은 대체로 다음과 같은 종류의 몇 가지 숙련을 계발한다는 것을 뜻한다.

1. 인식론적 작업: 사회과학이 만들어낼 수 있는 진리의 종류에 관해, 사회과학의 패러다임paradigm에 관해 질문을 제기한다.
2. 경험적 작업: 모든 '원천'과 '형태' 속에 나타나는 여러분의 연구 주제에 대해 심오한 친밀성을 발전시킨다. 세계에서 무슨 일이 진행되고 있는지에 대해 여러분에게 보여주는 자료를 자세히 살펴볼 수 있게 해주는 도구와 방법에 관해 배운다.
3. 분석적 작업: 그 모든 것에 대한 적절한 비판적 감각을 형성한다. 사회적 삶을 어떻게 논술할 것인가(동물학자가 동물에 대해 논하는 것과 어느 정도 유사하게!)를 배우고, 적절한 개념과 이론을 구성하며, 식별력 있고 생각이 깊은 관찰을 진행한다.

인식론적 작업: 사회학적 지식을 틀 짓기

모든 지적 작업이 그러하듯, 사회학도 진지한 사유를 요구한다. 앞 장들은 사회학적 사유로 가는 여러 경로를 제시했다. 바로 앞 장에서는 자세하게 검토할 11개의 핵심 분야들을 제시했다. 연구의 매 단계에서 사회학은 여러분이 만들어내는 지식의 본성에 관한 질문을 제기하고(인식론적epistemological 질문), 여러분이 사회 세계에 정말로 실재하고 있다고 느끼는 것에 의문을 제기하며(존재론적ontological 질문), 연구 과정에서 여러분 자신의 개인적 위치를 검토한다('재귀성reflexivity'이라고 알려져 있다).

역사적 · 과학적 예술로서의 사회학

200년의 역사를 통해 사회학은 자신을 '사회에 대한 과학'으로 정의하기 위해 노력해왔다. 그렇지만 바로 그 초기부터 이 생각이 무엇을 의미하는가에 관해 길고 열띤 논쟁이 있어왔다. 인간과학과 자연과학 사이의(또는 정신학문Geistwissenschaften과 자연학문Naturwissenschaften 사이의) 이런 '방법론 논쟁'(종종 독일어 Methodenstreit로 표현된다)은 19세기 후반 독일에서 철학자이자 문화사가인 빌헬름 딜타이Wilhelm Dilthey(1833~1911)와 신칸트주의자 하인리히 리케르트Heinrich Rickert(1863~1936)와 빌헬름 빈델반트Wilhelm Windelband(1848~1915) 사이에서 대표적으로 일어났다. 그때에도 사회과학과 역사와 인간에 대한 지식의 진정한 본성에 관한 그들의 논쟁은 지적으로 소란스럽게 진행되었을 것이다. 그 논쟁은 오래된 철학적 논쟁의 근대적 재연이었다. 그러나 그 논쟁은 그들을 추종하는 (베버를 포함한) 모든 사람들에게 영향을 미쳤다. 그리고 그러한 논쟁은 21세기에도 사라지지 않고 있다.

▌생각하기 __ 지식은 무엇인가?

인식론epistemology은 지식의 본성과 진리에 대한 여러 견해를 연구하는 철학의 분과이다. 사회학에는 인식론에 관한 주요한 논쟁들이 있으며, 여기서는 다음의 네 가지를 열거한다.

- **실증주의**positivism: 과학에 대한 고전적이고 전통적인 견해로, 동물 분류나 실험실 실험 수행 등과 같이 관찰 가능한 것의 측정을 중시한다. 일반적인 도구로는 조사, 통계적 자료가 있다.
- **해석주의**interpretivism: 의미 때문에 인간의 삶은 자연적 삶과 다르며, 그러므로 핵심 과제는 '이해Verstehen', 감정이입, 밀접한 친숙성을 통해 이러한 의미들을 이해하는 것이라고 주장한다. 일반적인 도구는 생애사, 심층 면접, 그리고 현지 조사, 참여 관찰, 민족지 작업이다(뒤의 세 단어는 흔히 서로 바꾸어 사용한다).

- **관점인식론** standpoint: 모든 과학과 진지한 분석은 사회적으로 근거한 특정 관점에서 수행한다는 것, 그리고 우리는 이러한 관점이 무엇인지를 명확히 해야 한다는 것을 강조한다. 공통의 관점으로는 '여성주의 관점', '퀴어 관점', '인종 관점', '탈식민주의 관점' 등을 들 수 있다.
- **실재론** realism: 과학에 대한 더 강력하고 더 이론적인 견해로, 과학은 단지 관찰과 측정에만 의존하는 것이 아니라 기저의 심층적인 인과 과정을 탐구한다고 지적한다. 물리학자는 행성들을 관찰할 수 있지만 그것들을 설명하기 위해서는 이론이 필요하다. 생물학자는 식물과 동물의 삶을 관찰할 수 있지만 그것들을 설명할 이론이 필요하다. 실재론자가 사례로 드는 다윈의 진화 이론이나 마르크스의 물질주의 이론은 둘 모두 관찰에 근거하고 있지만, 훨씬 더 크고 광범한 설명 도구들을 발전시켰다.

이에 관한 훌륭한 논문 모음집으로는 제라드 델란티Gerard DeLanty와 피에트 스트라이덤Piet Strydom의 『사회과학의 철학들: 고전적 · 현대적 읽을거리Philosophies of Social Science: The Classic and Contemporary Readings』(2003)가 있다.

딜타이는 문화과학이라고 부를 수 있는 것을 만들고자 했으며, 인간들의 세계에 대한 지식은, 관찰 가능한 외부 세계에 대한 단순한 관찰을 통해서가 아니라 오로지 생생한 경험들(체험Erlebnis)에 대한 자세한 조사와 그것들에 대한 이해Verstehen의 획득을 통해서만 얻을 수 있다는 것을 입증하고자 했다. 앞에서 본 것처럼 사회학에서 중심적인 자료는 인간의 의미이다. 그리고 딜타이는 우리가 연구하는 시대와 장소의 정신과 의미를 파악하는 적절한 방법을 발전시켜야 한다고 주장했다. 문화과학은 언제나 역사적 행위자들과 문화적 객체들이 내포하는 의미에 대한 재경험(실감Nacherleben)을 통해 이러한 경험을 이해해야 하기 때문에, 분명히 사회학은 자연과학과 같을 수 없다. 이러한 세계관Weltanschauungen은 문화에 상대적이다. 빈델반트와 리케르트는 대부분에 대해서는 딜타이와 의견을 같이했지만, 보편법칙 및 제일성universal laws and uniformities의 확인(이른바 법칙정립적 자연과학)을 원하는 사람들과 역사는 특수하고 독특한 행위들의 군집만을 제공할 수 있다(개체서술적 인간과학)고 생각하는 사람들 사이에 실질적인 구분선을 그어야 한다고 주장했다. 칸트를 따라 그들은 (독특한 사례들을 살펴보는 역사학을 제외한) 인간과학은 보편법칙을 찾아야 한다고 주장했다.

지금도 이런 종류의 복잡한 논쟁이 여러 사회학자들을 사로잡고 있다. 충고한다면, 여러분이 사회학을 조금이라도 높은 수준에서 공부하고자 한다면, 이것들은 끊임없이 직면하는 종류의 질문이다. 그렇지만 간단하게 말하면, 사회학은 다음과 같은 문제들을 고민하느라 늘 바쁘다.

- 사회과학은 정말 물리과학과 같은가?(이것은 물리과학이 어떤 특징을 갖는가의 쟁점을 제기한다)
- 사회과학의 주제는 자연과학의 방법과는 전혀 다른 방법을 필요로 할 만큼 물리과학의 주제와 크게 다른가? 인간의 의미가 그렇게 큰 차이를 만드는가?
- 사회과학은 정말로 역사학의 분과인가, 그러므로 독특하고 특수한 사례들에 초점을 맞추는 개체서술적인 것인가?
- 사회과학은 보편적인 것들을 찾아야 하며 일반화를 만들 수 있어야 하는가? 추상적 이론은 이것을 수행하는 훌륭한 방법인가?

나는 이제 여러분에게 이렇게 말할 수 있다. 이러한 질문들에 대한 간단한 답은 없다. 이 질문들에 대해 이미 수많은 답들이 제시되었으며, 오늘날 강단의 학자들은 그것들에 관해 매우 상이한 입장을 취하고 있다. 그렇지만 여러분은 여러분 자신의 생각을 정리하기 바란다. 그리고 세 가지(과학, 예술, 역사)에 대한 여러분 자신의 (아마도 학교에서의) 경험을 상기하는 것이 도움이 될 것이다. 과학은 그것이 생물학이거나 물리학이거나 화학이거나 언제나 세계에서 일어나고 있는 것들에 대한 일종의 관찰을 포함한다. 개인적으로 나는 늘 동물학자 데이비드 애튼버러David Attenborough의 텔레비전 연속물(자연 관찰 프로그램들로, 과학자가 동물들과 동물들의 행태를 주의 깊게 관찰한다)을 생각한다. 그렇지만 통상적으로 그들은 단순한 관찰을 넘어서 분류하고 개념화하며, 어느 정도의 일반화를 시도한다. 우주의 기원에 대한 놀라운 이론들은 과학의 이런 모습을 가장 명확하게 보여준다. 물리학자는 천체를 관찰하기 위해 허블 망원경을 만들어냈을 것이다. 그러나 물리학자가 유명한 '빅뱅Big Bang' 이론을 관찰한 것은 아니다. 빅뱅 이론은 증거에서 이끌어내어 추론한 것으로, 과학에서도 상상적 사변이 상당히 큰 부분을 차지함을 보여준다. 때때로 사회학자들은 과학이 관찰하고 시험한다고 주장하는 매우 단순화한 견해를 제시하지만 과학은 언제나 이것보다 훨씬 더 많은 것들을 포함하고 있다.

이제 역사학을 생각해보자. 거듭 말하지만, 학교에서 여러분은 늘 과거에 관한 매우 특수한 사실들을 많이 배운다. 그러나 여러분이 공부를 열심히 했다면 이러한 많은 역사적 사실들이 '해석'이라는 매우 실질적인 문제를 야기한다는 것을 금방 깨닫게 될 것이다. 오늘날 텔레비전에서 많은 역사 프로그램을 방영하지만 여기서도 문제는 훨씬 뚜렷하게 드러난다. 역사가들은 그들의 역사적 사실들을 어떻게 얻는가? 흔히 역사가들에 대해서는, 그들이 발견한 것의 진리성을 주장하고 우리에게 세계가 어떠한가를 설득하기 위해 꾸며낸 훌륭한 이야기들을 말하는 명백하게 고집스러운 사람이라고 생각한다. 역사와 그 역사를 진술하는 사람이 어떻게 결합되어 있는지를 생각해보자(오늘날 영국의 텔레비전 프로그램에 등장하는 가장 유명한 두 역사학자인 사이먼 샤마Simon Schama와 데이비드 스타키David Starkey, 그리고 그들의 양식과 접근이 어떻게 다른지 생각해보자). 역사는 사실의 간명한 진술보다 훨씬 더 많은 것을 담고 있다.

마지막으로 예술에 대해, 음악 · 그림 · 연극 · 시 작품에 대해 생각해보자. 우리는 이것에서 무엇을 배우는가? 적어도 인간의 상상력과 창조성에 관해 무엇인가를 깨닫기를 나는 희망한다. 나아가 인간과 인간의 운명에 관해 무엇인가를 배울 수도 있을 것이다. 수많은 문학작품(셰익스피어, 톨스토이), 시각예술(호가스, 워홀), 음악(모차르트, 말러)은 그 시대의, 그리고 우리 시대의 거대한 사회적 주제들을 다루고 있다. 그리고 이것은 아마도 과학 이상으로 상상력을 변화시킬 수 있다. 19세기 시인 존 키츠John Keats(1795~1821)가 서정적으로 표현했듯, '차가운 철학이 한번 건드리자 모든 마법이 날아가지 않는가?'("Lamia", 1820).

자, 여기 예술, 역사, 과학이 있다. 세계에서 무엇이 일어나는가를 이해하고자 한다면, 어느 하나가 다른 것보다 더 나은가? 과학을 선호하고 예술을 쓰레기로 버려야 하는가? 과학보다 역사를 선호해야 하는가? 예술을 인간의 조건에 들어가는 최고의 입구로 봐야 하는가? 과학을 별에 접근하는 출입구로 봐야 하는가? 그렇다, 그것은 당신의 선택에 달려 있다. 그러나 내가 보기에 우리는 셋 모두를 똑같이 필요로 한다. 그것들은 양립 불가능한 것이 아니며 각각은 다른 각각의 최악의 접근들을 견제한다.

이런 모든 것들을 이유로, 나는 사회학을 다수의 방법론들과 맞물려 있는 것으로 보고, 인간의 사회 세계에서 무엇이 일어나고 있는가를 이해하고자 하는 역사적 · 과학적 예술로 보는 것이 가장 적절하다고 믿는다. 우리는 우리의 독특한 과거를 이해하고자 노력한다(역사). 우리는 경험 세계에서 일어나고 있는 것들을 이해하기 위해 세계에 대한 관찰에서 연관과 일반화를 만들고자 한다(과학). 그리고 우리는 이 모든 것들을 이해하기 위해 우리의 상상력을 필요로 한다(예술). 물론 개인은 사회학을 실행하는 이런저런 양식들 중 어느 하나를 전문화할 수 있다. 그러나 궁극적으로 사회에 대한 깊이 있는 이해를 얻기 위해서는 늘 이들 셋이 들끓어 뒤섞이도록 해야 할 것이다. 객관성을 위한 과학, 독특한 이해를 위한 역사, 그리고 비판적 상상력을 위한 예술이 그것이다.

하지만 슬프게도, 대체로 현대의 지식은 일찍이 1950년대에 과학자이자 소설가인 찰스 스노Charles Percy Snow가 '두 문화two cultures'라고 부른 것, 즉 예술(인문학, 예술, 역사)과 과학으로 분리된다. 우리는 현재의 대학들이 학위를 주는 방식(문학사Bachelors of Arts와 이학사Bachelors of Sciences), 학부를 조직하는 방식(문학부The Faculty of Arts와 이학부The Faculty of Science)에서 이것을 확인할 수 있다. 학교에서조차 학생들에게 터무니없이 어린 나이에 과학적 경로나 예술적 경로를 선택하라고 강요하는 일이 흔하다. 근대에는 이것들이 거의 완전히 분리되었다. 사회도 이러한 분할에 기초하여 조직되고 있다. 여러분은 어디에서나 존재하는 '천박한 과학자들philistine scientists'과 과도하게 '낭만적인 예술가들romantic artists' 사이의 긴장에서 이것을 확인할 수 있다. 그러나 언제나 그러했던 것은 아니다. 여러분이 레오나르도 다빈치Leonardo da Vinci(1452~1519)의 사례를 본다면, 여러분은 그가 미술가, 조각가, 음악가, 건축가, 과학자, 수학자, 공학자, 해부학자, 식물학자로서 — 이 목록은 더 늘릴 수 있다 — 다양하게 업적을 쌓았다는 것을 알게 될 것이다. 그는 근대가 자체의 편의를 위해 만든 사소한 분할에 얽매이지 않았다. 과학과 예술은 상호 배타적인 극으로 존재하는 것이 아니다. 다빈치는 과학과 공학에 대한 연구를 예술 및 철학과 융합했다. 그리고 약 13,000쪽의 노트와 그림을 만들어냈다. 물론 그는 고전적인 문예부흥의 인간이다. 그러나 그는 과학과 예술의 세계들을 근대 세계가 시도하는 것처럼 분리하지 않아야 할 필요를 아주

표 6-1 _ 연결한다: 미시와 거시, 과학과 예술을 묶는다

	예술 쪽의 극	매개하는 힘	과학 쪽의 극
과제	해석과 이해	⟷	측정과 원인 발견
초점	의미, 감정, 경험의 세계	⟷	외부의 구조, 객관적 원인
도구	감정이입, 상상력, 친숙성	⟷	훈련한 연구 기술
가치와 정치	어디에나 있음	⟷	중립적, 가치 자유
표현	영화, 소설, 연극, 미술, 음악	⟷	기술 논문, 보고서, 표

주: 이것은 조사연구 과정에 대한 입장을 위험하게 과잉 단순화한 것이다. 실제 과정은 이러한 단순한 도식보다 훨씬 더 복잡하다. 실제로는 흔히 양쪽의 접근을 조합하며, 이것들 이외의 입장도 많이 있다. 하지만 사회연구에서 사용할 수 있는 선택지에 관해 생각을 시작하는 방법으로서 이 도식은 몇 가지 핵심적이고 매우 상이한 경로를 제시한다. 이상적인 상황에서는 그것들은 서로 경쟁하는 것이 아니라 보완한다.

생생하게 예증한다. 〈표 6-1〉은 연결이 필요한 몇 가지 잘못된 분리들을 보여준다.

경험적 작업: 자료와 친숙해지기

모든 좋은 사회학은, 그것이 사회 세계에서 일어나고 있는 것과 밀착해 있다는 의미에서 경험적empirical이다(그렇지 않다면 사회학이라고 할 수 없다). 그러나 이러한 공통의 목표를 추구하는 데에는 여러 가지 길이 있다. 여기서 또 다른 도표가 두 가지 중심적인, 그리고 매우 상이한 연구 논리를 해명하는 데 도움이 될 것이다. 당연히 실제에서는 이것에 기초한 수백 가지의 변형들이 있으며, 다시 과제는 그러한 다양한 변형들을 결합하는 것이다. 그렇지만 첫출발에서는 두 연구 논리를 구분하여 이해하는 것이 유용하다(〈그림 6-1〉 참조).

첫 번째 연구 경로는 거대한 가설 및 일반화의 추구에서 시작한다. 가설

그림 6-1 _ 연구 과정의 두 가지 '이념형적' 논리: 연역과 귀납

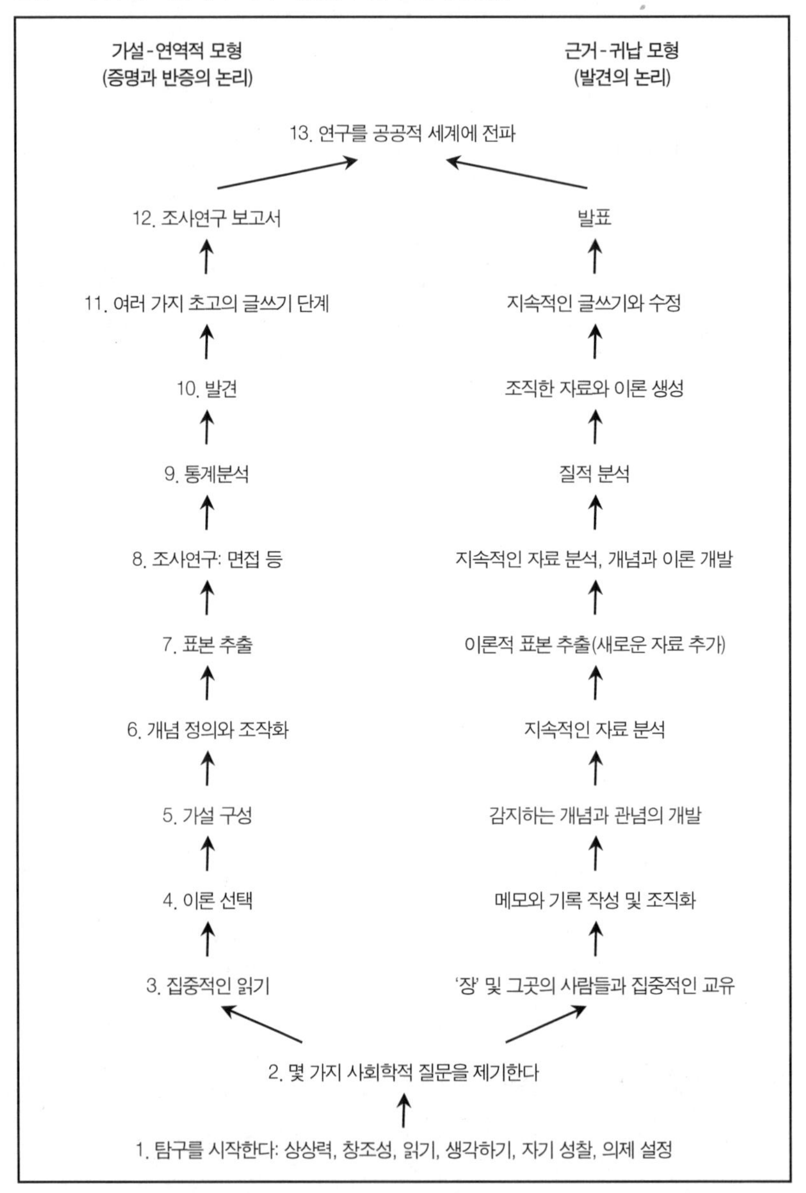

주: 이 도표는 연구 과정에 대한 입장들을 위험하게 단순화한 것이다. 삶은 그것에 대한 우리의 단순한 도해보다 훨씬 복잡하다. 두 접근은 흔히 조합되며, 여러 다른 입장들이 있다. 그러나 이 도표는 사회연구에서 사용할 수 있는 선택지에 관해 생각을 시작하는 방안으로 몇 가지 핵심적인 상이한 경로들을 제시하고 있다.

이나 일반화에 포함된 관념들을 측정 가능하게 만든다(종종 '조작적 개념 operational concept'을 통해). 그것들의 가설을 '검증' 또는 '반증'하기 위해 자료를 찾아낸다(반증의 핵심 원리). 그리고 가설을 엄격하게 검사하여 그것이 작동하지 않거나 자료와 부합하지 않는 그릇된 사례를 찾아낸다. 그런 다음 그 연구의 결론이 참일 개연성을 여러 절차를 통해 수학적으로 계산한다. 이러한 연구는 통상적으로 기술적인 보고서처럼 읽힌다. 통상적으로 증거는 상당한 양의 통계적 보고와 기술적 분석으로 나타난다. 그것은 '일반적인 것'에서 '특수한 것'으로 움직이는 '하향식' 접근이다. 대부분의 대규모 조사 survey와 '과학적 사회학'은 이 연구 논리를 기초로 사용한다. 우리는 가설을 채택하거나 기각하기 위해 관찰 자료들을 수집한다.

두 번째 연구 경로는 관찰과 경험에서 출발하며, 발견의 논리에 기초한다. 측정할 수 없는 개념들도 등장하기는 하지만, 그것들은 관찰을 이해할 수 있게 만드는 것으로 보이며, 더 심층적인 이해를 촉진하는 것을 목표로 한다(그 개념들은 흔히 '감지하는 개념sensitising concept'이라고 부른다). 그러한 관찰 및 개념 개발에서 시작하여 작은 규모의 이론을 발전시킨다. 연구는 가설이나 심지어 개념을 만들어내기에 앞서 여러 종류의 현지 조사(관찰, 문헌 연구, 시각 매체 검토 등)를 수행한다. 통상적으로 피면접자들이나 책 또는 그 밖의 자료 출처에서 나온 것을 그대로 옮긴 진술을 포함하는 최종적 연구를 만들어낸다. 그것은 훨씬 더 평이하게 읽을 수 있으며, 글쓰기 솜씨도 강조된다. 여기서 우리가 무엇인가를 관찰할 때 정말로 기존의 일반화나 가정 없이 시작할 수 있는가의 문제가 늘 제기된다. 그것은 관찰에서 사례연구로 움직이며, 어떻든 최종적으로는 일반화, 추상화, 이론으로 움직인다. 그것은 '상향식' 접근 또는 근거 접근grounded approach이다. 앞의 것은 흔히 '연역적 deductive'이라고 부르고, 뒤의 것은 '귀납적inductive'이라고 부른다.

그림 6-2 _ 연구 도구 상자

기록 문서(역사적, 개인적, 온갖 종류), 인공물과 사물('재료stuff': 개인 소장물, 고고학적 발견, 소비재 등), 미술(그림, 조각), 태도 척도, 자서전, 자동 민족지, 사례연구, 국세 조사, 내용 분석, 대화 분석, 사이버 재료(웹사이트, 이메일, 블로그, 유튜브, Second Life, SNS), 일기, 담론 분석, 온갖 종류의 문서(예: 학적부, 클럽 잡지), 다큐멘터리 영화, 실험(실험실 연구), 현지 조사(참여 관찰, 민족지), 허구(소설, 텔레비전 드라마), 영화와 비디오, 초점 집단, 역사적 연구, 온갖 종류의 면접(단기, 장기, 초점, 조사, 심층, 분석적), 편지, 생애 이야기, 개인적 경험, 사진, 우편번호, 질문지, 사회조사(전국적, 지역적, 장기적, 패널), 모든 종류의 텍스트, 시각 자료(사진, 영화, 기록물, 비디오, 그림, 미술)

사회학이 사용하는 자료는 사회학자들이 분석하는 다양한 조각 정보들이다. 사회학이 번성하고 있을 때, 사회학은 이러한 자료를 얻기 위해 '조사', 특히 '면접' 등과 같은 '방법들을 고안'해야 했다. 이제는 조사연구방법 발전의 역사를 살펴보는 연구들도 있다[예를 들면 제니퍼 플랫의 저술(Platt, 1996)]. 그러나 오늘날에는 사회학자들이 사용하는 도구들을 사회의 다른 분야에서도 널리 사용하고 있다. 우리는 각종 매체에서도 면접을 자주 사용하는 것을 볼 수 있다. 우리가 접할 수 있는 온갖 조직에서도 조사지를 배포한다. 생애사는 다큐멘터리 영화와 신문기사에서 널리 사용하는 방법이다. 대부분 큰 조직들은 '연구 개발' 부서를 가지고 있다. 사회학의 연구 방법에 더 이상 정말로 특별하게 사회학적으로 중요한 것은 없다. 과거에는 사회학자를 면접, 조사, 통계를 사용하는 사람으로 특징짓기도 했지만 이제 그 연구 방법은 아무 데에서나 찾아볼 수 있다. 조사연구 도구들은 광범한 분야에서 사용하고 있으며, 사회학자들의 작업은 이것보다 훨씬 폭이 넓다.

그렇지만 자료 수집에 사용할 수 있는 도구들에 관해 여러분에게 신속한 생각을 제공할 의도에서 〈그림 6-2〉는 사회학자들이 사용할 수 있는 일부 도구들의 목록을 제시하고 있다. 사회학자들이 이러한 일련의 도구들을 함께 (사용해야 하기 때문에) 사용할 때, 그 과정은 종종 삼각측량triangulation이라고 부른다. 이러한 자료들을 분석하기 위해서는 그것들 각각에 적합한 숙련을 갖춰야 하며, 안내하는 문헌은 많이 있다.

디지털을 사용하는 연구는 사회학을 어떻게 변화시키는가

그런데 이것들은 사회과학과 인간과학 전체에서 사용하는 '낡은 방법'이다. 그러나 디지털 혁명과 함께 변화가 일어나고 있으며 이것은 사회학에 새로운 도전이 되고 있다. 우리는 초기 사회학자들이 연구했던 세계와 방법에서 극적으로 벗어나고 있다. 사회학은 산업혁명과 초기 자본주의에서 출생했다고 할 수 있지만, 이제 21세기로 급속하게 옮겨가고 있다. 우리는 이제 과거의 세계와 대조적으로 사회에 관한 정보와 그것을 획득하는 새로운 방법들의 놀라운 군집으로 가득 찬 사회 세계에 살고 있다. 21세기에 여러분은 마우스 클릭 한 번으로 인간의 사회적 삶의 대부분을 추적할 수 있게 되었다. 사회에 대한 연구가 지금보다 더 쉬웠거나 더 폭넓고 완전하게 접근이 가능했던 시기는 없었다. 사회학자들이 알아내는 데 몇 년의 시간이 걸리고 흔히 수백만 파운드의 비용이 들었던 것을 이제는 몇 분이나 몇 시간 안에, 그리고 사실상 비용을 들이지 않고 찾아낼 수 있다. 그리고 특별한 전문 능력이 없더라도 그것을 실행할 수 있다. 이러한 새로운 자원들은 이전 2세기 동안에는 사회학자들이 이용할 수 없었던 것이다. 이제 사회학의 일상적 실천을 바꾸는 새로운 디지털 세대가 형성되고 있다. 오늘날 사회학이 연구 실천에서 통합하고 있는 이러한 변화들 가운데 12가지만 살펴보겠다.

첫째, 기본적인 전통적 방법들의 대부분은 디지털로 가버렸다. 이제 면접, 질문지, 사회조사, 기록 문서 등의 도구는 모두 온라인에서 사용할 수 있다. 이것을 도울 수 있는 컴퓨터 이용 사회조사 정보 수집Computer-Assisted Survey Information Collection: CASIC 같은 새로운 프로그램이 개발되었다. 둘째, 조사연구를 도울 수 있는 매우 다양한 새로운 디지털 도구들이 개발되었다. 통상적으로 사회학자들은 위키피디아, 구글 검색, 아마존 온라인 서점, 전자 학술지 등에서 시작해 고급 프로그램의 이용으로 이동한다. 이런 기본적인 조사연구는 누구나 이용할 수 있게 되었다. 셋째, 사회학자들은 디지털 기반의 실시간 조사연구를 수행할 수 있다. 아이패드, 스마트폰, 스카이프, 사회 연결망 서비스를 통해 언제 어디서나 세계 여러 곳의 사람들에게 접근할 수 있게 되었다. 사회학자들은 사람들이 거주하고 있는 공간을 구글 지도Google Map와 위성항법장치satnav를 사용해 표시할 수 있다. 폐쇄회로 텔레비전CCTV을 통해 일상의 삶을 원래 장소에서 생생하게 포착할 수 있다. 그리고 우편번호와 우편물 주소를 자료로 사용하는 소비자 연구를 통해 사람들의 삶의 양식을 찾아낼 수 있다. 이 모든 것을 지구적으로, 그리고 즉석에서 한꺼번에 수행할 수 있다. 넷째, 더 전문적으로 사회학자들은 사회 연결망 서비스(페이스북Facebook), 사진 공유 사이트(플리커Flicker, 인스타그램Instagram, 피카사Picasa), 동영상 공유 사이트(유튜브YouTube, 메타카페Metacafe), 블로깅(워드프레스Wordpres, 텀블러Tumblr), 마이크로 블로깅(트위터Twittter), 뉴스 애그리게이터news aggregator(구글리더Google Reader, 스텀블어폰StumbleUpon, 피드버너Feed-Burner) 등을 사용해, 다양하고 새로운 자료들을 제공할 수 있다. 사회 연결망을 통해 완전히 새로운 자료의 세계를 만들어낼 수 있는 것이다. 다섯째, 이러한 집합적 자료들의 대부분은 '빅데이터Big Data'로 전환해 연구에 사용할 수 있다. 빅데이터는 대규모의 혼란스러운 자료 집합으로서 여기서 의미 있는 유형을 추출(발굴·채집·수확)하고 분석할 수 있다. 이런 것의 사용에는 수학적인 능력이 분명 도움이 될 것이다. 이것은 주류 사회학과는 거리가 있는 일종의 컴퓨터 프로그래밍이라고 할 수 있다. 여섯째, 이제 대부분의 조사연구는 하이퍼링크hyperlink를 활용하거나 제공한다. 이런 비선형적 방법은 생각하고 자료를 읽고 제시하는 새로운 방식을 제시한다. 일곱째, 많은 사회학자들이 조사연구를 위한 디지털 프로그램을 개발·사용하고 있다. 사회연구에서는 오랫동안 '사회과학 통계 패키지Statistical Package for the Social Sciences: SPSS'를 지배적으로 사용해왔지만, 이제는 연구를 위한 여러 종류의 새로운 프로그램들이 많이 존재한다. CAQDAS(컴퓨터 이용 질적 자료분석 체계), ATLAS.ti, Hyper-RESEARCH, MaxQDA, NVivo 등의 프로그램은 그 사례이다. 여덟째, 시각적 연구가 더 많아지고 있다. 다른 사람들과 마찬가지로 사회학자들도 이제 어디서나 쉽게 디지털 이미지(사진, 동영상)에 접근할 수 있다는 것을 알고 있으며 사회적 삶을 보여주는 다양한 이미지들을 연구에 활용하고 있다. 마침내 사회학자들도 시각적인 것의 중요성을 깨닫기 시작한 것이다. 그리고 동영상과 사진을 활용하는 기술은 현대 사회학이 세계를 보는 방식을 변화시키고 있다. 더욱이 '자료 표시'와 '그래픽 매핑'을 위해 광학 미디어도 중요해지고 있다. 아홉째, (LiveJournal, WritersCafé 같은 소프트웨어 개발과 함께) 새로운 스토리텔링 블로그, 학술지 제작을 위한 서사 네트워크, 디지털 스토리텔링 등도 나타났다. 열째, 디지털 사용에 대한 대규모의 사회조사부터 세계의 디지털 문화에 대한 민족지까지, '위키피디아의 사회학'부터 온갖 종류의 디지털 활동(가상현실, 인터넷에서의 사랑, '디지털 활동주의', 디지털 건강 등)에 대한 연구까지, '디지털'은 그 자체가 중요한 연구 주제가 되고 있다. 게다가 디지털 세계는 학문의 표현 방식에서 새로운 디지털 양식을 만들어낸다. 개방형 학술 논문, 블로그와 트윗 게시, 파워포인트 발표 등을 비롯해 광범한 표현 양식들이 증가하고 있다. 궁극적으로 이 모든 것은 사회학적 사유와 이론의 특성을 변화시키기 시작했다.

아날로그적이고 선형적인 사유 양식에서 벗어나 '사물 인터넷' 속에서의 이진법적·하이퍼적·디지털적 사유에 대한 관심이 증가하고 있다.

이것이 이야기의 전부일 수는 없다. 여기서 분명한 것은 오래된 방법과 이론은 변화할 수밖에 없다는 점이다. 이제 사회학도들은 디지털 형태로 이용할 수 있는 경이적인 규모의 자료에 직면하고 있으며 그것에 압도당할 수 있다. 또한 그 자료들은 사회학도뿐 아니라 누구나 이용할 수 있다. 이것은 옛 세대의 사회학자들이 살던 것과는 전혀 다른 세계이며, 이제 사회학도들은 조사와 연구에서 매우 다르고 놀라운 자원을 사용할 수도 있다.

하지만 이런 변화 때문에라도 사회학의 질문은 더욱 절실한 것이 되고 있다. 저기에 거대한 규모의 사회적 재료가 있다고 하더라도 도대체 그것으로 무엇을 만들 것인가? 클릭 한 번으로 아주 많은 재료를 즉각 이용할 수 있는 오늘날에 더욱 필요한 것은 바로 이러한 진지한 사유, 이러한 사회학적 상상력이다. 어떤 자료도 어떤 정보도 그 자체가 사회에 관한 자동적인 진리일 수는 없다. 새로운 기술은 의사소통의 유형을 변화시키고 새로운 가상 세계를 만들어내며 대량의 자료에 접근할 수 있는 통로를 만들어낼 수 있다. 그러나 이제 자료의 범람과 무분별한 매체의 만연은 더욱더 문제가 되고 있다. 트윗의 내용이 심층적 지식일 수는 없으며, 아무도 그렇게 주장하지 않는다. 거의 언제나 디지털은 불충분하다. 새로운 디지털 기술이 사회적인 것에 대한 우리의 이해를 안내할 수 있는 것은 분명하지만, 사회학도의 임무는 우리가 이러한 자료 폭발을 비판적으로 이해하는 데 사회학적 사유가 어떻게 도움을 줄 수 있는가를 증명하는 것이다. 사회학도로서 우리는 이제 이러한 최신 기술과 '디지털 지식'이 정보 및 지식과 사람 사이의 관계를 어떻게 근본적으로 바꿀 수 있는가를 질문해야 한다. 그리고 우리는 비판적 디지털론이 제기하는 종류의 질문들을 기억해야 한다(105~107쪽을 볼 것).

생각하기 __ 빅데이터와 실시간 연구

한쪽 극단에서 우리는 '빅데이터'를 보유하고 있다. 우리가 사용하는 모든 구글 검색, 트윗 게시, 사진 게시, 온라인 구매, 그리고 모든 로그인은 '저기' 거대한 '정보 영역infosphere' 어딘가에 흔적을 남기며 인간의 사회적 삶에 관한 경악스러운 기록이 되고 있다. 그리고 그것은 사회학도들이 사용할 수 있는 무한한 규모의 잠재적 자료가 될 수 있다. 연구자들은 이제 테라(1조)바이트가 아니라 페타(1000조)바이트 규모로 사용할 수 있다. 이러한 막대한 규모의 자료는 상상하기조차 힘들다. 그런 자료들을 컴퓨터 연산을 통해 더욱더 '발굴, 채집, 수확'하고 이용 가능한 '빅데이터'로 변환하고 있다. 태양 아래에 있는 모든 것이 '자료화datafied'하고 있다. 그리고 이것은 우리가 몇 년 전까지도 존재하지 않았던 혼란스러운 자료의 극심한 홍수 속에서 헤엄치고 있음을 의미한다.

다른 쪽 극단에서 우리는 '실시간 자료live data'를 가지고 있다. 오늘날 사회학도들은 그들의 연구 대상에 친밀하게 접근해, '셀카'나 '셀프로깅self-logging'을 촉진하는 디지털 장비를 사용하도록 요청할 수 있다. 그리고 시간과 장소를 가로질러서 그것들을 따라가며 디지털 장비와 프로그램을 사용해 일상의 순간순간을 그 자리에서 관찰하고 기록할 수 있다. 이야기를 수집할 수 있고 이미지를 관리할 수 있고 사건을 기록할 수 있다(그것들이 발생한 풍부한 맥락 속에서 자세하게). 우리는 이전에 가능했던 것보다 훨씬 더 풍부하고 두껍고 '생생한' 자료를 구할 수 있다.

흥미롭게도 디지털 세계는 사회학의 초기 세대에서 진행했던 예술과 과학에 관한 고전적 논쟁을 되살리고 있다(표 〈6-1〉 참조). 그렇지만 두 종류의 자료 모두 문제를 가지고 있다. 그런 방식으로 생산하는 두 종류의 자료는 대체로 다루기 어렵고, 신뢰하기 어려우며, 그것이 알려줄 수 있는 것에 제한이 있으며, 혼란스럽고 심지어 '오염'될 수 있다. 사용하기에도 어렵고 해석하기에도 어려움이 많다. 게다가 감시, 기밀 유지, 사생활 보호, 오용 등의 정치적·윤리적 논란의 가능성을 늘 가지고 있다(Back and Puwar, 2013; Boellstorff, 2013; Burrows and Savage, 2014; Lupton, 2015: chap.5; Meyer-Schönberger and Cukier, 2013 참조).

분석 작업: 자료를 이해한다

사회학에서 자료를 확보하는 방법은 다양하다는 것을 살펴보았다. 오늘날 우리는 여러 곳에서 그러한 자료들을 찾을 수 있다. 신문에도 있고, 인터넷에도 있고, 텔레비전에도 있고, 일상의 삶에서 얻을 수 있는 무수한 기록들에도 있다. 우리는 오늘날 다른 사람들의 삶을 관찰하는 일에 매우 익숙하다. '고글박스Gofflebox'나 '빅 브라더Big Brother' 같은 리얼리티 프로그램이나 많은 다큐멘터리 영화를 볼 때 우리는 늘 그렇게 하고 있다. 이것들 가운데 일부는 삶에 대한 '훔쳐보기fly on the wall' 식 설명을 제공하고 있어 매우 놀랍다. 이러한 매체 프로그램이나 일상 면접의 대부분은, 그리고 그것들을 둘러싸고 진행하는 성찰은 자주 여러분을 현대의 사회적 삶에서 진행되고 있는 것에, 사회학 학술지에 등장하는 수많은 사회학 논문들보다(!) 훨씬 더 가까이 데려다준다. 그러므로 사회학의 숙련 기술은 기본적으로 그것의 연구 도구들에 있는 것이 아니다. 이제 세계는 누구나 살펴볼 수 있는 자료로 가득 차 있다. 자료에 관한 한, 이제 더 이상 사회학자들을 필요로 하지 않는다. 그들은 산업 세계에서 후기 근대 세계로의 이행기에는 쓸모가 있었지만 이제는 모두가 자료 수집가이고 분석가이며, 사회학자들은 공룡이 되어버렸다는 이야기도 할 수 있다.

그러나 나는 분명히 이런 견해에 동의하지 않는다. 왜냐하면 '사회학의 광란sociology's madness'의 중심에는 방법이 있기 때문이다. 사회학은 이러한 난잡한 자료들을 이해하는 길을 제공한다. 우리는 제재 속의 많은 자료들이 쓰레기이며 찌꺼기라는 것, '리얼리티' 프로그램은 우리에게 보여주는 쇼일 뿐 하나의 '리얼리티'가 아니라는 것, 그리고 여러 조사들이 그것들의 배후에 있는 상업적 이해관심에 의해 편향된다는 것(그것들은 결국 시장 조사이다)을 알고 있다. 사회학이 직면하는 도전은 그러한 '자료'에 관해 사유하기 위한 분석적 도구 — '자료 도구'와 구별되는 — 를 제공하는 것이다. 일상의 세계에서 우리는 면접의 '리얼리티', 질문지의 '진리', 조사의 '사실'을 별 의심

없이 당연한 것으로, 즉 주어진 것으로 받아들일 것이다. 그러나 좋은 사회학은 그렇게 할 수 없다. 그것은 늘 자료들을 세밀히 검토하여 그것들을 비판적으로 이해한다. 사회학의 일차적인 방법론적 규칙은 '진리는 쉽게 드러나지 않는다truth is never easy'는 것이다. 사회적 삶을 이해하고자 할 때 진리가 자신을 쉽게 드러내는 일은 거의 없다. 사회적 진리는 사회적 삶 속의 여러 관점과 이견에서 생겨나는 투쟁이다. 그 어떤 사회적 상황에서도, 단지 여러분을 기다리고 있는 진리를 연구에서 발견할 것으로 기대하지 마라.

▌생각하기 __ 숫자와 사회학자

사회학자를 통계학자로 오해하는 일이 종종 있다. 사실 많은 사회학자들이 여러 연구를 위해 통계 사용법을 배우고 이것을 실행하는 프로그램(예를 들어 SPSS)을 사용하지만, 이것을 사회학이라고 할 수는 없다. 물론 사회학자들은 숫자에 관해 정교해야 할 필요가 있으며, 사회에서 우리가 숫자를 어떻게 사용하는가에 관해 진지한 질문을 제기할 수 있도록 비판적인 숫자 해독 능력을 갖춰야 한다. 이것은 큰 주제이지만, 여기서는 세 가지 기초적인 문제만을 생각해보겠다.

1. 모든 것을 측정할 수 있는가? 우리는 모든 것을 수량화하기 위해 시도해야 하는가? 우리는 셈을 통해 많은 것들(사랑, 행복, 분노, 또는 신)을 진정으로 이해할 수 있는가?
2. 숫자는 진정으로 무엇을 의미하는가? 10억은 큰 것이고 1은 작은 것인가? 반드시 그런 것은 아니다. 종종 숫자를 정치적 쟁점의 둘레에 배치하며, 매우 오도적인 목적에 사용할 수 있다. 숫자를 이해하는 여러분 자신의 기준점을 발전시키기 바란다.
3. 예컨대 범죄, 자살, 건강, 재정에 관한 통계는 어떻게 생산하는가? 통계의 배후에는 어떤 기관들이 자리하고 있는가? 일부 사회학자들은 통계를 생산하는 기관들의 작업을 실질적으로 연구하고 있으며, 그 기관들이 통계를 만들어내어 가지고 있는 일상의 가정(심지어 편향)을 찾아낸다. 통계는 단지 통계 기관들의 작업을 '보여줄' 뿐이며, 우리는 이러한 '보여줌'을 어떻게 만들어내는가를 탐구해야 한다. 사회학자들은 '이러한 통계를 누가, 언제, 어디서, 왜 만들어내는가?'를 질문한다(더 자세한 것은 조엘 베스트Joel Best의 『통계라는 이름의 거짓말Damned Lies and Statistics』을 볼 것).

사례: 범죄에 관한 자료

여기 쉽게 접할 수 있는 사례가 있다. 범죄와 성폭력 통계가 그것이다. 우리는 모두 범죄 발생률 증가(그리고 오늘날에는 감소)의 무용담을 익숙하게 듣는다. 여기서 우리는 범죄 통계를 담당하는 정부 기관이 제공하는 설명을 듣는다. 이러한 기록을 유지하는 데 거대한 기관들이 관여하고 막대한 돈을 소비한다. 참으로, 이와 같은 대규모 통계들이 없다면 근대사회는 어떻게 범죄에 관해 생각할 수 있을까? 우리에게는 그것들이 필요하다. 그러나 사회학자들은 결코 단순히 그것들을 당연한 것으로 취급할 수는 없다. 그 대신 그들은 일부 사람들이 어떻게 (다른 통계가 아니라) 이러한 통계들을, (다른 방식이 아니라) 이러한 방식으로 조합하게 되는가를 묻는다. 범죄를 누가 보고하고 정의하고 기록하는가? 사람들은 무엇이 범죄이고 무엇이 범죄가 아닌지를 어떻게 판별하게 되는가? 여러분이 일단 이러한 문제들을 제기하기 시작하면, 범죄의 통계적 구성이 시간의 흐름과 함께, 대체로 조직적 필요에 의해 형성되는 중요한 결정을 내리는 관료주의에, 그리고 많은 사람들의 긴 해석의 연쇄 — 상이한 각 단계들마다 취약성을 가진 — 에 의존한다는 것이 분명해진다. 이것보다 더 중요한 것으로, 일단 보고가 이루어지면, 그리고 범죄 통계가 공중에게 보고되면 그다음 우리는 그것에 대한 상이한 해석들의 전체적인 묶음이 만들어지는 것을 보게 된다. 매체들은 그것을 선택적으로 해석하고, 공중은 그것을 이해해야 하며, 정부는 그것에 반응하고 재해석한다. 달리 말하면, 이러한 범죄 통계에 대한 해석과 재해석의 움직이는 과정이 있으며, 그 통계는 절대적으로 간단한 것이 아니다. 범죄 통계는 인간들로 이루어진 기관과 관료제의 작업이며, 퇴적된 인간들의 의미로 나아간다.

이러한 단순한 사례에서 배우는 또 다른 교훈이 있다. 첫째, 사회에서 무

그림 6-3 _ 누구의 관점인가? 라쇼몽 효과

· 피해자	· 가해자	· 가해자 가족	· 피해자 가족
· 경찰의 반응	· 이웃	· 상담가	· 공동체 반응
· 언론 반응	· 후원자 집단	· 정치가	· 법원 직원
· 남성들의 반응(그렇지만 어떤 남성들?)		· 여성들의 반응(그렇지만 어떤 여성들?) 등등	

그 어떤 사회적인 것을 살펴볼 때라도, 그것을 탐구하는 데 일련의 상이한 관점들에 설 수 있다는 것을 늘 생각할 것.

슨 범죄를 저지르든 간에 범죄 통계는 그것에 도달하는 단지 하나의 관점이나 시각일 뿐이다. 범죄 통계는 실질적·현실적 범죄에 대해 유동적이고 어려운 관계를 갖는다. 성폭행 같은 일부 범죄는 보고되는 비율이 낮은 것으로 악명이 높으며, 해석에서 심각한 문제를 낳는다. 거리 살인 같은 범죄의 경우는 훨씬 더 간명하게 정의할 수 있을 것이다. 해석 과정은 일정한 관점에서 진행된다. 우리는 결코 전체적인 그림을 말하거나 파악할 수 없다. 모든 조각의 자료는 어떤 입장, 어떤 시각, 어떤 관점 — 사회학은 그 관점이 어떤 위치에 있는가를 분석해야 한다 — 에서 이야기한 것이다. 이것은 '라쇼몽羅生門 효과Rashomon effect'로 일컬어지는데, 이는 유명한 일본 영화의 제목을 딴 이름이다. 이 영화는 하나의 살인과 성폭행 사건을 여러 관점에서 진술하면서 진실이라는 것의 본질을 자세히 살피고 있다. 사회적 삶에 관해서는 언제나 다수의 관점이 존재한다. 성폭행 사례를 더 살펴보면, 우리는 즉각 지금 광범한 관점들을 사용할 수 있다는 것을 확인할 수 있다. 〈그림 6-3〉은 성폭행을 서술할 수 있는 시각, 관점 또는 입장의 몇 가지만을 보여준다.

이 사례는 매우 간단한 것이지만, 이것에 관해 우리가 더 많은 시각과 관점을 취하는 만큼 우리의 사회학적 해명은 분명히 더 향상될 것이다. 하지만 이 모든 것을 수행할 수 있는 사회학자는 거의 없으며, 오히려 흔히 우리는 잘 연결되지 않는 파편들에 대한 서술에 그치곤 한다. 사회학도들의 임무는 이러한 상이한 관점들을 가능한 한 많이 풀어놓는 것이다.

서사적 질문들

두 가지 연결된 질문들이 이것에 이어진다. 관점은 어떻게 조직되고 형성되는가? 그리고 관점의 더 넓은 맥락은 무엇인가? 여기서 우리는 사회학적 분석의 또 다른 중요한 특징, 즉 서사narrative와 이야기story라는 특징을 만나게 된다. 사람들은 늘 의미를 창조하고 있으며, 이야기와 서사를 통해 그렇게 하고 있다. 사람은 서사적인 동물이며, 사회학은 사회적 서사에 대한, 즉 사람들이 담론을 통해 자신들의 경험을 부호화code하고 조직하는 방식에 대한 연구이다. 그러므로 어떤 의미에서 사회학은 사회적 삶에 대해 사람들이 만들어내는 재현을 통해 사회적 삶을 연구하는 활동이다. 사회학자들은 사람들이 그들 자신의 삶을 둘러싸고 쓰고 만드는 서사를 연구하며 그런 다음 차례로 그러한 서사에 대한 새로운 서사를 재생산한다. 사회와 사회학 안에는 서사의 지속적인 흐름이 있다.

그렇지만 이것은 그다음의 쟁점을 제기한다. 모든 시각perspective과 서사가 동등하게 타당하거나 신뢰할 만한 것인가? 우리가 (성폭행의 사례에서의) 그러한 상이한 시각들을 정렬해보거나, 일련의 상이한 서사들을 분석해보면, 확실히 사회학은 상대주의에 빠지게 될 것이다. 그것은 단지 상이한 견해들을 보여줄 뿐 진리를 판결할 기준선을 가지고 있지 않다. 그렇지만 반드시 그런 것은 아니다. 사회학은 사물들 사이의 관계를 살펴보고, 상이한 관점들과 시각들을 인식하며, 삶의 서사적 조직화를 감지하고 그런 다음 진리에 관해 저울질하고 비교하며 안목을 유지한다.

우리는 블로그 활동이나 리얼리티 텔레비전 프로그램을 보면서 이러한 종류의 쟁점을 인식한다. 우리는 서사를 보고 있다. 우리는 상이한 관점을 듣고 있다. 그러나 결국 우리는 그것들을 묶을 방법을 찾아내고자 한다. 사람들은 서로 다르다. 그러한 것들을 서로 연결하고 관련짓는 방식을 우리는 어떻게 이해할 수 있는가? 우리는 그러한 것들을 묶는 더 광범하고 더 고차원적이고 더 폭넓고 더 심층적인 서사를 어떻게 제공할 수 있는가? 사회학이 수행하고자 하는 것이 바로 이것이며, 사회학이 그러한 대립적 시각과 관점을 폭로하고 언급할 때 사회학은 그 직무를 수행하는 것이다. 사회학이 대립적인 입장들을 다 함께 헤쳐 나갈 때 사회학은 제대로 기능한다. 그리고 사회학은 그것이 모든 시각들을 묶고 그것들을 넘어서고자 작업할 때 자신의 임무를 가장 잘 수행하는 것이다(결코 도달하지 못한 행복한 날이다!). 우리는 최선을 다해 그것을 수행해야 하며, 시각과 서사에 대한 사회학의 견해는 큰 도움이 된다.

자료를 이해한다: 주관적 세계에서 적절한 객관성을 얻는다

방법의 문제를 다루는 고전적 방식은 과학적 방법의 사용 자체에서 나온다. 예를 들어, 과학의 가장 기본적인 특징은 자료를 사용하여 지식 주장을 시험하거나 반증한다는 점이다. 과학은 단지 견해를 뒷받침하는 자료들을 더 많이 축적하는 데 그치지 않는다. 오히려 과학은 모든 진술을 무너뜨리고자, 즉 반증하고 추론이 어디서 오류인가를 보이고자 한다. 그것은 부정의 증거를 찾는다. 과학적인 것이 되는 데 핵심적인 방안은 통상적으로 세 가지 간단한 질문을 제기하는 것이다. 이 자료는 그것이 겨냥하는 것을 정말로 '측정'하는가 또는 포착하는가(타당성), 연구자는 동일한 것을 가지고 연구한다고 할 수 있을 만큼 동일한 종류의 도구를 사용하는가(신뢰성), 끝으로 다루는 주제는 그것의 더 넓은 집단에 전형적인 것인가 아닌가(대표성)의 질문이 그것이다. 대부분의 연구 교과서는 이러한 세 가지 핵심적 평가 도구의 중요성을 강조하고 있으며, 그러므로 그것들에 대해 알아볼 만하다. 예를 들어 여러분이 성폭행에 대해 연구한다면, 여러분은 성폭행을 '측정하고' 있는가? 그 연구는 성폭행이라는 것에 실제로 접근하고 있는가? 나아가 그 성폭행은 전형적인 것인가, 또 우리는 이것을 어떻게 알 수 있는가? 다른 사회학자도 이 연구를 반복하면 동일한 종류의 결론에 도달할 수 있을까?

비판적 상상력으로서의 사회학

과학은 그 자체로 매우 중요하지만, 문제점이 없는 것은 아니다. 그러므로 사회학자들은 '과학적 질문지'가 사실에 도달할 것이라고, 면접이 진정한 이야기를 캐낼 것이라고, 기록이 '사실 그대로를 이야기할 것'이라고, 또는 조사가 우리의 세계에 대한 정확한 통계를 제공할 것이라고 당연하게 받아들일 수 없다. 대체로 이러한 방법들은 참으로 객관적이고 잘 정리된 세계가 저기에 있다는 것, 우리가 그것을 잡아내고 그것에 관한 진리를 이야기할 수 있다는 것을 함축한다. 그러나 일이 그렇게 간명한 것은 아니다. 물리학자들조차도 세계를 이렇게 단순한 방식으로 이해하지 않는다. 좋은 과학과 좋은 예술은 언제나 이것을 알고 있다. 인간의 사회 세계는 그 자체로 '자명한' 진리나 발견을 제공하지 않는다.

그러므로 우리에게는 언제나 비판critique이 필요하다. 사회 세계에 관해 우리가 이 책에서 논의해온 것(또는 바로 앞에서 제기한 성폭행의 사례)을 생각해보자. 그것은 모순적이고 모호한 의미로 가득 차 있다. 그것은 늘 역사적 세계 속에 뿌리내리고 있으며, 상이한 공간에서 등장한다. 거기에는 구조와 행위가 있다. 거기에는 어떤 하나로 귀일할 수 없는 복수의 사회 세계들이 있다. 권력은 모든 곳에 있으며, 그러므로 삶과 의미와 느낌은 갈등 상황 속에서의 협상의 산물이다. 그것들은 격심한 인간 고통과 사회 불평등의 세계 속에 자리하고 있다. 이 모든 것은 우리가 이 책에서 살펴본 것이다. 그렇다면 우리는 어떻게 객관적이고 중립적인 거리를 두고 그것들을 연구할 수 있는가? 우리가 측정하는 것은 언제나 움직임 속에 있으며, 우리는 단순히 연구 도구만을 통해서는 사회적 삶의 모호성과 모순성을 잡아낼 수 없다. 어떤 순간에 사람들이 말하는 것과 다음 순간에 말하는 것은 흔히 모순된다. 사람들이 말하는 것은 그들이 의미하는 것과 같을 수도 있고 다를 수도 있다. 그리고 사람들이 변화하기 때문에 그들의 '진리'도 변화할 수 있다. 거듭 말하지만 사회학이 어떤 상대주의적 곤경 — 우리는 진리에 도달할 수 없고 아무것이라도 좋다고 하는 — 으로 침몰하고 있다고 이야기하는 것이 아니다. 결코 그렇지 않다. 여기에 더 큰 도전이 있다.

무엇보다도 자료들을 더 넓은 맥락context 속에, 즉 역사 그리고 지금 일어나고 있는 것의 두 가지 맥락 속에 위치시켜야 한다. 지식은 결코 혼자서 서 있는 것이 아니다. 지식은 관련 속에 있어야 한다. 예를 들어, 인터넷 자료들이 갖는 한 가지 어려움은 그것이 우리에게 단지 '비트bit'로 나타난다는 점이다. 그것을 이해하기 위해서는 그것에 더 넓은 의미를 제공해줄 틀framework이 우리에게 필요하다. 그리고 그 틀은 이러한 비트 자료들을 그것에 관한 논쟁에서 어디에 위치시킬 수 있는가를 아는 데 도움을 준다(논쟁은 통상적으로 틀로 존재하며 틀로 사용된다). 더욱이 그 틀에는 역사적 의미에 대한 감각도 제공할 필요가 있다. 맑은 하늘에서 나오는 자료는 없다. 전례가 있고 역사가 있다. 그것들은 무엇인가? 결국 그것들을 둘러싼 일련의 상이한 관점들과 서사들은 투명하게 될 것이다. 그리고 그것들은 시간과 공간 속에서 변화하기 때문에, 더 폭넓은 문화 속에서 발견하게 되는 광범한 유형 및 사회적 행위와 연결해야 한다. 여기서 나는 앞의 사회학적 상상력의 형성에서 보았던 몇 가지 주제로 되돌아가고자 한다. 이러한 것들에 의문을 갖고 궁리하지 않는다면 여러분은 어느 순간에 사로잡힌 채 갈 곳 없이 표류하게 된다. 좋은 교육은 이러한 '의문 제기'를 훈련하는 데 도움을 줄 수 있다.

비교방법comparative method으로 알려져 있는 것도 여기서 중요하다. 우리가 면접의 발견물을 가지고 있다면 우리는 그것을 다른 사람들이 과거에 이야기한 것과 비교할 수 있고, 더 추상적인 이념형ideal type과도 비교할 수 있다. 이러한 모든 것에서 도움이 되는 매우 일반적인 관념은 이념형이라는 19세기의 개념(베버의 저작에서 잘 발전된)에 의존하고 있다. 이념형은 이상적인 형태(또는 완벽한 형태)를 가리키는 것이 아니며 단순한 통계적 평균으로 볼 것을 뜻하지도 않는다. 오히려 그것은 어떤 현상의 핵심 특징들 — 현실에는 실제로 존재하지 않을 수도 있는 — 을 나타낸다. 그것은 실재적 현상에 대응시킬 수 있는 추상적 형태이다. 베버는 다음과 같이 이야기한다.

> 이념형은 하나 이상의 관점에 대한 일면적인 강조에 의해, 그리고 매우 많은 분산적이고 분리된 다소간 현존하는 그리고 때로는 존재하지 않는 구체적인 개별 현상들의 종합에 의해 형성된다. 그것들은 그러한 일면적으로 강조된 관점들에 따라 통합된 분석적 구성물로 정리된다(Weber, 1978: 20).

사회학은 비교의 방법을 아주 유용하게 사용할 수 있다.

이런 폭넓은 비판적 접근의 또 다른 부분은 의미들의 나선형spirals of meanings을 탐구하는 것이다. 우리는 여기서 어떻게 의미를 이해할 수 있고, 의미는 더 폭넓은 문화, 더 나아가 연구 과정과 어떻게 접속되는가? 자료는 언제나 인간의 의미에 관한 것이다. 그리고 그 자체로 그것은 해석을 필요로 한다. 앞에서 여러 차례 보았듯이, 사회 세계의 한 가지 특징은 그것이 의사소통에 의존한다는 것, 대화적이라는 것, 그리고 상호주관적이라는 것이다. 우리는 타인들과 그들의 의미에 의존한다. 사회학의 자료는 늘 인간의 의미를 응결하고 있으며, 우리는 이런 의미가 어떻게 만들어지는가, 그리고 우리는 그것을 어떻게 이해하는가를 어느 정도는 알아야 한다. 사회적 삶은 의미에 둘러싸여 있다. 사회적 삶에서 여러분이 건드리는 모든 것은 의미를 싣고 나타난다. 그러므로 의미는 언제나 이해의 핵심적인 출발 부분이다. 베버에 따르면 그 도전은 이해Verstehen이며, 막스 셸러Max Ferdinand Scheler에 따르면 감정이입empathy이다. 부르디외에 따르면 그것은 아비투스이다. 그렇지만 용어에 신경 쓸 필요는 없다. 나는 여러분이 사회적 삶과 사회연구에서 넘쳐흐르는 의미들의 층과 복합성을 파악하는 것이 중요하다는 점을 알기를 기대한다. 대체로 사회학자들은 이것을 해석학적hermeneutic 분석이라고 부르며, 이 용어는 인간이 자신들의 세계를 이해하게 되는 복잡한 방식을 가리킨다.

▌생각하기 _ 자료를 평가한다

여러분이 사회적 자료들(사회학 서적, 신문, 웹사이트, 보고서 등)을 만날 때에는 다음과 같은 질문을 제기할 수 있다.

1. 과학: 이것에 반대되는 증거는 무엇인가? 그 증거를 찾고 주장을 반증하라(단순히 그것에 유리한 증거를 더욱더 많이 축적하는 것이 아니다). 이것은 얼마나 전형적인가?(표본의 대표성에 관해 질문하라) 그리고 타당성과 신뢰성은 어떠한가?
2. 맥락과 비교: 증거를 더 폭넓은 틀 속에 위치시켜라. 역사적으로 그것을 유사한 '사실들'의 시간 축에 놓으라. 지리적으로 다른 나라와 문화에서는 이것이 어떻게 나타날 것인가? 그리고 이론적으로 이러한 동일한 사실에 접근하는 상이한 사상가들과 이론가들에게 이것은 어떻게 나타날 것인가?

3. 관점과 시각: 여기서 '각도'는 무엇인가? 다른 어떤 관점들이 있을 것인가? 모든 해명들은 특정의 '시각'에서 쓴 것이다. 특히 여러분은 가능한 한 연구자나 필자의 배경과 가정에 대해 생각하라. (희소하고 그다지 흥미롭지 않은 혈통의) 가장 중립적인 저자들조차도 일정한 가정을 가지고 작업한다.
4. 언어, 수사, 서사: 자료를 어떻게 제시하는가에 관해 생각해보라. 통상적으로 필자들은 여러 가지 장치를 사용해 우리에게 자신의 주장의 진리성을 설득하고자 한다. 아리스토텔레스의 『수사학Rhetoric』 이래(그리고 수사학에 관한 아리스토텔레스와 플라톤의 논쟁 이래) 우리는 언어의 중요성에 관해 알고 있으며, 청중을 설득하는 운문과 산문의 힘을 알고 있다. 사회적 자료들은 특수한 형식의 수사이자 서사이다. 그것들은 이해와 검토를 요청한다.
5. 해석학: 의미의 순환 속으로 들어가라. 자료가 스스로 말하는 일은 없다. 자료의 연구자와 제출자는 자료에 의미를 부여한다. 그러므로 자료는 또 다른 해석에 개방되어 있다. 더욱이 자료 텍스트 자체는 그것의 부분들을 연결함으로써만 이해할 수 있다. 철학자 폴 리쾨르Paul Ricoeur(1913~2005)는 지식의 해석학적 순환에 관해 이야기한다. 앞서 보았듯이 진리와 지식은 우리가 종종 생각하는 것처럼 간명한 것이 아니다!
6. 재귀성: 이러한 자료의 사회적 영향과 역할을 생각하라. 사회학자의 발견은 사회적 삶 속으로 되돌려지며, 사회의 변동에 개입한다. 발견의 중립적 발표 같은 것은 없다. 사회적 사실들은 사회적인 것의 부분이다. 이러한 되돌림을 고려해야 한다. 예를 들어 범죄 통계는 범죄의 단순한 반영이 아닐 뿐 아니라 사회적 관념이 된다. 그러므로 우리가 범죄에 관해 생각하는 방식을 변화시킨다(예를 들어 그것은 '범죄에 대한 공포'을 일으킬 수 있다).

실행적일 것: 사회학을 실행하기 위한 선언문

이 장에서는 진리, 의미, 지식에 관한 상당히 어려운 문제들을 제기함으로써, 그리고 사회연구가 결코 면접 수행이나 통계 수집의 간명한 작업일 수 없음을 지적함으로써, 여러분에게 약간의 두려움을 일으켰을 것이다. 나의 핵심적인 의도는, 여러분이 무엇을 수행할 것인가에 대해 생각할 것과 여러분이 자료를 구했을 때에는 언제나 비판적일 것을 촉구하는 것이었다. 그렇지만 이러한 나의 강조가 지나친 것일 수도 있다는 것, 학생들이 이 과정이 매우 복잡하고 어려운 것이라고 느끼게 되면 사회연구를 포기할 수도 있다는 것을 알고 있다. 그러므로 균형이 필요하다. 대체로 사람들은 그럭저럭 연구 과정을 헤쳐 나간다. 여러분은 사회학을 상상력, 과학, 그리고 기예craft로 이해하면서 그것의 거래 도구들을 발전시키는 일을 계속할 필요가 있다. 그리고 배움은 인내를 요구한다. 그 여정은 정보에서 지식으로, 그리고 지혜로 이르는 것이며, 그것에는 시간이 필요하다. 여러분이 길을 계속 나아가는 데 도움이 될 좀 더 실질적인 조언 몇 가지로 이 장을 마무리하겠다.

1. 여러분이 연구하고자 하는 것에 더 가까이 다가갈 것. 구체적인 것에 대해 씨름하며 다음과 같은 질문을 할 것. 무엇이 일어나고 있는가, 누구에 의해, 어디서, 언제, 그리고 왜? 가능한 한 언제라도 그들 자신의 세계에 살고 있는 사람들과 교류를 유지하고 그들에게서 격리되거나 단절되는 것을 피할 것. 현실감을 유지할 것.
2. 여러분이 사용하고 있는 재료들(여러분의 자료들)의 질에 관해 질문을 계속 제기할 것. 여러분이 무엇을 '측정', '관찰', '서술'하고 있는가에 관해 생각할 것. 여러분은 최선을 다해 그것에 닿고 있는가?
3. 여러분이 목표로 삼고 있는 지식의 종류에 관해 생각할 것. 그리고 여러분은 이 지식과의 관계에서 어디에 있을 것인가를 생각할 것. 여러분 자신의 시각, 여러분 자신의 관점은 무엇인가? 아마도 여러분은 완벽하게 중립적이고 싶을 것이다. 그러나 그것은 불가능할 것이다. 가능한 한 여러 각도에서 사회적 실재들을 서술하는 것을 익힐 것. 여러분이 다루는 주제를 둘러싼 상이한 시각들의 사회적 지도를 그리고 여

러분 자신의 시각이 놓치고 있는 것을 감각할 것.

4. 조사연구 도구에 관해서 상상력을 발휘하고 그 도구가 여러분의 연구에 가장 적합한 도구인가를 확인할 것. 거기서 뽑아낼 수 있는 가능성은 광범하다. 조사나 면접을 고집하지 않아야 한다.
5. 적절한 언어와 개념을 계발할 것. 전문 용어를 피하고 허세와 거만을 멀리할 것. 여러분의 사유와 글쓰기에서 가능한 한 알기 쉬움을 유지할 것. 새로운 단어들이 도움이 될 수 있지만, 가능한 한 더 쉬운 단어를 찾을 것. 복잡한 표현에 너무 쉽게 감동받지 않을 것. 많은 학자들이 자신의 생각을 표현하는 데 아주 서툴다. 여러분의 글을 누가 읽는가를 생각하고, 독자들이 즐겁게 읽을 수 있도록 친절할 것. 헬렌 소드Helen Sword의 『학문적 글쓰기 양식Stylish Academic Writing』(2012)이나 조지 오웰George Orwell의 고전적인 소책자 『나는 왜 쓰는가Why I Write』(1940)를 읽고, "완전히 야만스럽게 아무것이나 이야기할 것이 아니라 차라리 모든 규칙을 깨뜨리라"는 구절을 기억할 것.
6. 숫자 해독, 글쓰기, 사유하기, 그리고 세상 '보기'의 기본적인 숙련을 계발할 것. 이것을 실행하는 최선의 길은 매일 그 숙련을 조금씩 실행하는 것이다. 좋은 공부 습관을 발전시킬 것.
7. 여러분의 연구 내부와 외부에 있는 정치적이고 윤리적인 관계들에 대해 민감할 것. '아는 것이 힘이다'라는 프랜시스 베이컨Francis Bacon(1561~1626)의 오래된 격언을 기억할 것. 그렇지만 윤리의 중요성을 인식하고 여러분이 연구에서 관계 맺는 사람들에 대해 감정이입의 방식을 유지할 것. 사람들과 그들의 세계를 존중할 것.
8. 개방적인 태도를 유지할 것. 사물들은 변화할 것이며 여러분의 제안도 변화할 것이다. 이것은 당연한 일이다. 여러분이 찾아내고자 하는 것

과 그것의 변화에 관해 유연한 눈을 유지할 것. 여러분의 연구가 여러분을 다른 곳으로 데려간다면 고정된 계획안을 고집하지 말 것.

9. 여러분 자신에 대해 생각하고, 여러분이 실행하는 연구에서 여러분과 관계를 맺는 사람들과 편안함을 유지할 것. 다른 여러 연구 분야와 달리, 사회학은 사회적인 것이다. 이 이야기는, 여러분이 연구하고자 하는 것에 관해 조금은 알아야 한다는 것, 그것이 여러분 자신의 삶에 어떻게 연결되는지, 여러분이 그것을 연구하는 이유는 무엇인지, 그것이 어떻게 형성되었을 것이며 여러분 자신의 삶에 어떻게 영향을 미칠 것인지를 알아야 한다는 것을 의미한다.
10. 조직적으로 접근할 것. 계획을 세우고, 목록을 만들고, 자료를 구할 것. 도움이 되는 유용한 안내서를 구할 것(움베르토 에코Umberto Eco의 『논문 잘 쓰는 방법How to Write a Thesis』을 비롯해 요즘 많이 있다).
11. 연구를 어떻게 실행해야 하는가에 관해 아무도 여러분에게 이야기해 줄 수 없다. 그리고 여러분이 연구 계획을 구상하고 있지 않다면, 면접, 질문지 설계, 내용 분석 등을 어떻게 실행할 것인가에 관한 안내서 읽기는 무의미하다. 연구 계획을 결여한 연구 조언은 의미를 갖지 못한다. 그러나 일단 여러분이 여러분의 계획을 구상하고 있다면 다른 사람들이 이런 방법들을 어떻게 사용하는가에 관해 열심히 읽고 공부하고, 그것들을 예행연습에서 실행할 것. 타인들에게 여러분 자신을 맡기거나 세밀한 준비 없이 자료들을 만들지 말 것.
12. 마지막으로 기본적인 규칙: 방법을 여러분의 하인으로 삼을 것. 적극적으로 많이 생각하고 폭넓게 읽고 비판적 태도를 지속할 것. 근거를 확보할 것. 조직적일 것. 여러분이 하는 일에 열정을 갖고 일상적으로 실행할 것. 적절한 객관성을 목표로 삼을 것. 그리고 여러분 자신

의 방법론이 참이 되도록 할 것. 그렇지만 여러분이 참인 방법론을 가지고 있음을 확인할 것.

요약

우리는 방법들을 살펴보고, 사회학이 예술, 과학, 역사를 망라한다는 것을 보았다. 방법은 여러분에게 (여러분이 어떤 종류의 지식을 생산하고자 하는가에 관해) 확고하게 생각하고 경험적 탐구를 수행하며(귀납적이고 연역적인 자료 수집의 논리가 필요하다. 그리고 자료를 뽑아낼 광범한 연구 도구가 필요하다) 자료를 숙련 있게 분석하고 이해할 것을 요구한다(연구를 평가하기 위한 점검표를 제공한다). 이러한 연구의 개선에서 디지털 기술의 중요성을 강조한다.

더 탐구하기

더 생각하기

1. 연구에서 인식론적 작업과 경험적 작업과 분석적 작업을 구별해보자. 디지털을 이용하는 연구라는 새로운 세계에서 이 구별이 어떻게 나타나는가?
2. 여러분이 미디어와 사회 연결망에서 일상적으로 볼 수 있는 연구 발견의 보고를 이 장에서 제시한 기준을 사용해 평가해보자.
3. 더 야심 차게, 이 장과 앞 장에서 제시한 생각들을 사용해, 여러분이 흥미 있다고 생각하는 분야에 관한 여러분 자신의 사회학적 연구를 실행할 연구 계획서를 만들어보자.

읽을거리

훌륭한 실질적인 출발점은 욜랜드 워즈워스Yoland Wadsworth의 『스스로 사회연구를 수행한다Do It Yourself Social Research』(3판, 2011)이다. 표준적인 교과서들은 (때로는 견딜 수 없게 두껍지만) 이 장에서 단지 가볍게 건드린 많은 쟁점을 여러분에게 잘 안내할 수 있다. 예를 들어 앨런 브라이맨Alan Bryman의 『사회연구방법Social Research Methods』(5판, 2015), 그리고 얼 바비Earl Babbie의 『사회조사방법론The Practice of Social Research』(14판, 2015)이 있다. 몇 가지 철학적 쟁점을 확실히 파악하기 위해서는 사회과학의 철학적 문제에 관한 두 개의 고전적인 저작이 훌륭한 출발점이다. 칼 포퍼Karl Popper의 『역사법칙주의의 빈곤 The Poverty of Historicism』(1957)과 피터 윈치Peter Winch의 『사회과학의 빈곤The Idea of a Social Science and its Relation to Philosophy』(1958)이 있다. 이 모든 쟁점들을 훌륭하게 안내하는 교과서로는 제라드 델란티Gerard DeLanty의 『사회과학: 철학적·방법론적 기초Social Science: Philosophical and Methodological Foundations』(2005)와 그 책의 자매서인 제라드 델란티와 피에트 스트라이덤Piet Strydom이 엮은 논문 모음집 『사회과학의 철학들: 고전적·현대적 읽을거리Philosophies of Social Science: The Classic and Contemporary Readings』(2003)가 있다. 나는 하워드 베커Howard S. Becker의 연구가 이 모든 쟁점들을 잘 조명하고 있다는 것을 오래전에 알았다. 특히 『학계의 술책The Tricks of the Trade』(1998)과 『사회에 대해 말하기Telling About Society』(2007), 그리고 최근에 나온 『모차르트는 어때? 살인자는 어때?What about Mozart? What about Murder?』(2014)를 읽어보기 바란다. 디지털 방법에 관해서는 케이트 오턴-존슨Kate Orton-Johnson 등이 엮은 『디지털 사회학: 비판적 관점들Digital Sociology: Critical Perspectives』(2013), 데버러 럽턴Deborah Lupton의 『디지털 사회학Digital Sociology』(2015), 크리스티나 실버Christina Silver의 『질적 연구에서의 소프트웨어 사용Using Software in Qualitative Research』(2판, 2014)을 살펴보기 바란다.

정통의 방법론에 대한 도전으로는 첼라 산도발Chela Sandoval의 『억압받는 사람들의 방법론Methodology of the Oppressed』(2000), 레스 백Les Back의 『듣기의 예술The Art of Listening』(2007), 그리고 노먼 덴진Norman Denzin의 『질적 방법 선언문: 무기를 들어라The Qualitative Manifesto: A Call to Arms』(2010)가 있다. 비판적인 사례로는 프리야 딕시트Priya Dixit와 제이컵 스텀프Jacob L. Stump가 엮은 『테러주의 연구에서의 비판적 방법Critical Methods in Terrorism Studies』(2015)이 있다.

Sociology

7

걱정: 고통스러운 불평등

세상 어디서나 마찬가지일세. 질책은 빈자들의 몫이고 기쁨은 부자들의 몫이지. 모든 게 지독한 수치 아닌가.

영국 민요 〈그녀는 가난했다. 그러나 정직했다She was poor, but she was honest〉•

사회학을 공부하는 대다수 학도들은 이 세상을 더 나은 곳으로 만들려는 꿈을 가지고 있다. 그들은 이런저런 주장에 대해 열정적으로 공감하거나 불편해한다. 그들은 불의나 사회문제를 보면서 자신들이 그것을 개선하는 데 도움이 되고자 한다. 그들은 난민의 곤경이나 빈곤에 따른 어린이 사망에 관한 언론 보도를 읽었을 것이다. 실직한 아버지에게서 많은 사람들이 겪는 열악한 노동조건에 관한 이야기를 들었을 수도 있다. 세계의 많은 여성들이 겪는 폭력, 학대, 배제에 항의하는 집회에 어머니와 함께 참여했을 수도 있

• 이 노래는 19세기 후반에 유행했으며 제1차 세계대전 때 영국 군인들이 널리 불렀고, 영국 코미디언 빌리 베넷(Billy Bennett, 1887~1942)의 일인극에도 같은 제목으로 쓰인 바 있다. — 옮긴이

다. 사회적 삶에서 자주 나타나는 불의와 잔인과 비인간성을 드러내는 영화를 보았을 수도 있다. 끝없는 전쟁에 절망했을 수도 있다. 동성애 혐오와 인종주의에 분노했을 수도 있다. 환경 파괴를 심각하게 우려할 수도 있다. 그들은 세상을 걱정하면서 '무엇을 할 것인가?'를 질문한다. 그들은 세상에서 일어나고 있는 일들을, 왜 우리가 사는 세상이 이렇게 나빠지고 있는가를 이해하고자 한다. 그리고 그들은 도움을 얻고자 사회학을 찾는다. 최선의 경우 진정한 사회학의 사명은 인간의 곤경에 관해 지식과 지혜를 찾아내고 날카롭고 적극적인 비판적 상상력을 발휘하는 것이다.

세계에는 수많은 고통이 존재하고 있다. 이 장에서는 수많은 고통의 밑바탕에 있는 한 가지 고통, 사회학자들이 연구하는 모든 분야에서 가장 중심적이라고 할 수 있는 고통을 사례로 선택해 초점을 맞추고자 한다. 이제 불평등의 고통을 살펴보자.

▌생각하기 _ 세계의 불평등을 상상하기

스웨덴의 사회학자 예란 테르보른은 저서 『세계의 불평등Inequalities of the World』(2006)에서 불평등에 관한 그 자신의 개인적 관심을 매우 잘 표현했다. 그래서 그의 글을 인용하고자 한다. 그는 나를 포함한 여러 사람의 견해를 검토하고 있다(Therborn, 2006: 5).

> 왜 콩고에서 태어난 어린이는 스웨덴에서 태어난 어린이만큼 건강한 성인으로 자랄 기회를 갖지 못하는가? 왜 인도의 비하르Bihar족 젊은 여성은 자신의 삶을 추구하는 데에서 미국의 젊은 백인 남성과 동등한 선택의 자율성을 갖지 못하는가? 왜 이집트의 대학원생은 캐나다의 대학원생과 동등한 기회를 갖지 못하는가? 왜 모든 파키스탄 가족과 브라질 가족은 적절한 위생시설, 적절한 냉난방 장치, 세탁기, 휴가를 영국이나 프랑스의 가족만큼 사용하지 못하는가? 왜 많은 어린이들이 노동을 해야 하는가? 왜 남아프리카의 흑인 에이즈 양성 반응자는 유럽의 백인 양성 반응자와 동등한 생존 가능성을 갖지 못하는가? 왜 한 줌의 '올리가르히oligarch'(신흥 과두 세력)는 러시아 자연자원의

대부분을 몰수할 수 있는 반면 주민의 대부분은 궁핍 상태에 빠져야 하는가? 왜 대기업의 간부들은 그들이 지속적으로 더 낮은 임금으로 '더 유연하고 더 강력한 강도의 노동'에 몰아넣는 노동자들의 보수보다 수백 배가 많은 보수를 자신들에게 지급할 수 있는가? 간단히 말해, 이 세계에는 많은 사람들이 자신의 삶을 적절히 영위할, 존엄성을 유지하는 삶을 살아갈, 삶에서 자신들의 이해관심을 시험해볼, 그리고 그들 자신이 가진 잠재력을 실현할 기회를 박탈당하기 때문에 불평등이 존재한다. 이 세계의 불평등은 수십억의 사람들이 그들 자신의 '다름'을 발전시킬 가능성을 봉쇄한다.

고통의 고고학: 차이에서 불평등으로

사회학에서 한 가지 출발점은 언제나 인간들의 광대한 다양성에 대한, 우리의 차이difference에 대한 깨달음일 수밖에 없을 것이다. 우리는 심각한 다원적 세상에 살고 있다. 아일랜드의 시인 루이스 맥니스Louis MacNeice(1907~1963)가 아름답게 표현한 것처럼, 세계는 '우리가 생각하는 것보다 훨씬 더 미쳐 있고 그 이상이며, 여러 종류 것들에 취해 있다'. 인간의 세계는 다양성과 가능성으로 우거져 있다. 우리는 이런 짧은 책에서 나라, 문화, 사람, 인종, 종교, 연령, 역사, 언어, 의미 속에 차이가 얼마나 많으며 얼마나 확산하고 있는가를 보았다. 사람들 각각의 세계는 거의 틀림없이 여러분의, 여러분 친구의, 또는 여러분 이웃의 세계와 다를 것이다. 우리가 거의 언제나 마치 그 세계들이 같은 것처럼 행위한다고 하더라도 그렇다. 끊임없이 그런 차이들을 인식하고 그것들을 이해하고자 노력하는 것은 사회학적 깨달음의 한 가지 강력한 증명서이다.

그렇지만 우리는 어디에서나 그러한 인간의 차이가 불화와 갈등으로 이어지는 것을, 그리고 곧 차이가 분열과 위계의 구조로 응결하는 것을 찾아볼 수 있다. 모든 사회들(인간의 사회와 그 밖의 사회)은 위계적인 유형의 불평을 특징으로 한다. 개미들 가운데에는 일개미가 있으며, 원숭이들은 털 손질 의례grooming ritual로 화해와 복종을 표현한다. 그리고 병아리들 사이에도 모이를 쪼아 먹는 서열이 있다. 우리가 알고 있는 대부분의 인간 사회에서는 늘 먹이 서열pecking order의 높은 곳에 소수가 있고 대다수 사람들은 가장 낮은 영역에 흩어져 있다. 일부 사람들은 특권적이고 화려한 삶을 누리고, 일부 사람들은 반발하거나 저항하거나 굴복하지 않으며, 대부분의 사람들은 황폐하거나 손상된 삶을 영위한다. 사람들은 자신들이 만들지 않은 사회 속으로 태어나서 그 사회에 존재하는 광포한 불평등과 차이가 그들에게 부과한, 말로는 거의 표현할 수 없는 고통의 삶을 살다가 조용히 무덤으로 돌아간다고 할 수 있다. 참으로 인간 사회의 역사는 이름이 알려지지 않은 이러한 수십억 사람들의 역사이다. 불평등 그리고 불공정은 지나간 사회들 어디에나 존재했으며 오늘날에도 여전히 존재하고 있다.

그러므로 사회는 사회적 분할과 위계와 구조화된 사회적 불평등의 본거지이다. 사회에는 언제나 소수의 부자와 다수의 빈자, 엘리트인 노예 주인과 비참한 노예, 희생을 대신 떠맡은 이주자와 주인인 원거주자, 배운 사람과 무지한 사람, 건강한 사람과 병약한 사람, 남자와 여자, 동성애자와 비동성애자, 능력 있는 사람과 능력 없는 사람, 테러주의자와 테러 피해자, 병리인과 정상인, 우리와 그들이 있다. 참으로, 좋은 사람, 나쁜 사람, 추악한 사람이 있다. 그리고 사회학은 어디에서나 이것을 놓치지 않고 탐구한다. 인간 사회에서는 사람들의 차이를 일부 사람들이 다른 일부 사람들보다 어떻게 더 우월한가를 확인하는 도덕적 표지로 사용한다. 사회는 정상적인 것과 병리적인 것의 경계를 획정하면서 흔히 '이름 붙이기'에 도덕적 우열을 부여한다. 엘리트는 우월하고, 대중은 저열하다. 경계를 위계적으로 배열하며, 순위나 먹이 서열을 확립한다. 국외자, 하위계급, 위험한 사람, 주변인, 배제된 사람(속죄양)을 만들어낸다. 그리고 사회학자들은 질문한다. 이러한 '국외자들'과 순위 서열은 어떻게 창조되고 유지되고 변동하는가? 이것은 사회적 배제social exclusion, 사회적 '타자', 그리고 사회계층의 문제이다. 이 장에서는 불평등의 사회학이 제기하는 몇 가지 핵심 주제들을 검토할 것이다.

세계의 불평등들, 무엇이 객관적 사실인가?

증거

경향은 아주 분명하며 매우 극단적이다. 대체로 우리는 '소수가 꼭대기에 있고 나머지 거의 모든 사람은 바닥에 있는' 세계에 살고 있다. 20세기 중반부터 지구적 불평등은 감소하기 시작했지만, 우리는 지난 30여 년 동안 다시 그것의 급격한 증가를 목격해왔다.

금융기관 크레디트 스위스Credit Suisse의 2015년 『지구의 부 자료집Global Wealth Databook』에 따르면, 약 34억 명의 사람들(지구 인구의 약 70%)이 1만 달러 이하의 부만을 보유하고 있다. 세계 부의 절반은 인구의 단 1%의 수중에 있다. ≪포브스Forbes≫의 '세계의 10억만 장자The World's Billionaires' 명단에 따르면 2015년에는 1826명의 10억만 장자들이 총 7조 500억 달러를 보유하고 있다. 전체적으로 세계 최상위 부자들 1%의 부의 규모는 1100조 달러에 이른다. 이와 대조적으로 세계 인구의 약 80%는 세계 부의 단지 5.5%만을 차지하고 있다.

대부분의 사람들은 재산을 전혀 갖지 못한 채 단지 (매우 낮은) 임금(그리고 통상적으로 매우 열악한 노동조건)에 의존해 살고 있다. 인류의 80%는 하루 10달러 이하의 돈으로 살아간다.

북유럽 나라들은 불평등이 가장 덜한 반면, 영국과 미국은 불평등이 심하다. 하지만 가장 심한 나라들은 남아프리카, 중국, 인도이다(Atkinson, 2015: 22~23 참조). 세계의 주요한 불평등에 관한 기록들, 그리고 그것들이 기대수명과 건강, 교육과 문맹, 노동과 주거 등에 일으킬 수 있는 문제에 대한 논의는 오늘날 많이 찾아볼 수 있다. 불평등은 소득과 재산을 통해 추적할 수 있는데, 한 나라 안에서도 추적할 수 있고 세계의 나라들 사이에서도 추적할 수 있다.

물론 그 통계는 늘 문제를 내포한다. 오류의 폭이 꽤 크다. 가난한 나라는 말할 것도 없고 부자 나라에서도 이런 쟁점의 대부분은 정확히 측정하기 어렵다. 그러므로 이들 수치의 정확성은 자주 논쟁의 대상이 된다. 그럼에도 수치는 극단적이다. 전체적으로 몇십 억의 사람들이 절대적 빈곤이나 절망적 빈곤 속에서 살고 있는 반면 수백만의 사람들은 상상하기 힘든 부유 속에서 살고 있다는 것은 매우 확실하다. 이것은 대단히 불평등한 일이다.

웹사이트

불평등의 사실은 늘 변동하고 있다. 여러분은 '세계의 불평등'에 관한 여러분 자신의 웹사이트나 블로그를 만들어보기 바란다. 살펴볼 몇 가지 핵심어로는 카스트, 계급, 노예, 지구적 빈곤 등을 들 수 있다. 그리고 이것들을 빈곤 연구, 소득 연구, '부자 명단', 성 불평등, 종족 불평등, 연령 불평등, 인간 발전, 인권, 성적 권리 등과 연결해보자. 더 구체적으로는 다음과 같은 것들을 찾아볼 수 있다.

세계 빈곤World poverty

- 세계의 부와 소득 데이터베이스World Wealth and Income Database: http://topincomes.parisschoolofeconomics.eu
- 부자 명단Rich List: ≪포브스Forbes≫, ≪선데이 타임스Sunday Times≫
- 세계노예지수Global Slavery Index: http://www.globalslaveryindex.org
- 인간개발지수Human Development Index: HDI: http://hdr.undp.org/en
- 불평등 보정 인간개발지수Inequality Adjusted Human Development Index
- 성 불평등 지수Gender Inequality Index: GII: http://hdr.undp.org/en/content/table-4-gender-inequality-index 또한 http://www.unwomen.org/en도 살펴보기 바란다.
- 유민 이주자Displaced migrants: http://internal-displacement.org
- 인간안전지수Human Security Index: http://www.humansecurityindex.org 또한 http://www.globalissues.org/article/26/poverty-facts-and-status도 살펴보기 바란다.

유엔은 세계 전역에서 국가의 대응을 탐지하고 있고 국제엠네스티Amnesty International와 국제인권감시기구Human Rights Watch는 정기적인 국가 간 비교 보고서를 발표한다.

- 유엔인권지수도Map of UN Indicators on Rights: http://indicators.ohchr.org
- 국제인권감시기구Human Rights Watch: http://www.hrw.org
- 국제엠네스티Amnesty International: http://www.amnesty.org.uk

- 여성에 대한 폭력 자료 Violence against Women Prevalence data(UN):
  http://www.endvawnow.org/uploads/browser/files/vaw_prevalence_matrix_15april_2011.pdf
- 인신매매에 대한 유엔 지구적 보고 Trafficking of People United Nations Global Reports:
  http://www.unodc.org/documents/data-and-analysis/glotip/GLOTIP_2014_full_report.pdf
- 유엔난민기구의 지구적 추세 2014: 전쟁 지역 UNHCR Global Trends 2014: World at War:
  http://www.unhcr.org/556725e69.html
- 앤거스 캐럴 Aengus Carroll · 루카스 이타보라이 Lucas P. Itaborahy, 『국가가 후원하는 동성애 공포: 법의 세계적 조사 보고 State-Sponsored Homophobia: A World Survey of Laws』(2015), www.ilga.org

'인류의 미래 Vision of Humanity' 웹사이트를 방문해 그곳에 게시된 제목들을 살펴보자.

- http://www.visionofhumanity.org
- 지구평화지수 Global Peace Index:
  http://www.visionofhumanity.org/#/page/indexes/global-peace-index
- 테러주의 지수 Terrorism Index:
  http://www.visionofhumanity.org/#/page/indexes/terrorism-index
- 폭력의 지구적 비용 보고서 Global Cost of Violence Report:
  http://www.copenhagenconsensus.com/sites/default/files/conflict_assessment_-_hoeffler_and_fearon_0.pdf

더 읽을거리

빈곤과 불평등에 관한 연구와 글은 풍부하다. 중요한 작업은 사회학자가 아니라 경제학자가 수행하고 있다. 주요한 참고문헌은 다음과 같다. 옥스팜 Oxfam의 『부: 모두 갖고 더 원한다 Wealth: Having It All and Wanting More』(2015), 토마 피케티 Thomas Piketty의 『21세기 자본 Capital in the Twenty-First Century』(2014), 크레디트 스위스 Credit Suisse의 『지구의 부 자료집 Global Wealth Databook』(2015). 그 밖에 많이 논의되는 현대의 고전으로는 앤서니 앳킨슨 Anthony Atkinson의 『불평등을 넘어 Inequality』(2015), 앵거스 디턴 Angus Deaton의 『위대한 탈출 The Great Escape』(2013/2015), 케이트 피케트 Kate Pickett와 리처드 윌킨슨 Richard Wilkinson의 『평등이 답이다 The Spirit Level: Why More Equal Societies Almost Always Do Better』(2009/2015), 폴 콜리어 Paul Collier의 『바닥의 10억 The Bottom Billion』(2007), 조지프 스티글리츠 Joseph Stiglitz의 『불평등의 대가 The Price of Inequality』(2012) 등이 있다.

세계의 계층화

사회학자들이 일찍부터 제기해온 매우 중요한 질문은 '이 사회나 집단의 먹이 서열의 기본 지도 또는 조직 또는 구조는 무엇이며, 그것은 어떻게 작동하는가?'이다. 누가 거기서 특권을 가지고 있으며, 누가 낮게 평가되는가? 여기서 우리는 사회가 가지고 있는 위계의 가장 기본적인 층위들을 살펴본다. 모든 사회가 그러한 위계의 지도를 가지고 있을 것이다. 우리가 볼 가장 일반적인 지도는 노예체계, 카스트 체계, 계급체계, 그리고 지구적 배제체계의 계층이나 층위이다. 여기서 계층화stratification라는 관념은 지층들의 이미지를 차용한 비유이다. 지구의 대지에 지층들이 있는 것처럼, 우리는 사회가 층들로 구분된다고 묘사할 수 있다. 거칠게 말하면, 꼭대기에 소수가 있고 밑바닥에 다수가 있으며, 그 사이에 여러 집단이 있는 것이다. 사회학자들은 체계를 매우 자세하게 연구하지만, 우선은 네 가지 체계, 즉 카스트 제도, 노예제도, 사회계급체계, 그리고 지구적 배제체계의 네 가지를 찾을 수 있다.

카스트

아마도 계층화를 가장 명확하게 보여주는 것은 공식적인 **카스트**caste 체계일 것이다. 카스트 체계는 특히 인도의 힌두교 속에 오랜 역사를 가지고 있다. 여기서 사람들은 태어날 때부터 청결함과 불결함의 관념을 중심으로 배치되는 엄격한 위계로 등급이 정해진다. 가장 단순하게 이 체계는 네 가지 범주로 설명할 수 있다. 최고위 신분을 차지하는 브라만Brahman(승려·저술가), 크샤트리아Ksatriya(왕족·무사), 바이샤Vaiśya(농민·상인), 그리고 수드라Sudra(하인·잡역)가 그것이다. 이 체계 밖에 있는 사람들은 '불가촉천민 untouchables'(오늘날에는 달리트Dalit라고 부른다)이 되며, 그들은 가장 더러운 일(오물 처리, 시신 화장, 거리 청소 등)을 하고 있다. 인도에서 공식적으로는 이 체계를 철폐했지만 수많은 전통적인 힌두 마을에(그리고 대도시에서도 마찬가지로) 여전히 이 체계가 살아 있음을 보여주는 중요한 증거가 있다. 인도에는 학대받고 희생당하는 불가촉천민이 적어도 1억 5000만 명(전체 인구의 약 20%)에 이르는 것으로 추정된다(꼭대기를 차지하는 브라만은 인구의 3~5%를 구성한다).이 체계는 그들을 세계에서 가장 예속적이고 배제된 집단 중 하나로 만들고 있다.

노예제

노예제에서는 사람이 사람을 '재산'으로 소유한다. 이것은 서구의 삶에서 잠깐이 아니라 역사 전체에 걸쳐 나타난 사회조직의 주요한 유형 중 하나였다. 이것의 기원은 멀리 선사시대의 수렵사회에서 찾을 수 있다. 이것은 고대사회에서 지배적으로 나타났으며, 그리스, 로마, 페르시아, 에트루리아 모두 주요한 노예체계를 가지고 있었다. 근대에는 미국에서 노예 교역이 정점에 도달했는데, 내전 이전 시기에 노예의 수는 약 400만이었다. 그리고 나치 체제와 소련의 강제수용소Gulag의 강제 노동을 통해 다시 등장했다. 그것은 오늘날에도 소멸하지 않고 있다. 2015년의 경우, 세계노예지수에 따르면 약 167개 나라에 (종종 세대적인) 강제 노동, 강제 혼인, 채무 구속debt bondage, 성적 인신매매sex trafficking가 존재하며 약 3580만 명이 노예 상태에 있다고 추정된다[그중 61%는 다섯 나라에 있다. 인도에는 1400만 명 이상, 중국에는 300만 명 이상, 파키스탄에는 약 200만 명, 우즈베키스탄과 러시아에 각각

100만 명 이상이 노예 상태이다. 영화에서도 노예를 흥미롭게 극화하고 있다. 스티브 매퀸Steve McQueen의 〈노예 12년12 Years a Slave〉(2013), 마이클 앱티드Michael Apsted의 〈어메이징 그레이스Amazing Grace〉(2006), 스티븐 스필버그Steven Spielberg의 〈아미스타드Amistad〉(1997) 등이 그 사례이다].

사회계급

이것은 자본주의와 함께 등장한 주요한 계층체계이다. 전통적으로 사회학자들은 초기의 핵심적인 두 사상가, 즉 마르크스와 베버의 대조적인 견해에 의지했다. 대체로 마르크스는 경제적 쟁점으로서 **계급**class을 강조하고 두 가지 주요한 사회계급들(다른 계급들도 있다)을 판별했다. 이 계급들은 생산수단에 대한 두 개의 기본적 관계와 상응한다. 개인들은 생산수단을 소유하거나 아니면 생산수단 없이 타인들을 위해 노동한다. 자본가들(부르주아지bourgeoisie)은 생산 시설을 소유·운영하며 타인들(프롤레타리아트proletariat)의 노동을 사용(착취)한다. 이것은 체계에서 거대한 불평등을 야기하며, 마르크스의 견해에 따르면 궁극적으로 계급갈등으로 이어진다. 억압과 불행은 노동하는 대중에게 조직을 형성하고 결국에는 자본주의를 전복하도록 추동할 것이다. 가난한 계급이 더 궁핍화하고 양극화하며 자신들의 계급 위치를 각성하는 과정이 진행될 것이다. 이것은 자신들의 실질적인 경제적 착취에 대한 계급의식으로 이어질 것이다. 베버는 사안에 조금 더 폭넓게 접근한다. 그리고 계급을 세 가지 구별되는 차원들, 즉 (경제적) 계급과 신분(위세)과 권력의 상호 교차에 위치하는 것으로 판별했다. 근래 대부분의 사회학자들은 경제적인 것의 중심성을 인정하면서 소득과 재산이라는 척도(빈곤 연구, 소득 연구, 재산 연구, 부자 연구를 포함한)와 아울러 직업 척도를 통해 계급을 측정한다. 그렇지만 또한 그들은 신분, 문화, 연결망의 더 광범한 차원들도 추가한다. 피에르 부르디외(1930~2002)는 이 주제에 관해 가장 영향력이 큰 현대 사회학자였다. 그는 경제자본과 사회자본(연결망과 인정)과 문화자본(문화적 지식과 숙련)의 세 차원을 도입하고 계급체계는 이러한 '자본들의 재생산'과 축적된 특권에 의존한다고 주장했다. 상징자본은 권력과 위세prestige, 즉 어떤 사람이 보유하는 명예와 인정의 역할을 강조한다.

지구적 배제

세계가 점점 더 초국적화하고 지구화하면서 새로운 범주의 계층화가 뚜렷이 나타나기 시작했다. 지구적으로 배제된 사람들the globally excluded이라는 범주가 그것이다. 손꼽을 수 있는 역사적 사례로는 강제수용소의 희생자들이 있다. 그들은 모든 것을 박탈당하고 가치 있는 그 무엇도 갖지 못한 채 몰살당했다. 하지만 우리는 이와 비슷한 상황의 사람들을 르완다 종족학살이나 관타나모Guantanamo Bay 해군기지에서도 목격할 수 있을 것이다. 브라질의 활발한 기록사진작가 세바스치앙 살가두Sebastião Salgado(1944~)의 사진, 특히 사진집 『노동자들Workers』(1993), 『이주Migrations』(2000), 『어린이The Children』(2000)는 그 사람들을 생생하게 보여준다. 카리브 해 마르티니크Martinique 섬 태생의 프랑스 철학자이자 혁명가인 프란츠 파농Frantz Fanon(1925~1961)은 『대지의 저주받은 사람들The Wretched of the Earth』에 대해 이야기했다. 그들은 '호모 사케르homo sacer'(저주의 인간), 즉 박탈당한 자들dispossessed로 '배제'와 '벌거벗은 삶'으로 고통받는 사람들을 가리킨다.

이 '박탈당한 사람들'을 만들어내는 네 가지 중요한 원천이 있다. 첫째, 그들은 지구적 빈민이다. 2011년 지구에서 100만 명 이상이 하루에 1.25달러 이하의 돈으로 살아가고 있었다. 대체로 그들은 가진 것이 아무것도 없었다. 땅 없는 노동자들, 전통적 농민들 또는 '도시 빈민'이 된 사람들, 즉 빈민가와 판자촌favela에서 삶을 꾸려가야 하는 자들의 빈곤을 경험하는 사람들이 그들이다. 이주자, 쓰레기 뒤지는 사람, 구걸하는 사람, 손수레 끄는 사람, 성 노동자, 온갖 종류의 장애인이 그들이다. 둘째, 집 없는 사람들이 그들이다. 그들은 거주지나 가정이나 고국이 없다. 노숙자, 난민, 유민이 그들이다(2014년 말, 2000만 명의 난민이 있고, 자신의 나라에서 떠난 유민은 3800만 명을 넘었다). 셋째, 그들은 흔히 불안한 나라나 '예외국가'와 관련이 있다. 세계 70억 인구 중 26%는 '취약한 국가'에 사는 것으로 추정된다[평화재단Fund For Peace이 발표하는 취약국가지수Fragile State Index(http://fsi.fundforpeace.org)를 살펴보기 바란다. 2015년의 경우, 수단, 남수단, 소말리아, 중앙아프리카공화국, 콩고공화국, 차드, 예멘, 시리아, 아프가니스탄, 이라크, 아이티 등이 여기에 해당한다]. 그리고 넷째, 세계의 거대하고 야만적인 '감옥'에서도 그들을 찾을 수 있다(2014년의 경우, 약 1000만 명이 인간 창고warehouse에 수용되어 있었다).

그러한 삶은 위태롭다. 이들은 세계 그 어떤 주류에서도 배제된 채 순간순간, 하루하루를 대체로 위협 아래서 살아간다. 어린이, 여성, 고령자들은 특히 이런 충격에 취약하다. 지그문트 바우만은 『쓰레기가 되는 삶들Wasted Lives』에 대해 쓰면서 근대(또는 자본주의)가 황폐한 주민들(빈민과 난민뿐 아니라 거대한 감옥 수감자들과 그 밖의 외부자들)을 만들어낸다고 주장한다. 주디스 버틀러와 조르조 아감벤Giorgio Agamben 같은 철학자들은 '박탈당한 사람들'과 '벌거벗은 삶bare life'에 대해 쓰고 있다. 흥미롭게도 우리는 배제된 사람들의 반대쪽 짝(특급 부자들의 세계)도 역설적으로 나머지 세계에서 단절되어 있다는 것을 알 수 있다[이것에 대한 강력한 해명은 크리스티아 프릴랜드Chrystia Freeland의 『플루토크라트Plutocrats』(2012/2013)를 볼 것].

교직성: 삶의 기회의 사회구조

불평등에는 네 가지 기본적인 '체계'가 있다. 그러나 그것들은 사람들의 삶의 형태를 규정하는 더 광범한 기회의 구조와 교차한다. 일부 사람들은 이것에 의해 삶을 더 확장하고 팽창한다. 일부 사람들은 제약당하고 축소한다. 일곱 가지의 주요한 변수들이 이런 기회를 조직하는 데 기여하며, 그것들은 상호 연결되고 교차한다. 다음의 〈표 7-1〉은 그것을 개관한다.

여러분이 살펴보는 사회적인 것이 무엇(학교, 사회복지, 고령)이든, 그것이 우리의 삶에 영향을 주는 '사회적 서열'과 어떻게 교차 연결되는지를 탐색하고 질문하기 바란다. 사회학자들은 그 서열들이 개별적으로(또는 독립적으로) 작동하는 방식과 그것들이 서로에 대해 역동적으로 영향을 미치는 방식 둘 모두에 관심을 갖는다. 때로는 하나가 다른 것들을 지배할 수 있다(예를 들어, 노예제에서는 흔히 **인종 구성체**racial formation가 중요한 역할을 담당했으며, 동성애자의 배제에서는 성 서열이 우위를 갖고 작동한다. 그러나 두 경우 모두에서 그것들은 어느 정도는 다른 여섯 가지 힘들의 영향을 받는다). 공공의 사회적 삶에 대한 남성과 여성의 동등한 접근을 배제하는 젠더 서열(일부에서는 그것을 **가부장제**patriarchy라고 부른다)은 대부분의 사회에서 작동한다. 대부분의 종교는 여성은 가정에서 현모양처 이외의 중요한 역할을 하지 않아야 한다는 믿음을 중심으로 조직되어 있다. 고대 그리스와 로마 사회는 여성을 노예로 취급할 뿐 아니라 공공적 삶에서 여성에 대한 인정을 완전히 배제하는 방식으로 조직되었다. 가톨릭교회나 이슬람 신앙도 여성이 핵심적 역할을 수행하는 것을 허락하지 않을 것이다. 마찬가지로 대부분의 사회들은 연령 서열(어린이, 청소년, 청년, 중년, 노년의 순서)를 중심으로 조직되어 있다. 어떤 사회에서는 노인을 매우 중요하게 취급한다. 다른 사회에서는 노인을 예

표 7-1 __ 교차하는 불평등의 서열

	사회적 서열(기회의 통로)	뒷받침하는 견해와 정체성
교차하는 사회적 불평등의 서열: 삶의 기회의 구조	1. 계급 서열	계급주의와 계급의식
	2. 젠더 서열(그리고 가부장제)	성차별주의와 젠더 정체성
	3. 인종 구성체(종족과 인종)	인종화, **인종주의**, 종족 정체성
	4. 연령 계층화와 세대 서열	연령차별주의와 세대적 자아
	5. 국민	국민(또는 민족)주의와 국민 정체성
	6. 섹슈얼리티 서열	이성애 우월주의, 동성애 혐오, 이성애 규범성, 섹슈얼리티 정체성
	7. 장애와 건강 서열	질병과 '장애' 이데올로기, 건강/능력 정체성

주: 여러분이 살펴보는 사회적인 것이 무엇(학교, 사회복지, 고령)이든, 그것이 적어도 위의 몇 가지와 어떻게 교차 연결되는지에 관해 탐색하고 질문하기 바란다.

속적으로 취급한다. 특정의 서열은 역사적으로 특수하고 독특할 수 있으며, 그러므로 여기서 개관한 모든 요소들을 자세히 살펴볼 필요가 있다.

계급 구조, 다시

> 지금까지 존재한 모든 사회들의 역사는 계급투쟁의 역사이다.
>
> 카를 마르크스Karl Marx, 『공산당 선언Manifest der Kommunistischen Partei』

계급은 중요하다. 그것은 우리의 주요한 불평등 체계 가운데 하나이지만, 핵심적인 교차 변수로 중요한 역할을 한다. 기묘하게도 불평등을 논의하는 경제학자들은 계급의 쟁점에 대해 거의 이야기하지 않는다. 그러므로 계급은 사회학자들이 연구하는 핵심 주제이다. 그렇지만 기묘하게도 그들의 최우선 관심사는 계급의 측정에 있었다. 사회학자들이 계급을 연구할 때에는 흔히 일련의 '계급 측정 서열' 척도들에 관한 논쟁으로 나아갔다. 가장 최근의 논쟁으로는 근래 만든 '영국계급조사Great British Class Survey: GBCS'에서 비롯한 것이다. 그것은 조금 달랐다. 그것은 부르디외의 생각에서 도움을 받았고 그의 세 가지 자본 개념과 연결되며 다음과 같이 문화와 연결망을 더 강조하는 분류 틀을 제안했다.

- 엘리트elite: 영국에서 가장 특권적인 집단. 재산을 통해 다른 6개 계급과 구별된다. 이 집단은 세 가지 자본 모두에서 최고 수준을 소유한다.
- 기득권 중간계급established middle class: 두 번째 부유한 집단. 세 가지 자본 모두에서 높은 수준을 기록한다. 가장 규모가 크고 가장 사교적인 집단. 문화자본에서 두 번째로 높은 수준을 기록한다.
- 기술 중간계급technical middle class: 부유하지만 사회자본과 문화자본에서는 낮은 수준을 기록하는 소규모의 특징적인 새로운 계급 집단. 사회적 고립과 문화적 무관심을 특징으로 한다.
- 새로운 풍요로운 노동자new affluent workers: 사회적·문화적으로 활동적인 젊은 계급 집단. 경제자본에서 중간 수준을 기록한다.
- 전통적 노동자계급traditional working class: 모든 형태의 자본에서 낮은 수준을 기록하지만, 완전히 박탈당한 것은 아니다. 구성원들은 상당히 높은 가치의 주거를 보유하는데 이 집단이 평균연령이 가장 높은 사실로 설명할 수 있다.
- 신흥 서비스 노동자emergent service workers: 새롭고 젊고 도시적인 집단으로 상대적으로 빈곤하지만 높은 수준의 사회자본과 문화자본을 보유한다.
- 프레카리아트 또는 불안정한 프롤레타리아트precariat, or precarious proletariat: 가장 가난하고 가장 박탈당한 계급. 사회자본과 문화자본에서 낮은 수준을 기록한다(Savage, 2015).

■ **생각하기 _ 사회이동과 특권 집단의 영구한 재생산, 그리고 무특권자**

계급들 사이의 이동은 얼마만큼 가능한가? 이것은 사회학의 사회이동 연구 주제이며, 통상적인 결론은 사회이동은 사람들이 생각하는 것보다 훨씬 적게 일어난다는 것이다. 그러므로 핵심적인 문제는 어떠한 기제가 차이를 지속적으로, 즉 거듭하고 거듭하여 그리고 다시 거듭하여 재생산하는가 하는 것이 된다.

일반적으로 불평등은 '상속'과 '일상적 삶(가족, 학교, 대학교, 작업장, 미디어 등에서)의 상투적 과정'에 의해 재생산된다고 할 수 있다. 피에르 부르디외는 그러한 재생산이 우리의 일상적인 선택 속에서, 즉 우리가 어떤 것을 다른 것들보다 – 오페라보다는 헤비메탈 음악을, 국립극장의 연극보다는 텔레비전 연속극을 – 더 좋아하는 것 속에서 일어난다는 것, 그리고 우리의 운명은 상당한 정도로 봉인되어 있다는 것을 보여주는 데에서 핵심적인 이론가였다. 예를 들어, 계급의 습관(또는 **아비투스**)은 고착된다. 우리가 그것을 계급적인 것으로 인식하지 못하더라도, 그것은 암묵적으로 그 자체의 방식을 통해 작동하면서 이 질서를 재생산한다.

부르디외의 『구별짓기』에서 그의 고전적인 논의를 찾아볼 수 있으며, 유튜브에서도 그는 탁월하게 등장한다. 부르디외의 이론을 근래 영국에 적용한 연구는 토니 베넷Tony Bennett 등의 『문화, 계급, 구별짓기Culture, Class, Distinction』(2009), 그리고 마이크 세비지Mike Savage의 『21세기의 사회계급Social Class in the 21st Century』(2015)에서 볼 수 있다.

가부장제와 젠더 구조

> 남자는 주체이다. 남자는 절대적 존재이다. 여자는 타자이다.
>
> 시몬 드 보부아르Simone de Beauvoir, 『제2의 성The Second Sex』, 1949

모든 사회가 구성원을 남성, 여성, 기타(양성인, 간성인, 트렌스젠더, 크로스드레서 등과 같이 남녀의 구분에 들어맞지 않는 사람들)로 나눈다. 성 자체는 생물학적 기초를 갖는다(염색체, 두뇌 구조, 호르몬 등). 그러나 남성이라는 것 또는 여성이라는 것과 결합되어 있는 사회적 기대와 역할은 철저하게 사회적인 것이다(사회학자들이 '젠더gender'라고 말하는 것이 바로 이것이다). 그것들은 양가적 관계ambivalent relation를 갖는다. 남성에게 그리고 여성에게 기대하는 것의 정확한 내용은 역사에 따라, 사회에 따라 다양하다(그리고 기대와 현실이 부합하는 일은 드물다). 그러나 여성을 지배적인, 심지어는 '헤게모니적인' 남성과의 관계에서 종속적인 역할에 배치하는 것은 대부분의 역사와 사회에 공통적이다. 예를 들어, 일반적으로 여성은 남성보다 더 낮은 임금을 받고 승진과 소득에서 기회의 제약을 받으며(유리 천장glass ceiling으로 부른다), 남성과는 다른 일(가사노동과 돌봄노동)을 해야 한다. 여성이 최고경영자CEO가 될 가능성은 거의 없으며, '부자 명단'에 오를 가능성은 더욱 없다. 공식적인 권력의 지위를 차지하는 여성은 극히 희소하다. 다만 일부 나라에서는 이 숫자가 조금씩 증가하고 있다. 대부분의 나라에서 여성은 투표권도 남성보다 훨씬 나중에 획득했다(그리고 여성이 투표권을 갖지 못한 나라도 아직 많이 있다). 대체로 여성들은 교육의 기회에서도 남성보다 제한적이다. 변화가 있기는 하지만 흔히 남성과 여성 사이의 차이는 매우 극단적이다.

남성과 여성이 갖는 기회의 차이는 매우 크다. 간단히 말해 여성은 남성과 대등하게 살아가지 못한다. 이것을 확인하려면, 몇 가지 주요한 연례 보고서를 살펴보면 된다. 세계경제포럼The World Economic Forum: WEF은 '세계 성격차 지수Global Gender Gap Index: GGI'를 고안했다. 이는 교육 , 경제적 권한 강화economic empowerment, 건강, 정치적 권한 강화의 네 가지 쟁점들을 측정한다. 그리고 유엔발전프로그램UN Development Programme도 '성 불평등 지수Gender Inequality Index: GII'를 고안했는데 이것은 출산 관련 건강, 권한 강화(정치 참여와 여성의 중등교육 이수) 그리고 노동시장의 세 차원에서 불평등을 측정한다. 그러한 척도에 관해서는 많은 논쟁이 있다. 그것들은 실질적이지 못하고 복잡하며 신뢰할 수 없는 측정에 의존하고 있으며(6장을 볼 것), 사람들이 쉽게 이해할 수 없다. 그렇지만 더욱 심각한 문제는 젠더와 관련한 폭력과 안전 같은 핵심적인 차원을 빠뜨리고 있다는 점이다. 계층화의 이러한 차원의 모습은 유엔의 여성 관련 웹사이트 등과 같은 다른 출처에서 구할 수 있다. 어떤 차원에서나 통상적으로 스칸디나비아 나라들(노르웨이, 핀란드, 아이슬란드, 스웨덴 등)이 가장 높은 위치를 차지하고 있다. 반면 이슬람 나라들(특히 예멘, 사우디아라비아, 파키스탄, 터키)은 상황이 가장 나쁜 것으로 나타난다.

그리고 오늘날 남성들의 지위가 위기에 처했다고 주장하는 사람들이 종종 있다.

종족적 · 인종적 구조

> 20세기의 문제는 피부색의 문제이다.
>
> W. E. B. 듀보이스W. E. B. Du Bois, 『흑인 민중의 영혼The Souls of Black Folk』, 1903

역사 전체에 걸쳐 (어떤 사람들을 어떤 종족적 · 인종적 범주에 배치하는가의) 인종화racialization 과정은 사회관계를 조직하는 거시적 수준(대부분의 사회에서 볼 수 있는, 기회의 불평등을 만들어내는 역사적으로 '인종화된' 구조와 이데올로기)과 미시적 수준(차이의 정체성을 안출하는 '소수집단화minority grouping'와 상호작용) 둘 모두에서 작동해왔다. 종족 범주의 구성원들은 문화사(특유의 사회적 정체성을 부여하는 공통의 조상, 언어, 종교 등을 포함)를 공유한다. 그리고 그 범주는 대체로 여러 가지 억압, 차별, 편협, 편견, 혐오 등에 기초해 안출된다. 이런 맥락에서 우리는 반유대주의나 이슬람 혐오를 생각한다.

대부분의 사회들은 일련의 상이한 종족적 문화들로 구성되는 세계를 형성한다. 정복과 이주와 전쟁의 역사가 그것을 다룬다. 이런 의미에서 모든 사회는 혼종적hybridic(상이한 것들을 조합하는)이다. 예컨대 영국에는 — 단지 일부만 거명하더라도 — 파키스탄계, 인도네시아계, 아일랜드계, 카리브계, 홍콩이나 중국계 유럽인들이 거주하고 있는데, 이들은 그 선조들이 세계의 특정 지역에 뿌리를 둔 문화적 유형을 보유하고 있다고 할 수 있다. 그런데 이런 종족적 서열 각각에는 '타자'의 위계가 나타날 것이다. 언제나 국외자(타자)에 대한 두려움이 있다고 할 수 있다. 그것은 깊게 흐른다. 각 나라에는 시기마다 그 사회에서 배제하는, 그리고 그것에 대해 온갖 종류의 고정관념과 상징체계와 가공의 이야기를 만들어내는 종족 집단이 있을 것이다.

나쁜 소식은 이러한 적대감이 심각한 갈등과 쟁점으로 이어진다는 것이다. 그것은 노예제와 카스트 제도의 기초가 되고 지구적 피약탈자들을 만들어낸다. 또한 우리는 그것이 세계적 폭력과 전쟁과 테러주의 대부분에서 중요한 역할을 하고 있음을 확인한다.

장애 구조

장애disability — 청각 장애, 시각 장애, 거동 불편부터 에이즈 같은 만성질환을 거쳐 온갖 종류의 정신건강 손상까지 — 는 흔히 생물학적 기초를 가지고 있으며, 신체의 손상과 개인의 차이라고 생각할 수 있다. 그러나 사회적으로 이런 차이들을 어떻게 대접하는가는 사회학자들의 핵심 관심 중 하나이다. 장애인들은 역사적으로 상이하게 대접받아왔으며, 여러 가지 이름으로 불려왔다. 병신cripple, 비정상인subnormality, 괴짜weirdo, 미친놈mad and sad people, 괴물monster, 기형자freak 등이 그것이다. 어떤 사회에서는 겉모습이 다른 아이가 태어나면 죽이기도 했다. 기형자는 서커스나 영화에서 오락의 대상이 되었다. 많은 사람들이 보호시설로 '숙청'되었으며 사회에서 사라지게 되었다.

기껏해야 그들은 자선과 복지체계의 지원을 받았다.

어빙 고프먼의 『낙인Stigma』(1961) 같은 사회학 연구들은 장애인들을 무수한 방식으로 어떻게 분류하고 고정관념화하며 사회적으로 배제하고 차별하는가를 제시한다. 더욱 심하게, 장애인들에 대한 사회적 배제는 흔히 그들에게 심각한 수준의 빈곤과 결핍만이 허용된다는 것을 의미한다. 장애인들에게 문제를 낳는 것은 장애뿐 아니라 그들이 속한 넓은 사회에서 보여주는 부정적·적대적 또는 시혜적 태도도 있으며, 이것들은 그들의 삶을 더욱 힘겹게 만든다.

섹슈얼리티 구조: 이성애 규범성과 동성애 혐오

섹슈얼리티sexuality는 단순한 생물학적 충동을 훨씬 넘어선다. 섹슈얼리티를 연구하는 사회학자들은 그것은 단순한 동물적 충동이 결코 아니라 그것이 사회관계 및 의미와 교직되면서 인간에 대해서만 작용하는 것이라고 제시한다. 사람들이 단지 성행위sex만을 할 수는 없다. 그것은 우리가 누구와 성행위를 할 수 있는가(이성과?), 어디서 그리고 언제 해야 하는가(밤에 침대에서?), 무엇을 할 수 있는가(성기 결합?), 그리고 심지어 왜 성행위를 할 수 있는가(아이를 낳기 위해?)에 대한 더 폭넓은 규칙과 견해에 얽혀 있다. 종교의 오랜 역사는 부분적으로는 성의 규제에 관한 역사이며, 성행위를 할 수 있는 승인 가능한 맥락을 제공한다. 그리고 섹슈얼리티의 역사는 사람들이 실행하는 성행위 종류와 그것을 둘러싸고 사람들이 만드는 규칙의 종류 두 가지 모두가 굉장히 다양하다는 것을 보여준다.

그러므로 사회학자들은 섹슈얼리티에 관한, 상이한 섹슈얼리티들의 범위에 관한 규칙을 어떻게 만들고 발전시키는가, 그리고 어떻게 일부는 허용되고 일부는 허용되지 않는가 등과 같은 문제들에 관심을 갖는다. 그들은 인간의 섹슈얼리티에 의미를 부여하는 방식, 그리고 그것이 어떻게 특별한 종류의 성 정체성(동성애, 이성애, 양성애, 가학피학성애, 소아성애, 퀴어)의 형성으로 이어지는가를 질문한다. 그들은 섹슈얼리티가 경제나 종교나 가족 등과 같은 다른 제도들과 연결되는 방식을, 그리고 무엇보다도 그것이 계급이나 인종이나 젠더 같은 다른 불평등과 교차하는 방식을 질문한다.

이런 것을 염두에 두면, 일부 섹슈얼리티는 사회 속에 쉽게 통합될 수 있는 반면 일부는 배제된다는 것이 금방 분명히 드러난다. 동성애는 근래의 논쟁에서 핵심적 초점이었고, 시대와 문화에 따라 동성애에 대한 광범하게 대조적인 사회적 태도들이 있어왔다는 것을 증명할 수 있다. 지난 30여 년에 걸쳐 서구 세계 대부분에서 남성 동성애자의 삶을 허용하는 사회적 태도가 상당히 증가했다. 1960년대에는 여러 나라에서 법적으로 그것을 금지했다는 점을 기억해보라. 그렇지만 21세기의 시작과 함께 바로 그 나라들에서 동성 결혼과 동성 배우자 권리civil partnership를 인정하는 입법이 진행되어 왔다. 이것은 '새로운 가족 형태의 선택'을 나타내고 동성애의 삶을 공적으로 표현하는 데에서 주요한 변화를 보여준다. 동시에 다른 여러 나라에서는 동성애에 대한 적대가 강력하다. 2016년에도 많은 나라에서 동성애를 법적으로 금지하고 있으며, 몇몇 나라에서는 사형에 처하기도 한다.

세대와 연령 구조

연령 계층화는 차이를 조직하는 우리의 마지막 요소이다. 가장 단순한 수준에서 이것은 생물학적 차이이며, 유년, 청년, 성년, 노년 사이의 차이는 분명하다. 그러나 연령은 단순한 생물학적 과정이 아니다. 모든 문화는 특정 연령층에 적합한 사회적 기대와 역할을 만들어낸다. 육아와 유년의 유형은 매우 다양하다. 모든 문화들이 우리가 지금 서구에서 관찰하는 오늘날의 '지구적 청년 문화'로 이어지는 것은 아니다(서구의 청년 문화는 제2차 세계대전 이후 계급에 기초한 소비자본주의에 의해 형성되었다고 많은 사회학자들이 주장해왔다). 그리고 일부 문화에서는 연장자들을 그들의 지혜 때문에 매우 가치 있게 평가하고 있고, 일부 문화에서는 그들을 무시한다. 이러한 '연령' 문화는 정형화, 차별, 그리고 심지어는 사회적 배제('버릇없는 젊은 것들', '고집스러운 노인네들')의 기초가 되기도 한다. 더욱이 우리는 세대 집단의 중요성(5장을 볼 것), 그리고 그 집단의 상이한 연령별 기회구조와 세대 간 갈등 가능성을 만들어낸다는 것을 알고 있다(Bristow, 2015).

국민과 그들의 타자의 구조

그 어떤 사회도 통일된 전체일 수는 없다. 국민 정체성national identity이 있다고 상정하는 일종의 일체감sense of unity이 흔히 존재한다. 그러나 사회과학자들은 이것을 '상상의 공동체imagined community'라고 부른다. 실제로 사회는 대부분 오랜 시간에 걸쳐 정착하고 발전한 역사적으로 상이한 집단들로 구성된다. 어디서나 먼저 정착한 사람들과 새로 이주한 사람들의 이동과 이주가 있으며 그들은 전통, 종족, 종교, 그리고 정치를 교직한다. 이것이 이산자diaspora이다. 그 국민의 외부에 있는 사람들은 흔히 종속 주체(서발턴)의 정체성subaltern identity을 발전시킨다.

여러분은 세계에서 소수파 외부자 집단들 — 오랜 역사와 고단하게 형성한 정체성을 가진 — 사이에서 그러한 분열을 보이지 않는 사회를 찾아보기 힘들 것이다. 사라예보에서 스리랑카까지, 예루살렘에서 자카르타까지 세계의 대부분에서는 한 종족 집단이 그것의 경쟁 집단들과 맞붙는 전쟁을 벌이고 있다. 오스트레일리아에서는 사회학자들이 토착민과 새로운 아시아계 이주자 사이의 긴장을 연구하고 있다. 미국에서는 아메리칸 인디언, '노예제에서 풀려난' 흑인, 그리고 수많은 새로운 이주자 집단들(멕시코계 등)이 자주 논의의 초점이 된다. 대부분의 사회와 공동체는 분리되어 있으며, 암묵적인 차별부터 공공연한 종족학살까지의 갈등과 관행을 일으킨다.

불평등의 주관적 실재성

사회학의 임무는 불평등의 객관적 상황을 측정할 뿐 아니라 그러한 차이가 그것(불평등)을 경험하는 사람들의 주관적 의식에 미치는 결과가 무엇인가를 질문하는 것이다. 가난하다는 것, 배제된다는 것, 내쫓긴다는 것은 사람들에게 무엇을 의미하는가? 가치 낮은 삶, 심지어 비인간화된 삶을 살아가는 사람들이 실제 경험하는 계층화는 어떠한가? 그들은 자아의식과 자존감을 어떻게 형성하고 그들이 일상의 삶에서 경험하는 모욕과 학대와 무시에 대해 어떻게 반격하고 저항하고 타협하는가? 연구들을 보면 빈곤과 고난뿐 아니라 일상의 통속적인 시련들 — 마냥 기다려야 한다거나, 보이지 않는 사람으로 취급받는다거나, 그들 자신의 자존감에 대한 상징적 공격을 견딤으로써 삶을 유지하는 등 — 에 대한 감정과 반응의 긴장을 알 수 있다.

〈표 7-2〉에서 나타나듯, 이어져온 연구들은 먹이 서열 — 계급, 젠더, 종족 ethnicity, 국가 등에 의해 형성된 — 의 밑바닥에 있는 사람들이 여러 가지 박탈과 퇴락과 모독을 견디고 그것들을 감내하는 전략을 활용함으로써 삶을 영위하는 방식을 보여준다. 몇 가지 인상적인 특징을 뽑아보자.

표 7-2 _ 불평등의 주관적 측면

먹이 서열의 밑바닥에 있는 사람들의 주관적인 경험에 대한 연구는 오랜 역사를 가지고 있다. 일부 연구들을 소개한다.

- 오스카 루이스Oscar Lewis, 『다섯 가족: 빈곤 문화에 대한 멕시코 사례연구Five Families: Mexican Case Studies in the Culture of Poverty』(1959, new edition 1975)
- 리처드 세넷Richard Sennett · 조너선 콥스Jonathan Cobbs, 『계급의 보이지 않는 상처The Hidden Injuries of Class』(1977)
- 릴리안 루빈Lillian Rubin, 『고통의 세계Worlds of Pain』(1977)
- 낸시 셰퍼-스즈Nancy Scheper-Hughes, 『눈물 없는 죽음Death Without Weeping』(1992)
- 피에르 부르디외, 『세계의 무게The Weight of the World』(1993/1999)
- 미치 더니어Mitch Dunier, 『보행도로Sidewalk』(1999)
- 엘리야 앤더슨, 『거리의 규칙Code of the Street』(1999)
- 사이먼 찰스워스Simon J. Charlesworth, 『노동계급 경험의 현상학A Phenomenology of Working Class Experience』(1999)
- 압델말레크 사야드Abdelmalek Sayad, 『이주민의 고통The Suffering of the Immigrant』(2004)
- 앨리스 고프먼Alice Goffman, 『뛰어라: 미국 도시에서의 덧없는 삶On the Run: Fugitive Life in an American City』(2014)
- 리사 메켄지Lisa McKenzie, 『그럭저럭: 내핍 영국에서 토지, 계급 문화Getting By: Estate, Class and Culture in Austerity Britain』(2015)

1. 그들이 경험하는 세계와 그들이 영위하는 삶은 불안전하고 불안정하다. 노동과 부는 결코 보장되지 않는다. 아무것도 계획할 수 없다. 하루하루 살아간다. 삶을 위한 모든 필수품의 기본적인 결핍이 그들의 삶의 핵심에 자리하고 있다. 돈이 없고, 일이 없고, 식량이 부족하고, 주거가 최소에 그치고 있다. 그리고 하루하루를 이것으로 살아야 한다. 극도로 불안정한 세계에서 생존을 위해 투쟁하는 것이 중심적인 과제가 되고 있다. 그들은 불안한 삶을 살게 된다.
2. 이러한 세계는 흔히 위험과 밀접하게 연결된다. 폭력과 폭력적인 협박

이 등장한다. 일상 삶의 바탕에는 잔혹화brutalization가 붙박이로 자리 잡는다. 전쟁은 흔한 배경이고, 가정 폭력은 일상적이다. 여성은 할례 같은 특수한 형태의 폭력을 경험하기도 한다. 어린이들은 병사가 되기도 한다. 동성애자는 살해될 것이다. 우리는 삶의 잔혹화를 보게 된다.

3. 그 사람들의 소리 없는 자포자기의 삶은 비하와 치욕의 감정에 사로잡힐 수 있다. 그들은 '계급 경멸', 인종주의, 성차별주의, 동성애 혐오 등을 경험한다. 이 모든 것들은 그들에게 그들 자신이 얼마나 불쾌한 사람인가를 이야기하게 된다. '그들'은 외부 세계의 존경을 거의 받지 못하며 특권을 가진 사람들 앞에서 불편함을 느끼게 된다. 이 모든 것들은 자신의 삶의 가치에 대한 부인, 자존감 결여, 수치심, 굴욕감을 낳을 수 있다. 그것은 수치스러운, 불명예스러운 삶이다.
4. 그들은 기본적인 '인정' — 내가 누구인가에 대한 — 의 결여를 경험한다. 그들의 삶은 단지 그들을 무시하는 사람들, 그들을 인정하기 거부하는 사람들로 둘러싸여 있다. 수백만 명이 야간에 사무실을 청소한다. 우리는 거리에서 구걸하는 수많은 사람들을 못 본 척 지나친다. 아무도 방문하지 않는 빈민가의 위험 지역에 수백만 명이 살고 있다. 텔레비전의 야간 프로그램에서는 질병과 가난으로 고통받는 사람들이 낯선 곳의 '이재민'으로 비추어진다. 이 사람들은 기묘하게도 '보이지 않는 사람들invisible people', 숨어 있는 다수이다.
5. 그러나 그들을 본다고 하더라도, 그것은 흔히 자선과 후원이라는 렌즈를 통해 일어난다. 그리고 흔히 비하의 언어에 갇혀 있다. 그들은 '불량한 빈민', '도와주어야 할 빈민', '추악한 이주민', '최하층'이 된다. 보이거나 보이지 않거나 그들의 삶은 비하된다. 그것은 비하되고 비인간화된 삶이다.

6. 그들은 자신들에게 일어나는 일들을 거의 통제할 수 없으며, 선택지는 제한되어 있다. 그러나 오해하지 않아야 한다. 사람은 결코 수동적인 로봇이 아니다. 사람은 자신의 상황에 대해 반응하고 대처한다. 자신의 곤경에 순응하고 도피하는 사람도 있지만, 반항하고 반격하는 사람도 많다. 그들은 자신의 곤경에 능동적으로 대처할 방안을 찾아낸다. 그들은 저항과 반격의 삶을 살아간다.

생각하기 _ 가난한 사람들의 목소리

여기 가난한 사람들의 몇 가지 목소리가 있다(Narayan, 2000).

빈곤은 고통이다. 그것은 질병처럼 느껴진다. 그것은 사람을 물질적으로뿐만 아니라 도덕적으로도 공격한다. 그것은 사람의 존엄성을 잡아먹고 사람을 절망으로 몰아넣는다. — 몰도바의 젊은 여성

어린이들은 배가 고프다. 그래서 그들은 울기 시작한다. 그들은 그들의 엄마에게 먹을 것을 요구하지만, 그들의 엄마에게는 먹을 것이 없다. 그런데 어린이들이 울고 있기 때문에 아버지는 속이 탄다. 그래서 그는 그의 아내에게 화풀이를 한다. 그러므로 주먹질과 불화가 가정을 파탄에 이르게 한다. — 보스니아의 가난한 사람

가난한 사람들은 하루하루 먹고살아야 하기 때문에 자신들의 상태를 개선할 수 없다. 그리고 그들은 병이라도 걸리면 돈을 빌리고 이자를 내야 하기 때문에 곤경이 심해진다. — 베트남의 가난한 여성

그 어떤 통제도 없다. 언제든지, 특히 밤에는 총알이 날아다닌다. — 브라질의 가난한 여성

문둥이를 죽이는 것은 나병도 아니고 가난도 아니다. 그것은 외로움이다. — 가나의 여성

정체성 파편 속의 불평등

객관적인, 측정 가능한 불평등(낮은 소득, 문자 해독력 취약 등)은 늘 주관적 경험(불안전, 비가시성 등)을 동반한다. 사람들은 관계, 위치 그리고 정체성에 대한 관념을 통해 타인들과 연결된다. 여기서 의식, 주관성, 정체성 등의 개념이 도움이 될 수 있다. 이 모든 것에 관한 초기 일련의 견해 중 마르크스는 계급체계의 작동에 대한 이해에서 계급의식의 중요성을 지적했다. 마르크스에 따르면, 사람들은 '즉자적' 계급class 'in themselves'에서 자신들의 계급적 상황에 대해 깨닫게 되면서 '대자적' 계급class 'for themselves'으로 변화한다. 계급체계 속에서 자신들이 어디에 위치하는가에 대한 깨달음이 중요하게 된다. 계급의식과 계급에 대한 깨달음은 계급 분석에서 핵심적인 요소이다. 그러나 사회적 서열의 각각은 새로운 정체성들의 형성에서 기회와 잠재력을 제공한다. 그러므로 예를 들어 여성과 종족적 소수자는 흔히 불평등하게 대접받지만 역사를 보면 이런 차이들은 대부분 의식되지 않은 채 지속한다. 이런 불평등에 대한 깨달음은 거의 없다. 일단 어떤 집단이 자신에 대해 깨닫게 되면 변동의 가능성이 커진다.

이제 사회학자들은 이 통찰을 더 광범한 불평등에 적용하고, (1) 계급, 인종, 젠더 등에서 우리는 어디에 위치하는가, (2) 우리는 어디에서 왔는가(종종 사람들이 말하는 '출신 이야기origins stories') 그리고 (3) 장차 우리는 어떤 사람이 될 것인가에 대한 견해를 제시한다. 우리의 정체성은 과거, 현재, 미래에 일관성을 제공하는 데 도움을 준다. 하지만 그것은 세계 속에서 우리 자신의 위치를 정하는 데 도움을 주면서도 우리가 상이한 상황과 관계에 부딪힐 때에는 변화할 수 있다(근래 이것을 흔히 '위치성positionality'이라고 부른다).

고통을 주는 분할과 인간성의 비인간성

인간에 대한 인간의 비인간성은 셀 수 없이 많은 애통함을 낳는다.

로버트 번스Robert Burns,

「만가: 사람은 조문받아야 한다Dirge: Man Was Made to Mourn」, 1784

사회적 불평등은 기저에서 작동하고 있는 공통적인 분할 과정의 위치를 판별함으로써 이해할 수 있다. '사회적 과정은 사회적 삶에서 우리의 위치를 어떻게 형성하는가?'라는 질문을 사회학자들은 제기한다. 여러분은 무슨 기회를 부여받았는가(또는 부여받지 못했는가)? 여러분 자신의 삶의 선택지는 얼마나 협소한가, 또는 폭넓은가? 여러분은 어떻게 명예를 얻고 존경받거나 창피를 당하고 냉담하게 대접받는가? 여러분은 일의 중심에 있었던 적이 있는가, 또는 주변으로 내쫓긴 적이 있는가? 이런 질문을 자신에게 물어보기 바란다. 어떤 삶들은 영구한 위험, 폭력, 그리고 모험에 내맡겨져 있고, 또 어떤 삶들은 그렇지 않다. 여러분의 삶은 어느 것인가? 간략히 말해, 어떻게 일부의 삶들은 인간적으로 대접받는 반면 일부의 삶들은 비인간화되는가를 생각하고, 이 모든 것에서 여러분 자신은 어디에 위치하는가를 질문해보기 바란다. 우리가 이것에 관해 생각하기 시작할 때 몇 가지 핵심적인 과정들이 등장한다.

권력 박탈: 세계에서의 자원과 기능

베버는 권력을 '타자들의 저항을 억누르고 자신의 의지를 실현할 수 있는 사람들의 기회'라고 정의했다. 그리고 그것이 사회계급과 신분에 의해 중심적으로 형성된다고 생각했다(Weber, 1978). 이와 대조적으로 마르크스는 정치적 지배를 경제적 통제와 같다고 생각했다. 무엇을 강조하든(나는 결코 두 사람의 주장이 양립 불가능한 입장이라고 생각하지 않는다), 권력은 사회 전체를 휩쓰는 과정이고, 일부 사람들은 그것에 거의 접근할 수 없는 반면 일부 사람들은 매우 많이 접근할 수 있다고 이해하는 것이 중요하다. 권력이 없는 사람들은 권력 있는 사람들이 가진 자원, 권위, 신분, 자존감의 결핍에 빠지게 된다. 그들은 존중받지 못한다. 특권 있는 사람들은 완전히 다른 세계에서 살아간다. 그들의 신체는 당당하다. 그들은 완전히 다른 옷을 입을 수 있다. 그들은 다른 방식으로 이야기하며 자신들을 (자신에게 그리고 다른 사람들의 눈에) 중요한 사람으로 특징짓는 고결함의 감각을 배양할 수 있다. 그들은 자율성을 가지고 있으며 자신의 삶에 관해 선택지를 가지고 있다. 반면 권력이 없는 사람들은 이러한 것들을 갖지 못한다. 이러한 권력의 핵심적인 특징은 그것의 정당성이며, 다른 사람들이 그것에 부여하는 존중이다.

궁극적으로 불평등에 대한 연구는 사람들이 삶에 필요한 자원들을 사용하는 능력의 차이를 다룬다. 어떤 사람들은 이러한 자원들을 풍부하게 이용할 수 있는 반면 어떤 사람들은 거의 사용할 수 없다. 가장 명백한 '자원'은 자본이나 부 또는 경제적 자원이다. 그리고 권력 또한 쟁점의 하나이다. 권력을 가진 사람들은 으레 자원을 더 많이 사용할 수 있다. 그러나 이것에 그치지 않으며, 오늘날 사회학자들은 (프랑스 사회학자 부르디외의 영향을 받아) 광범한 자원들을 열거하고 있다. 〈표 7-3〉은 핵심적인 자원들의 목록이며, 거듭 말하지만 여러분은 그것들과의 관계 속에서 여러분 자신이 가진 기회에 관해 생각해보기 바란다.

여러분 자신의 자원을 이해한다면, 그것은 여러분이 다른 사람들의 상이

표 7-3 _ 계층화된 삶의 자원들

- 경제적 자원(또는 경제자본): 여러분은 얼마만큼의 소득, 부, 금융자산, 그리고 유산을 사용할 수 있는가? 여러분의 노동 소득은 여러분의 필요를 얼마만큼 충족하는가?
- 사회적 자원(또는 사회자본): 여러분은 가족, 친구, 공동체, 그리고 연결망에서 얼마만큼의 지원을 받는가? 여러분은 어떤 연결망을 가지고 있는가? 여러분은 어떤 사람들을 알고 있는가?
- 문화적 자원(또는 문화자본): 여러분은 여러분 사회의 지식, 정보, 숙련skill, 교육 등에 얼마만큼 접근할 수 있는가?(시간이 흐르면서 그러한 '숙련'은 자격증과 자아 감각을 통해 '여러분 몸속의' 존재 의식의 일부가 될 수 있다) 오늘날에는 디지털 자원, 디지털 의사소통의 숙련에 대한 접근의 정도도 이것에 포함될 것이다.
- 상징적 자원(또는 상징자본): 여러분은 여러분에게 정당성과 인정을 제공하는, 그리고 다른 사람들의 삶보다 여러분의 삶에 특권을 부여하는 사람들에게 얼마만큼 접근할 수 있는가?
- 정치적 자원: 여러분은 여러분의 삶에서 얼마만큼의 자율성을 가지고 있는가? 여러분은 여러분 일상의 대부분을 통제할 수 있는가, 아니면 여러분 대신 다른 사람들이 그것을 통제하는가?
- 신체적·정서적 자원: 여러분의 신체나 느낌은 어떤 방식으로 여러분의 삶을 제한하거나 통제한다고 할 수 있는가? 다른 사람들은 여러분의 신체를 얼마나 조절하는가?
- 개인적 자원: 여러분은 여러분 자신의 독특한 삶을 얼마나 가지고 있으며, 삶의 역사는 여러분이 세계 속에서 용이하게 움직일 수 있는 개인적 숙련을 만들어내는 데 도움을 주었는가?

한 위치를 파악하는 데 도움이 될 수 있다. 사회학자들은 사회적 삶에서 우리의 위치를 결정짓는 데에서 이 자원들 각각의 중요한 역할을 보여준다. 이 자원들 각각은 사회학에서 연구와 사유의 주요한 영역들을 구성한다. 사회학자들은 점점 더 이러한 분리된 차원들을 묶고자 하고 있으며, 그것들의 결합과 상호연관을 살펴보고자 한다.

주변화, 배제, 그리고 '타자' 만들기

우리는 대부분의 사회적 삶이 집단들이 스스로를 내부자와 외부자로 나누고, 좋은 쪽과 나쁜 쪽 등의 대립 쌍들로 구성되는 체계를 창출하는 것으로 보인다고 논의했다. 근래 많은 사회과학자들은 이것을 '다름alterity'의 문제, 타자성otherness의 문제라고 불렀다. 사회는 그 타자들을 어떻게 다루는가? 첫째, 고정관념화stereotyping와 낙인찍기stigmatization가 있다. 사람들은 타자들(인종집단, 장애인, 성소수자 등)을 낮게 평가하고 부정적으로 반응한다. 둘째, 사람들은 타자들을 차별한다. 그들을 배제하고 모욕하는 정책을 만들어낸다. 남아프리카의 인종차별정책Apartheid과 미국의 인종분리정책은 악명 높은 사례이다. 셋째, 물리적으로 사람들을 분리하고 그들을 주류에서 추방하는 과정이 일어난다. 게토화ghettoization의 창출은 고전적인 사례이다. 그러나 때로는 식민화colonization 과정을 통해서 사람들을 완전히 부인하고 흡수하기도 한다. 결국 그들은 배제된다. 끝으로 그들을 몰살할 수도 있다. 종족학살의 충격적인 사례들이 있다. 그러므로 고정관념화와 낙인찍기, 차별, 게토화, 배제와 식민화, 그리고 몰살은 사회학자들이 연구할 핵심적인 과정들이다. 이것들은 모두 여러 사회에서 불평등을 재생산하면서 작동한다.

착취 과정

착취는 사람들을 목적이 아니라 수단으로 이용한다는 것, 즉 한 집단이 다른 집단에게서 이득을 얻는다는 것을 의미한다. 그것의 가장 일반적인 형태는 경제적 착취로, 이것은 사람의 노동을 적절한 보수나 보상을 지급하지 않고 사용하는 것을 통해 일어난다. 여기서 한 가지 핵심적 견해는 사람의 노동이 부의 궁극적 원천이라는 것(노동가치설labour theory of value)이다. 애덤 스미스는 『국부론』 1권 5장에서 이렇게 말했다.

모든 사물의 실질적 가격, 즉 모든 사물이 그것을 손에 넣고자 하는 사람들에게 실제로 요구하는 비용은 그것을 획득하는 데 필요한 노력과 수고이다. 모든 사물이 그것을 획득한 사람에게, 그리고 그것을 처분하고자 하거나 그것을 다른 것으로 교환하고자 하는 사람에게 갖는 실제의 가치는 그것이 그 사람 자신에게 모아줄 수 있는, 그리고 그것이 다른 사람들에게 부과할 수 있는 노력과 수고이다.

그러나 사회학에서 이런 생각을 발전시킨 것은 마르크스였다. 그는 소수 사람들이 (노동력을 판매하지 않으면 생존할 수 없는) 타인들의 노동 생산물을 독점하게 되어서, 그들은 자신들이 당연히 받아야 할 것보다 훨씬 적게 받는 반면 소유자들, 즉 자본가들은 그들의 희생에서 수익을 얻는다고 주장했다.

노예제는 노골적인 사례이다. 그러나 착취는 세계 어디서나 찾아볼 수 있다. 착취는 저임금에 장시간 막노동을 하는 미숙련 노동자들을 고용한 세계 여러 곳의 착취 공장sweatshop에서 찾아볼 수 있다. 그것은 여성이 남편의 자비 이외에는 아무런 보상도 없이 육아와 돌봄과 가사노동을 수행하는 가정에서 찾아볼 수 있다. 그것은 저임금의 위험한 일터에서 기꺼이 노동하는 이주민 집단에서 찾아볼 수 있다. 그리고 아동 노동에서도 찾아볼 수 있다. 이 모든 것에서 인종과 젠더는 흔히 착취의 표지이다.

분할의 최후 수단으로서 폭력

끝으로, 폭력은 최후 수단의 기제로 볼 수 있다. 다른 모든 것들이 작동하지 않을 때에는 폭력이 질서를 유지한다. 그것은 불평등과 차이를 유지하는 최종 기제이다. 국가 폭력과 전쟁부터 가정에서의 일상적인 괴롭힘, 깡패와 소집단까지 곧바로 연결되는 폭력들이 있다. 이러한 사례는 수없이 많다. 세계사에 널려 있는, 외부 세력의 침공과 식민화에서 발생한 토착민 집단에 대한 대량 살육, 노예들을 목적지로 수송하면서 빚어진 노예에 대한 족쇄와 죽음, 갈등하는 부족들이나 민족들 사이에 벌어지는 전쟁의 오랜 역사, 1939년부터 1945년까지 강제수용소를 비롯한 여러 곳에서 벌어진 1000만 명 이상(유대인, 집시, 동성애자, 유랑민, 여성, 어린이)의 학살 등을 들 수 있다. 그러한 잔인함의 사례는 계속 열거할 수 있다.

그러나 잘 드러나지 않는 기제들도 있다. 예컨대 많은 여성주의자들은 '성폭행은 남성들이 모든 여성들을 항상적인 공포의 상태 속에 가둬두는 기제이며' 젠더 체계를 유지하는 궁극적 방식이라고 주장했다. 다른 논자들은 여성에 대한 일련의 연속적인 폭력 ─ 성폭행에서부터 여성 학대로서 여성에 대한 포르노 표현을 거쳐 여성들을 '여성의' 자리에 묶어두는 일상의 수천 가지 소소한 학대와 언어적 희롱에 이르기까지 ─ 이 있다고 제시한다. 일부 나라에서는 동성애자와 성전환자를 핍박하는 체계를 궁극적으로 사형제를 통해 유지하며, 일부 나라들에서는 성소수자들이 공격과 괴롭힘의 영원한 공포를 느낀다. 학대는 어린이와 고령자에게도 가해진다. 국민됨nationhood, 젠더, 계급, 종족, 섹슈얼리티 등은 궁극적으로 폭력에 의해 공공적으로 관리된다.

고통, 불평등, 그리고 사회정의의 추구

아주 간결하게 말하면, 여기서 우리는 세계에서, 인간의 역사 대부분에서, 그리고 대부분의 대륙에서 인간들이 그들의 차이를 계층체계, 즉 위계와 사회적 배제의 체계로 조직화해왔다는 것을 깨닫게 된다. 인간의 사회 세계는 불평등해지는 경향이 있다. 이것과 관련해서 크게 충격적인 것은 없다. 대부분의 동물 사회도 이런 방식으로 조직화된다. 이러한 위계가 있다는 것에 대해 많은 사람들은, 인간의 고통이라는 관점에서는 끔찍한 일일 수 있지만, 완전히 자연적인 것이라고 생각한다. 그렇다면 조금 더 생각해 보자.

인간이라는 동물은 다른 동물들이 수행하는 여러 가지 것들을 넘어서 왔다. 동물들은 교향악을 작곡하거나, 민주주의를 창안하거나, 휴대전화를 사용하지 않는다. 확실히 우리는 수천 년에 걸쳐 인간들이 그렇게 조악하고 제한적인 불평등체계를 어떤 방식으로 극복해왔다고 생각할 수 있지 않을까? 인간들은 잔인한 먹이 서열을 넘어서고자 해왔다고 생각할 수 있지 않을까? 하지만 그렇게 생각하기는 어렵다. 우리는 여러 문화에서 '많은 것'을 가진 소수가 꼭대기에 있고, '아무것도 없이' 살아가는 다수(대중)가 밑바닥에 있다는 것을 거듭 확인하게 된다.

바로 여기서 사회학은 사회철학의 여러 쟁점에 직면하고, 정의, 자유, 인권, 인간 평등 추구의 문제들을 다루게 된다. 우리는 이런 종류의 불평등을 감내해야 하는가? 이런 논쟁들은 근대 세계를 지속적으로 사로잡아왔으며, 사회학도 이 논쟁에서 큰 몫을 맡아왔다. 적어도, 프랑스 혁명 이래 평등은 서구 사회를 이끈 이상 중 하나로 (잘못된 평가이기는 하지만 흔히 자유의 이상과 갈등하는 것으로 평가받으면서) 복무해왔다. 유명한 것으로, 루소는 사회계약을 추정하고 『인간 불평등 기원론Discourse On the Origins of Inequality』(1754)을 썼다. 마르크스는 계급 착취에 관한 막대하게 영향력 있는 저작을 썼으며, 그것은 20세기의 공산주의 혁명에 강력한 영향을 미쳤다. 더 근래에는 존 롤스John Rawls(1921~2002)를 비롯한 여러 철학자들이 사회정의의 원칙을 탐색했다. 예를 들어 '공정성으로서의 정의'를 주장한 롤스는, 대등한 재능을 가진 사람들은 대체로 유사한 삶의 기회들을 가질 수 있어야 하고, 그럼에도 불평등이 발생하는 경우에는 불평등에서 가장 불리한 사람들에게 그 불평등을 보상할 수 있게 이익을 조정하는 두 가지 조건에서만 불평등을 용인할 수 있다고 논증했다. 롤스는 '원초적 입장'이라는 개념을 사용하여 공정성으로서의 정의를 설명한다. 사람들은 태어날 때(최초의 상황)에는 자신들의 재능과 능력, 계급, 인종, 젠더, 종교 등에 대해 알지 못한다. 이렇게 '무지의 장막veil of ignorance'이 쳐진 상태에서 사람들이 특정의 사회적 위치를 선택해야 한다면, 어떤 선택이 자신에게 유리하고 불리한지 모르는 상황에서 사람들은 일부 사람들에게 특별히 유리하거나 불리하지 않은 보상의 규칙에 동의할 것이다.• 태어나고 그 안에서 살아갈 세계에서 우리에게 선택할 기회가 주어지지 않는다면, 우리는 아마도 원초적 입장에서 모두에게 평등한 종류의 세계를 원할 수밖에 없을 것이다.

하지만 여기서 20세기 철학의 가장 중심적이고 복잡하며 논란이 심한 논쟁 중 하나가 된 것을 다룰 수는 없다. 평등에 관한 보수주의, 자유주의, 마르크스주의 사이의 논쟁은 오랫동안 뜨겁게 진행되어왔다. 평등의 쟁점은 우리 시대의 중심적 논쟁에서 결코 멀리 벗어나지 못했으며, 사회학자들도 이 논쟁에 참여해왔다.

인간의 역량과 성숙: 최선의 인간적 삶을 위한 최선의 사회적 조건

21세기 초반의 여러 가지 활발한 논쟁 가운데 하나는 인간의 권리human

• 여럿이서 떡을 나눈다고 할 때, 어떤 한 사람이 떡을 분할하고 다른 사람들이 먼저 떡 조각들을 선택한 다음 분할한 사람이 남은 떡 조각을 갖도록 절차를 정한다면, 아마도 그는 떡을 가능한 한 균등하게 분할할 것이다. — 옮긴이

right와 인간의 역량human capability에 초점을 맞춘 것이다(물론 이것의 뿌리는 아리스토텔레스까지 거슬러 올라가는 것으로 결코 새로운 쟁점이 아니다). 그 논쟁은 인간의 잠재력과 역량은 무엇인가에 관한 질문을 제기하고, 이것들을 인간의 권리를 기초에 둔 사회라는 이상에 연결해왔다. 여기서 우리는 곧장 기초로 돌아가 인간에 대한 존재론ontology 질문을 생각해보자. 인간은 무엇이며 인간은 무엇을 위해 사는가? 이러한 심층적 탐구는 아마도 단순한 답에서 시작하는 것이 도움이 될 것이다. 인간은 욕구, 잠재력, 역량, 차이의 꾸러미이며, 이것들을 발전시키고 발휘하려면 적절한 사회적 조건이 필요하다. 적절한 사회적 조건이 갖춰지지 않는다면, 인간의 삶에는 결함과 파괴가 생기고, 인간은 아주 많은 고통에 시달리게 된다. 삶은 '파괴'되거나 '황폐'하게 된다. 인간 삶의 목표가 그의 잠재력을 발휘하고 발전시키는 것이라면 우리는 이것을 촉진하는 적절한 조건에 대해 생각해야 한다. 동의하지 않는 사람도 많겠지만, 나는 이것이 다른 출발점만큼이나 좋은 출발점이라고 믿는다.

노벨 경제학상을 받은 인도의 경제학자 아마르티아 센Amartya Sen과 저명한 철학자 마사 누스바움Martha Nussbaum은 세계의 기아와 빈곤에 관한 그들의 영향력 있는 연구에서, 모든 인간들이 어떠한 인간적 역량을 보유하고 있는가에 대한 잠정적인 주요 목록을 제안했다.• 그 목록에는 생명(평균적인 수명만큼 살 수 있음), 건강, 신체의 온전bodily integrity(이것은 의지에 따라 자

• 두 학자는 1986년부터 1993년까지 유엔대학 부설 세계개발경제연구소(World Institute for Development Economics Research)에서 한 국가의 삶의 질을 평가하는 방법에 관해 공동 연구를 진행했다. 이들은 1인당 국민총생산(GNP) 같은 소득수준에 초점을 둔 주류 경제학의 모델에 반대하고 '건강, 교육, 정치적 권리, 민족·인종·젠더의 관계' 등을 포괄하는 다층적 측정법으로 삶의 질을 평가하는 새로운 모델을 제안했다. 이것은 나중에 유엔이 매년 발표하는 인간개발지수(HDI)의 토대가 되었다. — 옮긴이

유롭게 장소를 이동할 수 있음, 자신의 신체가 공격과 폭력에서 안전하다고 느낌, 출산과 관련해 성적 만족과 선택의 기회가 보장됨을 의미한다), 감각 · 상상력 · 사유(정치적 · 예술적 · 종교적 표현의 자유 보장과 적절한 교육), 감정(자신 밖의 사물들과 사람들에 대해 애정을 가질 수 있고, 우리를 사랑하고 돌보는 사람들을 사랑할 수 있음), 실천적 이성practical reason(자신의 삶의 계획에 대한, 그리고 무엇이 진정 좋은 삶인가에 대한 비판적 성찰), 소속과 인정(다른 사람들과의 관계 속에서, 그리고 다른 사람들을 위해 살아갈 수 있음, 다른 사람들을 인정하고 그들에 대한 관심을 표현할 수 있음), 놀이의 능력, 자신의 환경에 대한 일정한 통제력, 끝으로 다른 종들과 함께 살아갈 능력(동물, 식물, 자연의 세계와 관계를 맺고 그것들에 관심을 가짐)이 들어간다.

이 목록은 변경하고 다듬고 더 발전시킬 수 있지만, 인간의 삶이 이 지구상에서 성숙하려면 무엇을 발전시켜야 할 것인가에 관해 생각한다는 점에서 매우 훌륭한 출발점이라고 나는 생각한다. 여러분은 여러분 자신의 삶에 관해 생각하고, 이러한 '역량들' 하나하나가 어떻게 나타나는가 또는 나타나지 않는가에 관해 생각해볼 수 있을 것이다. 그것들 가운데 일부(좋은 건강 등)는 다른 것들보다 더 기본적이라고 할 수 있다. 그렇지만 모든 인간은 각 영역의 역량들을 필요로 하고 또 발전시킬 수 있다. 이것을 수행할 수 없는 곳에서의 삶은 위축된 삶이다. 그렇지만 이 견해가 사람들이 모두 똑같다는 이야기는 아니다. 이 견해는 우리 모두가 공통의 인간 역량들을 가지고 있지만 좋은 삶을 위해서는 우리 자신의 고유한 방식으로 이 모두를 발전시켜야 한다고 강조한다. 그리고 이 세계의 많은 사람들은 지금 그 역량들의 대부분을 발전시킬 수 있는 기회를 전혀 갖지 못하고 있다. 참으로 공정하지 않고 정의롭지 않은 세계이다.

사회학을 실행하는 한 가지 길은 '모두가 역량을 발휘한다'는 견해를 숙고하고, 이것을 실현하는 데 어떤 사회적 조건이 더 도움이 될 수 있는가를 질문하는 것이다. 여기서 중요한 생각은, 흔히 볼 수 있는 것처럼 단지 소수나 엘리트뿐만 아니라 모두가 역량을 발휘한다는 것이다. 모든 사람들이 '발휘하는 삶'을 살아갈 수 있으려면 세계는 어떠해야 할 것인가? 모든 측면에서 불평등이 크게 감소한 세계, 이것 역시 틀림없이 그 세계의 일부일 것이다.

요약

사회적 삶은 막대한 차이들을 보여주고 있으며, 그것들의 대부분은 불평등으로 조직된다. 네 가지 핵심적인 명제를 정리할 수 있다. (1) 인간의 역량은 (2) 분할 과정을 통해 (3) 구조화된 불평등으로 구조화되며 (4) 이 불평등은 우리의 삶을 손상하는 결과를 낳는다. 사회학자들은 계급과 경제, 젠더와 가부장제, 종족과 인종, 연령과 세대, 국민과 문화, 섹슈얼리티와 이성애중심주의, 장애와 건강, 국민(민족)과 국민(민족)주의의 교차와 제도를 연구한다. 그들은 이것들을 뒷받침하는 믿음(이데올로기)과 이것들이 어떻게 변화하는가를 탐구한다. 권력 박탈과 자원, 주변화와 배제, 착취와 폭력 등과 같은 핵심 과정들이 분할 과정을 결정짓는다. 〈그림 7-1〉은 이것을 모두 묶고자 시도하고 있다. 끝으로 인간의 역량과 '모두가 역량을 발휘하는 삶'에 관한 철학적 견해를 제기한다.

그림 7-1 _ 불평등의 기반

인간의 필요/역량

(충족하고 발휘해야 할 인간의 필요와 역량은 무엇인가?)

1. 식량과 물
2. 호흡과 수면
3. 안전감, 신체의 온전과 주거
4. 고용과 재산
5. 사랑, 소속감, 친밀의 감정
6. 자신감
7. 타인들로부터의 인정과 존경
8. 앎(세계에 대한 이해)
9. 미적이고 정서적인 것
10. 행복의 가능성

분할 과정

(우리는 우리의 능력과 잠재력을 어떻게 방해받는가?)

1. 지배와 종속
2. 주변화, 고정관념화
3. 착취
4. 폭력

그리고 위의 것들에 다음의 것들이 연결된다.
차별과 낙인찍기, 게토화와 고립화, 식민화, 궁핍화, 권력 박탈, 목소리의 억압, '타자화', 비인간화, 폭력, 그리고 궁극적으로 종족학살

불평등한 서열

(불평등한 위치를 강요하고 배치하는 힘은 무엇인가?)

다음과 같은 사회구조들

1. 계급과 경제
2. 젠더와 가부장제
3. 종족과 인종
4. 연령과 세대
5. 섹슈얼리티와 이성애중심주의
6. 장애와 건강
7. 국민과 국가주의(민족주의)

사회적 고통

(불평등이 사람들에게 미치는 주관적·객관적 결과는 무엇인가?)

인간의 역량 발휘를 방해하는 것들

A. 객관적으로: 빈곤, 사망, 질병, 영양결핍, 폭력, 그리고

B. 주관적으로: 발휘하는 삶과 안녕, 또는
   - 손상된 삶
   - 불안한 삶
   - 보이지 않는 삶
   - 수치스러운 삶
   - 비하된 삶
   - 잔인한 삶
   - 저항하는 삶

주: 이 분야에 관해서는 사회학 초창기부터 많은 글이 발표되었다. 그것들은 사회학에서 주요한 탐구 영역을 형성해왔다. 이 그림은 작업계획표일 뿐이다. 독자들은 이 표를 이용해 주요 개념들을 연결하고, 그것들이 어떻게 상호 연결되며 이어지는가를 생각하고, 자신의 삶과 타인의 삶에 관련지을 수 있을 것이다. 자세한 생각은 본문에 밝혔다.

더 탐구하기

더 생각하기

1. '세계의 불평등들, 무엇이 객관적 사실인가?'라는 글상자를 살펴보자(249~251쪽). 이것을 이용해 오늘날 세계 불평등의 수준을 보여주는 여러분 자신의 블로그를 만들어보자.
2. 계급을 어떻게 측정할 수 있을까? 마이크 세비지Mike Savage의 인기 저서 『21세기의 사회계급Social Class in the 21st Century』(2015)을 읽어보고 그것이 제시하는 새로운 사회계급 구조를 검토해보자.
3. 〈그림 7-1〉을 자세히 살펴보고 이해해보자. 역량의 목록과 그것이 여러분 자신의 삶에서 어떻게 작동하는가에 대해 숙고해보자. 이것들을 '불평등한 질서의 일곱 가지 힘'에 연결하고, 그 힘이 인간의 기회를 어떻게 형성하는가 알아보자. 끝으로 철학의 영역으로 옮겨서 '모두가 역량을 발휘하는 삶'이라는 이상에 대해 동료들과 논쟁해보자. 〈그림 7-1〉에 열거한 인간의 역량의 목록에 관해 여러분은 무엇을 생각하는가? 여러분은 그 역량을 발휘하는가? 발휘하지 못하는 사람은 누구인가?

읽을거리

사회학 연구의 최우선 목표로서 인간의 고통에 대한 연구에 관해서는 이언 윌킨슨Iain Wilkinson의 『고통: 사회학적 입문Suffering: A Sociological Introduction』(2005), 이언 윌킨슨과 아서 클라인먼Arthur Kleinmann의 『사회를 위한 열정: 인간의 고통에 관해 우리는 어떻게 생각하는가A Passion for Society: How We Think about Human Suffering』(2016)를 읽어보기 바란다. 불평등에 관한 저작은 방대하다. 대니 돌링Danny Dorling의 『불의: 왜 사회적 불평등은 여전히 지속하는가Injustice: Why Social Inequality Still Persists』(2013),

예란 테르보른Göran Therborn의 『불평등의 살육 현장The Killing Fields of Inequality』(2013), 에벌린 캘런Evelyn Kallen의 『사회 불평등과 사회 불의Social Inequality and Social Injustice』(2004)는 중요한 개관을 제시한다. 루이즈 워릭-부스Louise Warwick-Booth의 『사회적 불평등Social Inequality』(2013)은 이 쟁점들을 명확하게 섭렵한다. 반면 제프 페인Geoff Payne의 고전적인 『사회적 분할Social Divisions』(3판, 2013)은 불평등의 주요 형태들을 모두 검토한다. 케이트 피케트Kate Pickett와 리처드 윌킨슨Richard Wilkinson의 『평등이 답이다The Spirit Level: Why More Equal Societies Almost Always Do Better』(2판, 2015)는 현대의 고전이다. 앤드루 세이어Andrew Sayer의 『우리는 왜 부자들을 감당하지 못하는가Why We Can't Afford th Rich』(2015)는 내게 많은 것을 알려주었다. 앞의 '세계의 불평등들, 무엇이 객관적 사실인가?'라는 글상자에서 소개한 앤서니 앳킨슨, 폴 콜리어, 조지프 스티글리츠 등의 저서들은 현대의 불평등에 관한 연구에서 중심적인 것들이다.

세부적으로 카스트에 관해서는 수린더 조드카Surinder S. Jodhka의 『카스트Caste』(2012), 노예제에 관해서는 브렌다 스티븐슨Brenda E. Stevenson의 『노예제란 무엇인가What is Slavery?』(2015)와 케빈 베일스Kevin Bales의 『일회용 사람들Disposable People』(2012)이 있다. 사회계급에 관한 문헌은 방대하다. 근래의 사례로는 가이 스탠딩Guy Standing의 『프레카리아트: 새로운 위험한 계급The Precariat: The New Dangerous Class』(2011), 윌 앳킨슨Will Atkinson의 『계급Class』(2015), 마이크 세비지의 『21세기의 사회계급』(2015)이 있다. 지구적으로 배제되고 박탈당한 사람들에 관해서는 지그문트 바우만Zygmunt Bauman의 『쓰레기가 되는 삶들Wasted Lives』(2004), 사스키아 사센Saskia Sassen의 『배제Expulsions』(2014), 로익 와캉Loic Wacquant의 『가난한 자들을 처벌한다Punishing the Poor』(2009)를 살펴보기 바란다. 더 철학적인 것으로는 조르조 아감벤Giorgio Agamben의 『호모 사케르Homo Sacer』(1995), 주디스 버틀러Judith Butler와 아테나 아탄사이우Athena Athansaiou의 『박탈Dispossession』(2013)을 참고하기 바란다.

교차에 관한 훌륭한 안내로는 일반적으로 니라 유발-데이비스Nira Yuval-Davis의 『소속의 정치학The Politics of Belonging』(2011), 인종에 관해서는 나사르 미어Nasar Meer의 『인종과 종족에서의 핵심 개념들Key Concepts in Race and Ethnicity』(3판, 2014), 섹슈얼리티에 관해서는 제프리 윅스Jeffrey Weeks의 『섹슈얼리티Sexuality』(3판, 2009)가 여전히 고전이다. 연령에 관해서는 제니 브리스토Jenny Bristow의 『베이비붐 세대와 세대 갈등Baby Boomers and Generational Conflict』(2015)을 읽어보기 바란다. 끝으로 인간의 역량에 관해서는 마사 누스바움Martha Nussbaum의 『역량의 창조Creating Capabilities: The Human Development Approach』(2011)와 세계의 안녕을 탐구하는 앵거스 디턴Angus Deaton의 『위대한 탈출The Great Escape』(2013/2015)을 살펴보기 바란다.

Sociology

8

전망: 사회학적 희망을 만든다

철학자들은 세계를 여러 가지 방식으로 단지 해석하기만 해왔다. 그러나 핵심은 그것을 변화하는 것이다.

카를 마르크스Karl Marx, 「포이어바흐에 관한 테제Thesen über Feuerbach」, 제11명제, 1845, 그리고 그의 묘비명

사회학은 18세기 혁명에서 태어났다고 할 수 있다. 그러나 이제 사회학은 영구한 갈등 속의 21세기에 존재하고 있다. 근래 100~200년의 역사가 전개되면서 우리가 사회를 더 쉽게 이해할 수 있게 된 것은 아니다. 두 번의 세계대전, 홀로코스트, 종족학살 — 공산주의와 파시즘 이데올로기 그리고 때로는 '가짜 과학pseudo-science'에 의해 정당화된 — 이 대표하는 20세기의 대량 학살은 20세기의 삶과 그것의 끔찍한 가능성들에 대한 매우 암담한 견해를 낳았다. 그리고 이제 다수의 공공적인 사회문제들(환경 위기, 지구적 빈곤, 폭력부터 불평등 '위기'와 이주, 감시에 이르기까지)이 이어지고 있다. 현대의 미디어는 비록 이러한 문제를 구조 짓는 데 기여하기도 하지만 이 문제에 대한

더욱 강력한 각성을 일으키고 있다. 적절한 경우 사회학은 이 모든 것을 이해하는 데 도움을 줄 책임이 있다. 세계 여러 곳에서 더욱더 많은 사람이 이러한 사유에 도움을 얻고자 사회학을 찾고 있다. 그렇지만 이러한 비판적인 사회학은 전체주의 사회에서는 제대로 기능할 수 없다. 사회 권위에 도전을 금지하는 곳에서는 그 사회를 비판하는 사람을 용납하지 않는다. 그러한 문화에서 사회학은 국가권력의 요구에 맞춰 표준화하고 매우 협소해지거나 지하로 숨어야 한다. 그러나 근대 세계는 우리가 살고 있는 대규모의 복잡한 사회의 작동에 대한 지속적이고 진지한 분석을 분명히 요구하고 있다. 사회학의 사명이 바로 그것이다. 이 장에서는 21세기 사회학의 가치, 사회학의 유용성 또는 영향, 그리고 사회학의 소명을 살펴볼 것이다.

사회학은 각각의 세대에게 유익한 미래를 만들기 위해 세계를 이해하고자 씨름한다. 사회학은 유토피아적인 것이 아니다. 사회학은 인간 삶의 이상적인 상태를 마침내 성취할 수 있다거나 우리가 절대적으로 그런 상태를 추구해야 한다고 믿지 않는다. 그러나 사회학은 '무엇이 잘 작동하는가'에서 배우고 인류 운명의 진보를 희망한다는 점에서 유토피아적 열망을 가지고 있다. '생각하기: 사회학과 유토피아에 관하여' 글상자는 유토피아의 관념이 어떻게 현대 사회학에도 여전히 자리하고 있는가를 보여준다. 그것은 희망을 불러올 수 있다. 그리고 희망은 매우 중요한 것이다. 에르네스트 블로흐Ernest Bloch가 홀로코스트가 끝난 뒤에 쓴 『희망의 원리The Principle of Hope』는 역사 전체에 걸쳐 모든 사회가 어떻게 희망을 필요로 했는가를 보여준다. 사회학자들은 분명히 있는 그대로의 사회 세계를 이해하고자 한다. 그렇지만 또한 사회학자들은 그들의 비판적 상상력에 희망을 담을 필요가 있다. 모두를 위해 더 나은 세계를 만들려면 우리가 세계에 어떻게 자극해야 하는지 알아내야 하기 때문이다.

▌생각하기 __ 사회학과 유토피아에 관하여

사회주의 경향의 저술가 웰스H. G. Wells(1886~1946)는 언젠가 '유토피아의 창조 그리고 그것에 대한 철저한 비판은 사회학의 적절하고 특징적인 방법이다'라고 언급했다. 근래 일부 사회학자들은 이런 생각을 되살려서 유토피아 관념으로의, 즉 시대를 이어가며 필자들이 소중하게 간직해온 더 나은 세계를 향한 오랜 꿈으로의 비판적 복귀를 촉구했다. 2012년에 미국사회학회장을 지낸 에릭 올린 라이트Erik Olin Wright(1947~)는 그의 회장 취임 연설에서 실질적인 유토피아real utopia에 대한 비판적 분석을 제안했다. 사회학자는 평등, 민주주의, 지속 가능성의 원리를 기준으로 사회제도를 진단·비판하고 그러한 비판을 근거로 바람직하고 실행 가능하며 성취 가능한 대안을 만들고 그 대안을 실현할 변혁의 이론을 제시해야 한다고 그는 강조한다. 실질적 유토피아는 그러한 이상의 실현이 심층적으로 복잡하고 모순적일 수 있다는 점을 충분히 인식하면서 해방적 이상을 고수하는 것이다(그는 참여적 도시 예산 편성, 위키피디아, 제한 없는 기본 소득을 비롯한 여러 사례를 제시한다. 그의 웹사이트에는 더 많은 사례들이 있다). 영국의 사회학자 루스 레비타스Ruth Levitas(1949~)는 '유토피아'가 중요한 사회학적 방법일 수 있다고 제안한다. 여기서 사회학자는 좋은 사회는 어떠할 것인가에 대한 견해를 결합하고 좋은 사회를 위한 설계를 구상하며 이 모든 것을 실제로 존재하고 있는 사회에 대한 분석과 비판, 그리고 더 나은 사회를 향한 운동의 기초로 사용한다.

이 유용한 두 가지 설명 모두 사회학은 규범적 학문이어야 한다는 주장을 숨김없이 옹호한다. 사회학은 사회적 약자의 편을 들어야 하고, 가치 있는 비전을 가져야 하며, 희망을 주어야 한다. 두 주장 모두에서 유토피아는 장소나 고정된 상태가 아니라 과정, 즉 오늘의 최선의 것에서 배울 수 있고 그것을 미래 세대에게 넘겨줄 수 있는 과정이다. 나는 이것이 앞으로도 탐구할 가치가 있는 잠재적으로 유용한 이상이라고 생각한다. 우리는 당대의 복잡한 인간 의사소통 가운데 최상의 것에서 배우고, 더욱더 많은 사람들이 그들 자신의 능력을 향상할 수 있는 세계를 향해 '미래를 꿈꾸어야dream forward' 한다. 다른 책에서 나는 이것을 '희망의 유토피아적 전략'으로 제시했다(Plummer, 2015).

주의가 필요하다. 이 장에서 나는 단순히 요즈음 대학에서 학문적으로 훈련받은 사람의 지루한(그리고 때로는 잘난 척하는) 명상을 이야기하려는 것이 아니다. 나도 대부분의 사람들이 살아가면서 이런저런 계기로 통상적으로 수행하는 활동들, '아, 정말 무척 일상적이다'라고 할 수 있는 활동들에 관심을 갖고 있다. 대부분의 사람들은 자신을 둘러싼 세계의 본성에 관해, 하늘의 신에 관해, 자신들이 살고 있는 땅에 관해, 주변의 동물과 자연에 관해, 그리고 다른 사람들은 어떠한가에 관해 적어도 조금은 생각하면서 살아간다. 사회학적 사유도 이러한 개인적 특징을 포함한다는 점을 인식하는 것이 중요하다. 어떤 의미에서는 모든 사람들이 사회학자이다. 우리는 일상의 사회에 대해 상식이나 소박한 생각을 발전시킨다. 역사 속에서 우리는 언제나 그렇게 해왔다. 우리는 성찰적reflective이다. 사람들은 자신들이 살고 있는 세계를 이해하고자 한다. 그리고 차례로 이것은 재귀적reflexive이다. 세계에 관해 우리가 생각하는 것은 사회적인 것이 되고 실제로 우리 사회에 관해 되돌아 성찰하는 역할을 수행한다. 그리고 바로 이러한 사유 행위 속에서 우리는 종종 사회를 조금은 변동시킨다. 사회(집단, 부족, 문명, '타자')는 언제나 사람들(여러분과 나)이 생각하고 실행하는 것을 통해 변화하고 있다. 그리고 사회에 관한 사유는 실제로 그것을 변화시키는 것을 돕는다. 이 마지막 장에서는 이러한 일상 삶의 실천과 사회학 사이의 연관에 대해서도 살펴보고자 한다.

이 책에 대한 간략한 검토: 다수의 사회학들이 늘 움직이고 있다

사회학을 수행하는 단 하나의 방식이 있는 것은 아니라는 점은 아주 확실하다. 사회학은 우리가 살고 있는 인간의 사회 세계를 이해하고자 하는 매우 개방적이고 인간주의적이며 혼종적이고 늘 변동하는 지적 실천이다. 내가 이 책의 대부분의 장들에서 여러분에게 전달하고 싶은 생각이 있었다면 그것은 다수의 사회학들이 있을 수밖에 없다는 것이다. 1장에서는 사회학이 태양 아래의 모든 것을 연구할 수 있다고 제시했다. 2장에서는 사회적인 것에 관해 생각하는 방식이 다중적이라고, '몸' 같은 겉보기에 매우 단순한 것들조차도 다수의 사회적 의미와 쓰임새를 갖는다고, 그리고 사회적인 것에 관해 생각하는 방식도 여러 가지라고 제시했다. 3장은 80억 명에 육박하는 사람들이 살고 있는 세계, 그리고 막대하게 다양한 종교, 경제, 지배체, 그리고 변동 — 이것을 초래하는 다수의 근대성부터의 흐름 속에서 — 을 살펴보았다. 4장은 (주로 서구의) 사회학의 간략한 역사를 제시하고자 했다. 이것은 단지 사회학이 상이한 여러 입장들로 가득 차 있으며, 미래를 위한 여러 잠재력을 가지고 있음을 보여주었을 뿐이다(다중 패러다임의 학문 분과). 사회학은 그 자체가 논쟁적인 학문 분과이다. 5장과 6장은 사회학이라는 학문 분과의 핵심(그것의 상상력, 방법, 그리고 이론)에 접근하여, 사회학 연구가 어떻게 예술부터 과학에 이르기까지 거의 모든 학문 분과들과 '주의들isms'(여성주의, 탈근대주의, 탈식민주의 등)을 활용하는가를 보였다. 끝으로 7장은 사회적 불평등과 고통의 걱정스러운 유형들로 응결되는 여러 가지 배열의 (사회적) 차이들과 씨름했다. 그 차이들은 계급, 인종, 젠더, 장애, 국민, 섹슈얼리티, 연령 등의 상호교차 속에서 조직화된다. 복잡성complexity과 다수성multiplicity은 사회학이라는 게임의 다른 이름이다.

여기서 제시한 나의 견해에 이견을 가진 사회학자들도 많이 있을 것이다. 그들 가운데에는 과학적 방법론자로서, 분석적 이론가로서, 여성주의자로서, '전문 사회학자'로서 자신이 사회학을 실행하는 방식이 유일하게 '진정한 방식'이라고 주장하는 사람도 있다. 그럴 수도 있다. 하지만 나는 인간의 다수성과 복잡성으로 이루어진 세계, 대부분의 인간들이 열정적·정치적으로 경험하는 세계에서 사회학은 결코 완전히 통일된 학문 분과가 될 수 없다고 생각한다. 사회학은 수많은 상이한 것들을 연구하는 수많은 숙련가들을 필요로 한다. 사회학이 다루는 대상은 원칙적으로 결코 완전히 또는 충분히 파악할 수 없는 움직이는 총체이며, 따라서 다양한 시각과 관점을 적용해서 연구해야 한다. 흔히 사회학적 입장들은 근본적으로 서로 갈등한다. 사회학에서는 연구를 기다리고 있는 고정된 대상은 없으며, 그러므로 사회학도 고정된 학문 분과가 될 수 없다. 참으로 우리는, 사회학이 상당히 분업화했다는 것, 그리고 그 분업들이 온갖 두려움과 즐거움으로 가득 찬 인간의 사회적 삶을 파악하는 데 각각의 발견, 통찰, 상상력을 통해 기여하리라는 것을 깨닫게(그리고 요청하게) 된다. 각 연구들은 그것이 위치하고 있는 시간과 장소에 대처하고 반응한다. 동시에 사회학에는 통합적인 주제들과 관심들도 많이 있다. 그것들은 이 책이 개관하고자 한 핵심 과제 중 하나였다.

사회학도는 무엇을 하는가?

현대 세계에서 사회학도는 수많은 역할을 할 수 있다. 우리는 가르친다. 우리는 정책 연구소와 대규모(그리고 소규모) 연구 기관에서 일한다. 우리는 활동가이다. 우리는 정부기구와 비정부기구에서 일한다. 우리는 사회복지 활동가, 경찰 공무원, 변호사, 법조인이다. 우리는 인적 자원관리 부서와 사회복지 부서에서 일한다. 우리는 언론 매체에서 일한다. 그리고 웹사이트 관리자로, 기자로, 영화 제작자로, 예술가로 일한다. 우리는 국제기구과 지역기구에서 일한다. 그리고 우리는 무엇보다도 일상의 세계를 살아가면서 일상의 삶을 영위하고 일상의 일을 수행할 때 사회학적 상상력의 도움을 받는다. 여러 가지 해야 할 임무들이 있고, 누구나 실행해야 할 것들이 있으며, 일에 접근하는 여러 가지 관점들이 있다. 그것들 모두를 수용하고 처리할 수 있는 사람은 없지만 해야 할 것들은 많이 있다.

사회학도의 사회적 역할

사회학도의 가장 기본적인 역할은 연구자의 역할, 사회에 관한 정보 수집가(그러므로 창조자)의 역할이다. 우리는 우리가 살고 있는 사회적 시간의 본성을 연구하고 기록한다. 인간의 세계를 자세히 탐구하기 위해서는 언제나 사회학적 정보가 필요하다. 그렇지 않다면 우리는 암흑 속에서 살아갈 수밖에 없을 것이다. 1920년대에 시카고 대학교의 사회학자 로버트 파크는 학생들에게 '특급 기자super-journalist'가 될 것을 권유했다. 파크 자신도 사회학자가 되기 전의 기자 경력을 배경에 두고 있었다. 그러므로 가장 단순한 수준에서, 그리고 3장에서 제시했던 것처럼, 사회학은 인구 규모, 경제적 기능 작용, 종교적 믿음의 변화, 도시로의 이동, 나라 전체와 지역의 기능 상태 등과 같은 것들에 관한 정보를, 범죄, 이주 유형, 가족생활, 사회계급의 본성 등에 관한 관심과 함께 지도화한다. 오늘날 세계의 사회들은 무수히 많은 것들에 관한 정보가 없다면 기능할 수 없으며, 사회과학은 이런 정보의 제공을 도와야 한다. 우리가 그것에 대해 아무것도 아는 것이 없는 사회 세계 속에서 살아가고 있다고 상상해보라. 그것은 악몽의 각본이다. 오늘날 그러한 자료들은 마우스를 한번 클릭하는 것으로 많이 수집할 수 있다.

그러나 사회학도들은 그런 자료가 그 자체로 쓸모 있는 것은 아니라는 점도 알고 있다. 자료가 자동적으로 자신을 내보이는 것은 아니며, 스스로 말하는 것도 아니다. 무엇이 유의미한가에 관해 판단하는 인간들이 자료를 수집하고, 다수의 독자들 — 각자 자신의 목적에 맞춰 그 자료를 사용하는 — 이 그것을 해석한다. 궁극적으로 이런 일의 대부분은 정치적이다. 우리는 여기서 단순한 정보에서 지식으로, 또 지혜로 나아가는 움직임과 그것이 동반하는 정치와 윤리를 주목해야 한다.

그러므로 사회학도의 두 번째 임무는 인간의 사회적 삶과 생활에 대한 사상가, 이론가, 심지어 철학자로서의 역할이다. 이 책 전체에서 보여주고자 한 것처럼, 사회적 삶에는 정보와 자료 이상의 것들이 필요하다. 우리는 사실들을 맥락에서 분리하고 고립시켜서 보는 것을 피하고, 과거 사상가들의 풍부한 유산과 연결하는 — 연관을 감지하는 — 폭넓은 식견과 역량을 갖춰야 한다. 사회학도들은, 아무리 우물쭈물한다고 하더라도, 사회에 관한 이론적이고 일반적인 사유를 도모한다. 이론 작업은 힘겨울 수 있고, 그러므로 종종 불명확할 수 있지만, 그것의 목표는 무슨 일이 일어나고 있는가에 대한 더 심층적인 이해를 촉진하는 것이며, 희망을 말하자면, 사회학 지식이 누적적인 것이 되는 길을 제공하는 데 도움을 주는 것이다. 지혜는 세대를 거치면서 전달되고 발전할 수 있으며, 세대를 거치면서 더 많은 사람들이 사회적 삶을 조금 더 잘 이해하도록 도울 수 있다. 과학적으로 처리하지 않은 사실과 정보는 큰 가치를 가질 수 없다.

이러한 사유는 으레 비판적이다. 하지만 사회학도가 비판가, 개혁가, 변동의 활동가가 되고 그런 사람으로 활동하는 데에서 이런 사유는 단지 작은 발걸음에 지나지 않는다. 사회학은 사회적 삶에 대한 비판적 태도를 촉진한다. 사회학은 사물이 겉으로 보이는 것과 결코 같지 않다는 것, 그리고 상식, 즉 공통의 견해가 결코 공통적이지 않다는 것을 간파한다. 사회학도들은 사람들이 당연한 것으로 받아들이는 사회에 대해 의문을 제기하고 심문하며, 그것을 다른 가능한 대안적 세계와 연결한다. 그들은 통상적인 사유를 뒤집는다. 이런 의미에서 사회학도들은 흔히 진보와 '더 나은' 세계를 추구하는 이상주의자라고 할 수 있다. 비판이론은 합리성과 과학과 새로운 기술관료적 세계를 발전시킨다는 계몽주의의 주장을 비판하는 도구로 20세기 초에 등장했다. 비판이론가들에 따르면, 과학은 결코 중립적인 것이 아니었고, 실증적positive 사유는 결코 긍정적인positive 것이 아니었다. 그들은 부정적negative 사유와 비판에 기초한 해방적 지식을 주장했다. 이런 입장은 사회학의 실천에 합류했으며, 많은 사회학 연구에 개혁적 경향이 있다는 점은 부인하기 어렵다.

다음으로, 사회학도는 교육자, 교사로 등장하며, 오늘날에는 대중매체를 통한 지식 전파자로, 그리고 웹의 사회적 지식 조정자로도 활동한다. 우리는 사회적 삶에 관한 기본 정보와 사유방식 둘 모두를 촉진할 수 있다. 그리고 그것을 통해 사회 구성원들은 사회가 어디에서 왔으며 어디로 향하고 있는가에 대한 검토를 시도할 수 있다. 우리가 이런 응용적 역할을 통해 실행할 수 있는 많은 일 가운데에는 글쓰기와 가르치기도 있다. 하지만 우리는 사회의 미래 경로를 계획하는 데 도움이 되는 정보를 정부(그리고 국제기구와 비정부기구)에 제공할 수 있고, 온갖 종류의 대중매체(신문부터 웹사이트까지)에서 일하면서 사회가 사회적 지식을 중심으로 그 경로를 찾아낼 수 있도록 도울 수도 있다. 오늘날 우리에게는 사회학적 '위키피디아'가 필요하다.

그 밖에도 사회학도가 맡을 수 있는 역할은 많다. 우리는 드러나지 않은 것에 대한 이야기꾼story-teller이 될 수 있다. 여기서 우리는 사회의 지하에 묻혀 있는 목소리, 생각, 그리고 사회 세계 — 지하에 살고 있고 쉽게 들을 수 없을 예속된 사람들의 지식, 하층 집단의 전망 — 를 보여준다. 우리는 고통에 뒤따르는 반발과 침묵에 분출구를 만들 수 있다. 또한 사회학도는 예술가일 수 있다. 여기서 우리는 인간의 창조성을 안내하고 고양할 수 있는 생각을 만들어낸다. 사회학의 아이디어는 미술, 문학, 음악, 시, 영화 등의 세계에 자양분을 공급한다. 또한 정책 입안자가 될 수 있다. 여기서 우리는 사회 세계의 본성에 관해 정부와 여러 집단에 조언한다. 그리고 공공 지식인과 해설가일 수 있다. 여기서 우리는 시대 상황에 대한 사회적 진단을 제공한다. 그리고 선택지를 분별하고 대안을 감지하고 미래를 위한 이정표를 제시한다.

사회학도는 대화자일 수도 있다. 여기서 우리는 사회에서 들려오는 다수의 상이한 목소리들을 아우르는 조직적 대화를 창조한다('생각하기: 대화자로서 사회학자'를 볼 것). 사회학자는 그의 조사연구와 이론 둘 모두에서 언제나 인간의 삶이 늘 상이한 여러 사회 세계들 — 광범한 인간적 갈등을 일으킬 잠재력을 갖는 — 과 결합하고 있다는 것을 조만간 발견할 수밖에 없다. 앞에서 본 것처럼, 사람들은 어디서나 모순 및 갈등과 함께 살아가야 한다. 사회적 삶의 모든 수준, 즉 지구적 수준(예컨대 국가들 사이의 전쟁, 남성과 여성 사이의 갈등), 일국적 수준(예컨대 종족적·종교적 갈등), 지역적 수준(예컨대 공동체 정치, 사회운동들 사이의 분열), 개인적 수준(예컨대 가정 폭력, 친구들 사이의 신뢰 붕괴), 소셜 미디어social media 수준(예컨대 괴롭히기, 희롱)에서 그렇게 살고 있다.

▌생각하기 __ 대화자로서 사회학도

사회적 삶의 모든 영역에서 나타나는 사람들 사이의 다툼의 관계도 사회학도들이 변함없이 연구하는 주제들 가운데 하나이다. 우리는 나라들 사이의, 집단들 사이의, 사회운동들 사이 및 내부의 갈등을 살펴본다. 사회학도들은 논쟁을 해명하라는, 즉 상이한 목소리들을 가로지르는 관계를 구분하라(그것들을 정리하고, 분류하고, 동의와 이의를 탐색하고, '공통의 근거'를 찾아내라)는 도전을 자주 받는다. 이것은 사회학의 중대한 임무로, 사회학의 대화적사명이다. 그러므로 사회학도들은 이성적으로 토론할 수 있는, 반대 의견을 가진 사람들과 대화할 수 있는 역량을 가져야 한다. 이것을 수행하기 위한 몇 가지 안내 지침을 제시한다.

· 대화 예절의 12개 기둥(Plummer, 2015)

1. 이러한 쟁점을 둘러싸고 오가는 상이한 모든 목소리를 알아볼 것(그리고 지배 집단이나 극단적인 대변자들의 목소리만 듣지 않을 것).
2. '타자'를 비인간화, 격하, 조롱, 묵살하지 않을 것.
3. 말하는 사람들 사이의 불평등과 권력 차이에 대한 인식을 발전시킬 것.

4. 참여자들의 상이한 사회 배경, 집단 소속을 파악할 것(종교, 가족 등은 그들에게 무엇을 의미하는가?).
5. 논쟁에 가담하고 있는 집단들을 가로지르는 차이를 이해할 것(서구의 '논증 문화'는 멀리 퍼지지 않았다. 권위주의적 문화는 논쟁과 공존하기 어렵다. '반대의 견해'보다는 다양한 목소리를 발전시킬 것).
6. 언어의 차이를 깨달을 것. 일부 용어들은 번역 불가능하고 심지어 서로 완전히 달라 비교 불가능하다는 것을 인식할 것.
7. 이 모든 것에서 여러분 자신의 개인적 편견과 위치에 대해 성찰할 것.
8. 개인적 적대감을 제어할 것(개인적 선호가 작용하는 경우가 많다).
9. 대부분의 삶과 이야기의 감정적이고 몸에 밴 편향(그리고 역사)을 이해할 것
10. 상호성을 존중하고 갈등을 해소하는 협의, 신뢰, 화해의 기술을 익힐 것.
11. 온화함의 기운을 유지할 것(균형, 유머, 겸손, 박애의 감각을 지킬 것).
12. 동의할 수 있는 공통의 기반을 찾을 것. 공감, 존엄, 배려, 정의, 그리고 인간 발전의 인간주의적 가치들은 자주 출발점으로 기여할 수 있다(갈등과 차이로 들어가기 전에 동의할 수 있는 것에서 출발할 것).

이러한 갈등들에 새로운 무엇이 있는 것은 아니다(그리고 나는 이 갈등들이 마침내 끝날 것이라고도 생각하지 않는다). 모든 역사에서 전쟁은 언제나 단지 모든 사람의 일상적 사안이었다고 말할 수도 있다. 아마도 실질적으로 변화가 있었다면 이제 세계가 사람들의 불화를 더 가시적이고 더 '관리 가능한' 것으로 만들고 있는 점일 것이다. 사회의 민주화는 이런 쟁점들에 관한 진지한 논의에 지금까지 알려진 것보다 더 광범한 사람들이 참여할 수 있는 훨씬 더 넓은 공적 공간을 만들어낸다고 할 수 있다. 사회학도들은 이러한 진지한 논의와 대화의 조직 원리를 발전시킬 수 있다. 그들은 이성적으로 토론하고, 대립하는 사람들과 소통하며 대화하는 능력을 발휘할 수 있다. 그들은 대화적 시민자격dialogic citizenship이라고 부를 수 있는 것을 함양할 수 있다. 오늘의 서구 문화에서는 통상적으로 양극화한 논쟁을 통해 일을

실행하기 때문에 그런 논쟁들을 피하기는 매우 어렵다. 하지만 논쟁이 쓸데없이 양극화하는 경우도 매우 흔하다. 논쟁은 개인들과 견고하게 결합하여, 실질적으로 그들의 일부가 되고 그들과 동일화하며 그들에 속하기 때문에 그렇게 된다. 그런 개인들은 그들 자신의 사적 독백에 사로잡히게 되고, 그러므로 논쟁에서 바로 그 사람이 문젯거리가 되는 것이다.

마지막으로, 사회학은 사회에서 광범하고 포괄적인 역할을 담당한다. 사회학도는 사회에서 비판적인 시민이 된다. 누구나 그렇게 될 수 있다. 그리고 우리는 모두 폭넓은 사회적 각성의 창출을 도울 수 있고 사회적 사유라고 부를 수 있는 것을 자극할 수 있다. 대체로 이러한 각성은 사안들을 개인화하는, 그리고 '자연적' 관점에서 세계를 바라보는 상식과 대결한다. 사회학은 '상식'의 복합적인 본성을 이해하고자 하는 시도에서 출발해야 하지만, 사람들이 그들이 당연하게 여기는 것들에 도전하고 그들의 사회 세계를 창조적으로 바라보는 것을 도울 수 있으며, 그들이 개인들의 사적 문제를 문화의 공적 쟁점과 연결 짓는 것을 도울 수 있다. 사회학도는 사람들이 사회적 연계를 형성하는 것을 도울 수 있고, 그들 주변에서 무엇이 일어나고 있는가를 아는, 깨어 있는 시민을 육성하는 데 도움을 줄 수 있다. 사회학은 식견 있고 지식이 풍부한 결정을 내릴 수 있는, 사회적으로 깨어 있는 훌륭한 비판적 시민의 창조를 도울 수 있다.

그리고 세계는 돌아간다: 사회학적 삶의 순환

사회에 관해 연구하고 사유하는 것은 그 자체가 사회의 한 부분이다(전문용어로 말하면, 그것은 '회귀적recursive'이다). 사회에는 일상의 실천적 사유를 사회적 쟁점에 관한 공공적이고 대중적인 모든 토론을 통해 사회학적 지식

그림 8-1 _ 사회학적 삶의 순환

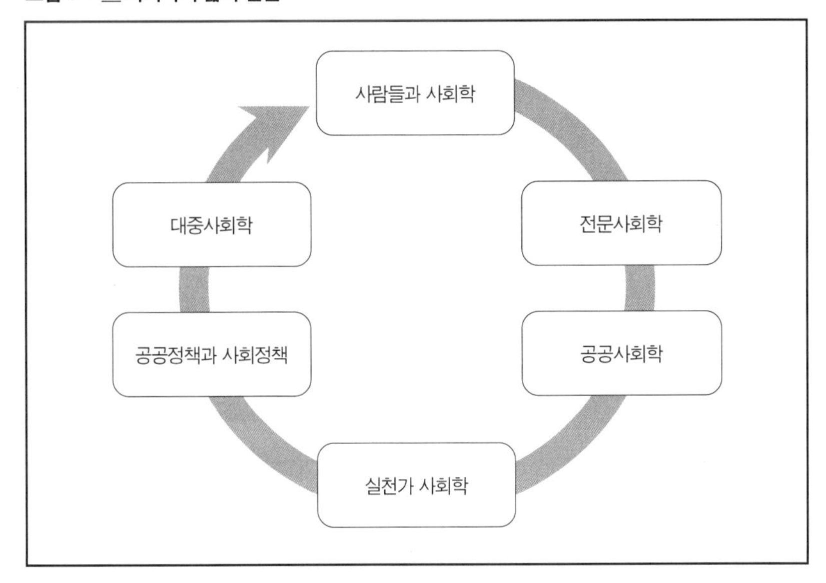

에 연결하는 순환 고리가 있다. 이 모든 것은 사회변동의 더 광범한 쟁점들 속에 입력되고, 정부와 사회운동이 변화한다. 이것은 차례로 일상의 실천적 삶에 되돌려 입력된다. 그리고 세계는 돌아간다.

사회학은 (명확하게 나눌 수 없는) 여러 국면들을 갖고 끝없이 선회하는 바퀴이다(나는 그것을 6개의 'P'라고 부르고자 한다). 순환의 첫 국면은 사회학적 삶이 사람들people에서, 즉 일상의 경험과 상식과 누구나 일상의 삶에서 사용하는 실천적 지식에서 출발한다는 것을 보여준다. 우리는 사회학의 근거를 사람들이 사회에서의 삶에 관해 갖는 이러한 관심과 질문에 둔다. 그리고 우리는 이 순환에서 아무리 멀리 이동하더라도 늘 이것으로 돌아와야 한다. 캐나다의 여성주의 사회학자 도러시 스미스Dorothy E. Smith(1926~)가 언젠가 말한 것처럼, 우리는 '인민의, 인민에 의한, 인민을 위한' 사회학을 필요로 한다. 사회학은 언제나 실제 일상의 삶과 그 삶을 살아가는 사람들에 근거해야 한다.

두 번째 국면은 우리가 4장에서 살펴본 '전문사회학professional sociology'이다. 이것은 대학에서 가르치는 사회학이며 국제사회학회 같은 전문 기구들을 통해 조직된다. 이 책의 대부분은 전문사회학의 핵심 특징들을 개관하고 있다. 그것은 세계에 대한 체계적이고 조직적이고 회의적이고 비판적인 견해이며, 사회적인 것들을 당연한 것으로 받아들이지 않고 그것들에 대해 질문을 제기한다. 안타깝게도, 그것의 대부분은 난해하며 종교 의례와 비슷하고 전문적인 학술지에 해독할 수 없는 언어로 발표된다.

이것을 넘어서면 우리는 이제 **공공사회학**public sociology으로 알려지고 있는 것을 발견한다. 이것은 공공적 지식인 개념, 즉 공공적 삶에 대해 견해를 밝히는 지식인의 개념에 기초해 엘리트 전문 사회학을 공공적으로 접근하기 쉽고 신뢰할 수 있는 지식으로 만들고자 추구한다. 공공 지식인은 블로그, 텔레비전, 라디오 등으로 가서 쉬운 언어로 광범한 관중들에게 이야기한다. 공공사회학이라는 개념은 2004년에 미국사회학회 회장이 된 마이클 부라보이Michael Burawoy(1947~)가 취임 연설에서 강조한 뒤 매우 유명한 논쟁을 촉발했다(여러분은 그의 연구를 온라인과 유튜브에서 찾아볼 수 있다). 그 후 공공사회학의 개념은 많은 논쟁과 함께 발전해왔다.

그다음에는 실천가 사회학practitioner sociology, 즉 교육, 스포츠, 사회복지, 범죄, 건강 등에서 전문가로 일하는 사람들을 위한 응용 사회학이 자리한다. 많은 집단의 사람들이 자신들의 업무를 수행하면서 사회학의 연구와 응용을 필요로 한다. 그들은 면대면의 상호작용은 어떻게 일어나는가(미시사회학), 조직들은 그것들의 업무를 어떻게 조직하는가(중간사회학), 그리고 궁극적으로 그것들의 업무는 더 광범한 세계, 심지어 지구적 세계와 어떻게 연결되는가(거시사회학)를 이해할 필요가 있다. 그리고 건강, 교육, 범죄, 스포츠 등의 제도와 불평등을 연구할 필요가 있을 것이다. 전문적인 분야에서 사회학을 공부하는 경우에는 그 분야에 적합한 교과서를 사용할 터인데, 일레인 데니Elaine Denny와 세라 얼Sarah Earle의 『간호사를 위한 사회학Sociology for Nurses』(3판, 2016)이나 앤 루엘린Ann Llewellyn과 로렌 아구Lorraine Agu의 『사회복지사를 위한 사회학Sociology for Social Workers』(2판, 2014) 등이 그 사례이다.

또한 사회학은 공공정책public policy 및 사회정책과 밀접한 친화성을 갖는다. 공공정책 연구는 정치가 우리의 법률과 정책 강령들의 조직을 형성하는 방식을 주로 다룬다. 그렇지만 사회정책은 사회학의 조사연구와 이론에 뚜렷하게 의지하여 건강, 범죄, 결핍, 빈곤, 도시계획, 환경 등의 분야의 문제들에 대한 적절한 대응을 촉진하고자 한다. 동시에 사회정책에 대한 사회학 연구는 이론에서 실천으로 이어지는 길이 좋은 의도로 포장한다고 하더라도 재앙으로 어지럽혀질 수 있다는 것을 밝힌다. 대부분의 정책은 그 자체로 일종의 죽음을 부르는 치료약이 되고, 너무 비싼 대가를 치르고 얻은 승리가 된다. 간략히 말하면, 정책이 제대로 작동하지 않는 경우가 많으며, 심지어 상황을 더 악화할 수 있다. 사회학은 이런 것에 주의할 것을 권유해야 한다. 동시에 그들 나라의 정치적 논쟁에서 명성을 얻은 사회학자들도 많이 있다. 그들 가운데에는 독일의 위르겐 하버마스, 미국의 아미타이 에치오니Amitai Etzioni, 프랑스의 피에르 부르디외, 영국의 앤서니 기든스, 바티칸의 마거릿 아처Margaret Archer, 브라질의 호베르투 웅거Roberto Mangabeira Unger도 있다.

이것들을 모두 연결하면 둥근 고리 모양을 이룬다. 우리는 다시 사람들에게 돌아가서 대중사회학popular sociology을 시작한다. 전문사회학이 사회의 주요 쟁점들에 대해 논의하지만, 많은 경우 광범한 청중은 이것에 접근하기 어렵다. 다음은 사회학의 생각이 더 일상적이고 생생한 방식으로 작동하는 몇 가지 사례들을 보여준다. ≪가디언Guardian≫ 해설가인 오언 존스Owen Jones는 『기득권 세력The Establishment』, 『차브Chavs』• 등의 인기서를 썼고, 환경운동가인 나오미 클라인Naomi Klein은 『이것이 모든 것을 바꾼다This Changes Everything』, 『쇼크 독트린The Shock Doctrine』, 『슈퍼 브랜드의 불편한 진실No Logo』을 썼다. 여러분은 그들의 정치적 입장에 동의하지 않을 수도 있지만, 그들은 상당히 많은 연구를 수행하고 그것을 접근하기 쉽게 제시했다. 베스트셀러가 된 사회학 서적도 조금은 있다. 배리 글라스너Barry Glassner의 『공포의 문화The Culture of Fear』와 마이크 세비지의 『21세기의 사회계급』도 그것에 해당한다. 예리한 감각으로 사회학적 쟁점에 관해 표현하는 예술가들도 있다. 현대 미술가로 정체성을 다루는 그레이슨 페리Grayson Perry의 작품이나 몸을 다루는 앤서니 곰리Anthony Gormley의 작품이 그 예이다. 라디오 토론 프로그램 〈가능한 생각Thinking Allowed〉을 진행하는 로리 테일러Laurie Taylor 같은 사회학자도 있다(BBC 웹사이트를 볼 것). 사회학에 기반을 둔 다큐멘터리도 있는데, 앤드루 재레키Andrew Jarecki의 〈프리드먼가 사람들 포착하기Capturing the Friedmans〉(2004), 닉 브룸필드Nick Broomfield의 〈고스트Ghosts〉(2007), 케빈 맥도널드Kevin MacDonald의 〈라이프 인 어 데이Life in a Day〉(2010), 빔 벤더스Wim Wenders와 줄리아노 살가두Juliano Ribeiro Salgado의 〈제네시스: 세상의 소금The Salt of the Earth〉(2014), 마이클 무어Michael Moore의 〈다음 침공은 어디?Where to Invade Next〉(2015) 등이 대표적이다. 〈고글박스Gogglebox〉, 〈응급실의 24시간24 Hours in A&E〉을 비롯한 수많은 리얼리티 TV 프로그램도 사회학적 사유를 자극하는 데 도움을 준다.

• 'Chavs'는 노동자계급을 전형화하는 경멸적 어휘이다. — 옮긴이

정치적이고 도덕적인 상상력으로서의 비판사회학

노먼 덴진Norman Denzin과 요본나 링컨Yvonna Lincoln은 다음과 같이 사회학에 강력한 충고를 한 바 있다.

> 사회과학은 규범적 학문 분과이다. 언제나 가치, 이데올로기, 권력, 욕망, 성차별주의, 인종주의, 지배, 억압과 통제의 쟁점들 속에 이미 자리 잡고 있다. 우리는 사회정의, 형평, 비폭력과 평화, 보편적인 인권의 쟁점들에 대해 정면에서 참여하는 사회과학을 필요로 한다. 필요하다면 그런 쟁점들을 다룰 수 있다고 말하는 사회과학은 우리가 필요로 하는 사회과학이 아니다. 그러한 사회과학은 우리에게 더 이상 선택지일 수 없다(Denzin and Lincoln, 2005).

사회학은 사회에 대한 과학적이고, '진리 추구적'이고, 객관적인 연구라는 상투적인 표현은 정말 널리 알려져 있다. 그러나 위에 인용한 덴진과 링컨의 주장에서 알 수 있듯이 그것은 논란이 많은 견해이다. 이 책 전체에서 나는 사회적 삶에 대한 중립적·무감정적·객관적·과학적 분석가로서의 사회학자와 더 나은 세계를 만들고자 관심을 쏟는 참여적·열정적 운동가로서의 사회학자 사이에 지속적인 긴장이 있다는 것을 보이고자 했다. 아무리 못하더라도 우리는 사람들이 실제로 어떠한가를 보여주는 경험사회학empirical sociology과 우리가 무엇을 해야 하는가에 대한 생각을 보여주는 규범사회학normative sociology은 구별할 수 있을 것이다. 아무튼 이 구별은 사회학의 시작부터 사회학을 사로잡아온 문제이다. 사회학에서 둘 사이의 긴장은 뿌리 깊은 것이지만, 이 두 입장이 반드시 완전히 공존 불가능한 것은 아니다.

과거의 위대한 사회학자들 대부분이 세계의 변혁에 열정적이었다는 것은 아주 분명하다. 그러나 그들이 또한 확실한 객관성과 진리를 획득하기를 원했다는 것도 분명하다. '아무렇게나 해도 좋다anything goes'는 견해를 내세우는 순진한 상대주의자는 없었다.• 그들은 자신들의 학문적 설교대에서 단순한 운동가의 역할과 정치적 견해를 채택하지 않았으며 진리를 위해 분투했다. 오늘날에도 마찬가지로 이 세계에서 우리가 진보하고자 한다면 우리는 우리가 얻을 수 있는 최선의(또는 적어도 '적절하게 객관적인') 지식을 갖춰야 한다. 그렇지만 이것은 어려운 일이다. 왜냐하면 사회학이 다루는 주제 자체가 의미, 주관성, 가치를 포함하고 있으며, 권력관계를 통해 조직되기 때문이다. 일부 집단들(그리고 사람들)은 다른 사람들을 지배하는 권위와 지위를 갖는다(그리고 우리가 7장에서 살펴본 것처럼 대규모의 계층화 체계 속으로 응결한다). 그리고 사회학자들이 이러한 정치적 과정의 외부에 존재한다고 생각한다면 그것은 순진한 것이다. 사회학이 다루는 주제는 가치와 권력으로 가득 차 있고, 또한 사회학 자체가 급속하게 변동하는 정치적·도덕적 세계 속에 존재하며, 동시에 바로 그 변동의 일부이다. 그러므로 사회학의 임무는 이러한 변동을 반성적으로 파악하는 것이며, 아마도 어려움을 뚫고 사회에 대한 진리에 도달하고자 노력하는 것이다. 우리는 이런 전략의 일부를 6장에서 살펴보았다.

사회학에서 가치와 이데올로기의 역할에 대한 토론은 오랜 역사를 가지고 있다. 그리고 그 토론은 대체로 우리의 오랜 선구자 베버에서 시작한다. 그는 가치자유value-free(가치배제) 사회학과 가치관련value-relevant 사회학을 핵심적으로 구별했다(여러분은 이 책에서 베버가 얼마나 자주 등장했는지를 기억

• '아무렇게나 해도 좋다'는 과학철학자 파울 파이어아벤트(Paul Feyerabend)의 용어로 과학의 탐구가 특정의 방법과 논리적 규칙을 준수한다는 실증주의 과학철학자들의 견해를 논박하는 입장을 상징한다. 그리고 많은 경우 '상대주의 입장'을 드러내는 것으로 받아들인다. — 옮긴이

할 것이며, 그러므로 그가 얼마나 중요한 사회학자인가를 감지했을 것이다). 여기서 그의 논의를 자세하게 살펴보는 일은 생략하고, 그의 주장에서 연구의 세 국면과 연결되는 세 가지 핵심 견해를 정리하고자 한다. 명확히 이해하면 도움이 될 것이다.

1. 가치관련성: 여러분의 가치와 정치적 기준선을 자각할 것. 연구의 가장 초기 단계에서는 연구문제를 선택하고 표현하는 데 가치가 중요한 역할을 한다. 가치 없는 연구기획에 시간을 낭비하지 말고 여러분의 연구가 무슨 가치를 가져야 하는가에 관해 생각하고, 가치 있다고 생각하는 연구 분야를 주의 깊게 선택할 것. 흔히 여러분은 어떤 주제가 정치적·도덕적으로 중요하기 때문에 그 주제를 선택할 것이다.
2. 가치중립성과 윤리책임성: 사회학 실행의 윤리를 자각할 것. 여러분의 연구를 실행하는 동안 여러분은 적절한 객관성을 확보하기 위해 노력해야 할 것이다. 상이한 관점, 다양한 표현, 친밀한 낯익음, 주관성과 객관성의 균형, 타당한 표현성, 충분한 맥락화에 계속 주의할 것. 그리고 재귀성의 쟁점을 자각할 것(이 모든 것에 관해서는 6장을 볼 것). 동시에 사회학은 언제나 사람들과 사람들의 삶을 다루므로 여러분은 여러분이 연구하고 있는 사람들에 대한 여러분의 책임에 관해 의식해야 할 것이다. 현장에서 사회학을 수행하면 수많은 윤리적 곤경에 부딪히게 된다. 그것은 단순히 연구윤리위원회나 임상시험심사위원회Institutional Review Board: IRB의 문제가 아니다. 그것은 '옳은 일을 하려는' 실질적인 개인적 투쟁의 문제이다.
3. 가치함축: 여러분의 연구를 사용하는 정치에 대해 자각할 것. 일단 연구의 결론에 도달하면 그것이 누구에게 어떻게 영향을 미칠 것인가의

함축에 관해 주의 깊게 생각할 것. 여러분의 발견과 견해가 더 광범한 청중과 더 광범한 정치적 행위에 전달되면 그들이 그것을 따르는 것에 대해 여러분은 책임이 있지 않은가? 여러분이 발견한 것들이 정치적으로 부정적인 결과를 낳지 않는가?

그러므로 가치는 어디에나 있다. 사회학도들은 사회적 쟁점들(세계 빈곤, 환경의 미래, 종교 간 충돌, 여성에 대한 폭력, 범죄 증가 등)에 관해 진정으로 주관적인 열정을 느낀다. 그러나 그들은 그것들을 진지하게 연구하려면 냉정한 방식으로 객관적 연구를 수행해야 한다는 것을 깨닫는다. 사회학이 또 하나의 개인적(심지어 과잉 흥분한) 관점을 추가할 뿐이라면 그것은 의미 없는 일이다. 무엇이 일어나고 있는가에 대한 차분한 성찰과 세밀한 관찰이 필요하다. 개인적으로 깊이 관련되어 있는 것들에 대해 사회학도들은 어떻게 과학적 태도를 취할 수 있는가? 사회학도들이 직면한 문제는 간단히 이렇게 말할 수 있다. 주관적이고 열정적인 것에 관해 어떻게 객관적일 수 있는가, 개인적이지만 어떻게 냉정하고 과학적일 수 있는가, 그리고 어떻게 가치관련적이지만 가치자유적일 수 있는가. 사회학도들은 언제나 과학적·도덕적·정치적 외줄타기를 하고 있다.

사회학에서 가치를 엄격하게 배제해야 한다고 주장할 사람들도 있다. 그러나 과거의 위대한 사회학자들을, 그리고 오늘날의 명망 있는 여러 사회학자들을 살펴보면, 여러분은 그들 가운데 주요한 사회변동에 개입한 사람들을 금방 찾을 것이다. 우리는 마르크스가 자본주의적 공업화가 만들어낸 착취와 망가진 삶들을 목격하고 개인적으로 격분했다는 것을 기억하고 있다. 그는 평등을 위한 주요한 세계 혁명 — 심각하게 그리고 치명적으로 실패한 것이지만 — 을 고무했다. 베버는 우리가 쇠 우리Iron Cage 속에 갇혀서 살고 있다고 설파하고 '세계의 환멸disenchantment of the world'을 — 그의 여러 가지 우울증을 통해 — 슬프게 탄식했다. 과거의 사회학자들은 누구나 그들 자신의 개인적이고 정치적인 얼굴을 — 드러내지 않는 경우도 많았지만 — 가지고 있다. 물론 그다지 급진적이지 않은 사람들도 많았다.

현대 사회학은 흔히 그것의 도덕적·정치적 상상력에 관해 매우 명시적이다. 그러므로 여성주의 사회학은 여성의 불평등을 제거해야 한다고 선언한다. 반인종주의 사회학은 인종주의를 비판한다. 성소수자 사회학은 젠더 및 섹슈얼리티 범주를 무너뜨린다. 탈식민주의 사회학은 사람들의 사유를 지배하는 유럽·미국 모델의 패권을 비판한다. 환경사회학자들은 저탄소 사회, 지속 가능한 사회를 향해 노력한다. 오늘날 지그문트 바우만, 울리히 벡, 세일라 벤하비브Seyla Benhabib, 주디스 버틀러, 스탠리 코언, 퍼트리샤 콜린스, 래윈 코넬, 노먼 덴진, 아미타이 에치오니, 앤서니 기든스, 폴 길로이Paul Gilroy, 위르겐 하버마스, 스튜어트 홀, 도나 해러웨이Donna Haraway, 찬드라 모한티, 마사 누스바움, 스티븐 사이드먼, 가야트리 스피박Gayatri Spivak, 알랭 투렌Alain Touraine, 제프리 윅스 등의 현대 사회사상가들을 간략히 살펴본다면 여러분은 곧 지극히 당파적이고 명백하게 정치적인 사회과학의 세계를 만나게 될 것이다. 이들 가운데 가치중립성을 표방하는 사람은 아무도 없다. 우리는 『지식 논쟁Contested Knowledge』(스티븐 사이드먼의 저서 제목)의 땅에 살고 있으며, 그것은 여러분에게 '너는 누구 편이냐?'를 묻지 않을 수 없게 한다.

모든 사회학도들은 이러한 외줄타기를 하면서 살아야 한다. 사회학도들은 자신의 정치, 자신의 윤리, 자신의 감정을 가지고 어떻게 과학이라는 곡예를 할 것인가? 일부는 과학을 편듦으로써 그것을 해결한다. 그들은 그들이 할 수 있는 한 중립적·탈감정적으로 그들의 연구를 수행하면서 학계에 틀어박힐 것이다. 일부는 사회학을 벗어나 이런저런 종류의 실천운동에 가담하여 그것을 해결한다. 그리고 일부(대다수)는 주변인이 되어 객관성과 주관성, 중립성과 감정, 과학과 예술, 세계에 대한 환멸과 더 나은 세계에 대한 희망의 경계 위에서 살아간다. 사회적 삶에서 무엇을 할 것인가를 다른 사람들에게 이야기하는 것(도덕주의적이고 훈계적인 일이라고 할 것이다)은 사회학도의 임무가 아니라고 나는 생각한다. 그러나 상이한 가치들의 역사적 중요성을 연구하고 그런 논쟁을 통해 자신의 가치체계와 정치적 입장 — 그 자신의 사회학 연구를 안내하고 형성하는 — 을 이끌어내는 것은 사회학도들이 감당해야 하는 도전이다. 정의, 배려, 공감, 인권, 존엄 등의 가치의 전개를 추적하는 연구는 많이 있으며, 한스 요아스Hans Joas의 『가치의 생성The Genesis of Values』과 『사람의 신성함The Sacredness of the Person』은 거기에 해당한다. 궁극적으로 사회학자에게 중요한 것은 '가치의 사회학'을 이해하고 자신의 도덕적이고 정치적인 기준선에 대해 진지하게 고려함으로써 '우리는 우리의 삶을 어떻게 살아야 하는가? 그리고 무엇을 할 것인가?'를 질문하는 것이다.

공통의 근거: 사회학에서 가치와 덕

가치(무엇이 중요한가에 대한 판단), **규범**(승인된 행위 양식) 그리고 윤리(옳은 것과 그른 것, 선행과 악행의 구별)는 인간의 사회적 삶에서 중심적인 것이다. 사회학자들도 그것들을 진지하게 다뤄야 한다. 그들은 그것들의 계보학(가치는 역사적으로 여러 사회에서 어떻게 전개해왔는가), 일상생활에서 그것들의 응용을 연구하고, 그것들이 자신의 연구를 어떻게 형성하는가(기준이 되는 가정으로, 연구에서 윤리적 안내 지침으로, 그들의 연구 결과로)를 인식해야 한다. 가치의 범위는 넓으며 종류도 많다. 몇 가지 핵심적인 사례들을 살펴보겠다(이것들 이외의 다른 것들도 있다).

1. 배려와 친절: 사회학도들은 세계에서 사람들이 서로를 돌보는, 심지어 서로 사랑하는 방식을 이해하고자 한다. 그들은 사회적 삶의 되풀이되는 핵심적 특징이 가족, 친구, 공동체에서 사람들이 서로를 보살피는 방식과 관련된다는 것을 알고 있다. 사람들은 낯선 사람들에게조차 친절하다. 여기서 사회학도들은 돌봄 관계를 탐구할 수 있고, 자신의 조사연구 관계가 타인들에 대한 배려에 근거하고 있다는 것을 확인할 수 있고, 사회를 가로질러 돌봄 관계의 역사를 추적할 수도 있다. '돌봄의 사회학'이 있다.
2. 자유, 평등, 정의: 사회학도들은 자유와 평등 사이에 긴장이 존재한다는 것을 파악한다. 완전한 자유나 완전한 평등은 둘 모두 완전한 무분별nonsense이다. 사회적인 것은 늘 자유를 제약하고, 불평등은 늘 사회적인 것에 의해 형성된다. 사회학도들은 자유와 정의가 어떻게 존속하는지를 탐구하고, 자신의 연구가 그러한 원칙에 근거하고 있다는 것을 확실히 하고자 하며 '정의'와 '자유'의 계보학을 탐구한다. 사회에서 자유의 결여와 거대한 불평등에 의해 삶을 손상당한 사람들이 많이 있다. 그러므로 자유와 평등의 기회를 확대하는 것에 관심을 쏟는 사회학 연구도 많이 있다.
3. 인정, 공감 그리고 세계시민주의cosmopolitanism: 사회학도들은 그들 연구의 한가운데에서 인간이 사회적 삶을 살아가는 다수의 상이한 방식들의 – 사람들, 집단들, 문화들, 나라들 사이의 – 다양성을 깨닫는다. 자종족중심주의는 사회학도들에게 커다란 죄악이며, 타자들의 가치에 대한 개방성은 중요한 것이다. 마찬가지로 온갖 종류의 근본주의는 인간의 다양성이라는 핵심, 그리고 사회학과 양립할 수 없다. 사회학도들은 인간의 차이들을 인정하고 이러한 '타자들'의 세계를 이해할

수 있는 공감과 집단들을 가로지르는 대화를 함양하며, 함께 살아가는 사람들의 혼잡한 다양성들을 이해하는 데 도움을 주는 세계시민주의를 갖춰야 한다.

4. 모두가 역량을 발휘하는 삶: 사회학도들은 사회에 존재하는 것들이 잘 기능한다는 것이 무엇을 의미하는가에 관심을 갖고 '인간의 역량'이 무엇인가, 그리고 그 역량을 활성화하고 발휘할 수 있는 사회적 조건은 무엇인가를 탐구한다. 그들은 인간의 안녕과 '행복'이 무엇을 의미하는가, 좋은 삶과 황폐한 삶은 무엇을 의미하는가, 인간의 역량과 잠재력은 무엇인가, 그리고 '미덕의virtuous' 삶은 무엇일 것인가를 질문한다. 인류의 좋은 모습은 무엇이며, 무엇을 소중하고 가치 있다고 평가할 것인가? 그것들을 실현하는 사회적 조건은 무엇인가?(마찬가지로 사회학도들은 왜 아주 많은 사람들이 '황폐한', '손상된' 그리고 그 어떤 '질'도 갖지 못하는 삶으로 나아가는가를 연구할 수 있다) 궁극적으로 사회학도들은 인간의 역량 발휘 그리고 역량 발휘 사회의 발전을 위한 사회적 조건을 탐구한다.
5. 인간의 권리와 존엄성: 사회학도들은 여러 사회에서 인간의 존엄성이 무엇을 의미하는가를 질문한다. 그리고 인권 논쟁의 발생과 역할을 검토한다. 근대성과 인권의 보편성은 무엇을 의미하는가? 인권의 다양성(개인적, 집합적, 즉 집단)과 분화(시민적, 종교적, 개인적)는 어떠한가? 그리고 인권을 위한 국제기구와 사회운동은 어떠한가? 사회학은 인권과 존엄성이 어떻게 우리가 진정으로 '인간적인' 사회 — 모든 사람의 인권과 존엄성을 존중하는 — 를 형성하는 데 도움이 되는 지구적 세계 문화의 일부가 되어왔는가를 분석한다.

표 8-1 __ 미래 사회의 이미지들: 일상적 삶에서의 유토피아에 근거함

'근거 있는 인간적 가치'의 사회학, 윤리학, 정치학	'모두에게 더 나은 사회'를 위한 근거 있는 제도의 육성
돌봄의 사회학, 정치학, 윤리학 "우리 자신, 타자들 그리고 우리가 살고 있는 세계를 살펴볼 것"	돌보는 민주주의A Caring Democracy(Tronto, 2013) 평화 구축 사회(Brewer, 2010) 저탄소 사회(Urry, 2011)
정의·자유·평등의 사회학, 정치학, 윤리학 "공정할 것 그리고 더 평등한 사회를 만들 것"	공정하고 정의롭고 민주적인 사회 (Alexander, 2006; Sandel, 2012; Sayer, 2015; Standing, 2015; Urry, 2014; Unger, 2007)
인정·대화·공감의 사회학, 정치학, 윤리학 "인간의 차이를 인정하고 인식하며 차이와 함께 살아갈 것"	배려사회A Compassionate Society(Sznaider, 2001) 공감적 문명An Empathic Civilization(Rifkin, 2009) 대화사회A Dialogic Society(Bakhtin, 1982) 다문화사회A Multicultural Society(Taylor, 1994) 세계시민사회A Cosmopolitan Society(Beck, 2006; Plummer, 2015) 소속의 사회A Society of Belonging(Yuval-Davis, 2011)
인간 역량과 성숙의 사회학, 정치학, 윤리학 "모두가 잠재력을 발휘하도록 장려할 것"	발전하고 성숙하며 실현하는 사회 (Sen, 1999; Nussbaum, 2011)
인권과 시민권과 존엄성의 사회학, 정치학, 윤리학 "존엄성을 유지하는 삶과 모두의 평등한 존엄성의 권리를 존중할 것"	시민권, 인권, 존엄성을 존중하는 인간 사회 (Marshall, 1950; Isin and Turner, 2002; Plummer, 2003; Turner, 2006b)
희망의 사회학, 정치학, 윤리학 "희망의 중요성과 실망의 불가피성을 인식할 것"	실질적 유토피아(Wright, 2010) 유토피아적 방법(Levitas, 2013)

도전적인 지평과 사회학적 희망

> 우리가 할 수 있는 것은 각 세대에서 삶을 조금은 덜 공포스럽고 조금은 덜 불공정하게 만드는 것이다. 이런 식으로 많은 성과를 낳을 수 있다.
>
> 칼 포퍼Karl Popper, 「유토피아와 폭력Utopia and Violence」, 1948

궁극적으로 사회학은 우리를 삶에서 진정으로 큰 몇 가지 문제들(그리고 수많은 작은 문제들)과 대결하게 만든다. 사회는 진보하며 나아지고 있는가?

아니면 지금 우리는 '인류 최후의 전장Armageddon'을 향해 나아가고 있는가? (그리고 '더 낫다better'는 것은 무엇을 의미하는가?) 왜 불평등은 더 심해지는가, 그렇다면 그것은 피할 수 없는 것인가? 우리의 사회적 삶은 우리가 살고 있는 환경을 어떻게 파괴하는가? 전쟁, 테러주의, 범죄는 필연적인가? 왜 우리는 언제나 우리와 다른 타자들에 대해 전쟁을 벌이는가? 왜 종교는 증오와 전쟁을 일으키면서 또한 자비와 친절을 요구하는가? 디지털 세계는 우리를 비인간화하는가? 사람들은 그런 모든 것을 이해할 수 있으며, 이해하고 있는가? 그리고 모든 경우에 우리는 무엇을 할 것인가? 우리는 그것에 관해 무엇을 할 수 있고 무엇을 해야 하는가? 세계의 큰 문제와 사소한 인간적 삶의 고통을 방지하려면 우리는 어떻게 해야 하는가, 그리고 우리는 어떻게 이 세계를 더 나은 곳으로 만들 것인가? 사회에서 정의는 가능한가? 일단 이런 종류의 쟁점과 만나게 되면 우리는 단순한 사실에서 아주 멀리 벗어나게 된다. 그렇지만 사회학에 단순한 사실 같은 것은 존재하지 않는다. 그리고 이것은 사회학이, 자신이 원하는가 여부와 관계없이, 조만간 가치의 문제 그리고 정치적이고 도덕적인 삶 속에 휩쓸려 들어가게 될 것임을 시사한다.

사회학 공부는 인간의 사회 세계가 어떻게 작동하는가에 대한 이해를 심화하고 그 과정에서 사회적 삶이 어떻게 더 잘 기능할 수 있을지에 대한 사유에 기초를 제공한다. 사회학은 현재의 세계에서 좋은 시민이라는 것이 무엇을 의미하는가, 무엇에 도전해야 하는가에 대한 사유를 촉진한다. 사람들이 자신들의 세계에서 겪는 일상의 고통과 어려움에 대한 가능한 한 객관적인 조사연구와 이해의 시도에서 출발해 우리의 사회적 행위들이 '문제'를 발생시키는 데 어떻게 작용하는가, 즉 우리의 사회구조와 행위, 우리의 문화와 물질 세계, 우리의 생애사, 역사, 공간이 어떻게 작동해 이런 고통을 일으키는가를 질문할 때, 사회학은 최선의 상태에 있게 된다. 사회학의 궁극적 사명은, 결국 모든 과학과 모든 예술이 그러하듯, 더 나은 세계를 향해 나아가는 것이다. 사회학이 단순히 재미를 위해 이념을 이렇게 진지하게 사유하고 개척하는 것은 아니다(물론 나는 여러분이 그 과정에서 재미를 느끼기를 희망한다). 사회학은 우리가 누릴 수 있는 더 나은 세계를 모두가 누릴 수 있어야 한다는 의식에 기초를 두고 있다. 그러므로 사회학은 궁극적으로 도덕적·정치적·비판적 책임을 가지고 있다. 사회학은 희망의 전략을, 즉 이 세계에 친절과 정의와 기쁨을 위한 공간을 확장할 수 있는 해방적 학문으로서 사회학을 유지하는 참여의 교육학과 실험주의의 실천을 발전시키고자 한다.

결국 사회학은 인간의 사회 세계가 우리가 그것을 통제할 능력을 갖고 있지 못하더라도, 궁극적으로는 인간의 사회적 행위의 결과라는 것을 증명해야 한다. 그러므로 우리는 우리의 행위가 무엇인가에 대해, 우리가 사회 세계에서 어떻게 행위하는가에 대해 주의하고, 우리의 과거와 미래에 대해 부단히 의식하고 있어야 한다. 우리는 사회적인 것 속에 거주하면서 이미 죽은 사람들, 앞으로 태어날 사람들, 그리고 지금 살고 있는 다른 사람들과 함께 살아간다. 원하거나 원하지 않거나, 우리는 늘 사회적인 것에 사로잡혀 있고 동시에 다가올 사회 세계를 형성하고 있다. 사회학이 직면하는 도전은 단순히 세계를 이해하는 것이 아니라 변혁하는 것이다.

▌생각하기 __ 사회학 공부의 도전적인 방향

책을 끝맺으면서 21세기 사회학 연구에서 발전하고 있는 몇몇 신흥 연구 분야를 소개한다.

- 고통의 사회학: 여기서 우리는 (물론 실제 삶에서뿐 아니라 영화, 저술, 미술, 시 등에서) 다양한 형태의 개인적·문화적 고통을 기록하고 그것에 공감함으로써, 인간 고통의 깊이를 탐지하고 그들의 아픔에 민감함으로써, 그것들을 어떻게 가장 적절하게 이론화하고 개념화할지에 관해 비판적으로 사고함으로써, 또한 세계 사람들이 왜 그리고 어떻게 그것들을 무시,

부인, 촉진, 심지어 축복하는가를 설명함으로써, 인류의 지구적 고통을 이해할 필요가 있다. 우리는 어떤 사회적 조건과 사회적 과정이 삶을 고통과 절망에 빠뜨리는가를 질문한다.

· 좋은 삶의 사회학: 여기서 우리는 다른 사람들을 돕고자 애쓰는 모든 사람들, 힘겨운 세계에서 좋은 사람이고자 애쓰는 모든 사람들의 이야기를 — 아마도 돌봄 전문직과 같은 일을 하면서 사는 사람들에게서 분명히 볼 수 있듯 비록 그들이 실패한다고 하더라도 — 듣는다(그리고 기록하고 분석한다). 그들은 자신들의 여러 가지 활동에서 이 세계를 더 나은 곳으로 만들기 위해 노력하는가, 또한 그들은 어떻게 성공하거나 실패하는가? 좋은 삶의 사회학은 사람들 그리고 그들의 집단이 어떻게 다른 사람들을 보살피며 일상적 방식으로 '선을 행하는가'를 질문할 것이다. 그리고 이것에서 어떤 문제가 발생하는가? 우리는 사람들이 어떤 사회적 조건과 사회적 과정에 의해 타인을 돌보는 삶을 살 수 있게 되는가를 질문한다.

· 인간의 역량과 성숙의 사회학: 여기서 우리는 인간의 역량에 대한 생각을 정리하고 어떤 사람들은 충족된 삶을 성취할 기회를 갖는 반면 어떤 사람들은 그런 기회도 결코 갖지 못하는지를 탐구한다. 우리는 어떤 사람들의 삶은 황폐해지고 손상되는 반면, 일부 사람들의 삶은 실현되는 과정을 탐구한다. 사회학자들이 즐거움의 사회학sociology of joy — 음악과 춤에 대한 열정, 스포츠에 대한 능숙함, 음식에 대한 기호, 친교나 사랑의 유쾌함 등 — 을 발전시키는 것도 이런 탐구의 일부일 것이다. 우리는 어떤 사회적 조건과 사회적 과정이 사람들이 역량을 발휘하는 삶을 살 수 있게 하는가를 질문한다.

· 인도적인 사회와 인도적인 국가의 사회학: 여기서 우리는 역량 발휘를 촉진할 수 있는 복지국가, 사회적 보호 장치, 국제적 경제와 지배구조, 인권과 평등의 틀의 발전을 촉진하는 제도의 작동, 돌봄과 친절의 장려, 지구적 활동주의, 자원 활동과 자선의 역할 등을 이해해야 한다. 우리는 사람들의 사회적 조건과 삶의 질을 손상하는 결과를 낳는다고 생각하는 불평등 및 사회적 배제의 심층적인 상호연관 구조를 탐구한다. 우리는 우리의 인간 세계에서 차이를 인정하고 평화의 과정을 확장하도록 보장하는 지구적 공감과 세계시민주의와 지구적 윤리를 촉진하는 제도들을 고려한다. 우리는 거시적 수준에서 어떻게 인간의 삶을 더 나은 것으로 조직할 것인가를 질문한다.

· 지구적 인류애의 사회학: 여기서 우리는 인류의 지구적 상호연결성에 대한 지속적 깨달음을,

그리고 그것이 어떻게 일상적 삶의 깨달음 속에 뿌리를 두고 있는가에 대한 이해를 발전시킨다. 그것은 (대부분 서구에 있고 대학에 자리 잡은) 소수 지적 엘리트들의 제한적이고 협소한 관심의 단순한 반복에서 벗어나 지구 전역에서 일상적인 일을 하는 일상적인 사람들의 일상적인 삶을 자세히 살핀다(유튜브 영화 〈라이프 인 어 데이〉는 이것의 초기적인 범례이다. 이 영화는 세계 수천 명의 사람들이 서로 다른 삶을 기록하는 데 얼마나 기꺼이 참여하는가를 보여준다). 엘리트 지식의 독재를 피하면서 우리는 지구를 가로질러 보통 사람들이 어떻게 사회적 삶을 살아가는가를 질문한다. 우리는 우리 세계에 있는 종족중심주의를 벗어나는 것을, 그리고 타자를 배려하는 것을 어떻게 배울 수 있는가를 질문한다.

궁극적으로 우리는 '모두에게 더 나은 세계의 사회학'을 필요로 한다. 사회학이 직면하는 핵심적인 도전은, 더 나은 인간 세계는 어떠할 것인가에 대한 상상력이다. 우리가 유토피아를 실현하지는 못할 것이다. 하지만 유토피아의 전망은 중요하다. 꿈꾸는 유토피아와 실질적인 유토피아 둘 모두에 대한 전망을 결여한 사회학은 방향 없는 사회학이 된다. 우리는 미래의 사회 이미지에 관해, 우리가 살기를 원하는 세계에 대해, 그리고 우리가 그 세계를 향해 나아가는 데 우리의 지적 작업은 어떻게 도움을 줄 것인가에 대해 질문한다.

요약

사회학은 인간의 사회 세계 속에서 살아가면서 그 세계를 연구한다. 그리고 사회학은 미래의 사회 세계가 형성되는 데 영향을 미치는 가치와 정치를 진지하게 다뤄야 한다. 사회학은 결코 쉽게 가치자유적일 수 없다. 이 장에서는 사회학자들이 수행할 수 있는 몇 가지 사회적 역할들 — 연구자, 사상가, 비판가, 교육자, 대화자, 비판적 시민, 예술과 창의성의 고양자, 들리지 않는 목소리를 들리게 하는 조력자 — 을 살펴보았다. 사회학은 그것이 복무하는 사람들 속에 근거를 두어야 한다. 앞의 〈그림 8-1〉은 일상의 삶에서 전문사회학, 공공사회학, 실천가 사회학, 정책 지향적 사회학, 그리고 '대중'사회학으로 이어 돌아가는 사회학적 삶의 순환 바퀴를 보여준다. 사회학의 전반적인 목표는 우리가 만들지는 않았지만 우리가 매일 그것의 재창조에 가담하는 사회 세계에서 우리 모두가 비판적 시민으로 행위할 수 있도록 지원하는 것이다. 사회학은 수십억의 사람들이 손상된 삶, 황폐한 삶을 살도록 강요받는 거대하게 불평등한 세계에서 그 세계를 모두에게 더 나은 곳으로 만들고자 하는 확고한 시선으로 그 작업을 수행한다. 각 세대는 미래 세대의 더 인도적인, 그리고 배려하고 공정하고 역량을 발휘할 수 있는 사회를 만들기 위한 더 진전된 지혜와 행동 강령을 남겨놓아야 한다는 도전에 직면해 있다.

마침표: 사회학의 눈

우리는 의문을 품고 고심하는 사상가이다.
우리의 눈을 세계에 고정한 사회비판가이다.
과학적인 예술가이며, 열정적으로 객관적인 사람이다.
소수자를 따뜻하게 바라보는 눈을 가진 조각보 제작자이다.
상처받고 배제되는 삶에 공감하는 이야기꾼이다.
주변을 살피고 희망에 잠겨 있는 국외자이다.
더 나은 세계를 내어오기 위해 부상당한 개혁가이다.
실망 속에서 환호하는 몽상가이다.
부정의 세계에 분노하는 좌절한 개혁가이다.
사이보그 대륙의 시간 여행자이다.
미래를 기대하는 눈을 가진 비판적 시민이다.

더 탐구하기

더 생각하기

1. '생각하기: 사회학과 유토피아에 관하여'에서 언급한 레비타스와 라이트의 견해를 살펴보자. 사회학적 유토피아에 대한 그러한 생각들을 검토하자. 더 나은 사회에 대한 여러분 자신의 생각은 무엇이며, 현재의 세계에서 그런 생각의 사례를 찾을 수 있는가?
2. 이 장에서 논의한 가치는 여러분이 간직하고 있는 가치와 일치하는가? 그렇지 않다면 여러분이 추구하는 가치는 무엇인가? 가치가 사회학의 분석에 어떻게 영향을 미칠 수 있는가를 살펴보자.
3. 여러분 자신의 삶은 '사회학도의 사회적 역할' 그리고 '사회학적 삶의 순환'과 실천적으로 어떻게 연결될 것인가? 훌륭한 비판적·사회학적 시민이 된다는 것은 무엇을 뜻할 것인가, 그리고 이것에서 어떤 사회학적 연구 의제들을 이끌어낼 것인가를 생각해보자.

읽을거리

사회학도라는 것 또는 사회학도가 된다는 것은 무엇을 뜻하는지에 대한 개인적인 견해의 일부를 살펴보자. 캐서린 트왐리Katherine Twamley 등이 엮은 『사회학자 이야기: 사회학 사상과 실천에 관한 현대의 서사Sociologist's Tales: Contemporary Narratives on Sociological Thought and Practice』(2015), 피터 버거Peter Berger의 『어쩌다 사회학자가 되어Adventures of an Accidental Sociologist』(2011), 스튜어트 홀Stuart Hall의 삶을 보여주는 존 애콤프라John Akomfrah의 영화 〈스튜어트 홀 프로젝트The Stuart Hall Project〉(2014) 등이 있다. 그리고 앨런 시카Alan Sica와 스티븐 터너Stephen Turner의 『불복종 세대: 1960년대의 사회이론들The Disobedient Generation: Social Theories in the Sixties』(2005)은

기성 사회학자들이 학창 시절에 겪었던 '정치'에 관한 글들을 담고 있다. 앨런 울프 Alan Wolfe의 『중간의 주변인들 Marginalized in the Middle』(1996)은 자유주의 사회학자의 관점에서 문제에 대해 논쟁하고 있다. 찬드라 모한티 Chandra Talpade Mohanty의 『경계 없는 페미니즘 Feminism Without Borders: Decolonizing Theory, Practicing Solidarity』(2003)은 급진적인 변동을 요구하는 결집의 함성을 제시한다. 그리고 사회학자들이 운영하는 블로그와 웹사이트도 살펴보자. 래윈 코넬 Raewyn Connell, 사스키아 사센 Saskia Sassen, 수디르 벤카테시 Sudir Venkatesh, 마이클 부라보이 Michael Burawoy, 프랭크 푸레디 Frank Furedi, 아미타이 에치오니 Amitai Etzioni 등에서 시작할 수 있을 것이다. 오이빈드 아이렌 Oyvind Ihlen, 매그너스 프레드릭슨 Magnus Fredrickson, 베테케 반 룰러 Betteke van Ruler의 『공공관계를 위한 사회이론: 주요 인물과 개념 Social Theory for Public Relations: Key Figures and Concepts』(2009)은 주요 사회학자들(기든스, 푸코, 하버마스, 베버 등)이 사회에 미친 영향을 보여준다. 공공사회학에 관한 근래의 논쟁은 마이클 부라보이의 「공공사회학을 위하여 For Public Sociology」(2005)가 촉발했다. 많은 토론이 이어졌는데, 댄 클로슨 Dan Clawson 등의 『공공사회학: 15명의 저명한 사회학자들이 21세기의 정치와 전문성을 논쟁하다 Public Sociology: Fifteen Eminent Sociologists Debate Politics and the Profession in the Twenty-First Century』(2007)도 그것들 가운데 하나이다. 유토피아, 희망, 더 나은 세계에 관해서는 에르네스트 블로흐 Ernst Bloch의 『희망의 원리 The Principle of Hope』, 에릭 올린 라이트 Erik Olin Wright의 『리얼 유토피아 Envisioning Real Utopias』(2010), 루스 레비타스 Ruth Levitas의 『방법으로서 유토피아 Utopia as Method』(2013)를 읽어보기 바란다. 사회의 이미지들에 관해서는 찰스 테일러 Charles Taylor의 『근대의 사회적 상상 Modern Social Imaginaries』(2003)을 참고하기 바란다. 가치에 관한 문헌은 정말 막대하다. 초심자들에게는 지그문트 바우만 Zygmunt Bauman의 『탈근대 윤리 Postmodern Ethics』(1993), 아이리스 영 Iris Marion Young의 『정의와 차이의 정치 Justice and the Politics of Diffenrece』(1990), 앤드루 세이어 Andrew Sayer의

『사물들이 왜 사람들에게 문제가 되는가: 사회과학, 가치 그리고 윤리적 삶Why Things Matter to People: Social Science, Values and Ethical Life』(2011), 니라 유발-데이비스Nira Yuval-Davis의 『소속의 정치학The Politics of Belonging』(2011), 호베르투 웅거Roberto Mangabeira Unger의 『주체의 각성The Self Awakened: Pragmatism Unbound』(2007)을 추천한다. 비상하게 '좋은' 삶을 이끄는 사람들에 관해서는 라리사 맥파콰Larissa MacFarquhar의 『이해할 수 없는 이방인Strangers Drowning』(2015)을 보기 바란다.

맺음말: 사회학적 상상력의 21가지 명제

/

경고한다! 위험하다! 조심하라! 사회학은 여러분의 삶을 바꿀 것이다.

켄 플러머의 사회학 개론 1학년 강의의 첫머리, 에식스 대학교, 1987~2004

사회학은 사회적인 것에 관해 열정을 가진다. 사회학은 '개인들'이나 '자연적인 것'을 통해 모든 것을 설명할 수 있다고 규정하는 제한적인 틀limiting frame을 벗어나서 사유할 수 있는 특별한 의식과 상상력을 제공한다. 사회학은 주어진 세계를 당연한 것으로 받아들이는 '인간들의 확실한 맹목성certain blindness of human beings'에 의문을 제기한다. 사회학은 어디서나 사회적 삶의 배회를 살펴본다. 이제, 요약과 도전으로, 사회학이 따지는 21개의 핵심 특징을 제시한다.

1. 사회학은 사회적인 것에 대한 체계적·회의적·비판적 연구로, 인간 사회 세계들의 구성, 특징 그리고 결과를 탐구한다.
2. 사회학은 급진적인 사회변동에서 태어났으며, 계속 주요한 사회변동 속에 존속해왔다. 사회학도는 이 같은 영구한 생성과 변동을 연구한다.
3. 사회학은 여러분의 삶을 변화시킬 수 있는(또는 변화시킬) 사유 방법(상상

력, 의식의 형태)이다. 그것은 친숙한 것을 낯설게 만들고, 당연하게 받아들이는 것에 의문을 제기하며, 우리가 의지해 살아가기로 선택한 신화를 해체한다.

4. 사회학도가 보기에 사회적인 것은 우리가 숨 쉬는 공기와 같다. 우리는 어디서나 '사회적인 것 경험하기'를 멈출 수 없고, '사회적인 것 보기'를 멈출 수 없다.
5. '사회적인 것'은 (1) 우리가 다른 사람들과 '함께 일하면서' 함께 살아간다는 생각을 포착하고 동시에 (2) 우리가 상이한 실재들 — 독립적으로 존재하면서 우리의 일상적 삶에서 우리를 제약하고 강제하는 — 을 가지고 살아간다는 대조적인 견해를 포착한다.
6. 사회학도는 인간의 사회적 삶 — 우리가 그 속에서 살아가는 사회구조와 제도를 만들어내는 — 에서 사회적 유형, 감옥, 예측 가능성을 찾는다.
7. 사회학도는 인간들이 사회 세계에서 다른 사람들과 함께 행위하며 그들의 삶과 세계를 이해하기 위해 만들어내는 문화와 복잡한 상징화에서 의미의 유형들을 찾아낸다.
8. 사회학도는 제약하는 구조와 창조적인 의미 사이의 모순을 파악하고자 한다. 사회학은 이러한 행위·구조 사이의 긴장을 어디에서나 확인하며 미시 세계와 거시 세계를 연결하는 새로운 방식을 찾아내고자 한다.
9. 인간은 문화의 교직물交織物을 짠다. 문화는 복합적이고 다층위적이고 협상 가능하며, 항상 발현성을 갖는 상징적 행위들로 구성된 삶의 양식이다. 문화는 결코 빈틈없거나 고정되거나 합의된 것이 아니라 '사회 세계의 다층위적 모자이크multilayered mosaic of social worlds'이다.
10. 인간은 물질적 세계(그들의 환경, 경제, 신체)의 냉혹한 현실 속에서 살고 있다. 그 세계 속에서 인간은 취약한 존재이다.

11. 우리 인간은 동물이면서 문화적 피조물로, 물질적 세계와 상징적 세계에서 (본래 이중적으로) 살아가는 존재이다. 우리는 '배변하는 작은 신들이다'.
12. 모든 사회 세계는 차이들로 가득 채워져 있고 '어떻게 할 수 없을 정도로 다원적'이다. 그리고 우리는 이것들이 일으키는 긴장 속에서 살아간다. 사회적 삶의 모든 것(사회학적 사유를 포함)이 갈등과 모순을 일으킨다.
13. 인간의 차이들은 불평등이 소용돌이치는 심연한 모체deep swirling matrix 속에 뿌리내린다. 인간의 역량은 인간을 구조적 불평등으로 분할하는 과정을 통해 구조화되며, 구조적 불평등은 우리의 삶에 파괴적인 영향을 미친다. 인간의 역량을 발휘할 우리의 기회는 계급, 젠더, 종족, 연령, 건강, 섹슈얼리티, 국적 등에 의해 좌절될 수 있다.
14. 사회적 삶은 불확정적이며 언제나 역사와 시간, 지리와 공간 그리고 상황과 관계에 다양한 방식으로, 흔히 예측 불가능한 방식으로 형성된다.
15. 사회적 삶은 권력관계에 의해 구조화된다. 우리는 누가 그리고 무엇이 우리 삶의 모습에 영향을 미칠 수 있는가를 질문한다.
16. 사회학도들은 그들이 동원할 수 있는 최선의 방법을 사용해 사회 세계를 서술하고 이해하고 설명한다. 그들은 예술, 과학, 역사를 넘나들면서 골똘히 생각하고 엄격한 경험적 조사연구를 실행하고 자료를 숙련되게 그리고 비판적으로 해석한다.
17. 디지털주의는 이러한 사회학의 기획을 새로운 조사연구 도구와 새로운 자료원과 심지어 사회적 삶에 관한 새로운 사유방식을 제공하면서 근본적으로 혁신하고 있다.
18. 모든 사회적 삶은 독백적인 것이 아니라 대화적인 것이다. 인간은 이야기하는 존재이며, 서로에게 삶과 사회에 대한 이야기를 끊임없이 주고

받으며 살아간다. 그리고 모든 지식 — 그것이 무엇이든지 간에 — 은 이러한 사회적 대화 속에 작동한다. 지식은 언제나 국지적이고 논란거리이며 관계적이다.

19. 사회학도들은 연구자, 사상가, 비판가, 교육자, 대화자, 비판적 시민, 예술과 창의성의 고양자, 들리지 않는 목소리를 들리게 하는 조력자이다. 무엇보다도 사회학은 활기 있는 비판적 시민을 양성하고 그들이 그들 자신의 사회 세계를 변화시키도록 촉진한다. 그들은 '사회학적 삶의 순환'의 흐름 속에 살고 있다.

20. 사회학은 가치의 세계에 존재하며 그 가치를 진지하게 다룬다. 그러한 가치를 탐구하고 그것을 어디에서나 사용하고 있다는 것을 깨닫는다.

21. 사회학은 모두에게 더 나은 세계에 대한 희망을 불러일으킬 수 있다. 사회학은 우리가 더 나은 세계에 대한 미래의 이미지를 결합하고, 새로운 사회 세계에 힘을 부여할 수 있는 실험적 활동을 연구하고, 비판적 시민으로서 활동하는 데 도움을 주는 도구를 제시한다. 각 세대는 미래 세대에게 더 나은 세계를 넘겨주어야 하는 도전에 직면해 있다.

부록: 경구의 사회학

사회를 연구한 사상가들이 우리에게 남겨놓은 10개의 경구警句를 소개한다. 이것들은 단지 맛보기일 뿐이다. 이 책을 위한 웹사이트에는 더 많은 경구들이 있다. 그것들은 씨름해볼 만한 가치를 가지고 있다.

1. 과감하게 알아내고자 하라(이마누엘 칸트의 계몽주의 도전, 1784).
2. 사회는 어떻게 가능한가?(조금은 우리를 혼란에 빠뜨리는 게오르크 지멜의 논문 제목, 1910).
3. 인간은 자유롭게 태어났지만 어디에서나 속박 속에 있다(장 자크 루소가 『사회계약론』에서 제기한 도전, 1762).
4. 사회는 지금 살고 있는 사람들, 이미 죽은 사람들, 그리고 앞으로 태어나 살 사람들 사이의 계약, 즉 제휴이다(프랑스 혁명에 대한 에드먼드 버크Edmund Burke의 보수주의적 공격인 『프랑스 혁명에 관한 성찰Reflections on the Revolution in France』, 1790; Oxford edition, 1993).
5. 사물은 겉으로 보이는 것과는 다르다(피터 버거, 『사회학에의 초대』, 1966).
6. 사물은 보이는 그대로이다(선禪의 격언).
7. 사회학도는 신화의 파괴자이다(노르베르트 엘리아스, 『사회학이란 무엇인가?』,

1978).

8. 친숙한 것을 낯설게 만들어라(지그문트 바우만, 『사회학적으로 생각하기』, 2001).
9. 사회적 사실을 사물로 취급하라(에밀 뒤르켐, 『사회학적 방법의 규칙』, 1895).
10. 의식이 존재를 결정하는 것이 아니라 존재가 의식을 결정한다(카를 마르크스, 『독일 이데올로기』, 1846).

용어 해설

/

사진학부터 물리학에 이르기까지 모든 학문은 세계를 더 명확하게 파악할 수 있도록 도와주는 그것의 고유한 언어들이 있다. 사회학에도 여러분의 이해를 도와줄 사전, 백과사전, 웹사이트, 용어 해설집은 많이 있다. 존 스콧John Scott의 간략한 『옥스퍼드 사회학 사전Oxford Dictionary of Sociology』(4판, 2014)과 조지 리처George Ritzer와 마이클 라이언J. Michael Ryan의 두꺼운 『간편한 사회학 백과사전Concise Encyclopedia of Sociology』(2010)은 좋은 예이다. 존 스콧이 엮은 『사회학의 주요 개념들Sociology: The Key Concepts』(2006)과 『50명의 주요 사회학자들Fifty Key Sociologists』(2007)도 읽어볼 가치가 있다. www.qualityresearchinternational.com/glossary에서는 용어 해설 웹사이트를 찾아볼 수 있다.

여기에는 간단한 '초심자용' 목록으로 이 책에서 사용한 몇 가지 주요 단어들에 대한 해설을 제시한다. 그 단어들은 본문에서 고딕체로 표시했다. 괄호 안에는 그것들이 실려 있는 페이지를 적었으며, 저자들이 쓴 도서의 자세한 서지 사항은 참고문헌에서 찾을 수 있다.

가부장제patriarchy: 전통적으로 아버지의 지배를 가리켰으며, 오늘날 남성 권력의 조직을 강조하는 용어이다(257쪽).

거시사회학macro-sociology: 전체 사회를 살펴본다. 때로는 경제나 교육 같은 사회구조들의 특징들(또는 안정된 유형들)과 핵심적인 사회제도들(또는 조직화한 습관들)을 비교한다(2장; 51쪽).

경험적empirical/경험주의empiricism: 이론이나 사변이 아니라 증거와 경험에 기초한다(169~170쪽, 219쪽).

계급class: 경제적·사회적 위치들의 위계에 기초한 사회계층 체계. 통상적으로 객관적 측면(경제적)과 주관적 측면(계급의식)을 지니며 갈등의 잠재력을 일으킨다고 여겨진다(143쪽; 7장; Marx, 2000; Weber, 1978).

계몽주의enlightenment: 이성, 진보, 개인주의에 대한 믿음에 기초한 17~18세기의 주요한 사상운동으로 중심적 종교, 왕국, 전통을 비판했다(90쪽, 138~140쪽).

공공사회학public sociology: 전문사회학 외부의 광범한 청중들에게 더 관련 있고 더 접근 가능할 지식을 추구하는 사회학(300쪽; Burawoy, 2005).

공동사회Gemeinschaft: 강한 사회적 유대(그리고 약한 자기 이익)를 갖는 사회조직. '이익사회Gesellschaft'도 볼 것(142쪽; Tönnies, 2003; DeLanty, 2005).

공동재/공유지commons: 사회의 모든 성원들이 사용할 수 있는 문화적·자연적 자원(109쪽; Bollier, 2014).

공시적synchronic: 현상을 어떤 한 시점에서 분석하는 것으로, 통시적diachronic과 대비된다(205쪽).

관념론idealism: 물질론과 대비되며, 궁극적으로 실재는 정신과 관념 속에 존재한다는 믿음(187쪽).

관점인식론standpoint: 사회적 위치(성차나 인종 등)에 근거를 둔 형태의 진리를 만들어내는(흔히 억압의) 사회적 조건을 검토하는 인식론적 입장(214쪽; Collins, 1990;

Harding, 1986, 1998).

교직성intersectionality: 계급, 젠더, 종족, 섹슈얼리티, 국민국가 등의 억압, 차별, 불평등의 체계들의 교차적인 연결성을 강조한다(257~267쪽; Yuval-Davis, 2011).

구조주의structuralism: 언어학과 인류학에 기초하고, 표면의 유동성 밑에 자리한 심층적이고 지속적인 형태들을 강조한다(60쪽).

구조화structuration: 사회적 행위 속에서 사회구조가 재생산되는 과정(179~181쪽; Giddens, 1986).

국가state: 힘에 대한 독점권을 보유하는 단일의 정부 체계 아래서 존속하는 조직된 정치 공동체(121쪽; Weber, 2001).

국민(민족)nation: 동일한 문화를 공유하는 사람들의 집단. 국민국가nation-state는 정치적 단위이다(121쪽; Smith, 2009).

권력power: 저항을 제어하고 자신의 목표를 달성할 수 있는 능력(65쪽, 197~201쪽; Lukes, 2004).

귀납적 방법inductive method: 개별 관찰과 경험에서 결론을 이끌어내는 방법(상향 논리). '연역적 방법deductive method'도 볼 것(221쪽).

규범norm: 행위에 대해 일정 범위의 사람들이 공유하는 기대(61쪽, 308쪽).

근대(성)modernity: 18세기(계몽주의)부터 적어도 20세기 말까지 서구에서의 사회발전 단계(90~92쪽).

근본주의fundamentalism: 절대적 권위(통상적으로 종교)에 기초한 전통주의를 추구하면서 근대 세계에 반대하는 보수주의적 교의(114쪽, 125쪽; Bruce, 2007).

금융화financialization: 화폐와 금융 서비스가 경제의 주된 특징이 되는 과정(102쪽; Haiven, 2014).

기능function: 어떤 사회적 사물이나 사회 유형이 사회의 작동에 미치는 의도하거나 의도하지 않은 결과들. 기능은 긍정적인 것, 부정적인 것, 중립적인 것일 수 있다

(55쪽, 63쪽; Swingewood, 2000).

기능주의functionalism: 사회적 삶과 제도를 그것들의 결과와 목적에 입각하여 이해하는 접근이다. 일부 기능은 직접적이고 현시적顯示的이며, 일부는 은폐적이거나 잠재적이다. 이 접근은 대체로 유대와 통합을 강조한다. 일부 결과는 역기능적일 수도 있다. 근래 수정된 접근은 신기능주의로 부른다(60쪽, 150쪽; Parson, 1951; Merton, 1949).

기호학semiotics: 기호와 상징에 대한 연구(50쪽, 185쪽).

다문화주의multiculturalism: 사회 속의 문화적 다양성. 흔히 종족적인 상이한 문화의 혼합을 인정하는 태도(123쪽, 156쪽; Taylor, 1994).

다원주의pluralism: 하나가 아니라 둘을 의미할 수 있지만, 통상적으로는 다수의 원천들을 의미한다(90쪽).

다중 근대(성)multiple modernity: 근대에 대한 하나의 경로나 종류가 있는 것이 아니라, '근대(성)'의 형성에 다수의 경로가 있으며, 아울러 다수의 미래들이 있다고 주장하는 접근(91쪽; Eisenstadt, 2000).

다중 패러다임multi-paradigm: 다수의 상이한 학파들과 사상 전통들이 공존하는 학문 상황(151쪽, 162쪽, 291쪽).

담론discourse: 어떤 문화 안에서 순환하는 말이나 글을 통한 의사소통(흔히 권력관계를 포함한다)(69쪽; Foucault, 1991).

대화/대화적dialogue/dialogic: 단일의 통일된 목소리가 아니라 다수의 목소리들에 대한 인정(296~297쪽; Bahktin, 1982).

동성애 혐오homophobia: 동성애 관계를 싫어하고 미워한다(161쪽, 264쪽; Sullivan, 2003; Weeks, 2009).

디지털주의digitalism/디지털화digitization: 대부분의 사회적 삶이 새로운 정보통신 기술을 통해 조직되는 사회적 과정. 디지털화는 전통적인 아날로그 체계 속의 전자신호들을 디지털 신호로 전환하는 과정을 가리킨다(104~107쪽, 223~227쪽; Lupton, 2015).

문화culture: 어떤 집단의 (언어와 가치를 포함하는) 관념, 관습, 삶의 양식(70~77쪽, 182~185쪽; Williams, 1989).

물질론materialism: 인간 삶의 모든 측면들이 물질(관념과 대립하는 것)에서 유래한다고 주장하는 철학(185~188쪽).

미디어화mediatization: 기술에 기초한 미디어의 사용(예컨대 이동전화나 SNS 등의 개인적 사용이나 라디오·텔레비전 같은 대중 소비)을 통해 일상의 사회관계와 상호작용과 문화가 미디어 속에 뿌리내리게 되는 방식(103~104쪽; Hjarvard, 2013).

미시사회학micro-sociology: 사회적 행위, 면대면 상호작용 그리고 맥락을 살펴보면서 자신들이 살고 있는 세계를 어떻게 이해하는가를 탐구한다(2장; 51쪽).

민족지ethnography: 어떤 문화 및 그것의 삶의 양식을 자세하게 서술하는 조사연구 도구(184쪽).

방법론methodology: 우리가 연구를 어떻게 수행해야 하는가를 검토하는 일반적 접근(169쪽; 6장).

변증법적dialectical: 대립하는 힘들이 새로운 형태를 창출하는 과정(203쪽).

불평등inequality: 일부 사람들이 다른 사람들보다 더 많은 부, 높은 지위, 많은 교육 또는 권력을 보유하는 불공정한 상황(22쪽; 1장, 3장, 7장).

비교방법comparative method: 학문 분야에 따라 상이한 의미를 갖지만, 사회적인 것들 사이의 대비(상이한 문화, 상이한 역사, 상이한 상황 등의 비교)를 포함한다(236쪽).

비판이론critical theory: 지식은 그것의 배후에 이해관심을 내장하고 있는데, 비판이론은 이런 이해관심을 폭로한다(149쪽; Benjamin, Horkheimer).

빅데이터big data: 디지털 세계가 만들어낸 수십억~수조의 기록들로 이루어진 대규모의 '혼란스러운' 자료들(227쪽; Mayer-Schönberger, 2013).

사회society: 공통의 문화를 공유하고 통상적으로 일정한 영역 안에서 상호작용하는 사람들의 집단(44쪽, 46쪽; Elliott and Turner, 2012).

사회구성주의social constructionism: 세계에 의미를 부여하는 인간 행위자들이 사회적인 것을 구성한다고 제시하는 이론적 견해(60쪽; Berger and Luckman, 1967).

사회구조social structure: 반복적이고 유형을 이루며 안정적인 제도들과 관계들 ─ 사회의 틀을 형성하도록 지속하는 ─ 을 강조한다(2장, 5장).

사회자본social capital: 연결과 유대를 창출하는, 오랜 시간에 걸친 동료, 연결망, 연관. 이것들은 흔히 삶의 질에 영향을 미친다(62쪽; Field, 2008).

사회적 사실social fact: 개인에게 속하지 않는, 그렇지만 사람을 제약하는 작용을 하는 현상(20쪽, 46쪽; Durkheim, 1982).

사회적 행위social action: 사람들이 자신의 행위를 어떻게 타인의 주관적 의미에 지향시키는가를 조명하는 사회이론(175~181쪽; Stones, 2016).

사회적 형식social form: 사회적 삶과 사회관계를 조직하는 기저의 유형과 원리(47쪽, 171쪽; Simmel, 1971/1908).

사회화socialization: 사람들이 사회적 삶의 능력을 획득하는 생애주기 전체에 걸친 다중의 과정(47~54쪽).

삼각측량triangulation: 한 가지 주제나 관심의 탐구에 다수의 방법들, 이론들, 관점들을 끌어들이는 접근(222쪽).

상징적 상호작용symbolic interaction: 의미가 상호작용을 통해 어떻게 생성되는지를 조명하는 이론. 핵심적 생각은 '자아'이다(49쪽; Mead, 1967; Plummer in Stones, 2016).

상호주관성inter-subjectivity: 사람들이 의미와 이해를 공유하도록 허용하는 조건. 감정이입, 공감, 대화, 역할 수행, 자아 등의 개념들과 연결된다(47쪽, 176쪽).

생산양식mode of production: 물질적 생산의 특정한 형태와 조직을 가리키는 마르크스주의의 개념. (도구와 기계 같은) 생산력과 (농노·농민 또는 자본가 같은) 생산관계 둘 모두를 포함한다(143쪽).

서사narrative: 통상적으로 우리가 우리 자신의 삶에 대해 진술하는 이야기와 연결하여 어휘를 파악하는 기본적인 방식(71쪽, 232쪽; Plummer, 2001).

세계시민주의cosmopolitanism: 차이, 관용, 공통의 인류애 등을 수용한다(123쪽; Fine, 2007).

세방화glocalization: 지역적인 것들이 지구적인 것들과 연결되는 과정(3장; 92~93쪽; Pieterse, 2015).

습관habit: 오랜 기간에 걸쳐 개인들이 규칙적으로 실행하고 당연시하는 사회적 행위. 윌리엄 제임스가 도입한 용어로, 아비투스의 선구이다(171~172쪽).

시각perspective: 사회 세계를 보는 특정의 관점(232쪽).

시민자격/시민권citizenship: 국가나 주 등과 같은 특정 사회집단의 승인된 구성원으로서 공식적 신분. 통상적으로 권리와 의무를 동반한다(126쪽, 297쪽, 311쪽; Marshall, 1950).

시카고 사회학Chicago sociology: 미국 사회학 최초의 주요 학파(1915~1935)로, 도시 및 도시문제를 주로 연구했다(신자유주의 경제학의 시카고학파와 구별할 것)(147쪽; Plummer, 2001).

식민주의colonialism: 일부 나라들이 다른 나라들을 직접 정치적으로 통제하는 상황. 통상적으로 경제적이고 문화적인 수탈이 일어난다(160쪽; Said, 2003; Young, 2003).

신자유주의neo-liberalism: 하이에크Friedrich August von Hayek 등의 시장 철학에 기초한 '신우파' 정책과 정치를 가리키는 데 사용하게 된 용어. 대체로 급진적이고 비판적일 수 있는 자유주의 자체와 구별된다(97~103쪽; Harvey, 2007).

실재론realism: 사회현상이 개인들의 삶을 넘어서는 존재를 갖는다고 강조하는 인식론(186쪽, 214쪽; Delanty and Strydom, 2003).

실증주의positivism: 논리적 구조와 경험적 증명을 강조하는 과학철학(141쪽, 213쪽; Delanty, 2005).

실천practice: 간단하게는 일상의 습관화된 관행, 더 복잡하게는 행위, 아비투스, 구조화를 연결하는 관념(178쪽; Bourdieu, 1990).

실천적 이성practical reason: 자신들의 세계를 이해하고 자신들을 이해시키며 일상의 기획들을 수행하는 사람들의 일상적인 능력(281쪽; Bourdieu, 1990).

아노미anomie: 규범의 결여나 붕괴 상태(더 기술적으로 말하면, 문화적 목표와 사회구조 사이의 긴장)(62쪽, 145쪽; Durkheim, 1984).

아비투스habitus: 우리가 사회적 삶에서 습득하고 지속하는 습관이며, 전이 가능하고 지속 가능한 성향으로 사람들은 이것을 통해 세계 속에서 인지하고 사유하고 파악하고 행위하며 판단한다(171~179쪽; Bourdieu, 1984).

여성주의feminism: 성차별주의 및 가부장제와 대립하는, 그리고 통상적으로 양성 평등을 옹호하는 여러 입장(157~159쪽; Collins, 1990; Delamont, 2003; Lengermann and Niebrugge-Brantley, 1998).

역량capability: 건강, 신체적 모습, 사유 등과 같은 삶의 여러 영역에서 기능하고 실현할 수 있는 잠재력(279~282쪽; Nussbaum, 2011; Deneulin and Shahani, 2009).

역할이론role theory: 사람들이 직면하고 충족해야 하는 기대, 권리, 의무, 규범 등을 탐구한다(47~50쪽, 60쪽).

연극지dramaturgy: 사회를 극장으로 상정하고 그것의 극장적 속성들을 통해 사회를 분석하는 접근(60쪽, 185쪽; Goffman, 1956).

연역적 방법deductive method: 일반적인 시험 가설에서 논리적으로 결론을 이끌어내는 방법(하향 논리). '귀납적 방법inductive method'도 볼 것(221쪽).

위험사회risk society: 지구적 기술 변동이 우리가 쉽게 예측할 수 없는 뜻밖의 결과를 초래한다는 것을 보여주는 사회(109쪽; Beck, 1986, 1992).

이념형ideal type: 실제 삶의 사례들과 비교하기 위해 현상들에서 핵심적·추상적 특징들을 뽑아낸 구성물(완벽한 것을 뜻하지 않는다)(84쪽, 236쪽; Weber, 1978).

이론theory: 추상적인 추론, 논리, 그리고 사변의 체계적 진술로, 흔히 경험적 탐구를 위한 가설과 원리로 전환된다(2장; 169쪽).

이산자diaspora: 노예무역이나 이주와 같이 세계 전역에서의 사람들의 이동과 분산(123쪽, 266쪽).

이성애 규범성heteronormativity: 이성애 관계에 특권을 부여함(161쪽, 264쪽; Sullivan, 2003; Weeks, 2009).

이익사회Gesellschaft: '공동사회'와 비교되는 것으로, 여기서는 사회적 유대가 약해지고 이기적 태도가 강해진다(142쪽; Tönnies, 2003).

이해Verstehen: 베버 사회학과 의미의 해석에서 핵심 특징(184~185쪽; Weber, 1978).

인식론epistemology: 지식은 무엇이며 진리는 무엇인가를 다루는 철학 분과(212~213쪽; Delanty and Strydom, 2003).

인종 구성체racial formation: 인종 구조와 경제와 의미와 문화 사이의 연계체(257쪽; Omi and Winant, 1994).

인종주의racism: 한 종족 집단(통상적으로 백인)을 다른 종족 집단보다 우위에 놓는 위계로, 인간들의 서열을 매긴다(66쪽, 106쪽, 258쪽, 307쪽).

인종화racialization: 사람들을 그들의 추정적 인종을 기초로 등급을 매기는 과정(262쪽; Back and Solomos, 2007).

일상생활 방법론ethnomethodology: 우리가 일상의 삶을 이해하는 방식과 논리에 대한 연구를 가리키는 해럴드 가핑클의 용어(22쪽, 60쪽; Garfinkel, 1967).

자본주의capitalism: 사적 소유, 이윤, 그리고 통상적으로 경쟁을 강조하는 여러 종류의 경제체제(97~103쪽; Fulcher, 2015; Harvey, 2015).

자아self: 상식의 관점에서 이 개념은 대체로 한 사람의 존재를 의미한다. 사회학에서는 언제나 다른 것들을 함축한다. 자아는 우리가 우리 자신을 인식하는 방식과 타인들이 우리를 보는 방식을 통해 구성된다(47~54쪽; Cooley, 1998; Mead, 1967).

자종족중심주의ethnocentrism: 자기 자신의 문화적 관점과 편견을 통해 문화들을 평가하는 태도(22쪽, 83쪽).

재귀성reflexivity: 자신의 행위와 지식을 되돌아보고 생각한다(212쪽).

정체성identity: 나는 누구인가에 대한, 그리고 타인들은 나를 어떻게 인식하는가에 대한 인식(67쪽, 70쪽, 116쪽; Mead, 1967).

제도institution: 사회에서 특정 기능을 중심으로 군집을 이룬 정착된 사회적 유형, 습관, 조직, 규범(예: 경제, 가족)(63~64쪽, 171쪽).

젠더gender: 남성, 여성, 그리고 그 밖의 트랜스젠더 같은 성 사이의 차이와 위계의 학습된 사회적 측면들. 젠더는 학습한 것이고 사회적인 것이지 생물학적인 것이 아니다(261쪽, 267쪽).

존재론ontology: 사회적 실재의 본성에 관한 철학적인 견해. 이것은 세계가 어떻게 구성되는가, 인간의 본성은 무엇인가, 사물의 본성은 무엇인가 등에 관해 진술한다(212쪽, 280쪽; Delanty, 2005).

종속 주체(서발턴)subaltern: 권력구조의 외부에, 그리고 종속적 위치에 있는 사람들. 흔히 탈식민주의 논쟁에서 사용된다(160쪽, 266쪽).

종족(성)ethnicity: 공통의 정체성을 부여하는 공통의 국민적(민족적)·문화적 전통에 기초한 공통의 역사, 믿음, 생활을 공유하는 사람들(267쪽; Fenton, 2003).

주체성subjectivity: 의미, 태도, 무의식, 감정, 신체, 자아, 정체성을 연결하는 사람들의 (외부 세계와 반대되는) 내부 세계(1장, 5장; 176~179쪽)

중간 사회학meso-sociology: 미시구조들과 거시구조들을 연결하는 유형들, 그리고 작업장, 학교, 병원 등과 같은 조직들에서의 상호작용을 살펴본다(2장; 51쪽).

지구화globalization: 세계 나라들 사이의 상호 연관성이 경제적·문화적으로, 그리고 상호 개인적으로 증가하는 과정. 시간과 공간을 재조직화한다(91~93쪽; Beck, 2000; Pieterse, 2015).

지속 가능 발전sustainable development: 미래 세대들이 그들 자신의 필요를 충족할 수 있는 능력을 손상하지 않고 현재 세대의 필요에 대응하는 발전(109쪽, 129쪽).

차이difference: 한 사물이나 사람을 다른 사물이나 사람과 다르게 만드는 성질. 관계와 연관성의 다양성을 시사한다(2장, 5장, 7장; Young, 1990).

체현embodiment: 몸에 의미를 부여하는 사회적 과정(56쪽; Turner, 2012).

카스트caste: 상속한 신분에 기초한 사회계층 체계(252~253쪽; Jodhka, 2012).

퀴어queer: 모든 표준적인 (통상적으로 이원적인) 성적·젠더적 범주들에 의문을 제기한다. 섹슈얼리티에 대한 초월적 견해와 연구(60쪽, 161쪽).

탄소 경제carbon economy: 탄소를 집약적으로, 그리고 광범하게 사용하는 경제. 오염과 지구온난화를 유발한다. 저탄소 경제와 대비된다(109쪽; Urry, 2011).

탈근대주의postmodernism: 거대 서사나 절대적 진리의 죽음과 다중성의 인정을 주장하는 입장. 사회 형태, 사회이론 및 방법론에 대한 논의에서 찾아볼 수 있다(124쪽, 156쪽; Seidman, 2012).

탈식민주의post-colonialism: 많은 문화들이, 식민화된 사람들의 세계와 실재를 형성해 온 억압자들에 의해 구축되었다고 인식하는 입장(160쪽; Young, 2003).

통시적diachronic: 기술적 용어로서 문제의 현상을 시간의 흐름에 따른 그것의 발전에 입각하여 분석한다. 공시적synchronic과 대비된다(205쪽).

패러다임paradigm: 개념들과 이론들의 확립된 체계, 사유의 표준적 양식(212쪽; Kuhn, 1962/2012).

프레카리아트precariat: 빈곤과 불안정한 노동조건 때문에 삶에서 불안과 예측 불가능성을 경험하는 사람들의 계급(103쪽, 106쪽, 259쪽; Standing, 2011, 2015).

프로슈머(생비자)prosumer: 소비자와 생산자 사이의 경계를 구분하기 어려운 행위자(107쪽).

합리적 선택이론rational choice theory: 사람들이 대안적인 행위들의 비용과 편익을 계산하는 합리적 존재라고 강조한다. 사회적인 것을 합리적이고 이기적인 것으로 본다(74~75쪽; Goldthorpe, 2000; Elster, 2015).

해석주의interpretivism: 사람들의 의미를 포함하여 행위를 이해하는 입장(213쪽).

해석학hermeneutics: 사람들이 세계를 해석하는 방식과 과정을 탐구하는 철학적 관점. 이해와 해석을 강조한다(237쪽; Ricoeur, 1981).

헤게모니hegemony: 지배(계급)집단이 종속(대중)집단에게 자신의 관념과 가치를 받아들이게 만드는 능력(199쪽; Gramsci, 1998).

혼종hybrid: 한때 분리된 듯 보이는 것들을 혼합함. 오래된 요소들을 융합해 새로운 요소들을 갖는 혼합물을 만들며, 다양성이 증가한다(123쪽).

웹사이트 목록: 웹사이트에 대한 간략한 안내

/

온라인 검색은 이제 사회학의 주요 부분이 되었다. 이 책의 본문에서도 온라인 검색을 위한 약간의 안내를 제시했다(124~125쪽의 '인터넷을 통해 21세기의 세계를 탐색한다'와 249~251쪽의 '세계의 불평등들, 무엇이 객관적 사실인가?'를 볼 것). 이 책을 보조하는 웹사이트(https://kenplummer.com/sociology/)에서도 더 많은 주소들을 찾아볼 수 있다. 다음은 주요한 웹사이트 일부이다.

1. 사회학 관련 단체: 주요 사회학회들의 웹사이트는 다음과 같다.• 이 웹사이트들은 학생들을 위한 공간을 제공하고 있다.

- 국제사회학회International Sociological Association: ISA (http://www.isasociology.org)
- 유럽사회학회European Sociological Association: ESA (http://www.europeansociology.org)
- 한국사회학회Korean Sociological Association: KSA (http://www.ksa21.or.kr)
- 영국사회학회British Sociological Association: BSA (http://www.britsoc.co.uk)
- 미국사회학회American Sociological Association: ASA (http://www.asanet.org)

• 한국의 사회학 관련 웹사이트는 독자들의 편의를 돕고자 추가한 것이다. — 옮긴이

2. 온라인에서 사회학 읽기: 사회학자들이 쓴 새로운 글들을 온라인에서 볼 수 있다.

- 사회를 발견하다 Discover Society

  http://discoversociety.org/

  2013년부터 발행한 월간지 형태의 사회학자들을 위한 블로그이다. '논문'에 더해 '관점 Viewpoints', '최전선에서 On the Frontline', '정책 소개 Policy Briefings' 등의 논평을 통해 최신의 공공적 쟁점들도 다룬다. 읽기 좋다.

- 맥락: 사회 세계 속의 사람들을 이해한다 Contexts: Understanding people in their social worlds

  http://contexts.org/

  계간으로 발간하며 2016년에 15집을 냈다. 미국사회학회는 사회학을 공공적으로 더 용이하게 접근할 수 있도록 하기 위해 이 잡지와 블로그를 펴내고 있다. 해당 시기의 긴급한 쟁점에 대한 토론, 사회적 경향에 대한 검토, 주요한 사회학 논쟁에 대한 개관 등을 담고 있다. 마찬가지로 읽기 좋다.

- 온라인 사회학 연구 Sociology Research On Line

  http://www.socresonline.org.uk/

  영국에 근거지를 둔 선구적인 웹사이트로 2015년에 20집을 냈다. 처음 발표하는 논문을 온라인에서 읽을 수 있고, 당대 세계적인 사건에 대한 사회학적 반응을 제시하는 특집들도 있다. 사회학을 공부하는 고학년 학생들에게 매우 유익하다.

- 사회학 평론 Sociology Review

  http://www.philipallan.co.uk/sociologyreview/index.htm

  사회학도들을 대상으로 하고 있으며, 2016년에 25집을 내고 있다.

- 현대사회학 Contemporary Sociology

  http://www.jstor.org/journals/00943061.html

  미국사회학회가 펴내는 서평 학술지이다.

3. 블로그: 아주 훌륭한 사회학 블로그는 많지 않으며, 상당수는 오래 지속되지 못하고 있다. 지금도 훌륭한 블로그는 많지 않다. 그것들은 특수한 관심사를 부각하는 경향이 있다.

- 이 사회학적 삶 This Sociological Life
  https://simplysociology.wordpress.com/2012/05/
  데버러 럽턴Deborah Lupton의 블로그로 디지털주의, 의료, 위험, 부모 노릇, 신체 등을 주로 다룬다.
- 일상의 사회학 블로그 Everyday Sociology Blog
  http://www.everydaysociologyblog.com
- 짓궂은 사회학자들 Cranky Sociologists
  http://thecrankysociologists.com/
- 정치 및 공공 사회학 Political and Public sociology
  http://averypublicsociologist.blogspot.co.uk/
- 사회면 The Society Pages
  http://thesocietypages.org/
- 국경 없는 사회학자들 Sociologists Without Borders
  http://www.sociologistswithoutborders.org/

데버러 럽턴의 『디지털 사회학Digital Sociology』 218~219쪽에는 더 많은 웹 주소 목록이 실려 있다.

영화 목록: 사회학과 영화에 대한 간략한 안내

/

우리는 영화와 비디오가 넘쳐나는 미디어화한 세계에 살고 있다. 그리고 대부분 영화들은 우리가 살고 있는 사회에 관해 이야기한다. 영화는 사회학의 훌륭한 소재이다. 진 앤 서덜랜드Jean-Anne Sutherland와 캐스린 펠티Kathryn Feltey의 『영화 사회학: 영화 속의 사회적 삶Cinematic Sociology: Social Life in Film』(2판, 2012)을 읽어보기 바란다. 이 책은 사회학적 상상력을 기르는 데 영화를 어떻게 사용할 수 있는지를 알려주고 주제에 따른 훌륭한 영화 목록을 제공한다.

다음은 이 책에서 소개한 영화 목록이다. 그 밖의 목록은 이 책의 보조 웹사이트(https://kenplummer.com/sociology/)에서 볼 수 있다.

- 〈노예 12년12 Years a Slave〉(2013), 스티브 매퀸Steve McQueen감독, 254쪽 참조, http://www.imdb.com/title/tt2024544/?ref_=nv_sr_1
- 〈다음 침공은 어디?Where to Invade Next〉(2015), 마이클 무어Michael Moore 감독, 302쪽 참조, http://www.imdb.com/title/tt4897822/
- 〈라쇼몽羅生門〉(1950), 구로자와 아키라黒澤明 감독, 231쪽 참조, http://www.imdb.com/title/tt0042876/?ref_=fn_al_tt_1
- 〈라이프 인 어 데이Life in a Day〉(2011), 케빈 맥도널드Kevin MacDonald 감독, 302쪽,

315쪽 참조, http://www.imdb.com/title/tt1687247/

- 〈러브 액추얼리Love Actually〉(2011), 리처드 커티스Richard Curtis 감독, 31쪽 참조, http://www.imdb.com/title/tt0314331/
- 〈메트로폴리스Metropolis〉(1927), 프리츠 랑Fritz Lang 감독, 73쪽 참조, http://www.imdb.com/title/tt0017136/
- 〈모던 타임스Modern Times〉(1936), 찰리 채플린Charlie Chaplin 감독, 73쪽 참조, http://www.imdb.com/title/tt0027977/
- 〈사랑의 블랙홀Groundhog Day〉(1993), 해럴드 래미스Harold Ramis 감독, 172쪽 참조, http://www.imdb.com/title/tt0107048/?ref_=fn_al_tt_1
- 〈스트레인저 댄 픽션Stranger than Fiction〉(2006), 마크 포스터Marc Foster 감독, 171쪽 참조, http://www.imdb.com/title/tt0420223/
- 〈슬라이딩 도어즈Sliding Doors〉(1998), 피터 호윗Peter Howitt 감독, 191쪽 참조, http://www.imdb.com/title/tt0120148/?ref_=fn_al_tt_1
- 〈슬럼독 밀리어네어Slumdog Millionaire〉(2008), 대니 보일Danny Boyle 감독, 97쪽 참조, http://www.imdb.com/title/tt1010048/?ref_=fn_al_tt_1
- 〈시티 오브 갓City of God〉(2002), 페르난두 메이렐리스Fernando Meirelles · 카티아 런드Kátia Lund 감독, 97쪽 참조, http://www.imdb.com/title/tt0317248/
- 〈아미스타드Amistad〉(1997), 스티븐 스필버그Steven Spielberg 감독, 254쪽 참조, http://www.imdb.com/title/tt0118607/
- 〈어메이징 그레이스Amazing Grace〉(2006), 마이클 앱티드Michael Apted 감독, 254쪽 참조, http://www.imdb.com/title/tt0454776/
- 〈제네시스: 세상의 소금The Salt of the Earth〉(2014), 빔 벤더스Wim Wenders · 줄리아노 리베이로 살가두Juliano Ribeiro Salgado 감독, 302쪽 참조, http://www.imdb.com/title/tt3674140/

- 〈제4세계The Fourth World〉(2011), 마크 볼커Mark Volker 감독, 97쪽 참조, http://www.imdb.com/title/tt2211047/?ref_=fn_al_tt_1
- 〈타인의 삶The Lives of Others〉(2006), 플로리안 헨켈 폰 도너스마르크Florian Henckel von Donnersmarck 감독, 112쪽 참조, http://www.imdb.com/title/tt0405094/
- 〈트루먼 쇼The Truman Show〉(1998), 피터 위어Peter Weir 감독, 112쪽 참조, http://www.imdb.com/title/tt0120382/
- 〈프리드먼가 사람들 포착하기Capturing the Friedmans〉(2003), 앤드루 재레키Andrew Jarecki 감독, 302쪽 참조, http://www.imdb.com/title/tt0342172/
- 〈Q2P〉(2006), 파로미타 보라Paromita Vohra 감독, 37쪽 참조,
  https://www.youtube.com/watch?v=hsJh_BamKgo
  http://www.oberlin.edu/stupub/ocreview/2007/11/09/arts/Vohras_Q2P_Film_Explores_S.html

옮긴이 후기: 더 나은 세계를 향한 끝없는 도전, 사회학

/

자연과학 지식의 발전이 근대 세계의 전개에 크게 공헌해왔음은 널리 인정됩니다. 이것에 더하여 오늘날에는 '일상생활의 사회과학화'라는 표현이 있을 만큼 사람들의 삶은 자연과학뿐 아니라 사회과학 지식의 활용에도 크게 의존하고 있습니다. 경제, 정치, 복지, 문화, 교육, 법 등 우리 사회적 삶의 여러 영역에서 과학적 연구와 그 결과들의 응용은 매우 중요한 역할을 담당하고 있습니다. 이런 영역들을 연구하는 과학들을 묶어서 '사회과학'이라고 부르는데, '사회학'도 그중 하나입니다.

그런데 사회학은 경제, 정치, 법, 교육 등과 같은 전체 사회의 '부분들'이나 '하위 영역들'을 연구 대상으로 삼는 다른 사회과학들과 중요한 차이가 있습니다. 예컨대 법학은 법제도가 추구하는 목표나 수행하는 기능을 어떻게 원활하게 성취할 것인가를 연구하는데, 이것에서 알 수 있듯 다른 사회과학들은 그 대상 영역의 적절한 기능과 운용을 연구 주제로 삼습니다. 그리고 다른 사회과학들은 연구 과정을 통해 그것들이 관찰하고 서술하고 설명하는 각 영역들의 작동과 의사소통 과정 속에 그 자신을 통합합니다. 말하자면 각각의 사회과학들은 연구 목표를 그것이 대상으로 삼는 영역의 목표와 동일화하면서 그 영역의 기능과 의사소통 과정의 일부가 되는 것입니다.

반면 사회학은 사회의 특정한 부분이나 영역을 연구 대상으로 삼지 않습니다. 이것은 사회학이 특정한 부분을 연구하지 않는다는 이야기가 아닙니다. 사실 사회학은 어떤 부분이든 사회 속에 자리 잡고 있는 것이면 연구 대상으로 삼습니다. 가족사회학, 종교사회학, 군대사회학, 음악사회학, 미술사회학, 음식사회학까지 있을 만큼 사회학은 사회의 모든 하위 영역들을 연구합니다. 하지만 예컨대 교육학이 무엇이 효과적인 교육 방법인가에 초점을 맞추고 교육제도나 영역의 적절한 기능과 운용을 연구한다면, '교육사회학'은 교육이 사회에서 어떤 의미를 갖고 어떤 역할을 수행하는가 또는 어떤 사회적 힘들이 교육에 어떤 방식으로 영향을 미치는가를 연구합니다. 그러므로 사회학은 해당 영역의 기능과 의사소통에 통합되는 것이 아니라 그것에서 거리를 두고 살펴보는, 또는 성찰하는 '이차적 눈길의 과학science of the second glance'입니다. 또한 '사회학의 사회학'이라는 연구 영역의 존재에서 알 수 있듯, 이차적 눈길은 첫 번째 눈길로 본 것을 다시 살펴보는 것이기도 합니다. 그런 뜻에서 사회학은 다른 사회과학들과 달리 연구하는 영역을 통해 사회가 자신을 바라보는, 말하자면 '사회 자체의 거울'이라 할 수 있습니다.

사회학을 공부하는 사람들이 흔히 듣는 '사회학을 공부하면 어디에 취업할 수 있느냐'는 질문에 마땅한 답변을 제시하지 못하는 까닭도 사회학의 이런 특성에서 비롯합니다. 사람들은 경제학을 공부하면 경제 영역에, 법학을 공부하면 법 영역에 (꼭 그런 것도 아니지만) 취업할 수 있다고 믿습니다. 그렇지만 사회학은 그것에 기능적으로 적합한 직업 또는 활동 영역을 따로 갖고 있지 않습니다. 그런 탓에 우리 사회에서 취업 경쟁이 격화하면서 사회학에 대한 관심이 약해진 것도 분명합니다. 하지만 자신을 되돌아 살펴야 자신의 그릇됨을 고칠 수 있다는 점에서 '거울을 보지 않는 사회'는 건강한 사회라고 할 수 없습니다.

사실, 다른 사회과학들의 중요성이 증가할수록 사회학의 필요성과 중요성은 더 증가합니다. 예컨대 우리 사회에서 '법을 지키라'는 권력자들의 주장 그리고 '유전무죄 · 유권무죄'의 현상은 익숙한 것입니다. 이것은 근대 법제도를 권력자로부터 사회 구성원의 권리를 보호하고 방어하는 장치로 확립한 서구 사회와 달리, 피식민지 민중을 강압과 배제하는 도구로 도입한 식민 통치의 청산하지 못한 잔재입니다. 이런 법제도가 순조롭게 작동한다면 오히려 법의 본질을 배반하는 것이라고 할 것입니다. 법제도에 기능적으로 통합된 법학에 이런 상황에 의문을 제기하고 해명하는 작업을 기대하기는 어렵습니다. 이런 작업은 사회에서 법의 위치와 역할을 성찰하는 '사회학'의 접근, 즉 법사회학이 감당할 수밖에 없습니다. 그러므로 사회의 각 영역들에 기능적으로 통합된 사회과학들이 번성하면 번성할수록, 그것에서 거리를 두는 두 번째 눈길의 과학도 더 필요하게 됩니다.

그럼에도 여러 대학들에서 시장의 수요가 없다는 동의하기 어려운 이유를 내세워 사회학 관련 강의를 축소한다거나 심지어 사회학과를 없애려 한다는 소식을 듣는 것이 현실입니다. 하지만 이런 조치들은 조금만 더 깊게 생각해보면 그릇된 것임을 알 수 있습니다. 아직도 우리 사회에는 '대학이 산업 현장 또는 직업 현장에서 사용할 수 있는 지식을 가르쳐야 한다'고 주장하는 사람들이 있습니다. 그러나 여러 조건들을 사상하고 만들어내는 과학 지식을 현장에 곧장 '이전'하여 적용할 수는 없으며, 현장에 적용하려면 먼저 다양한 조건들이 작용하는 현장의 맥락에 맞게 '변형'하고 재구성해야 한다는 것은 이미 오래전에 확인된 원리입니다. 사회과학의 지식을 현장에 적용할 때에도 예외는 아니며, 현실에 작용하는 다양한 사회적 요인들을 고려하는 데에 사회학의 통찰은 필수적입니다. 그럼에도 우리 사회에서는 지식과 직업 사이의 관계를 단순하게 이해함으로써 시장의 수요가 없다는 피상적인 주장이 퍼져 있는 것입니다.

저는 우리 사회의 이런 짧은 생각들과 그릇된 조치들에 맞서려는 의도에서 이 사회학 입문서를 번역했습니다. 이미 널리 읽히는 몇몇 '개론서'가 있지만 저는 그 책들에 불만을 느껴왔습니다. 먼저 대체로 그 책들은 구조기능주의의 사회관에 기초하여 내용을 구성하고 있어서 알게 모르게 독자들이 (저는 부적절하다고 생각하는) 구조기능주의 관점에서 사회를 바라보게 유도하는 효과를 낳습니다. 상징적 상호작용론을 학문적 배경으로 갖고 있는 켄 플러머의 이 책은 전혀 다른 편제를 취함으로써 그런 결함에서 벗어나 있습니다. 또 다른 불만은 대부분 개론서들이 너무 두꺼워서 그것으로 독자들을 억압하거나 배제할 우려가 있다는 것입니다. 이 책의 저자가 강조하듯 우리는 모두 '초보 사회학자'입니다. 저 같은 '전문 사회학자'는 이 사실을 잘 알기 때문에 어렵고 복잡한 이야기를 내세워 '전문성'을 과시하려고 합니다. 저는 두꺼운 개론서들에 대해서도 이런 혐의를 갖고 있습니다. 사회학을 소개하는 입문서라면 방대한 내용으로 독자들을 윽박지를 것이 아니라, 그들이 초보 사회학자로서 일상의 삶에서 '사회적인 것'을 포착하고 이해하는 문제의식과 상상력과 통찰력을 상기하고 더 확장하고 심화하도록 안내하는 것이 더 적절하다고 생각합니다. 이 책은 바로 그런 장점을 갖고 있습니다.

특히 이 책은 '과학은 가치에서 자유롭다'거나 '과학은 가치를 배제한다'는 그릇된 통념을 기각하고 '사회학은 더 나은 세계를 향한 끝없는 도전'이라는 가치 입장을 처음부터 분명히 밝히고 있습니다. 이 입장은 과학 지식을 유용성의 측면에서 바라보는 도구주의적 또는 실용주의적 관점에서는 배격하는 것이지만, 도구적 이성을 넘어서는 비판적 이성, 역사적 이성, 해방적 이성에 기초해서 생각하면 충분히 동의할 수 있는 것입니다. 이 책의 저자는 스스로 '비판적 인간주의'라고 이름하는 관점에서 '더 나은 세계'를 지향하면서 사회의 어두운 면과 밝은 면을 살펴봄으로써 '사회 자체의 거울'로서 사회학의 임무에 충실히 복무합니다.

물론 저자가 지적하듯 사회학이 압도적으로 서구 사상의 지배를 받아왔으며, 사회학에 대한 서구의 소개가 한국 독자들에게 어떤 적합성을 갖는가의 문제가 있습니다. 그리고 저자가 제안하듯 지금 필요한 것은 '자기 땅에서 키운home-grown 사회학들'이 지구사회학을 향해 서로 문호를 개방하는 것입니다. 이것은 저 같은 전문 사회학자가 감당해야 하는 책무입니다. 하지만 이 책이 보여주는 다채로움과 능수능란함을 갖춘 입문서를 쓰기에는 부끄럽게도 저의 공부와 능력이 턱없이 부족하다는 것을 알고 있어서, 번역으로 대신하고자 합니다. 변명한다면, 이 책은 간단히 '서구적인 소개'라고 규정하지 않아도 좋을 만큼 우리 일상에서 경험할 수 있는 사례들을 많이 다루고 있습니다. 저로서는 독자들께서 이런 사례들을 자신의 일상의 경험과 연결하여 생각하면서 상상력과 비판적 의식으로서 사회학을 숙달하고 그것을 통해 '더 나은 세계'를 향해 함께 도전하기를 기대합니다.

번역 작업과 관련하여, 저자인 켄 플러머 교수는 몇 가지 귀중한 제언과 함께 기꺼이 한국어판 서문을 보내주었습니다. 원래 이 책의 초판을 번역하여 교정을 진행하던 중에 개정판이 출판되었기 때문에 내용을 상당히 교체하고 수정했을 뿐 아니라 저작권 문제도 새로 해결해야 했습니다. 한울은 이런 까다롭고 불편한 일들을 무난하게 처리했습니다. 번역은 이 책을 강원대학교 사회학과 학생들과 함께 읽으면서 시작했습니다. 그들이 이 번역서를 본다면 자신들의 기여를 확인할 수 있을 것입니다. 수고를 아끼지 않은 여러분께 고마움을 전합니다.

2017년 4월 이기홍

참고문헌

/

Adam, B. 2004. *Time*. Cambridge: Polity.

Agamben, G. 1995/1998. *Homo Sacer: Sovereign Power and Bare Life*. Palo Alto, CA: Stanford University Press.

Agger, B. 2015. *Oversharing: Presentations of Self in the Internet Age*, 2nd ed. Abingdon, Oxford: Routledge.

Agger, B. 2004. *The Virtual Self*. Oxford: Blackwell.

Albrow, M. 1996. *The Global Age*. Cambridge: Polity.

Alexander, J. C. 2006. *The Civil Sphere*. Oxford: Oxford University Press.

Alexander, J. C. 2012. *Trauma as Social Theory*. Cambridge: Polity.

Alexander, J. C. 2013. *The Dark Side of Modernity*. Cambridge: Polity.

Althusser, L. 2008. *On Ideology*. London: Verso.

Anderson, B. 1983. *Imagined Communities*. London: Verso.

Anderson, E. 1999. *Code of the Street: Decency, Violence and the Moral Life of the Inner City*. New York: Norton.

Arendt, H. 1958. *The Human Condition*. Chicago: University of Chicago Press.

Atkinson, A. B. 2015. *Inequality: What Can Be Done?* Cambridge, MA: Harvard University Press.

Atkinson, W. 2015. *Class*. Cambridge: Polity.

Atwan, A. B. 2015. *Islamic State: The Digital Caliphate*. London: Saqi.

Babbie, E. 2015. *The Practice of Social Research*, 14th ed. Belmont, CA: Wadsworth.

Back, L. 2007. *The Art of Listening*. Oxford: Berg.

Back, L. and Puwar, N. 2013. "Live Sociology." *Sociological Review*, 60, pp.18~39.

Back, L. and Solomos, J.(eds.). 2007. *Theories of Race and Racism: A Reader*. London: Routledge.

Bakhtin, M. 1982. *The Dialogic Imagination*. Austin: University of Texas Press.

Bales, K. 2012. *Disposable People*, 3rd ed. Berkeley: University of California.

Ball, K., Lyon, D. and Haggerty, K.(eds.). 2012. *The Routledge Handbook of Surveillance*

Studies. London: Routledge.

Barnes, C. and Mercer, G. 2010. *Exploring Disability*, 2nd ed. Cambridge: Polity.

Baudrillard, J. 1988. *Jean Baudrillard: Selected Writings*. Cambridge: Polity.

Bauman, Z. 1991. *Modernity and the Holocaust*. Cambridge: Polity.

Bauman, Z. 1993. *Postmodern Ethics*. Oxford: Blackwell.

Bauman, Z. 1998. *Globalization: The Human Consequences*. Cambridge: Polity.

Bauman, Z. 2000. *Liquid Modernity*. Cambridge: Polity.

Bauman, Z. 2003. *Liquid Love*. Cambridge: Polity.

Bauman, Z. 2004. *Wasted Lives: Modernity and Its Outcasts*. Cambridge: Polity.

Bauman, Z. 2005. *Liquid Life*. Cambridge: Polity.

Bauman, Z. 2006. *Liquid Fear*. Cambridge: Polity.

Bauman, Z. 2007. *Liquid Times*. Cambridge: Polity.

Bauman, Z. and Lyons, D. 2012. *Liquid Surveillance*. Cambridge: Polity.

Bauman, Z. and May, T. 2001. *Thinking Sociologically*, 2nd ed. Oxford: Wiley Blackwell.

Baym, N. K. 2015. *Personal Connections in the Digital Age*, 2nd ed. Cambridge: Polity.

Beck, U. 1986/1992. *Risk Society*. London: Sage.

Beck, U. 2000. *What Is Globalization?* Cambridge: Polity.

Beck, U. 2006. *Cosmopolitan Vision*. Cambridge: Polity.

Beck, U. 2008/2010. *A God of One's Own: Religion's Capacity for Peace and Potential for Violence*. Cambridge: Polity.

Beck, U. 2009. *World at Risk*. Cambridge: Polity.

Beck, U. and Beck-Gernsheim, E. 2002. *Individualization*. London: Sage.

Beck, U. and Beck-Gernsheim, E. 2013. *Distant Love: Personal Life in the Global Age*. Cambridge: Polity.

Becker, H. S. 1998. *Tricks of the Trade: How to Think About Your Research While You're Doing It*. Chicago: University of Chicago Press.

Becker, H. S. 2007. *Telling About Society*. Chicago: University of Chicago Press.

Becker, H. S. 2014. *What About Mozart? What about Murder? Reasoning From Cases*. Chicago: University of Chicago Press.

Bell, D. 2006. *Cyberculture Theorists*. London: Routledge.

Bellah, R. N., Madsen, R., Sullivan, W., Swidler, A. and Tipton S. M. 2007. *Habits of the Heart: Individualism and Commitment in American Life*, 3rd ed. Berkeley: University of California Press.

Bennett, T., Savage, M., Silva, E., Warde, A., Gayo-Cal, M. and Wright, D. 2009. *Culture, Class, Distinction*. London: Routledge.

Berger, P. 1966. *Invitation to Sociology*. Harmondsworth: Penguin.

Berger, P. 2011. *Adventures of an Accidental Sociologist: How to Explain the World Without Becoming a Bore*. New York: Prometheus Books.

Berger, P. and Luckmann, T. 1967/1990. *The Social Construction of Reality*, 2nd ed. Harmondsworth: Penguin.

Bessel, R. 2015. *Violence: A Modern Obsession*. New York: Simon and Schuster.

Best, J. 2012. *Damned Lies and Statistics*, updated ed. Berkeley: University of California Press.

Best, S. 2002. *A Beginner's Guide to Social Theory*. London: Sage.

Bhambra, G. K. 2007. *Rethinking Modernity: Postcolonialism and the Sociological Imagination*. Basingstoke: Palgrave Macmillan.

Bloch, E. 1938~1947/1986. *The Principle of Hope*, three vols. Boston: MIT Press.

Blumenthal, D. 2014. *Little Vast Rooms of Undoing: Exploring Identity and Embodiment in Public Toilet Spaces*. Lanham, MD: Rowman & Littlefield.

Boellstorff, T. 2013. "Making big data, in theory." *First Monday*, 18(10).

Bollier, D. 2014. *Think Like a Commoner: A Short Introduction to the Life of the Commons*. Gabriola Island, BC: New Society Publishers.

Booth, C. 2009. *Life and Labour of the People in London*. London: Bibliolife.

Bottero, W. 2005. *Stratification: Social Division and Inequality*. London: Routledge.

Bourdieu, P. 1990. *In Other Words: Essays Towards a Reflexive Sociology*. Cambridge: Polity.

Bourdieu, P. 1999[1993]. *The Weight of the World: Social Suffering in Contemporary Society*. Cambridge: Polity.

Bourdieu, P. 2010[1984]. *Distinction*. London: Routledge Classics.

Braidotti, R. 2013. *The Posthuman*. Cambridge: Polity.

Brewer, J. D. 2010. *Peace Processes: A Sociological Approach*. Cambridge: Polity.

Bristow, J. 2015. *Baby Boomers and Generational Conflict*. Basingstoke: Palgrave.

Brown, W. 2015. *Undoing the Demos: Neoliberalism's Stealth Revolution*. New York: Zone Books.

Bruce, S. 2007. *Fundamentalism*, 2nd ed. Cambridge: Polity.

Bryman, A. 2004. *The Disneyization of Society*. London: Sage.

Bryman, A. 2015. *Social Research Methods*, 5th ed. Oxford: Oxford University Press.

Burawoy. M. 2005. "For Public Sociology." *American Sociological Review*, 70, pp.4~28.

Burke, E. 1993[1790]. *Reflections on the Revolution in France*. Oxford: Oxford University Press.

Burrows, R. and Savage, M. 2014. "After the Crisis? Big Data and the Methodological Challenges of Empirical Sociology." *Big Data and Society*, 1(1).

Butler, J. 1990. *Gender Trouble*. London: Routledge.

Butler, J. and Athansaiou, A. 2013. *Dispossession: The Performative in the Political*. Cambridge: Polity.

Calaprice, A. 2005. *The New Quotable Einstein*. Princeton, NJ: Princeton University Press.

Calhoun, C.(ed.). 2007. *Sociology in America: A History*. Chicago: University of Chicago Press.

Carr, N. 2011. *The Shallows: How the Internet Is Changing the Way We Think, Read and Remember*. London: Atlantic Books.

Carroll, A. and Itaborahy, L. P. 2015. *State-Sponsored Homophobia: A World Survey of Laws*. Retrieved from www.ilga.org

Casson, H. 1910/2015. *The History of the Telephone*. CreateSpace independent publishing platform.

Castells, M. 2002. *The Internet Galaxy*. Oxford: Oxford University Press.

Castells, M. 2009a[1996]. *The Information Age*. Oxford: Blackwell.

Castells, M. 2009b. *The Rise of the Network Society*, 2nd ed. Oxford: Wiley Blackwell.

Castells, M. 2015. *Networks of Hope and Outrage: Social Movements in the Internet Age*, 2nd ed. Cambridge: Polity.

Charlesworth, S. J. 1999. *A Phenomenology of Working Class Experience*. Cambridge: Cambridge University Press.

Chodorow, N. 1979. *The Reproduction of Mothering*. Berkeley: University of California

Press.

Clarke, A. E. 2005. *Situational Analysis: Grounded Theory After the Postmodern Turn.* London: Sage.

Clawson, D., Zussman, R., Misra, J., Gerstel, N., Strokes, R., Anderton, D., and Burawoy, M.(eds.). 2007. *Public Sociology: Fifteen Eminent Sociologists Debate Politics and the Profession in the Twenty-First Century.* Berkeley: University of California Press.

Cohen, R. and Kennedy, P. 2013. *Global Sociology*, 3rd ed. Basingstoke: Palgrave.

Cohen, S. 2001. *States of Denial: Knowing About Atrocities and Sufferings.* Cambridge: Polity.

Collier, P. 2007. *The Bottom Billion.* Oxford: Oxford University Press.

Collins, P. H. 1990. *Black Feminist Thought: Knowledge, Consciousness and the Politics of Empowerment.* New York: Routledge.

Collins, R. 1998. *The Sociology of Philosophies: A Global Theory of Intellectual Change.* Cambridge, MA: Belknap Press of Harvard University Press.

Comte, A. 1824/1988. *System of Positive Politics.* London: Hackett.

Connell, R. 2005. *Masculinities*, 2nd ed. Cambridge: Polity.

Connell, R. 2007. *Southern Theory: The Global Dynamics of Knowledge in Social Science.* Cambridge: Polity Press.

Cooley, C. H. 1998. *On Self and Social Organization*, H. Schubert(ed.). Chicago: University of Chicago Press.

Credit Suisse. 2015/2016. *Global Wealth Databook.* Zurich: Credit Suisse Research Institute.

Dahl, R. 2005[1961]. *Who Governs? Democracy and Power in the American City*, 2nd ed. New Haven, CT: Yale University Press.

Dandaneau, S. 2001. *Taking It Big: Developing Sociological Consciousness in Post-modern Times.* Thousand Oaks, CA: Pine Forge Press.

Dartnell, M. Y. 2015. *Insurgency Online: Web Activism and Global Conflict.* Toronto: University of Toronto Press.

Davis, M. 2007. *Planet of Slums.* New York: Verso.

Deaton, A. 2013/2015. *The Great Escape: Health, Wealth and the Origins of Inequality.*

Princeton, NJ: Princeton University Press.

De Beauvoir, S. 2009. *The Second Sex*, new ed. London: Jonathan Cape.

Deegan, M. J. 1990. *Jane Addams and the Men of the Chicago School, 1892-1918.* Piscataway, NJ: Transaction Books.

Defoe, D. 1719/1992. *Robinson Crusoe.* London: Wordsworth Classics.

Delamont, S. 2003. *Feminist Sociology.* London: Sage.

Delanty, G. 2000. *Citizenship in a Global Age.* Milton Keynes: Open University Press.

Delanty, G. 2005. *Social Science: Philosophical and Methodological Foundations.* Milton Keynes: Open University Press.

Delanty, G. and Strydom, P. 2003. *Philosophies of Social Science: The Classic and Contemporary Readings.* Milton Keynes: Open University Press.

Deneulin, S. and Shahani, L.(eds.). 2009. *An Introduction to the Human Development and Capability Approach.* London: Earthscan.

Denny, E. and Earle, S. 2016. *Sociology for Nurses*, 3rd ed. Cambridge: Polity.

Denzin, N. 2010. *The Qualitative Manifesto: A Call to Arms.* Walnut Creek: Left Coast Press.

Denzin, N. and Lincoln, Y.(eds.). 2005. *Handbook of Qualitative Research*, 3rd ed. London: Sage.

Diamond, J. 2012. *The World Until Yesterday: What Can We Learn from Traditional Societies?* NewYork: Penguin/Allen Lane.

Diamond, L. 2012. *Liberation Technology: Social Media and the Struggle for Democracy.* Baltimore, MD: John Hopkins University Press.

Dixit, P. and Stump, J. L.(eds.). 2015. *Critical Methods in Terrorism Studies.* Oxford: Routledge.

Dorling, D. 2013. *Population 10 Billion.* London: Constable/Little, Brown.

Dorling, D. 2015. *Injustice: Why Social Inequality Still Persists*, 2nd ed. Bristol: Policy Press.

Du Bois, W. E. B. 1995[1889]. *The Philadelphia Negro*, new ed. Philadelphia: University of Pennsylvania Press.

Du Bois, W. E. B. 2007[1903]. *The Souls of Black Folk.* Oxford: Oxford University Press.

Duneier, M. 1992. *Slim's Table: Race, Respectability and Masculinity*, 2nd ed. Chicago: University of Chicago Press.

Duneier, M. 1999. *Sidewalk*. New York: Farrar, Straus and Giroux.

Durkheim, E. 1982[1895]. *The Rules of Sociological Method*. Glencoe, IL: Free Press.

Durkheim, E. 1984[1893]. *The Division of Labour in Society*. London: Palgrave Macmillan.

Durkheim, E. 2002[1897]. *Suicide*, 2nd ed. London: Routledge.

Durkheim, E. 2008[1912]. *The Elementary Forms of Religious Life*, student ed. Oxford: Oxford University Press.

Eco, U. 1977/2015. *How to Write a Thesis*. London: The MIT Press.

Economist. 2015. *Pocket World in Figures*, 25th ed. London: Profile Books.

Ehrenreich, B. 2002. *Nickel and Dimed: Undercover in Low-Wage America*. London: Granta.

Eisenstadt, S. N. 2000. "Multiple Modernities." *Daedulus*, 129(1), pp.1~29.

Elias, N. 1978. *What Is Sociology?* London: Hutchinson.

Elias, N. 2000[1939]. *The Civilizing Process*, 2nd ed. Oxford: Blackwell.

Eliot, G. 1874/2003. *Middlemarch: A Study of Provincial Life*. Middlesex: Penguin Classics.

Elliott, A. 2013. *Concepts of the Self*, 3rd ed. Cambridge: Polity.

Elliott, A. 2014. *Contemporary Social Theory*, 2nd ed. Oxford: Routledge.

Elliott, A. and Lemert, C. 2009. *The New Individualism: The Emotional Costs of Globalization*, 2nd ed. London: Routledge.

Elliott, A. and Turner, B. S. 2012. *On Society*. Cambridge: Polity.

Elster, J. 2015. *Explaining Social Behaviour*, 2nd ed. Cambridge: Cambridge University Press.

Etzioni, A. 2001. *The Monochrome Society*. Princeton, NJ: Princeton University Press.

Evans, D. 1993. *Sexual Citizenship*. London: Routledge.

Evans, M. 2006. *A Short History of Society*. Maidenhead: Open University Press.

Fenton, S. 2003. *Ethnicity*. Cambridge: Polity.

Fevre, R. and Bancroft, A. 2010. *Dead White Men and Other Important People: Sociology's Big Ideas*. Hampshire: Palgrave.

Field, J. 2008. *Social Capital*, 2nd ed. London: Routledge.

Fine, R. 2007. *Cosmopolitanism*. London: Routledge.

Foster, R. J. 2008. *Coca-Globalization: Following Soft Drinks from New York to New Guinea*. Basingstoke: Palgrave.

Foucault, M. 1961/2001. *Madness and Civilization*. London: Routledge Classic.

Foucault, M. 1963. *The Birth of the Clinic*. London: Tavistock.

Foucault, M. 1969/2002. *The Archaeology of Knowledge*. London: Routledge Classic.

Foucault, M. 1976. *The History of Sexuality*. London: Allen-Lane.

Foucault, M. 1991[1975]. *Discipline and Punish: Birth of the Prison*, new ed. Harmondsworth: Penguin.

Foucault, M. 2001[1969]. *The Order of Things*. London: Routledge.

Fox, K. 2005. *Watching the English: The Hidden Rules of English Behaviour*. London: Hodder and Stoughton.

Frank, A. W. 1995. *The Wounded Storyteller*. Chicago: Chicago University Press.

Freeland, C. 2012/2013. *Plutocrats*. London: Penguin.

Freud, S. 2002[1930]. *Civilization and Its Discontents*. London: Penguin.

Fuchs, C. 2013. *Social Media: A Critical Introduction*. London: Sage.

Fukuyama, F. 1993. *The End of History and the Last Man*. London: Penguin.

Fulcher, J. 2015. *Capitalism: A Very Short Introduction*, 2nd ed. Oxford: Oxford University Press.

Fulcher, J. and Scott, J. 2011. *Sociology*, 4th ed. Oxford: Oxford University Press.

Garfinkel, H. 1967. *Studies in Ethnomethodology*. Englewood Cliffs, NJ: Prentice Hall.

Giddens, A. 1973. *Capitalism and Modern Social Theory*. Cambridge: Cambridge University Press.

Giddens, A. 1986. *The Constitution of Society*. Cambridge: Polity Press.

Giddens, A. 1999. *Runaway World: How Globalization Is Reshaping Our Lives*. London: Profile.

Giddens, A. 2009. *Politics of Climate Change*. Cambridge: Polity.

Giddens, A. and Sutton, P. 2013. *Sociology*, 7th ed. Cambridge: Polity.

Gladwell, M. 2001. *The Tipping Point: How Little Things Can Make a Big Difference*. London: Abacus.

Glassner, B. 2000. *The Culture of Fear: Why Americans Are Afraid of the Wrong Things*. New York: Basic Books.

Glenn, J. C., Florescu, E. and the Millennium Project Team. 2015. *2015-2016 State of the Future*. United Nations Millennium Project.

Goffman, A. 2014. *On the Run: Fugitive Life in an American City*. Chicago: University of Chicago Press.

Goffman, E. 1959[1956]. *The Presentation of Self in Everyday Life*. Harmondsworth: Penguin.

Goffman, E. 1961/1968. *Stigma: Notes on the Management of Spoiled Identity*. Harmondsworth: Pelican.

Goffman, E. 1991[1961]. *Asylums*. London: Penguin.

Goldthorpe, J. 2000. *On Sociology*. Oxford: Oxford University Press.

Gordon, A. 2008. *Ghostly Matters: Haunting and the Sociological Imagination*. Minneapolis: University of Minnesota Press.

Gouldner, A. 1970. *The Coming Crisis of Western Sociology*. London: Heinemann.

Graham, H. 2009. *Unequal Lives: Health and Socioeconomic Inequalities*. Maidenhead: Open University Press.

Gramsci, A. 1998[1925~1935]. *Prison Notebooks: Selections*. London: Lawrence and Wishart.

Habermas, J. 1989[1962]. *The Structural Transformation of the Public Sphere*. Cambridge: Polity.

Habermas, J. 2001. *The Postnational Constellation*. Cambridge: Polity.

Habermas, J. et al. 2010. *An Awareness of What is Missing: Faith and Reason in a Post-Secular Age*. Cambridge: Polity.

Hable Gray, C. 2002. *Cyborg Citizen*. London: Routledge.

Haiven, M. 2014. *Cultures of Financialization: Fictitious Capital in Popular Culture and Everyday Life*. Basingstoke: Palgrave.

Hall, R. 2015. *The Transparent Traveler*. Durham, NC: Duke University Press.

Halsey, A. H. 2004. *A History of Sociology in Britain*. Oxford: Oxford University Press.

Harari, Y. N. 2011/2015. *Sapiens: A Brief History of Humankind*. London: Vintage Books.

Harding, S. 1986. *The Science Question in Feminism*. Milton Keynes: Open University Press.

Harding, S. 1998. *Is Science Multicultural? Postcolonialism, Feminisms and Epistemologies*. Bloomington: Indiana University Press.

Harper, S. 2006. *Ageing Societies*. London: Hodder Arnold.

Harvey, D. 2007. *A Brief History of Neo-liberalism*. Oxford: Oxford University Press.

Harvey, D. 2015. *Seventeen Contradictions and the End of Capitalism*. London: Profile Books.

Harvey, M., Quilley, S. and Benyon, H. 2002. *Exploring the Tomato: Transformations of Nature, Society and Economy*. Cheltenham: Edward Elgar.

Hearn, J. 2015. *Men of the World: Genders, Globalizations, Transnational Times*. London: Sage.

Hjarvard, S. 2013. *The Mediatization of Culture and Society*. London: Routledge.

Hobbes, T. 2008[1651]. *Leviathan*. London: Penguin.

Hochschild, A. R. 1983. *The Managed Heart: Commercialization of Human Feeling*. Berkeley: University of California Press.

Holman, R. J. 2009. *Cosmopolitanisms: New Thinking and New Directions*. Basingstoke: Palgrave.

Holmwood, J. and Scott, J.(eds.). 2014. *The Palgrave Handbook of Sociology in Britain*. Basingstoke: Palgrave.

Horkheimer, M. and Adorno, T. 1944/1997. *Dialectic of Enlightenment*. London: Verso.

Hughes, J., Sharrock, W. and Martin, P. J. 2003. *Understanding Classical Sociology*, 2nd ed. London: Sage.

Hulme, D. 2015. *Global Poverty*. London: Routledge.

Humphreys, L. 1975. *Tearoom Trade: Impersonal Sex in Public Places*. Edison, NJ: Aldine Transaction.

Ihlen, O., Fredrikson, M. and van Ruler, B. 2009. *Social Theory for Public Relations: Key Figures and Concepts*. London: Routledge.

Ingham, G. 2008. *Capitalism*. Cambridge: Polity.

Inglis, D. and Thorpe, C. 2012. *An Invitation to Social Theory*. Cambridge: Polity.

Isin, E. F. and Turner, B. S.(eds.). 2002. *Handbook of Citizenship Studies*. London:

Sage.

James, W. 1977. *The Writings of William James*. Chicago: University of Chicago Press.

Jaspers, K. 1951/2003. *Way to Wisdom: An Introduction to Philosophy*. New Haven, CT: Yale University Press.

Jenkins, R. 2002. *Foundations of Sociology: Towards a Better Understanding of the Human World*. Basingstoke: Palgrave Macmillan.

Jenks, C.(ed.). 1998. *Core Sociological Dichotomies*. London: Sage.

Joas, H. 2000. *The Genesis of Values*. Cambridge: Polity.

Joas, H. 2013. *The Sacredness of the Person: A New Genealogy of Human Rights*. Washington DC: Georgetown University Press.

Jodhka, S. S. 2012. *Caste*. Oxford: Oxford University Press.

Jones, O. 2012. *Chavs: The Demonization of the Working Class*, revised ed. London: Verso.

Jones, O. 2014/2015. *The Establishment: And How They Got Away With It*. Middlesex: Penguin.

Jordan, T. 2015. *Information Politics: Liberation and Exploitation in the Digital Society*. London: Pluto Press.

Juergensberger, M. 2015. *God in the Tumult of the Global Square: Religion in the Global Civil Sphere*. Berkeley: University of California Press.

Kafka, F. 1925/2000. *The Trial*. Middlesex: Penguin Modern Classics.

Kallen, E. 2004. *Social Inequality and Social Injustice: A Human Rights Perspective*. London: Palgrave Macmillan.

Keen, A. 2015. *The Internet is Not the Answer*. London: Atlantic Books.

Kelly, J. 1988. *Surviving Sexual Violence*. Cambridge: Polity Press.

Kennedy-Pipe, C. 2015. *Terrorism and Political Violence*. London: Sage.

Klein, N. 2000/2010. *No Logo*. London: Fourth Estate.

Klein, N. 2008. *The Shock Doctrine: The Rise of Disaster Capitalism*. Middlesex: Penguin.

Klein, N. 2015. *This Changes Everything*. Middlesex: Penguin.

Kluckhohn, C. 1948. *Personality in Nature, Society and Culture*. New York: Knopf.

Kuhn, T. S. 1962/2012. *The Structure of Scientific Revolutions*. Chicago: University of Chicago Press.

Kumar, K. 1978. *Prophecy and Progress: Sociology of Industrial and Post-Industrial Society*. London: Viking.

Kymlicka, W. 1996. *Multicultural Citizenship*. Wotton-under-Edge: Clarendon Press.

Lapavistas, C. 2013. *Profiting Without Producing: How Financialization Exploits Us All*. London: Verso.

Lazzarata, M. 2007. *The Making of the Indebted Man*. Los Angeles: Semiotext.

Lemert, C. 2011. *Social Things: An Introduction to the Sociological Life*, 5th ed. New York: Rowman & Littlefield.

Lemert, C. 2013. *Social Theory: The Multicultural and Classic Readings*, 5th ed. Boulder, CO: Westview Press.

Lengermann, P. M. and Niebrugge-Brantley, J. 1998. *The Women Founders: Sociology and Social Theory, 1830-1930*. London: McGraw-Hill.

Levine, D.(ed.). 1971. *Simmel on Individuality and Social Forms*. Chicago: University of Chicago Press.

Levine, D. 1995. *Visions of the Sociological Tradition*. Chicago: Chicago University Press.

Levitas, R. 2013. *Utopia as Method: The Imaginary Reconstitution of Society*. Bashingstoke: Palgrave.

Lewis, O. 1975[1959]. *Five Families: Mexican Case Studies in the Culture of Poverty*, new ed. New York: Basic Books.

Ling, R. 2008. *New Tech, New Ties: How Mobile Communication Is Reshaping Social Cohesion*. Cambridge, MA: MIT Press.

Lister, R. 2003. *Citizenship: Feminist Perspectives*. London: Palgrave Macmillan.

Llewellyn, A., Agu, L. and Mercer, D. 2014. *Sociology for Social Workers*, 2nd ed. Cambridge: Polity.

Long, K. 2015. *The Huddled Masses: Immigration and Inequality*. Marston Gate: Amazon.

Lukes, S. 2004. *Power*, 2nd ed. Basingstoke: Palgrave.

Lupton, D. 2015. *Digital Sociology*. London: Routledge.

Lynd, R. and Lynd H. 1929/1959. *Middletown*. New York: Harcourt Publishers.

Lyon, D. 2001. *Surveillance Society*. Milton Keynes: Open University Press.

Lyotard, J.-F. 1984. *The Postmodern Condition*. Manchester: Manchester University Press.

MacFarquhar, M. 2015. *Strangers Drowning: Voyages to the Brink of Moral Extremity*.

London: Allen Lane.

Machiavelli, N. 2004[1513]. *The Prince*. London: Penguin.

Macionis, J. and Plummer, K. 2012. *Sociology: A Global Introduction*, 5th ed. Harlow: Pearson.

MacNeice, L. 2007. *Louis MacNeice: Collected Poems*. London: Faber and Faber.

Malesevic, S. 2013. *Nation-States and Nationalisms*. Cambridge: Polity.

Malthus, T. 2008. *An Essay on the Principles of Population*. Oxford: Oxford Classics.

Mann, M. 2004. *The Dark Side of Democracy: Explaining Ethnic Cleansing*. Cambridge: Cambridge University Press.

Mann, M. 2012. *The Social Sources of Power: Globalizations, 1945-2011*, Volume 4. Cambridge: Cambridge University Press.

Marshall, T. H. 1950. *Citizenship and Social Class and Other Essays*. Cambridge: Cambridge University Press.

Martell, L. 2010. *The Sociology of Globalization*. Cambridge: Polity.

Marx, K. 2000. *Karl Marx: Selected Writings*, D. McLellan(ed.). Oxford: Oxford University Press.

Marx, K. and Engels, F. 1846/1987. *The German Ideology*. London: Lawrence and Wisehart.

Mason, P. 2015. *Postcapitalism: A Guide to Our Future*. London: Allen Lane.

Mathiesen, T. 2013. *Towards a Surveillant Society: The Rise of Surveillance Systems in Europe*. Sherfield on Loddon: Waterside Press.

Mauss, M. 1915/2011. *The Gift*. London: Martino Fine Books.

Mayer-Schönberger, V. and Cukier, K. 2013. *Big Data: A Revolution That Will Transform How We Live, Work and Think*. London: John Murray.

McCaughey, M. 2014. *Cyberactivism on the Participatory Web*. London: Routledge.

McDonald, K. 2013. *Our Violent World: Terrorism in Society*. Basingstoke: Palgrave Macmillan.

McKenzie, L. 2015. *Getting By: Estate, Class and Culture in Austerity Britain*. Bristol: Policy Press.

McLennan, G. 2011. *Story of Sociology: A First Companion to Social Theory*. London: Bloomsbury.

McRobbie, A. 2000. *Feminism and Youth Culture*, 2nd ed. Basingstoke: Palgrave Macmillan.

Mead, G. H. 1967[1934]. *Mind, Self and Society*. Chicago: University of Chicago Press.

Meer, N. 2014. *Key concepts in Race and Ethnicity*, 3rd ed. London: Sage.

Merton, R. K. 1949/1968. *Social Theory and Social Structure*. New York: MacMillan.

Miliband, R. 1973. *The State in Capitalist Society*. London: Quartet Books.

Mills, C. W. 1956. *The Power Elite*. Oxford: Oxford University Press.

Mills, C. W. 1959/2000. *The Sociological Imagination*. Oxford: Oxford University Press.

Mohanty, C. 2003. *Feminism Without Borders: Decolonizing Theory, Practicing Solidarity*. Durham, NC: Duke University Press.

Molotch, H. 2012. *Against Security: How Things Go Wrong at Airports, Subways and Other Sites of Ambiguous Danger*. Princeton, NJ: Princeton University Press.

Molotch, H. and Noren, L. 2010. *Toilet: Public Restrooms and the Politics of Sharing*. New York: New York University Press.

Morris, A. 2015. *The Scholar Denied: W. E. B. Du Bois and the Birth of Modern Sociology*. Berkeley: University of California Press.

Narayan, D. 2000. *Can Anyone Hear Us? Voices of the Poor*. Oxford: Oxford University Press.

Nehring, D. 2013. *Sociology: An Introductory Textbook and Reader*. Harlow: Routledge.

Nisbet, R. 1976. *Sociology as an Art Form*. Oxford: Oxford University Press.

Nisbet, R. 1993[1966]. *The Sociological Tradition*. Edison, NJ: Transaction Publishers.

Nolan, P. and Lenski, G. 2014. *Human Societies: An Introduction to Macrosociology*, 12th ed. Boulder, CO: Paradigm.

Nussbaum, M. 2011. *Creating Capabilities: The Human Development Approach*. Cambridge, MA: Belknap Press of Harvard University Press.

Oakley, A. 1974. *The Sociology of Housework*. London: Marin Robertson.

Omi, M. and Winant, H. 1994. *Racial Formation in the United States*. London: Routledge.

Ong, A. 1999. *Flexible Citizenship*. Durham, NC: Duke University Press.

Orton-Johnson, K. and Prior, N.(eds.). 2013. *Digital Sociology: Critical Perspectives*. Basingstoke: Palgrave MacMillan.

Orwell, G. 1949. *1984*. London: Secker and Warburg.

Orwell, G. 2004[1940]. *Why I Write*. London: Penguin.

Outwaite, W. 2015. *Social Theory: Ideas in Profile*. London: Profile Books.

Oxfam. 2015. *Wealth: Having It All and Wanting More*. Oxfam Issue Briefing, January 2015.

Pagden, A. 2013. *The Enlightenment and Why It Still Matters*. Oxford: Oxford University Press.

Palley, T. 2014. *Financialization*. Basingstoke: Palgrave.

Park, R. E. and Burgess, E. 1921. *Introduction to the Science of Sociology* [The Green Bible]. Chicago: University of Chicago Press.

Parsons, T. 1951. *The Social System*. London: Routledge.

Payne, G.(ed.). 2013. *Social Divisions*, 3rd ed. Basingstoke: Palgrave.

Perrow, C. 2011. *The Next Catastrophe*. Princeton, NJ: Princeton University Press.

Pew Centre. 2015. The Future of World Religions: Population Growth 2010-2050. http://www.pewforum.org/files/2015/03/PF_15.04.02_ProjectionsFullReport.pdf

Pickerill, J. 2010. *Cyberprotest: Environmental Activism Online*. Manchester: Manchester University Press.

Pickett, K. and Wilkinson, R. 2015/2009. *The Spirit Level: Why More Equal Societies Almost Always Do Better*, 2nd ed. London: Allen Lane.

Pieterse, J. N. 2015. *Globalization and Culture: Global Melange*, 3rd ed. Lanham, MD: Rowman & Littlefield.

Piketty, T. 2014. *Capital in the Twenty-First Century*. Cambridge, MA: Belknap Press of Harvard University Press.

Pinker, S. 2012. *The Better Angers of Our Nature: Why Violence Has Declined*. New York: Viking Books.

Pirandello, L. 1965[1921]. *Six Characters in Search of an Author*. Harmondsworth: Penguin.

Platt, J. 1996. *A History of Sociological Research Methods in America, 1920-1960*. Cambridge: University of Cambridge Press.

Platt, J. 2003. *A Sociological History of the British Sociological Association*. London: Routledge.

Platt, J. 2011. *Understanding Inequality*. Cambridge: Polity.

Plummer, K. 2001. *Documents of Life 2: An Invitation to a Critical Humanism*. London: Sage.

Plummer, K. 2003. *Intimate Citizenship*. Seattle: University of Washington Press.

Plummer, K. 2010. "Generational Sexualities, Subterranean Traditions, and the Hauntings of the Sexual World: Some Preliminary Remarks." *Symbolic Interaction*, 33(2), pp.163~191.

Plummer, K. 2011. "Critical Humanism and Queer Theory" with new afterword and comment, "Moving On". in N. Denzin and Y. Lincoln(eds.), *The Sage Handbook of Qualitative Research*(pp.195~201).

Plummer, K. 2012a. "My Multiple Sick Bodies: Symbolic Interaction, Auto/ethnography and the Sick Body." in B. S. Turner(ed.), *Routledge Handbook of Body Studies* (pp.75~93). London: Routledge.

Plummer, K. 2012b. "Critical Sexualities Studies." in G. Ritzer(ed.), *Wiley-Blackwell Handbook of Sociology*(pp.243~268). Oxford: Blackwell.

Plummer, K. 2013. "A Manifesto for Critical Humanism in Sociology." in D. Nehring, *Sociology: A Text and Reader*(pp.489~517). London: Pearson/Routledge.

Plummer, K.(ed.). 2014. *Imaginations: Fifty Years of Essex Sociology*. Wivenhoe: Wivenbooks.

Plummer, K. 2015. *Cosmopolitan Sexualities: Hope and the Humanist Imagination*. Cambridge: Polity.

Popper, K. 1948. "Utopia and Violence." *Hibbert Journal*, 46, pp.109~116.

Popper, K. 2002[1957]. *The Poverty of Historicism*. London: Routledge.

Putnam, R. D. 2000. *Bowling Alone: The Collapse and Revival of American Community*. New York: Simon and Schuster.

Ransome, P. 2010. *Social Theory for Beginners*. Bristol: Policy Press.

Rawls, J. 1999[1971]. *A Theory of Justice*. Boston, MA: Harvard University Press.

Ricoeur, P. 1981. *Hermeneutics and the Human Sciences*. Cambridge: Cambridge University Press.

Riesman, D., Glazer, N. and Denney, R. 2001[1950]. *The Lonely Crowd*. New Haven, CT: Yale University Press.

Rifkin, J. 2009. *The Empathic Civilization*. Cambridge: Polity.

Rigney, D. 2001. *The Metaphorical Society: An Invitation to Social Theory*. Boulder, CO: Rowman & Littlefield.

Ritzer, G. 2014[1993]. *The McDonaldization of Society*, 8th ed. Thousand Oaks, CA: Pine Forge Press.

Ritzer, G. 2015. *Globalization: A Basic Text*, 2nd ed. Chichester: Wiley.

Ritzer, G. and Ryan, J. M.(eds.). 2010. *Concise Encyclopaedia of Sociology*. Oxford: Blackwell.

Rose, N. 2007. *The Politics of Life Itself*. Princeton, NJ: Princeton University Press.

Rousseau, J. -J. 2008[1762]. *The Social Contract*. Oxford: Oxford University Press.

Rousseau, J. -J. 2009[1754]. *Discourse on the Origin of Inequality*. Oxford: Oxford University Press.

Rubin, G. 1984. "Thinking Sex." in C. Vance(ed.), *Pleasure and Danger*. London: Routldge.

Rubin, L. 1977. *Worlds of Pain*. New York: Basic Books.

Said, E. 2003[1978]. *Orientalism*. Harmondsworth: Penguin Classics.

Salgado, S. 1993/1997. *Workers*. Woking: Aperture Books.

Salgado, S. 2000. *Migrations*. Woking: Aperture Books.

Salgado, S. 2000. *The Children*. Woking: Aperture Books.

Sandel, M. J. 2012. *What Money Can't Buy: The Moral Limits of Markets*. London: Allen Lane.

Sandoval, C. 2000. *Methodology of the Oppressed*. Minneapolis: University of Minnesota Press.

Sassen, S. 2006. *Cities in a World Economy*. Thousand Oaks, CA: Pine Forge Press.

Sassen, S. 2006. *Territory, Authority, Rights: From Medieval to Global Assemblages*. Princeton, NJ: Princeton University Press.

Sassen, S. 2014. *Expulsions: Brutality and Complexity in the Global Economy*. Cambridge, MA: Belknap Press of Harvard University Press.

Savage, M. 2015. *Social Class in the 21st Century*. London: Penguin.

Sayad, A. 2004. *The Suffering of the Immigrant*. Cambridge: Polity.

Sayer, A. 2011. *Why Things Matter to People: Social Science, Values and Ethical Life*. Cambridge: Cambridge University Press.

Sayer, A. 2015. *Why We Can't Afford the Rich*. Bristol: Polity.

Scheper-Hughes, N. 1992. *Death Without Weeping*. Berkeley: University of California Press.

Scott, J. 2006a. *Social Theory: Central Issues in Sociology*. London: Sage.

Scott, J. 2006b. *Sociology: The Key Concepts*. London: Routledge.

Scott, J. 2007. *Sociology: Fifty Key Sociologists*. London: Routledge.

Scott, J. 2014. *Oxford Dictionary of Sociology*, 4th ed. Oxford: Oxford University Press.

Seidman, S. 2012. *Contested Knowledge: Social Theory Today*, 5th ed. Oxford: Blackwell.

Sen, A. 1999. *Development as Freedom*. Oxford: Oxford University Press.

Sennett, R. and Cobbs, J. 1977. *The Hidden Injuries of Class*. New York: Random House.

Sevenhuijsen, S. 1998. *Citizenship and the Ethics of Care*. London: Routledge.

Shakespeare, W. 2007. *Complete Works*, J. Bate and E. Rasmussen(eds.). Basingstoke: Macmillan.

Shaw, C. 1966[1930]. *The Jack-Roller: A Delinquent Boy's Own Story*. Chicago: University of Chicago Press.

Shaw, M. 2003. *War and Genocide: Organized Killing on Modern Society*. Cambridge: Polity.

Sica, A. and Turner, S. 2005. *The Disobedient Generation: Social Theorists in the Sixties*. Chicago: University of Chicago Press.

Silver, C. 2014. *Using Software in Qualitative Research*, 2nd ed. London: Sage.

Simmel, G. 1900/2011. *The Philosophy of Money*. London: Routledge.

Simmel, G. 1910. "How is Society Possible?" *American Journal of Sociology*, 16(3), pp.372~391.

Skeggs, B. 1997. *Formations of Class and Gender*. London: Sage.

Smart, C. 1976. *Women, Crime and Criminology*. London: Routledge.

Smith, A. 2008[1776]. *The Wealth of the Nations*. Oxford: Oxford University Press.

Smith, A. 2009. *The Cultural Foundations of Nations*. Oxford: Blackwell.

Smith, A. 2010[1759]. *The Theory of Moral Sentiments*. Middlesex: Penguin Classic.

Smith, D. E. 1998. *Writing the Social: Critique, Theory and Investigations*. Toronto: University of Toronto.

Smith, G. 2007. *Erving Goffman*. London: Routledge.

Standing, G. 2011. *The Precariat: The New Dangerous Class*. London: Bloomsbury.

Standing, G. 2015. *The Precariat's Charter*. London: Bloomsbury.

Stanley, L. and Wise, S. 1983. *Breaking Out: Feminist Consciousness and Feminist Research*. London: Routledge.

Stanley, L. and Wise, S. 1993. *Breaking Out Again: Feminist Ontology and Epistemology*. London: Routledge.

Stein, A. 1997. *Sex and Sensibility: Stories of a Lesbian Generation*. Berkeley: University of California Press.

Stein, A. 2014. *Reluctant Witnesses: Survivors, Their Children and the Rise of Holocaust Consciousness*. Oxford: Oxford University Press.

Stevenson, B. E. 2015. *What Is Slavery?* Cambridge: Polity.

Stevenson, N. 2003. *Cultural Citizenship: Cosmopolitan Questions*. Milton Keynes: Open University Press.

Stiglitz, J. 2012. *The Price of Inequality*. London: Allen Lane.

Stones, R. 2016. *Key Sociological Thinkers*, 3rd ed. Basingstoke: Palgrave.

Sullivan, N. 2003. *A Critical Introduction to Queer Theory*. Edinburgh: University of Edinburgh Press.

Swingewood, A. 2000. *A Short History of Sociological Thought*, 3rd ed. London: Macmillan.

Sword, H. 2012. *Stylish Academic Writing*. Cambridge, MA: Harvard University Press.

Sznaider, N. 2001. *The Compassionate Temperament: Care and Cruelty in Modern Society*. Oxford: Roman & Littelfield.

Taleb, N. 2008. *The Black Swan: The Impact of the Highly Improbable*. London: Penguin.

Taylor, A. 2014. *The People's Platforms: And Other Digital Delusions*. London: Fourth Estate.

Taylor, C. 1994. *Multiculturalism: Examining the Politics of Recognition*. Princeton, NJ: Princeton University Press.

Taylor, C. 2003. *Modern Social Imaginaries*. Durham, NC: Duke University Press.

Taylor, C. 2007. *A Secular Age*. Cambridge, MA: Harvard University Press.

Taylor, I. 2013. *Revolting Subjects*. London: Zed Books.

Therborn, G. 2004. *Between Sex and Power: Family in the World, 1900-2000*. London: Routledge.

Therborn, G. 2006. *Inequalities of the World: New Theoretical Frameworks, Multiple Empirical Approaches*. London: Verso.

Therborn, G. 2010. *The World: A Beginner's Guide*. London: Sage.

Therborn, G. 2013. *The Killing Fields of Inequality*. Cambridge: Polity.

Thomas, W. I. 1966. *Social Organization and Social Personality*. Chicago: University of Chicago Press.

Thomas, W. I. and Znaniecki, F. 1918~1920/2012. *The Polish Peasant in Europe and America*. Chicago: University of Chicago Press/Nabu Press.

Tilley, C. 2004. *Social Movements, 1768-2004*. New York: Paradigm.

Tong, R. 2015. *Feminist Thought*, 4th ed. Boulder, CO: Westview.

Tönnies, F. 2003[1887]. *Community and Society*. London: Dover Publications.

Tronto, J. 2013. *Caring Democracy: Markets, Equality and Justice*. New York: New York University Press.

Turkle, S. 2013. *Alone Together*. New York: Basic.

Turkle, S. 2015. *Reclaiming Conversation*. Middlesex: Penguin.

Turnbull, C. 1984. *The Human Cycle*. New York: Simon and Schuster.

Turner, B. S. 2006a. *Dictionary of Sociology*. Cambridge: Cambridge University Press.

Turner, B. S. 2006b. *Vulnerability and Human Rights*. Pennsylvania: State Pennsylvania University Press.

Turner, B. S. 2008[1984]. *The Body and Society: Explorations in Social Theory*, 3rd ed. London: Sage.

Turner, B. S.(ed.). 2012. *Routledge Handbook of Body Studies*. London: Routledge.

Twamley, K., Doidge, M. and Scott, A.(eds.). 2015. *Sociologists' Tales: Contemporary Narratives on Sociological Thought and Practice*. Bristol: Policy Press.

Unger, R. M. 2007. *The Self Awakened: Pragmatism Unbound*. Cambridge, MA: Harvard University Press.

United Nations. 2014/2015. *Human Development Report 2014/15*. Basingstoke: Palgrave Macmillan.

United Nations, Department of Economic and Social Affairs, Population Division. 2013. *World Population Ageing 2013*. ST/ESA/SER.A/348.

United Nations, Department of Economic and Social Affairs, Population Division. 2014. *World Urbanization Prospects: The 2014 Revision, Highlights*. ST/ESA/SER.A/352.

United Nations High Commissioner for Refugees (UNHCR), *UNHCR Global Trends 2014: World at War*, 18 June 2015. Retrieved from www.refworld.org/docid/558292924.html

Urry, J. 2000. *Sociology Beyond Societies: Mobilities for the Twenty-First Century*. London: Routledge.

Urry, J. 2003. *Global Complexity*. Cambridge: Polity.

Urry, J. 2007. *Mobilities*. Cambridge: Polity.

Urry, J. 2011. *Climate Change and Society*. Cambridge: Polity.

Urry, J. 2014. *Offshoring*. Cambridge: Polity.

Vaidhyanathan, S. 2012. *The Googlization of Everything*. Berkeley: University of California Press.

Voltaire, F. 1759/2006. *Candide, or Optimism*. Middlesex: Penguin Classics.

Wacquant, L. 2008. *Urban Outcasts: A Comparative Sociology of Advanced Marginality*. Cambridge: Polity.

Wacquant, L. 2009. *Punishing the Poor: The Neo-liberal Government of Social Security*. Durham, NC: Duke University.

Wadsworth, Y. 2011. *Do It Yourself Social Research*, 3rd ed. Walnut Creek, CA: Left Coast Press.

Walby, S. 1990. *Theorizing Patriarchy*. Oxford: Blackwell.

Walby, S. 2009. *Globalization and Inequalities: Complexities and Contested Modernities*. London: Sage.

Walby, S. 2015. *Crisis*. Cambridge: Polity.

Wallerstein, I. 1999. *The End of the World as We Know it*. Minneapolis: University of Minnesota Press.

Warwick-Booth, L. 2013. *Social Inequality*. London: Sage.

Weber, M. 1978. *Economy and Society*, G. Roth and C. Wittich(eds.). Berkeley:

University of California Press.
Weber, M. 2001[1904]. *The Protestant Ethic and the Spirit of Capitalism*. London: Routledge.
Weeks, J. 2009. *Sexuality*, 3rd ed. London: Routledge.
Wells, H. G. 1906. "The So-called Science of Sociology." *Sociological Papers*, 3, p.367.
Westmarland, N. 2015. *Violence Against Women: Criminological perspectives on men's violences*. London: Routledge.
Wilkinson, I. 2005. *Suffering: A Sociological Introduction*. Cambridge: Polity.
Wilkinson, I. and Kleinmann, A. 2016. *A Passion for Society: How We Think About Human Suffering*. Berkeley: University of California Press.
Williams, R. 1989. *Resources of Hope: Culture, Democracy, Socialism*. London: Verso.
Willis, P. 1978. *Learning to Labour*. Farnham: Ashgate.
Winant, H. 2004. *The New Politics of Race: Globalism, Justice, Difference*. Minneapolis: University of Minnesota Press.
Winch, P. and Gaita, R. 2007[1958]. *The Idea of a Social Science and Its Relation to Philosophy*. London: Routledge.
Wolfe, A. 1998. *Marginalized in the Middle*. Chicago: University of Chicago Press.
Wolfson, T. 2014. *Digital Rebellion: The Birth of the Cyber Left*. Champaign, IL: University of Illinois Press.
Wouters, C. 2007. *Informalization: Manners and Emotions Since 1890*. London: Sage.
Wright, E. O. 2010. *Envisioning Real Utopias*. London: Verso.
Young, I. M. 1990. *Justice and the Politics of Difference*. Princeton, NJ: Princeton University Press.
Young, R. J. C. 2003. *Postcolonialism*. Oxford: Oxford University.
Yuval-Davis, N. 2011. *The Politics of Belonging: Intersectional Contestations*. London: Sage.
Zerubavel, E. 2003. *Time Maps: Collective Memory and the Social Shapes of the Past*. Chicago: University of Chicago Press.
Zuckerman, P. 2003. *Invitation to the Sociology of Religion*. New York: Routledge.

찾아보기

/

(ㄴ)

(ㄷ)

(ㄹ)

(ㅁ)

(ㅅ)

(ㅇ)

(ㅈ)

(ㅊ)

(ㅋ)

(ㅌ)

(숫자 · 알파벳)

지은이 켄 플러머 Ken Plummer

영국 에식스 대학교 사회학 명예교수이다. 1975년부터 에식스 대학교에서 가르치다가 간이식 수술을 받기 위해 2006년에 퇴임했다. 상징적 상호작용론과 생애사와 서사적 방법의 연구와 함께 1960년대 후반부터 선구적으로 동성애와 비판적 성애에 대한 사회학 연구를 수행했다. 1996년에 학술지 ≪섹슈얼리티(Sexualities)≫를 창간하고 여전히 편집을 맡고 있다. 그는 마르크스주의자가 되고자 했지만, 의심하는 사회학자로서 지적·정치적·정서적으로 그렇게 될 수 없었고 강경 좌파 자유주의자일 수밖에 없었다고 술회했다. 개인, 성찰성, 정치적 가치에 초점을 맞추면서 스스로 '비판적 인간주의(Critical Humanism)'라고 명명한 입장의 사회학을 추구하고 있다. 20여 년간 학생들에게 사회학 개론을 가르쳤으며, 존 매시오니스(John Macionis)와 함께 개론서인 『사회학: 지구적 소개(Sociology: A Global Introduction)』(5판, 2011)을 저술했다. 최근에는 『사회학의 기초(Sociology: The Basics)』에서 '모두를 위한 더 나은 세계'를 만드는 데 기여할 사회학을 강조하고 있다.

저서 및 편서로 *Sexual Stigma*(1975), *The Making of the Modern Homosexual*(edited, 1981), *Documents of Life: An Invitation to Critical Humanism*(1st ed. 1983, 2nd ed. 2001), *Symbolic Interactionism*(Vol 1 & 2, 1991), *Modern Homosexualities: Fragments of Lesbian and Gay Experience*(1992), *Telling Sexual Stories: Power, Change and Social Worlds*(1995), *Chicago Sociology: Critical Assessments*(4 volumes, 1997), *Documents of Life - 2: An Invitation to a Critical Humanism*(2001), *Sexualities*(4 volumes, 2002), *Intimate Citizenship: Private Decisions and Public Dialogues*(2003) 등이 있다. 홈페이지 https://kenplummer.com에서 유용한 정보를 얻을 수 있다.

옮긴이 이기홍

서울대학교 사회학과에서 공부하고, 1992년부터 강원대학교 사회학과에서 교수로 재직하고 있다. 사회과학철학과 사회과학방법론을 주로 공부하고 있으며, 사회이론, 문화사회학, 환경사회학 분야도 함께 공부하고 있다.

저서로 『사회과학의 철학적 기초』(2014), 『로이 바스카』(2017) 등을 썼으며, 번역서로는 『맑스의 방법론』(1989), 『새로운 사회과학철학』(1995), 『사회과학방법론: 실재론적 접근』(1999), 『사회연구의 철학』(2000), 『새로운 사회과학방법론: 비판적 실재론의 접근』(2005), 『비판적 실재론과 해방의 사회과학』(2007), 『비판적 실재론: 로이 바스카의 과학철학』(2010), 『사회과학의 철학』(2014), 『사회연구의 방법론』(2015) 등이 있다. 주요 논문으로는 「철학의 빈곤, 과학의 빈곤」(1988), 「마르크스주의에서 이론과 실천」(1990), 「신식민지적 지배체제와 사회과학 연구」(1991), 「행위, 행위주체 그리고 구조」(1994), 「사회현실과 사회이론」(2003), 「한국 사회과학의 논리와 과학성」(2004), 「양적 방법의 사회학」(2010), 「사회과학에서 가치와 객관성」(2015), 「양적 방법의 지배와 그 결과: 식민지근대화론의 방법론적 검토」(2016), 「사회과학에서 법칙과 설명」(2016) 등이 있다.

한울아카데미 1970

사회학의 기초

지은이 | 켄 플러머
옮긴이 | 이기홍
펴낸이 | 김종수
펴낸곳 | 한울엠플러스(주)
편　집 | 이수동·최은미

초판 1쇄 인쇄 | 2017년 4월 25일
초판 1쇄 발행 | 2017년 5월 10일

주소 | 10881 경기도 파주시 광인사길 153 한울시소빌딩 3층
전화 | 031-955-0655
팩스 | 031-955-0656
홈페이지 | www.hanulmplus.kr
등록번호 | 제406-2015-000143호

Printed in Korea.
ISBN 978-89-460-5970-2 93330 (양장)
978-89-460-6306-8 93330 (학생판)

* 책값은 겉표지에 표시되어 있습니다.
* 이 책은 강의를 위한 학생판 교재를 따로 준비했습니다.
강의 교재로 사용하실 때에는 본사로 연락해주십시오.